생활과 법률

| 유주선 지음 |

씨
아이
알

머리말

2005년 7월 말 독일 Marburg 대학에서 6년간의 학문연구를 마치고 귀국했다. 민법총칙을 필두로 하여 채권법, 물권법, 상법총칙, 회사법, 민사소송법, 보험계약법 등 다양한 강의에 참석하면서 독일법 체계를 이해하고자 노력하였던 독일에서의 기억을 떠올려본다. 잘 들리지 않는 독일어, 그렇지만 진지한 분위기 속에서 교수와 학생들의 자유로운 질의응답, 강의가 끝나면 도서관에 가서 판례 등 자료를 찾는 학생들의 모습 등의 추억은 언제나 새롭기만 하다.

강남대학교에서 전임교수로 부임을 받아 상사법의 다양한 과목을 강의하였다. 상법을 전공으로 하고 있지만, 언제나 중요한 것은 민법임을 잊지 않았다. 유학 초기 회사법으로 박사학위를 받고자 나를 지도해주실 Winfried Mummenhoff 교수님을 만나 이야기를 나눈 적이 있다. "회사법으로 박사를 하고자 합니다. 저는 지금 무엇을 해야 하나요?"라고 질문하였다. 그는 말했다. "BGB(민법)를 공부하세요. 사법을 공부하는 데 가장 중요한 것이 바로 BGB입니다" 민법의 중요함을 느끼는 데는 많은 시간이 걸리지 않았다. 다행히 어학을 공부하면서 민법총칙을 세 번(두 번은 청강, 한 번은 정식)이나 들을 수 기쁨(?)을 맛보았다. 법학을 공부하는 데 정말로 중요한 것은 민법임을 잊어서는 아니 될 것이다. 법학의 가장 근본을 이루는 동시에, 세부적인 학문을 하면서도 항상 다시 돌아보아야 할 것이 민법공부인 것 같다.

강남대학교에서는 강의 외에 시간을 쪼개서 학생들과 공동체학습을 게을리하지 않았다. 전공과목인 상사법을 주로 하였으나, 오히려 상법의 기초가 되는 민법공부를 하는 것에 치중하였다. 학생들의 기초를 단단히 다지기 위해서는 민법의 전반적인 지식과 체계를 잡는 것이 중요하다. 이 책은 바로 그러한 면을 고려하여 집필하였다. 우선 민법의 중요한 사례를 통하여 민법이 무엇인지를 이해시키고 싶었다. 민법의 사례는 실로 다양하다. 본 교재를 가지고 민법의 모든 것을 이해하고자 하는 것은 지나친 욕심이다. 필자가 공부를 하면서 이것만큼은 알아야 한다고 생각하는 부분에 대하여, 가능한 한 쉬우면서도 금방 이해할 수 있는 사례를 선별하여 엮어보았다. 민법의 사례 뒤에는 상사법에 관련된 사례를 제시하였다. 본 사례들은 강의를 하면서 중요하다고 생각한 부분을 최근 판례 중심으로 기술해 보았다. 상법총칙, 상행위법, 회사법, 보험계약법 및 어음·수표법의 영역에서 몇 개의 사건을 통해 법적 마인드를 제고시키고자 하였다. 사실관계를 제시한 후 쟁점사항을 설명하고 있다. 이는 본 사례에서 반드시 이해해야만 하는 개념이라든가, 쟁점 등의 선이해가 무엇보다도 중요하다고 생각했기 때문이다. 쟁점사항을 설명한 후, 해결방안을 제시하였고 마지막으로 관련되는 최신 판례를 통하여 이해의 제고를 하고자 하였다. 보다 깊이 있는 이해를 구하고자 하는 자들을 위하여는 '심화학습'란을 두었으니 참고하기 바란다.

본 교재는 생활 속에서 발생하는 법률문제를 다루고 있다. 필자는 기업과 관련된 영역에 관심을 많이 가지고 있기 때문에, 기업생활과 관련된 회사의 법률관계나 보험계약법 및 금융과 관련되는 법률 영역에 특히 치중해서 다루고 있다. 그런 측면에서 본다면, 본 교재는 경영학이나 세무학, 또는 경제학이나 무역학을 전공하는 학생들이 보다 더 용이하게 접근할 수 있고, 또한 유용한 측면이 있다고 하겠다.

강남대학교 샬롬관 연구실에서 모여 공동체학습에 참가했던 학생들 하나하나가 본 교재를 편찬하는 데 도움을 주었다. 그 학생들을 개별적으로 나열하지는 않겠지만, 그들과 대화를 하면서 필자 역시 많은 학습이 되었음을 감히 고백한다. 학문활동에 지대한 영향력을 행사한 Winfried Mummenhoff 교수님께 다시 한 번 감사와 존경의 말씀을 드린다. 절대 잊지 못할 인생의 위인이다. 가정생활에 충실한 남편이 되고자 노력하나 부족함이 많음을 인정하지 않을 수 없다. 이기적인 남편을 만났지만 학문활동에 방해되지 않도록 지원을 아끼지 않는 아내, 김명자에게 감사드린다. 둥글둥글한 두 아들, 창연과 도연! 언제 보아도 사랑스러운 얼굴이다. 영리를 생각했다면 출판을 하지 않았을 것이지만, 오직 학문의 발전을 위하여 부족한 졸저를 흔쾌히 출판해 준 씨아이알의 김성배 사장님과 박영지 편집부장께도 감사의 마음을 전한다. 마지막 오탈자 수정을 맡아 준 강남대 김주일 군과 윤기진 군, 그리고 이 책을 정성껏 편집과 교정 작업을 해 주신 김동희 님의 고마움 또한 잊을 수 없다. 부족한 부분은 점차적으로 보충해 나갈 것이며, 독자의 충고를 가볍게 여기지 않을 것이다.

2014년 7월 14일
독일 프랑크푸르트 인근 지역 Liederbach에서
강남대학교 법학과 교수 유 주 선

목차

제1부

민법의 영역

제1장
신의성실의 원칙

자신의 주택을 소유하고자 하는 갑은 을 건설회사와 아파트 분양계약을 체결하였다. 갑은 동 계약에 따라 계약금과 중도금을 지급하였다. 그러나 입주예정일까지 신축아파트의 준공검사가 이행되지 않았다. 을 건설회사는 일단 분양자들을 입주시켰으나 5년이 넘도록 준공검사를 마치지 못하여 보존등기는 물론이거니와 소유권이전등기조차 이행할 수 없었다. 을 건설회사는 지급되지 않은 잔금의 지급을 요구하면서, 만약 잔금을 지급하지 않으면 분양계약에 대한 해제권을 행사하겠다고 통지하였다. 을 건설회사의 해제권 행사는 정당한가?

Ⅰ 논 점

1. 매매계약

매매계약Kaufvertrag은 당사자 일방이 재산권을 상대방에게 이전할 것을 약정하고 상대방이 그 대금을 지급할 것을 약정함으로써 그 효력이 발생한다(민법 제563조). 계약의 성립으로 인하여 양 당사자는 권리와 의무를 갖는다. 매도인은 매매의 목적이 된 권리를 매수인에게 이전하여야 하고, 매수인은 해당하는 대금을 매도인에게 지급해야 한다(민법 제568조). 재산에 대한 권리가 이전되기 위해서 이행행위로서 물권행위가 이루어져야 한다. 민법은 부동산과 동산의 물권변동에 대하여 구분하여 규정하고 있다. 부동산의 경우 법률행위로 인한 물권의 득실변경은 등기를 하여야 그 효력이 발생하고(민법 제186조), 동산에 관한 물권양도의 효력은 그 동산을 인도함으로써 나타난다(민법 제188조).

2. 신의성실의 원칙

신의성실의 원칙Prinzip von Treu und Glauben은 로마법을 기원으로 하고 있다. 근대민법에 이르러 프랑스의 경우 계약법에 동 원칙을 두고 있으며, 독일의 경우 채권법 영역에서 역시 동 원칙을 명시적으로 규정하고 있다. 스위스 민법은 우리민법과 마찬가지로 통칙에 두어 그 적용을 민법 전체에 적용하고자 하는 뜻을 분명히 하고 있다.

신의성실의 원칙이라 함은 법률관계의 당사자는 상대방의 이익을 고려하여 형평에 어긋나거나 신의를 저버리는 내용 또는 방법으로 권리를 행사하거나 의무를 이행하여서는 아니되는 추상적 규범을 말하는 것이다.[1] 그러므로 신의성실의 원칙을 구체적인 법률관계에 적용하는 데는 상대방의 이익의 내용, 행사하거나 이행하려는 권리 또는 의무와 상대방의 이익과의 상관관계 및 상대방의 신뢰의 타당성 등 모든 구체적인 사정을 고려하여 그 적용 여부를 결정하여야 한다.

Ⅱ 해결방안

입주자가 분양대금 가운데 잔대금을 지급하지 않은 것을 이유로 하여, 계약상대방인 을 건설회사가 일방적으로 분약계약의 해제권을 행사하여 소급적으로 무효화하고자 한다. 부동산 매매계약에서 계약당사자 일방이 그 채무를 이행하지 않을 경우에, 계약상대방은 상당한 기간을 정해 그 이행을 최고하고, 그 기간 내에 이행하지 않았을 경우에는 계약을 해제할 수 있다(민법 제544조). 우리 민법은 신의성실의 원칙을 규정하고 있다. 권리의 행사와 의무의 이행은 신의에 좇아 성실하게 하여야 한다(민법 제2조 제1항). 을 건설회사의 해제권행사가 민법 제2조 제1항이 규정하고 있는 신의성실의 원칙을 위반하고 있는가에 대한 사항이 동 사례의 중요한 논점에 해당한다.

부동산에 관한 매매계약에서 매수인은 계약금 외에 잔금을 지급함으로써 매도인으로부터 등기에 필요한 일체의 서류의 수령할 권리를 갖는다. 즉, 매수인의 금액지급과 매수인의 등기권리증 교부는 동시이행의 관계에 있다고 할 수 있다(민법 제536조). 일반적으로 부동산

---

1) 대법원 1992. 5. 22. 선고 다36642 판결.

분양계약은 건설업자가 입주예정일 이전에 준공검사를 마치고 보존등기를 한다. 동 사례는 준공검사를 완료하지 않고 주택을 분양받은 자에게 입주를 허용하였음을 알 수 있다. 입주자는 당연히 이전등기를 하고자 할 것이다. 그러나 을 건설회사는 준공검사도 하지 않고 이전등기도 해주지 않은 상태에서 잔금을 지급하지 않았다는 이유로 계약에 대한 해제권을 행사하는 것은 선의성실의 원칙에 위반되는 것이다. 을 건설회사의 해제권 행사는 타당하지 않은 것으로 보아야 한다.

Ⅲ 관련 판례

대법원은 "아파트 건설업자가 수분양자로부터 계약금과 일부 중도금만 지급받은 후 수분양자를 입주시킨 경우 수분양자의 중도금 지급의무가 선이행 의무에 해당한다 하더라도 아파트 건설업자가 수분양자와 분양계약을 체결하고 입주시킨 날로부터 5년 정도 경과한 시기에 이르기까지 위 아파트에 대한 준공검사조차도 마치지 못한 형편이라고 한다면, 수분양자는 일부 미불된 중도금의 지급을 거절할 수 있다고 봄이 계약상의 공평의 원칙이나 신의칙에 맞는다고 할 것이어서 아파트 건설업자는 수분양자의 중도금 미지급을 이유로 위 분양계약을 해제할 수 없다"고 판단하고 있다.[2]

또 다른 판례에서 대법원은 "피고가 등기되어 있다고 말한 매매목적물의 대부분에 해당하는 임야가 등기부상 등재되어 있지 아니하는 것을 원고가 계약 후에 알았고, 또 피고가 종중으로 그 종중 결의서도 제시하지 아니하는 경우에 원고가 계약금 8,000,000원을 이미 지급하고 지급하여야 할 중도금이 23,926,500원이라는 막대한 금원이라면, 특별한 사정이 없는 한 그 목적물의 등기부상 시정 및 피고 종중결의서의 제시가 있을 때까지 선이행 의무에 해당하는 중도금이라도 지급 거절을 할 수 있다고 봄이 계약상의 공평의 원칙이나 신의칙에 맞는다 할 것이다"라고 판단하고 있다.[3]

대법원은 "원고가 매매계약을 맺은 후에야 피고 아닌 제3자 소유명의로 이 사건 대지가 등기되어 있는 것을 발견하고 그 등기명의인에게 알아본 결과, 그 사람이 이 사건 대지는 자기

---

2) 대법원 1992. 4. 24. 선고 92다3779 판결.
3) 대법원 1973. 10. 23. 선고 73다292 판결.

것이라고 주장한 사실이 인정된다면, 매수인인 원고로서는 경우에 따라서 민법 제588조에 의하여 중도금의 지급을 거절할 수 있는 입장에 있다고 볼 수 있을 것이고, 그렇지 않다 하더라도 계약에서의 형평의 원칙이나 신의성실의 원칙에 비추어볼 때 위와 같은 경우에는 매도인인 피고가 그 매매목적물이 제3자 소유명의로 등기되어 있는 사유를 설명하고, 사실은 자기가 적법한 처분권자임을 인정할 만한 자료를 제시하는 등 원고로 하여금 장차 소유권취득에 대하여는 불안감을 가짐이 없이 나머지 대금의 지급의무를 수행할 수 있는 상태에 이르게 하지 아니하고서는, 비록 선행의무에 해당하는 중도금 지급의무라 하더라도 그 지급을 거절할 수 있다"고 판시하고 있다.[4]

---

4) 대법원 1974. 6. 11. 선고 73다1632 판결.

제 2 장
권리남용의 금지

갑은 2층 주택을 소유하고 있다. 이웃집에 사는 을이 주택을 신축하기 위하여 토지를 측량해 보니 자기 소유의 토지 1m²가 갑의 주택에 들어가 있다는 사실을 알게 되었다. 화가 난 을은 자신의 지분 위에 지어진 갑의 2층 주택 일부를 철거하고 그 토지를 인도하라고 주장한다. 을의 주장에 대하여 갑은 철거를 할 수 없다고 한다. 이 경우 갑은 자신의 주택을 철거하고 을의 토지를 반환해야만 하는가? 다른 방법이 없는 것일까?

Ⅰ 논 점

1. 권리남용금지

1) 개 념

민법 제2조 제2항은 권리는 남용하지 못함을 규정하고 있다. 신의성실에 위반되는 권리의 행사는 허용되지 않는다. 권리남용금지의 원칙은 이미 로마법에서 신의성실원칙의 하나로서 발현되어 시작되었고, 독일 민법은 '가해의 악의'라고 하는 주관적 요건으로 하는 '쉬카네 Schikane 금지'의 원칙을 명문으로 규정하고 있다.[5] 반면에 스위스 민법은 '방해목적'이라고 하는 주관적 요건을 배제하는 권리남용금지의 원칙을 규정하고 있고,[6] 우리 민법은 스위스 민법을 받아들인 것이다. 권리남용은 다양한 형태로 발생한다.

---

[5] 독일 민법 제226조(권리남용의 금지) 권리의 행사가 타인에게 손해를 가하는 것만을 목적으로 하는 경우에는 이는 허용되지 아니한다.

[6] 스위스 민법 제2조 제2항 권리의 명백한 남용은 법의 보호를 받지 못한다.

2) 요 건

권리남용금지Rechtsmißbrauchsverbot의 원칙이 적용되기 위해서는 다음과 같은 요건이 충족되어야 한다.[7] 첫째, 권리의 행사라고 볼 수 있는 행위가 있어야 한다. 둘째, 그 권리가 인정되는 사회적 이유에 반하는 행사이어야 한다. 이는 권리자의 권리행사가 사회적 목적에 부합하지 않는 경우에 해당되어야 함을 의미한다. 문제가 되는 것은 주관적 의사의 필요성에 관한 사항이다. 가해의 의사나 목적이 있는 경우에 권리남용이 인정되는 것은 당연하다고 볼 수 있지만, 권리남용금지에서 반드시 권리자의 주관적인 의사가 필요한 것은 아니다. 명문의 규정에서 그러한 사정을 인식할 수 있고, 판례 역시 주관적인 의사를 요구하고 있지 않다.

2. 신의성실과 권리남용

독일 민법은 채권편에서 단지 신의성실의 원칙만을 규정하고 있다.[8] 반면 우리 민법은 총칙 편에 신의성실의 원칙(제2조 제1항)과 권리남용금지의 원칙(제2조 제2항) 양자 모두 규정하고 있다. 이 양자가 어떠한 관련성을 가지고 있는가에 대한 질문이 제기될 수 있다. 신의성실의 원칙은 원래 채권법, 즉 계약관계에서 적용되는 원칙이라고 볼 수 있고, 권리남용금지의 원칙은 주로 물권법의 영역에서 발생한다. 그러므로 권리남용금지의 원칙을 통하여 소유자의 권리행사를 제한하는 모습이 등장한다. 다만, 우리 민법은 스위스 민법의 체계를 수용하여 통칙에 신의성실의 원칙을 규정하여, 채권법뿐만 아니라 물권법 등 민법 전 영역에 동 원칙이 적용되도록 하고 있다.

물권법 영역에서 신의성실의 원칙이 적용되는 사례가 없는 것은 아니다. 법정지상권을 취득할 지위에 있는 자에 대한 대지소유자의 소유권에 기한 건물철거와 관련된 사안에서, 대법원은 "법정지상권을 가진 건물소유자로부터 건물을 양수하면서 법정지상권까지 양도받기로 한 자는 채권자대위의 법리에 따라 전건물소유자 및 대지소유자에 대하여 차례로 지상권의 설정등기 및 이전등기절차이행을 구할 수 있으므로 이러한 법정지상권을 취득할 지위에 있는 자에 대하여 대지소유자가 소유권에 기하여 건물철거를 구하는 것은 지상권의 부담을 용

---

7) 곽윤직, 『민법총칙(민법강의 I)』(제7판), 박영사, 2002, p.64 이하.
8) 독일 민법 제242조(신의성실에 따른 급부이행) 채무자는 신의성실이 거래관행을 고려하여 요구하는 대로 급부를 이행할 의무를 부담한다.

인하고 그 설정등기를 이행할 의무가 있는 자가 그 권리자를 상대로 한 청구라 할 것이어서 신의성실의 원칙상 허용될 수 없다"고 판시하고 있다.[9] 이는 물권법의 영역에서 권리남용금지의 원칙이 아니라 신의성실의 원칙이 적용될 수 있음을 알 수 있다.

II 해결방안

이 사례에서 문제가 되고 있는 것은 갑이 타인의 토지를 침범하여 주택을 신축하였다는 사실과 자신의 소유권에 대한 침해를 받은 권리자가 권리행사의 하나로서 타인의 주택을 철거하라고 하는 주장에 대한 사항이다. 권리라고 하는 것은 법이 보호하는 자기의 이익을 추구하는 것이다. 자신의 이익을 추구하지 않으면서 권리행사라는 미명하에 타인에게 손해를 가하는 경우가 있다. 1m^{2}의 토지가 건물신축에 별다른 영향을 미치는 특별한 사유가 될 수 없음에도 불구하고 갑에게 2층 주택에 대한 일부를 철거하라고 하는 권리행사는 권리를 남용한 것으로 보아야 한다.

III 관련 판례

"이 사건 토지인 대구 중구 수동 13의 1 대 84.3m^{2}에 관하여 1989년 12월 29일 원고 명의로 소유권이전등기가 경료된 사실, 피고는 이에 인접한 같은 구 서문로 1가 66 대 36.7m^2 지상에 2층 건물을 소유하고 있는데, 그 건물이 이 사건 토지 중 원심판결 별지도면표시 (가)부분 0.3m^{2}를 침범한 채 건립되어 있다"는 사실을 확정한 후, 원고의 위 건물부분의 철거와 대지인도청구에 대한 피고의 권리남용항변에 대한 사건에서, 대법원은 "주관적으로 권리행사의 목적이 오직 상대방에게 고통을 주고 손해를 입히려는 데 있을 뿐, 이를 행사하는 사람에게는 아무런 이익이 없고, 객관적으로 사회질서에 위반된다고 볼 수 있으면 그 권리행사는 권리남용이 되며, 권리행사가 상대방에게 고통이나 손해를 주기 위한 것이라는 주관적 요건은 권리자의 정당한 이익을 취한 것이라고 볼 수 없는 평가에 의해 인정된다고 하였다.

---

9) 대법원 1988. 10. 24. 선고 87다카1604 판결.

0.3㎡에 불과한 토지를 인도받기 위하여 2층 건물의 일부를 철거하라는 주장은 건물철거소송에서 그것이 권리남용에 해당한다"고 판시하였다.[10] 건물철거소송에 이른 사정과 계쟁 토지가 0.3㎡에 불과한 점 및 철거에 상당한 비용이 들고 철거 후에도 잔존 2층 건물의 효용이 크게 감소되리라는 점 등에 고려하여 권리남용에 해당하지 않는다는 원심판결을 심리미진을 이유로 파기한 사건에 해당한다.

송전로 철거소송과 관련하여, 대법원은 "원고는 피고의 위와 같은 협의요청을 거부한 채 이 사건 토지 및 이에 접한 원고 소유의 위 교로리 839-1 잡종지 합계 약 8,600평의 시가가 이 사건 송전선 및 그 주변의 철탑 등으로 말미암아 하락하였다는 등의 막연한 이유를 들어, 피고에 대하여 7억 8,000만 원가량의 보상금을 요구하다가 피고가 이에 응하지 않자 이 사건 송전선의 철거 등을 구하는 이 사건 소송을 제기하였고, 원심 변론 종결일 무렵에는 최소한의 보상금으로 12억 원의 거액을 요구하고 있는 사실, 이 사건 송전선은 대전과 서해안 지역에 전원을 공급하는 국가기간시설의 일부로서 이를 철거하고 송전선을 이설하기 위해서는 막대한 비용과 손실이 예상되는 반면, 이 사건 송전선이 철거되지 않더라도 원고가 이 사건 토지를 이용하는 데 별다른 지장을 받지는 않는 사실을 알 수 있는 바, 이러한 사정 아래에서는 앞서 본 법리에 비추어 원고의 이 사건 청구 중 송전선철거청구 부분은 권리남용에 해당한다고 볼 여지가 충분하다"고 판시하였다.[11] 동 판결에서 대법원은 송전선로철거소송에 이르게 된 과정, 계쟁 토지가 51㎡에 불과한 점, 위 송전선을 철거하여 이설하기 위해서는 막대한 비용과 손실이 예상되는 반면, 송전선이 철거되지 않더라도 토지를 이용함에 별다른 지장이 없는 점 등에 비추어 농로 위로 지나가는 송전선의 철거를 구하는 청구가 권리남용에 해당한다고 판단한 것이다.

---

10) 대법원 1993. 5. 14. 선고 93다4366 판결.
11) 대법원 2003. 11. 27. 선고 2003다40422 판결.

독일 민법은 다음의 경우에 권리행사가 허용되지 않는다.

Die Rechtsausübung ist unzulässig, wenn sie schikanös(§ 226), sittenwidrig(§ 826) oder treuwidrig(§ 242).

1) Schikanöse Rechtsausübung liegt vor, wenn die Ausübung "nur den Zweck haben kann, einem anderen Schaden zuzuführen".

2) Sittenwidrige Rechtsausübung liegt vor, wenn die Ausübung mit dem "Anstandsgefühl aller billig und gerecht Denkenden" unvereinbar ist.

3) Treuwidrige Rechtsausübung liegt vor, wenn zwischen den Parteien eine rechtliche Sonderverbindung besteht und die Rechtsausübung von keinem schutzwürdigen Eigeninteresse gedeckt ist.

제 3 장
미성년자의 법률행위

17세 미성년자인 갑은 친구들이 구입한 스마트폰이 갖고 싶었다. 대학입시를 준비해야 하는 갑의 공부에 방해가 될 것을 우려한 갑의 아버지 을은, 갑의 요청을 받아들이지 않았다. 집으로 귀가를 하던 중 갑은 스마트폰 대리점에서 가장 기능이 뛰어나고 예쁜 디자인을 지닌 스마트폰을 구입하였다. 구입당시 스마트폰 가격은 30만 원에 해당하였고, 계약금 5만 원에 매달 3만 원씩 지급하기로 하는 2년 기간의 할부계약을 체결하였다. 갑의 아버지 을은 그러한 사실을 전혀 모르고 있었다. 계약당사자인 갑이 약속된 월정액을 지급하지 않자, 그의 아버지인 을에게 그 지급에 대한 요청이 들어왔다. 그는 자신의 자녀에게 부과된 요금을 지급해야 하는가?

Ⅰ 논 점

1. 미성년자의 법률행위

1) 원 칙

사람은 19세로 성년Volljährigkeit에 이른다(민법 제4조). 19세에 달하지 않는 자를 미성년자 Minderjährigkeit라고 한다. 독일 민법은 18세에 성년이 된다. 미성년자도 의사능력이 있으면 유효하게 법률행위를 할 수 있다. 다만, 법정대리인의 동의를 얻어야만 한다(민법 제5조 제1항). 법정대리인의 동의를 얻지 아니한 법률행위의 경우 취소권을 행사할 수 있다(동조 제2항). 이러한 취소권을 행사할 수 있는 자는 미성년자 본인 또는 미성년자의 법정대리인이다(민법 제140조).

2) 예 외

미성년자가 법률행위를 하기 위해서는 법정대리인의 동의를 얻도록 하고 있음이 원칙이지만, 다음의 경우에는 법정대리인의 동의 없이 단독으로 법률행위를 하는 것이 가능하다. 첫째, 단순히 권리만을 얻거나 또는 의무를 면하는 행위이다(민법 제5조 제1항 단서). 대표적인 것으로 부담이 없는 증여를 수락하는 경우를 들 수 있다. 둘째, 처분이 허락된 재산의 처분이다(민법 제6조). 처분이 허락되면 그 재산으로 변제할 채무를 부담하는 것도 가능하다고 볼 것이다. 셋째, 영업이 허락된 미성년자의 그 영업에 관한 행위이다(민법 제8조). 영업이라 함은 영리를 목적으로 하는 독립적이면서 계속적인 사업을 말한다.

2. 취소권 행사와 부당이득반환청구

법정대리인의 동의를 얻지 아니한 미성년자의 법률행위는 취소Anfechtung할 수 있고(민법 제5조), 취소된 법률행위는 처음부터 무효인 것으로 본다(민법 제141조 본문). 소급적인 무효로 인하여 양 당사자의 계약은 체결 당시로 되돌아가 무효인 법률행위가 되는 것이다. 그럼에도 불구하고 무효인 법률행위가 될 수 없는 행위가 있는데, 미성년자가 속임수로써 능력자로 믿게 한 때에 해당하거나, 미성년자가 상대방에 대한 속임수로써 법정대리인의 동의가 있는 것으로 믿게 한 경우가 여기에 해당한다. 미성년자의 법률행위라 할지라도 이 경우에는 취소할 수 없다(민법 제17조 제2항).

유효하게 체결된 계약이 무효가 되면(소급하여 무효가 되든지, 아니면 원래부터 무효이든 상관없이), 부당이득반환Unerlaubte Handlung의 문제가 발생한다(민법 제741조). 법률상 원인에 의하여 발생된 법률관계가 미성년자나 법정대리인의 취소권 행사로 인하여 소급적인 무효가 되면, 이제 양자는 법률상 원인 없이 타인의 재산(또는 노무로 인하여)으로 이익을 얻고 이로 인하여 타인에게 손해를 야기한다. 매수인은 스마트폰을 법률상 원인 없이 가지고 있는 상태이고, 매도인은 법률상 원인 없이 매수인으로부터 매매대금을 가지고 있는 상황이다. 양자는 모두 가지고 있는 목적물과 매매대금을 상대방에게 반환해야 할 의무가 있다.

Ⅱ 해결방안

본 사례에서 미성년자는 법정대리인 그의 아버지의 허락을 받지 아니하고 스마트폰이라고 하는 목적물을 구입하였다. 법정대리인의 동의 없이 체결된 계약임이 틀림없다. 법정대리인인 아버지나 미성년자 자신은 체결된 계약을 취소할 수 있는 권한을 행사하여(민법 제5조 참조), 소급적으로 무효로 할 수 있다. 그러나 미성년자가 속임수로써 능력자로 믿게 한 경우에는 그러하지 아니하다. 가족관계증명원 또는 법정대리인의 동의서를 제시한다거나, 또는 타인으로 하여금 위증을 시킨다든지 하는 경우와 같이 제한능력자가 적극적 기망수단을 사용한 경우에 한하여 '속임수'가 된다고 보는 입장과 단순히 자기가 능력자라고 칭한 경우나 단순한 침묵 내지 묵비도 속임수에 해당한다는 주장이 대립한다.[12] 후자가 다수설이다. 대법원은 속임수를 적용하는 데 제한능력자가 단순히 자기가 능력자라고 칭한 것만으로는 속임수를 사용한 것이라 볼 수 없다고 하면서, 미성년자가 성년자로 믿게 하기 위하여 생년월일을 허위로 기재한 인감증명을 제시하여 행사하는 등 적극적인 기망수단이 있어야 할 것을 요구한다.[13]

Ⅲ 관련 판례

대법원은 "이 사건 대출금 5,000만 원은 소외 1이 이를 받아 아들 소외 2의 사업자금에 모두 사용한 뒤 소외 2를 차용인으로, 소외 1을 연대보증인으로 한 차용증을 원고에게 교부한 바 있으나 현재는 그 원리금을 제대로 변제하기 어려운 형편인 것으로 보이는 바, 원고가 회수 가능성 등을 고려하지 않은 채 경솔하게 분수에 맞지 않는 대여행위를 한 것은 금전을 낭비한 것과 다를 바 없어 위 대출금 자체는 이미 모두 소비하였다고 볼 것이지만, 소외 1 또는 소외 2에 대하여 대여금채권 또는 부당이득반환채권(위 대여행위 역시 원고의 의사무능력을 이유로 무효가 될 여지가 있어 보인다) 등을 가지고 있는 이상 원고가 이 사건 대출로써 받은 이익은 그와 같은 채권의 형태로 현존한다 할 것이므로, 피고 조합은 이 사건 대출거래약정

---

12) 이영준, 『민법총칙』, 박영사, 2007, p.880 이하.
13) 대법원 1971. 12. 14. 선고 71다2045 판결.

등의 무효에 따른 원상회복으로서 위 대출금 자체의 반환을 구할 수는 없다 하더라도 현존 이익인 위 채권의 양도를 구할 수는 있다 할 것이고, 공평의 관념과 신의칙에 비추어볼 때 원고의 위 채권양도 의무와 피고 조합의 이 사건 근저당권설정등기말소 의무는 동시이행관계에 있다고 보아야 할 것이다"라고 하였다.[14]

대법원은 "민법 제141조는 취소한 법률행위는 처음부터 무효인 것으로 본다. 그러나 무능력자는 그 행위로 인하여 받은 이익이 현존하는 한도에서 상환할 책임이 있다고 규정하고 있다"고 하면서, 무능력자의 책임을 제한한 위 조항의 단서와 관련하여 대법원은 "부당이득에 있어 수익자의 반환범위를 정한 민법 제748조의 특칙으로서 무능력자의 보호를 위해 그 선의·악의를 묻지 아니하고 반환범위를 현존 이익에 한정시키려는 데 그 취지가 있으므로, 의사능력의 흠결을 이유로 법률행위가 무효가 되는 경우에도 유추 적용되어야 할 것이나, 법률상 원인 없이 타인의 재산 또는 노무로 인하여 이익을 얻고 그로 인하여 타인에게 손해를 가한 경우, 그 취득한 것이 금전상의 이득인 때에는 그 금전은 이를 취득한 자가 소비하였는가의 여부를 불문하고 현존하는 것으로 추정되므로,[15] 위 이익이 현존하지 아니함은 이를 주장하는 자, 즉 의사무능력자 측에 입증책임이 있다"고 판시하고 있다.

*2011년 3월 7일 개정민법에 의하여 무능력자는 제한능력자로, 사술은 속임수로 용어 변경이 있었다.

---

14) 대법원 2009. 1. 15. 선고 2008다58367 판결.
15) 대법원 1996. 12. 10. 선고 96다32881 판결.

제 4 장

매수인의 하자담보책임

갑은 2014년 5월 1일자 신문광고에서 '소음이 일체 없고 사용이 간편한 새로운 제품'이라는 청소기광고를 보았다. 선물로 부모님께 그 청소기를 보내드리려고 인근 전자제품 대리점(을)에서 해당 청소기를 구입하였다. 실제 청소기를 시험적으로 사용해 보니 소음이 너무 커서 도저히 사용할 수 없었다. 구입한 날로부터 일주일이 지난 5월 7일 대리점에서 가서 청소기를 구입하지 않겠다는 의사와 함께 지급한 대금을 돌려달라고 요구하였다. 전자제품 대리점은 대금을 반환하지 않겠다고 주장한다. 갑은 을로부터 제품을 돌려주고, 지급한 대금을 돌려받을 수 있는가?

Ⅰ 논 점

1. 청약과 승낙

청약Angebot이란 상대방의 승낙Annahme과 결합하여 일정한 내용의 계약을 성립시킬 것을 목적으로 하는 의사표시를 말한다. 청약은 그 자체로 법률행위가 아니라 하나의 의사표시에 불과하다. 그러므로 청약만으로는 법률효과가 발생하지 않는다. 법률효과가 발생하지 않는다고 하는 것은 당사자 사이에서 아무런 법적 청구권이 발생하지 않는다는 것을 의미한다. 청약이 법률효과를 갖기 위해서는 승낙이라고 하는 의사표시가 필요하다. 일방의 청약과 상대방의 승낙이라는 의사합치가 이루어짐으로써 계약Vertrag이라는 법률행위를 구성한다.

2. 청약의 유인

청약이 승낙과 의사합치를 통하여 법률효과를 발생시키기 위해서는 구체적인 가격, 목적물의 종류 등의 내용을 포함하고 있어야 하며, 또한 그 내용이 확정적이어야 한다. 만약 그러한 중요내용이 완전하게 담고 있지 않은 경우에, 우리는 청약과 청약의 유인을 구별한다.

청약의 유인Invitatio ad Offendum: Aufforderung zu Anträge은 계약의 체결을 위한 비법률행위적인 교섭행위에 해당한다. 일방이 상대방에게 승낙을 할 것인가에 대한 물음을 하는 것이 아니라, 청약을 하도록 의사를 타진하는 것이 바로 청약의 유인이라고 할 수 있다.

Ⅱ 해결방안

특별한 사정이 없으면 매매계약은 청약과 승낙에 의하여 유효하게 성립한다. 매수인은 계약에서 약정한 대로 매매대금을 지급할 법률상의 의무를 부담한다(민법 제568조 제1항). 그러나 매매계약의 이행으로써 인도된 물건에 하자가 있는 경우에는, 그 하자로 인하여 계약의 목적을 달성할 수 없게 된다. 이 경우 매수인은 계약을 해제함으로써 소급적 무효를 주장할 수 있고, 하자가 경미하여 계약의 목적을 달성할 수 있는 경우에는 손해배상청구를 할 수 있다(민법 제580조, 제575조).

물건의 하자라 함은 그 물건이 통상적으로 가지고 있어야 할 객관적인 품질과 성능이 존재하지 않는 것을 의미한다는 것이 일반적인 견해이다. 그러나 매도인이 목적물의 품질을 광고 등에 의하여 특별히 보증하였으나 인도된 물건이 매도인이 보증한 품질에 미치지 못하는 경우에는, 그 물건이 설사 통상적인 품질에 적합한 것이라 할지라도 하자가 있다고 할 것이다. 매도인은 신문광고를 통하여 목적물인 청소기의 소음에 관하여 품질을 보증한 것이라고 볼 수 있다. 청소기의 소음이 심하여 사용하기에 곤란하다면 그 청소기는 하자가 있는 것이라 할 수 있다. 따라서 종류물매매의 하자담보책임에 관한 민법 제581조에 의하여, 매수인은 목적물의 하자의 정도에 따라 계약을 해제하거나 손해배상을 청구할 수 있다. 또한 하자 없는 물건으로 바꾸어달라고 할 수도 있다.

Ⅲ 관련 판례

하자담보책임과 관련하여 서울고등법원 최근의 판례를 살펴보자.[16] 갑이 독일에 본사를 둔 자동차제조업체의 한국지사인 을 주식회사가 본사로부터 수입하여 병 주식회사에 위탁판매한 자동차를 매수하여 인도받은 지 5일 만에 계기판의 속도계가 전혀 작동하지 않는 것을 발견하고 매도인인 병 회사 및 병 회사를 통해 갑에게 자동차 품질보증서를 교부한 을 회사를 상대로 새로운 자동차로 교환해 줄 것을 요구한 사안에서, 서울고등법원은 "속도계 결함이 자동차 운행 및 안정성에 부정적 영향을 미치는 중대한 하자이기는 하나, 특별한 사정이 없는 한 속도계 계기판 모듈의 교체로 비교적 저렴하면서도 손쉽게 치유될 수 있는 것이어서 위 결함으로 갑의 계약 목적 달성에 장애가 초래되었다고 보기에는 다소 부족하므로 갑이 매매계약을 해제할 수는 없고 병 회사를 상대로 손해배상을 청구하거나 손해배상을 대신하여 완전물 급부청구권을 행사할 수 있는데, 완전물 급부의무의 이행으로 병 회사가 입게 될 불이익의 정도 등 제반 사정에 비추어볼 때 갑의 완전물 급부청구권 행사가 신의칙에 반하거나 권리남용에 해당한다고 볼 수는 없으므로, 매도인 병 회사는 갑에게 하자 없는 자동차를 인도할 의무가 있고, 제조자인 을 회사는 갑에게 자동차 품질보증서를 교부함으로써 적어도 묵시적으로는 매도인인 병 회사가 위 자동차의 하자에 대하여 부담하는 하자담보책임 및 채무불이행책임의 이행을 보증하는 계약을 체결하였다고 보아야 하므로, 을 회사도 병 회사와 연대하여 갑에게 하자 없는 자동차를 인도할 의무가 있다"고 판시하였다.

결국 법원에 따른다면, 종류물의 하자로 인한 완전물 급부청구권 행사에 대한 제약은 목적물의 하자가 경미하여 계약의 목적을 달성하는 데 별반 지장이 없고 손해배상이나 하자보수를 통하여 능히 적은 비용으로 매수인에 대한 권리구제의 수단이 마련될 수 있을 것임에도 완전물 급부의무의 부담을 매도인에게 부과한 결과 매도인이 입게 될 불이익이 지나치게 크고 가혹하여 이러한 완전물 급부청구권의 행사가 신의칙에 반하여 권리남용에 이르게 될 특별한 사정이 있는 경우에 한하여 손해배상의무나 하자보수의무를 인정할 수 있다고 하였다.

---

16) 서울고등법원 2012. 7. 24. 선고 2011나47796 판결.

제 5 장

청약철회권

대학가에 신학기가 시작되면 정문입구에는 각종 어학교재 및 동영상강의를 구입할 것을 종용하는 자들이 많이 등장한다. 대학에 막 입학한 신입생 갑은 방문판매업자 을로부터 어학교재와 동영상강의교재를 구입하지 않겠냐는 요청을 받았다. 갑은 영어실력에 대한 어려움을 타개하고자 하는 목적과 공무원 시험 합격을 위하여 동 교재들을 구입하기로 결심했다. 그러나 막상 집에 돌아와보니, 동 교재들이 별로 필요치 않다는 것을 깨달았다. 며칠 후 갑은 을에게 동 교재들을 반환하겠다는 연락을 취하였다. 이 경우 갑의 청약철회권은 가능할까?

Ⅰ 논 점

1. 민법상 철회권

청약자가 청약의 의사표시를 하고 나서 상대방이 승낙을 하기까지 청약을 철회할 수 있는가가 문제된다. 우리 민법은 계약의 청약은 철회할 수 없도록 하고 있다. 이를 '청약의 구속력Bindung an den Antrag'이라고 한다(민법 제527조). 프랑스와 영미법은 청약의 철회를 인정하지만, 우리나라와 마찬가지로 독일 역시 청약의 철회권을 인정하지 않는 것이 원칙이다. 독일 민법 제145조나 우리 민법 제527조는 그것을 명문으로 규정하고 있다. 청약을 철회할 수 없도록 한 이유는 상대방에 대한 불측의 손해를 방지하여 그를 보호하고자 하는 측면과 거래안전의 측면을 고려한 것이다.[17] 그러나 격지자 간에 철회의 의사표시가 청약의 의사표시보다 상대방에게 먼저 도달하거나 동시에 도달하는 경우에는 청약의 의사표시가 발생하지 않

---

17) 곽윤직, 『채권각론』, 박영사, 2003, p.38 이하.

도록 명문으로 규정하고 있는 국가도 있지만,[18) 우리나라는 단지 "상대방 있는 의사표시는 그 통지가 상대방에게 도달한 때로부터 그 효력이 생긴다"라고 하고 있다(민법 제111조 제1항). 그러나 명문 규정을 두지 않았다 할지라도 동 규정의 해석을 통하여 청약의 철회 가능성이 인정될 수 있다. 결국 우리 민법이나 독일 민법은 원칙적으로 청약의 철회권은 인정되지 않지만, 예외적으로 인정의 가능성이 있다고 하겠다.

2. 특별법상 철회권

청약의 의사표시가 도달된 이후에는 청약을 철회할 수 없도록 한 민법의 근본원칙은 1985년과 1997년 제정된 독일의 "방문판매거래Haustürgeschäft"와 "통신판매계약Fernabsatzverträge"에서 변화를 겪게 된다. 독일 민법 제130조 제1항과 달리, 양 계약에서 독일의 입법자는 계약이 성립되었다 할지라도 청약을 철회할 수 있는 권리를 부여하고 있다. 2002년 독일은 종래 방문판매법이나 통신판매법을 민법전에 수용하는 민법의 대폭적인 현대화 작업을 하였다. 민법에 수용된 이후에도 유효하게 성립된 특정한 소비자계약에서 원상회복관계로 전환시키는 철회권은 계속해서 인정되고 있다.

우리나라 역시 "방문판매 등에 관한 법률" 제8조와 "할부거래법" 제5조에서 일정한 요건 하에 매수인이 행한 청약의 의사표시는 정당한 이유가 없다고 할지라도, 예외적인 경우에 청약을 철회할 수 있도록 하고 있다. 철회권의 인정은 경솔하게 매수를 결정한 소비자로 하여금 신중을 기할 수 기능을 제공하게 된다. 이것은 "재고의 기간Überlegungsfrist"이라 할 수 있다. 철회권은 계약이 성립한 후에 계약상대방이 아무런 이유를 제시하지 않고도 교부한 청약의 의사표시를 무효로 돌릴 수 있는 법적 효과를 갖는다.

Ⅲ 해결방안

방문판매법 제45조는 소비자의 청약철회, 방문판매자의 손해배상 청구금액의 제한 규정

---

18) 독일 민법은 "격지자 간에 있는 타인에게 교부하는 의사표시는 상대방에게 도달되는 경우에 효력이 발생한다. 상대방에게 도달되기 전이나 도달과 동시에 철회의 의사표시가 상대방에게 도달되는 경우에는 그러한 의사표시는 효력이 발생하지 아니한다"고 제130조 제1항에서 규정하고 있다.

이 있어 이러한 규정에 위반한 계약으로서 소비자에게 불리한 것은 그 효력이 없다고 하고 있다. 일반적으로는 계약에서 당사자 간의 계약내용은 중요시되며 이행되어야 하는 것이 원칙이다. 그러나 일반 소비자의 경우에는 위 법률의 규정에 의하여 보호받을 수 있기 때문에, 계약서 특약란에 적혀 있는 취소불가에 대한 사항은 이행하지 않아도 된다. 한편 박스 개봉의 부분 역시 재화 등의 훼손을 이유로 사업자가 청약철회를 거절하는 경우가 종종 발생한다. 이 경우 방문판매 등에 관한 법률은 재화 등의 훼손에 대하여 소비자의 책임이 있는지의 여부에 대하여 다툼이 있는 경우에는, 방문판매자 등이 이를 입증하도록 하고 있다. 또한 동 법률 제8조(청약철회 등) 제2항 1호에서는 소비자에게 책임 있는 사유로 재화 등이 멸실 또는 훼손된 경우에는 청약철회를 할 수 없지만, 재화 등의 내용을 확인하기 위하여 포장 등을 훼손한 경우는 제외하는 것으로 규정하고 있다. 동 사례의 경우 방문판매법에서 정하고 있는 기간 내에 갑이 청약을 철회한 경우라고 한다면, 철회권의 행사는 문제가 없다고 할 것이다. 청약철회가 가능하다.

Ⅲ 관련 판례

대법원은 "교사가 교직의 계속적인 수행이 어려워 사직하기로 결심하고 작성일자를 3개월 뒤로 한 사직원을 제출하였다가 사직원의 작성일자 이전에 학교 측에 대하여 다시 근무할 것을 희망하는 의사를 밝혔으나 학교 측이 위 사직원을 근거로 면직처분을 하였다면, 위 사직원 제출은 사용자에 대하여 근로계약관계의 합의해지를 청약한 경우에 해당한다고 볼 것이고, 학교 측에 대하여 다시 근무할 것을 희망하는 의사를 밝힌 것은 종전의 사직의사표시를 철회한 것으로 보아야 할 것인 바, 이는 위 사직원 제출방법에 따른 근로계약관계의 종료를 위한 합의해지의 청약에 대하여 학교 측의 내부적인 승낙의사가 형성되기 전에 이루어진 것으로서 특별히 위 사직의사표시의 철회를 허용하는 것이 학교 측에 대한 불측의 손해를 주게 되는 등 신의칙에 반한다고 인정되는 특별한 사정이 없는 한 적법하게 그 철회의 효력이 생긴 것이라고 보아야 하고, 따라서 학교 측이 위 교사의 사직의사 철회 이후에 비로소 종전의 사직원에 기하여 그를 의원면직 처분한 것은 무효"라고 판시하고 있다.[19]

---

19) 대법원 1992. 4. 10. 선고 91다43138 판결.

'원고는 피고법인이 설치 경영하는 상문고등학교의 교원으로 채용되어 근무하여 오다가 만성간염의 질병으로 인하여 지각, 조퇴, 결근 등에 따른 수업결손이 잦아지게 되면서 학부모들로부터 항의나 보강을 맡은 동료 교원들의 불만 등으로 교직의 계속적인 수행이 더 이상 어렵게 되자, 1988년 12월 초 스스로 사직하기로 결심하고 사직원을 작성하여 위 학교장인 소외 상춘식에게 이를 제출하면서 다만 1989년 2월 말까지 계속 교원의 신분을 가지고 의료보험혜택과 봉급을 받을 수 있도록 도와 달라고 요청하였다. 그 승낙에 따라 이를 명확히 하기 위하여 위 사직원의 작성일자를 1989년 2월 28일로 기재하게 된 것임이 분명하고, 한편 원심이 채용한 을 제6호증(교원해임서), 을 제8호증(회의록), 을 제11호증(정관) 등의 각 기재에 의하면 피고법인의 정관상에는 위 학교의 일반 교원에 대한 임명권자는 이사장이고, 교원을 해임하는 경우에는 위 학교장의 제청으로 이사회의 의결을 거쳐야 하는 것으로 규정되어 있으며, 원고의 이 사건 사직원 제출에 대하여 그 소속 학교장인 위 상춘식이 원고가 위 질병이 완치되었음을 이유로 사직의사를 철회한 이후이고, 위 사직원 작성일자로 기재된 1989년 2월 28일에 비로소 그 사직원을 근거로 피고법인의 이사회에 원고의 해임을 제청하고 그해 3월 2일 위 이사회에서 원고를 의원면직하기로 하는 결의를 거쳐 이 사건 면직처분에 이르게 된 사건'에서 대법원은 "근로자가 일방적으로 근로계약관계를 종료시키는 해약의 고지방법에 의하여 임의사직하는 경우가 아니라, 근로자가 사직원의 제출방법에 의하여 근로계약관계의 합의해지를 청약하고 이에 대하여 사용자가 승낙함으로써 당해 근로관계를 종료시키게 되는 경우에는, 근로자는 위 사직원의 제출에 따른 사용자의 승낙의사가 형성되어 확정적으로 근로계약 종료의 효과가 발생하기 전에는 그 사직의 의사표시를 자유로이 철회할 수 있다고 보아야 할 것이며, 다만 근로계약 종료의 효과발생 전이라고 하더라도 근로자가 사직의 의사표시를 철회하는 것이 사용자에게 불측의 손해를 주는 등 신의칙에 반한다고 인정되는 특별한 사정이 있는 경우에 한하여 그 철회가 허용되지 않는다고 해석함이 상당하다"고 판시하고 있다.

제6장
연대보증인의 채무이행

대기업의 임원으로 근무하던 갑은 회사의 사정으로 회사를 떠나게 되었다. 특별하게 할 일을 찾지 못하던 그는 아내와 함께 동네에서 조그마한 치킨집을 운영하기로 결정하고 가지고 있는 자금을 모았다. 그러나 가지고 있는 자금으로는 가게를 운영할 수 없어 을 은행으로부터 3,000만 원을 대출받기로 하였다. 일정한 부동산이 없는 갑에게, 은행직원은 연대보증인을 세울 것을 요구하였다. 절친한 친구 병에게 부탁하였다. 마지못한 친구 병은 갑을 위하여 보증인이 되어 주기로 하였다. 잘 납입되던 원금과 이자가 약정된 날에 지급이 안 되자, 을 은행은 보증인 병에게 원리금 납입을 요구하였다. 을의 요구에 병은 지급을 거절할 수 있는가?

Ⅰ 논 점

1. 보증인의 채무이행

보증인의 채무, 이른바 보증채무라 함은 주채무자가 이행하지 아니한 경우에 보증인이 대신하여 주채무와 동일한 내용의 채무를 이행하는 것을 의미한다. 인적담보의 기능을 갖는다. 보증채무는 주채무를 대체할 수 있을 정도로 급부의 내용이 동일해야 하는 급부의 동일성을 갖는 동시에, 주채무와 성립 및 소멸의 운명을 같이 하는 부종성의 특징이 있다. 동시에 보증채무는 주채무의 부종성을 침해하지 않는 범위에서 독립한 별개의 채무에 해당한다.

보증채무는 주채무와 동일한 내용의 급부를 목적으로 함이 원칙이지만, 주채무와 별개의 독립의 채무이고, 보증채무자가 주채무를 소멸시키는 행위는 주채무의 존재를 전제로 하므로, 보증인의 출연행위 당시에는 주채무가 유효하게 존속하고 있었다 하더라도 그 후 주계약이 해제되어 소급적으로 소멸하는 경우에는 보증인은 변제를 수령한 채권자를 상대로 이미 이행합 급부를 부당이득으로 반환청구를 할 수 있다.[20] 한편 보증인은 최고와 검색의 항변권을 가지고 있다. 그 결과 주채무자는 1차적인 급부의무를 부담해야 하고, 보증인이 2차적 급부의무를 부담하게 된다(민법 제428조 제1항).

2. 보증보험

보증보험이란 피보험자와 어떠한 법률관계를 가진 보험계약자(주계약상의 채무자)의 채무불이행으로 인하여 피보험자(주계약상의 채권자)가 입게 될 손해의 전보를 보험자가 인수하는 것을 내용으로 하는 손해보험에 해당한다.[21] 형식적으로는 채무자의 채무불이행을 보험사고로 하는 보험계약에 해당하지만, 실질적으로는 보증의 성격을 가지고 있는 보증계약과 같은 효과를 목적으로 한다. 보증보험계약은 주계약 등의 법률관계를 전제로 하고 보험계약자가 주계약에 따른 채무를 이행하지 아니함으로써 피보험자가 입게 되는 손해를 약관의 정하는 바에 따라 그 보험계약금액의 범위 내에서 보상하게 된다. 그러므로 대법원이 판시하고 있는 바와 같이, 그 성질에 반하지 않는 한 민법의 보증에 관한 규정이 보증보험계약에도 적용되는 것으로 보아야 한다.[22]

▐▐ 해결방안

보증채무에서 보증인은 주채무자가 이행하지 아니하는 채무를 이행할 의무가 있다(민법 제428조). 따라서 채권자가 보증인에게 채무의 이행을 청구한 때에는 보증인은 주채무자의 변제능력이 있다는 사실 및 그 집행이 용이할 것을 증명하여 우선적으로 주채무자에게 채무이행을 청구할 것과 그 재산에 대하여 강제집행할 것을 항변할 수 있다(민법 제437조). 보증

---

20) 대법원 2004. 12. 24. 선고 2004다20265 판결.

21) 2014년 2월 20일 상법 보험편이 국회본회의를 통과하여 공포 후 1년 후인 2015년 3월 12일부터 시행될 예정으로 있다. 상법 보험편에 보증보험에 관한 규정이 없고, 보증보험이 갖는 보증 및 보험의 양면성으로 인하여 보증보험의 성질에 관한 견해가 대립하는 등 보증보험의 법률관계가 불명확하다는 비판이 제기된 바 있었다. 금번 개정을 통하여 보증보험에 관한 절이 신설되었다. 동 절에는 보험증보험자의 책임, 보험편 규정 중 보증보험의 성질상 적용이 부적절한 규정의 적용 배제 및 민법상 보증 규정의 준용 등에 관한 새로운 규정이 명문화되었다.

22) 대법원 1990. 5. 8. 선고 89다카25912 판결; 대법원 1997. 10. 10. 선고 95다46265 판결; 대법원 1999. 6. 8. 선고 98다 53707 판결; 대법원 2000. 12. 8. 선고 99다53483 판결; 대법원 2002. 5. 10. 선고 2000다70156 판결(공2002하, 1355).

인의 최고와 검색의 항변권 행사가 가능한 것이다. 다만, 연대보증은 보증인의 최고와 검색의 항변권을 행사할 수 없도록 하고 있다. 그러므로 채권자는 주채무자와 보증인에게 대한 우선적 청구권을 행사할 것인가에 대한 고려사항 없이 양자에게 임의 대로 이행을 청구할 수 있다(민법 제437조 단서). 결국 위 사례에서 은행 을은 보증인 병에게 주채무자가 이행하지 않는 3,000만 원을 변제할 것을 청구할 수 있다. 병인 연대보증인의 지위에 있는 이상, 그는 일반 보증인이 행사할 수 있는 최고와 검색의 항변권이 배제되어 있다는 사실에 유념해야 한다.

Ⅲ 관련 판례

주식회사 신한은행의 피고에 대한 개인주택 자금대출이 1997년 11월 27일 피고가 그 대출금의 수령을 위임한 청구주택 주식회사에게 적법하게 실행되었는데, 그 후 피고가 이 사건 대출금의 상환을 지체하여 원고가 보증보험계약에 따라 신한은행에 그 지급보증보험금을 지급하였다면서 피고에게 위 보험금의 구상을 구하는 원고의 청구와 관련하여, 대법원은 "보험계약자인 채무자의 채무불이행으로 인하여 채권자가 입게 되는 손해의 전보를 보험자가 인수하는 것을 내용으로 하는 보증보험계약은 손해보험으로, 형식적으로는 채무자의 채무불이행을 보험사고로 하는 보험계약이나 실질적으로는 보증의 성격을 가지고 보증계약과 같은 효과를 목적으로 하므로 민법의 보증에 관한 규정, 특히 민법 제441조 이하에서 정한 보증인의 구상권에 관한 규정이 보증보험계약에도 적용된다.[23] 또 보증채무자가 주채무를 소멸시키는 행위는 주채무의 존재를 전제로 하므로, 보증인의 출연행위 당시 주채무가 성립되지 아니하였거나 타인의 면책행위로 이미 소멸된 경우에는 비채변제가 되어 채권자와 사이에 부당이득반환의 문제를 남길 뿐, 주채무자에 대한 구상권은 발생하지 않는다"고 판시하였다.[24]

---

23) 대법원 1997. 10. 10. 선고 95다46262 판결.
24) 대법원 2004. 2. 13. 선고 2003다43858 판결.

제 7 장
사용자의 배상책임

갑은 대학교 앞에서 음식점을 경영하고 있다. 종업원 을은 평소 온순하고 성실한 젊은이였다. 손님 병과 함께 온 아이들이 음식점을 뛰어다니며 시끄럽게 떠들자, 종업원 을은 "조용히 하라"고 주의를 주었다. 그러자 손님 병이 "당신이 뭔데 남의 아이들에게 야단을 치냐"며 을에게 폭언과 폭행을 가하였다. 화가 난 을도 병에게 폭행을 가하여 전치 2주의 상처를 입혀, 병원에서 치료를 받고 있다. 손님 병은 가해를 한 가해자 을뿐만 아니라 식당주인인 갑에게도 손해배상책임을 부담하라고 요구한다. 병의 주장은 타당한가?

I 논 점

1. 불법행위책임의 의미

불법행위는 법률의 근본목적에 어긋나고 법률질서를 깨뜨리는 행위로서, 법률이 그 본질상 허용할 수 없는 것으로 평가될 수 있는 행위에 해당한다. 계약관계가 설정되지 않은 상황에서 손해를 입은 자가 일정한 자에게 그 배상을 요구할 수 있도록 하는 불법행위책임 방식은 현대 사회생활에서 그 비중이 더욱 증가되고 있다. 근대 이전에는 불법행위로 인한 손해배상책임의 원칙은 결과책임주의가 지배적이었다. 가해자의 고의 또는 과실의 유무를 불문하고 손해가 발생하기만 하면 손해배상책임을 인정하고자 한 것이다. 근대에는 결과책임주의에서 과실책임주의로의 수정이 이루어졌다. 가해자의 고의 또는 과실이라고 하는 귀책사유로 인하여 손해가 발생한 경우에만 배상책임을 인정하고자 한 것이다. 그러나 산업혁명 이후에는 고의 또는 과실의 귀책사유가 없더라도 가해자의 책임을 인정하는 방식을 받아들였다. 즉, 무과실책임을 인정한 것이다. 이는 기계의 발명으로 인하여 위험이 심화된 위험사회에서 가해자에 대한 책임의 전가를 확대하고 피해자보호를 강화하고자 한 것이라 하겠다.

2. 민법상 불법행위책임

1) 요 건

우리 민법상 불법행위라 함은 고의 또는 과실로 인한 위법행위로 타인에게 손해를 가하는 행위를 말하고, 불법행위로 인한 생긴 손해는 가해자가 배상을 하여야 한다(민법 제750조). 불법행위로 인한 책임이 성립하려면, ① 가해자의 고의 또는 과실이 있어야 한다. ② 가해자에게 책임능력이 있어야 한다. ③ 행위가 위법하여야 한다. ④ 위법한 행위로 손해가 발생하여야 한다. ⑤ 손해발생과 위법행위 사이에 인과관계가 있어야 한다.

2) 특 징

우리 민법 제750조가 규정하고 있는 불법행위책임은 독일 민법이 취하고 있는 개별적 일반조항이라기보다는 프랑스 민법이 취하고 있는 포괄적 일반조항의 형식을 수용한 것으로 알려지고 있다. 우리 민법은 일반불법행위책임을 제750조에 규정하면서 17개의 추상적인 규범들을 두고 있다. 반면, 독일 민법은 불법행위에 대하여 우리 민법 제750조나 스위스 채무법 제41조와 같은 포괄적이고 일반적인 규정이 아닌, 그 범위가 상당히 넓은 독일 민법 제823조 제1항 및 제826조와 그것을 보충하거나 중복되는 제824조와 제825조, 제831조와 제832조, 제839조 등의 개별적인 규정을 두고 있다.

3) 사용자배상책임

어떤 사업을 위하여 타인을 사용하는 자는 피용자가 그 사업의 집행에 관하여 제3자에게 가한 불법행위로 인한 손해를 배상해야 할 책임을 인정하고 있다(민법 제756조 1항 본문). 이를 사용자배상책임이라고 한다. 사용자배상책임은 민법이 규정하는 특수적 불법행위의 일종이다. 사용자배상책임은 타인의 불법행위에 관하여 책임을 지고 자기의 직접적인 과실이 없다고 할지라도 책임을 부담해야 한다는 점에서 책임무능력자의 감독자의 책임(제755조), 공작물점유자자 등의 책임(제758조), 동물점유자의 책임(제759조)과 함께 예외를 이루고 있다. 그러나 사용자는 피용자의 선임 및 그 사무감독에 상당한 주의를 한 때, 또는 상당한 주의를 하여도 손해가 있을 경우에는 책임을 면한다(제756조 1항 단서). 또한 사용자가 책임을 부담한 때에는 피용자에 대하여 구상권을 사용할 수 있다(제756조 3항). 사용자에 갈음하여 그 사무를 감독하는 자도 사용자와 같은 책임을 부담해야 한다(제756조 2항).

Ⅱ 해결방안

가해자 을에 의하여 손해를 입은 손님 병은 을에 대하여 불법행위로 인한 손해배상책임을 물을 수 있다(민법 제750조). 종업원이 미성년자인 경우에도 그 책임을 인정해야 하는가라는 물음이 제기될 수 있지만, 미성년자라 할지라도 불법행위책임능력은 인정되기 때문에, 그 책임을 묻는 것은 하등의 문제가 되지 않는다. 불법행위능력은 정해진 연령에 의하여 좌우되는 것이 아니라 행위자의 사리변식능력에 좌우되는 것으로 알려져 있다. 문제는 미성년자인 종업원 을이 불법행위책임능력을 가지고 있다 하더라도 손해배상을 할 능력이 없는 경우이다. 이 경우 피해자는 가해자인 미성년자 을이 아니라 사용자인 갑에게 사용자배상책임을 물을 수 있다. 민법 제756조가 이를 규정하고 있다.

타인이라고 하는 종업원을 사용하여 식당의 업무를 종사하게 한 사용자 갑은, 만약 피용자인 을이 그 사무집행에 관하여 손님인 제3자에게 손해를 가한 경우에는, 사용자인 갑이 그로 인한 손해배상의무를 부담해야 한다(민법 제756조 제1항). 사용자배상책임은 사용자의 과실을 요구하지 아니하고 그 책임을 인정한다. 다만, 사용자가 피용자의 선임 및 그 사무감독에 상당한 주의를 한 때 또는 상당한 주의를 하여도 손해가 있을 경우에는 책임이 성립하지 않는다. 위 사례의 경우 음식점의 종업원 을이 손님 병에게 폭행을 가한 경우, 면책이 될 수 있는 요건을 입증하지 못한다면, 민법 제756조에 따른 사용자배상책임을 면하기 어려울 것이다.

Ⅲ 관련 판례

사용자책임에서 문제가 되는 것은 피용자가 그 사무집행에 관하여 제3자에게 손해를 가한 경우, "사무집행에 관하여"라는 문구에 대한 해석범위에 있다. 대법원은 "민법 제756조에 규정된 사용자책임의 요건인 '사무집행에 관하여'라는 뜻은 피용자의 불법행위가 외형상 객관적으로 사용자의 사업활동 내지 사무집행행위 또는 그와 관련된 것이라고 보여질 때에는 행위자의 주관적 사정을 고려함이 없이 이를 사무집행에 관하여 한 행위로 본다는 것으로, 피용자가 고의에 기하여 다른 사람에게 가해행위를 한 경우 그 행위가 피용자의 사무집행 그 자체는 아니라 하더라도 사용자의 사업과 시간적·장소적으로 근접하고, 피용자의 사무의 전부 또는 일부를 수행하는 과정에서 이루어지거나 가해행위의 동기가 업무처리와 관련된 것일 경우에는 외형적·객관적으로 사용자의 사무집행행위와 관련된 것이라고 보아 사용자책임이 성립한다"고 판시하고 있다.[25]

사용자배상책임과 관련된 최근 사례로는 다음과 같은 판결이 있다. 대법원은 "'건설회사가 비자금으로 상품권을 구입하려고 하는데, 담당자는 그 회사 공사계약 팀 갑 대리이다.'라는 판촉물 도소매업자 을의 거짓말과 그의 부탁을 받고 같은 취지로 거짓말한 갑의 말을 믿고 갑에게 상품권을 교부하여 대금 결제를 받아 온 병이, '갑은 더 이상 상품권 거래업무를 담당하지 않을 것이며, 그 업무는 건설회사의 상무가 직접 담당할 것'이라는 을의 거짓말을 들은 후에도 그 건설회사 상무에게 거래의 진정성 여부를 전혀 확인하지 않은 채 을에게 상품권을 교부하였다가 그 대금 일부의 결제를 받지 못하는 손해를 입은 사안에서, 병이 조금만 주의를 기울였더라면 갑의 일련의 행위가 그 직무권한 내에서 적법하게 행하여진 것이 아니라는 사정을 알 수 있었음에도 만연히 이를 직무권한 내의 행위라고 믿음으로써 일반인에게 요구되는 주의의무를 현저히 위반하였다"고 판시한 바 있고,[26] "피해자가 증권회사 직원에게 송금한 투자금 상당액의 손해를 입었음을 이유로 증권회사를 상대로 사용자책임을 구한 사안에서, 증권회사의 증권거래계좌를 이용하지 않은 채 별도로 증권회사 직원과 사이에 개인적인 자금투자거래관계를 맺어 오고 있었다는 사정만으로 곧바로 '피용자의 행위가 사용자의 사무집행행위에 해당하지 않음을 피해자 자신이 알았거나 또는 중대한 과실로 알지 못한 경우'에 해당한다고 할 수 없다"고 한 대법원 판결[27] 등이 있다.

---

25) 대법원 2000. 2. 11 선고 99다47297 판결; 대법원 2011. 11. 24. 선고 2011다41529 판결.
26) 대법원 2010. 7.22. 선고 2010다20211 판결.
27) 대법원 2009. 5.14. 선고 2007다75921 판결.

제 8 장

임대차계약상 임대인의
손해배상청구권 행사 여부

을은 갑 소유 다가구주택의 2층을 임차하여 거주하고 있다. 원인을 알 수 없는 화재가 임차인 주택에서 발생하였다. 화재의 발생으로 주택이 전부 소실되었다. 경찰의 조사에 따르면 전기누전으로 추정된다고 한다. 주택소유자이자 임대인 갑은 임차인 을에게 주택소실로 인한 손해배상청구를 하였다. 이 경우에 임차인 을은 자신은 잘못이 없다고 하면서 손해배상을 할 수 없다고 하자, 임대인 갑은 손해배상 대신에 임대차보증금을 돌려주지 않겠다고 한다. 을은 자신의 임대차보증금을 돌려받을 수 있을까?

Ⅰ 논 점

1. 임대차계약의 의의

임대차계약이라 함은 당사자 일방인 임대인이 상대방인 임차인에게 목적물을 사용 및 수익할 수 있도록 하고, 그 상대방이 대가로서 차임을 지급할 것을 약정함으로써 성립하는 계약을 말한다(민법 제618조). 우리 생활에서 주택을 가지고 있지 않은 사람은 거의 다른 사람의 주택을 빌려서 사용하게 된다. 임대차는 동산이나 부동산 모두 그 목적물로 할 수 있다. 부동산은 그 장소에게 삶을 영위하게 된다는 점에서 매우 중요한 의미를 가지고 있다. 임대차계약은 임대보증금이 동반하게 되는데, 임대인은 동 계약이 종료하는 때에 임차인의 채무불이행이 없으면 전액을 반환하게 된다. 그러나 임차인의 채무불이행이 있으면 채무불이행으로 발생한 손해를 보증금 가운데에서 공제하고 잔액을 반환하게 된다. 보증금계약은 임대차에 종된 계약이므로 임대차관계에 수반하여 이전하게 된다.

2. 임차인 보호필요성

임차인은 임대인과의 관계에서 약자에 해당한다. 물건을 이용하는 임차인을 보호하기 위한 제도로서 전세권을 설정하는 방법이 있다. 전세권은 새로운 물권을 창설함으로써 물건을 이용하는 임차인을 보호하는 제도로 볼 수 있다. 그러나 물건의 소유자인 임대인을 이를 꺼려하는 경향이 많고, 경제적 약자로서 임차인은 부득이하게 전세권의 등기를 하지 못하는 불이익을 감수하면서, 타인의 주택에 거주하게 된다. 그러나 만약 거주하고 있는 주택이 제3자에게 매매 등의 계약으로 양도하게 되면 임차인은 집을 비워주어야만 하는 상황에 직면하게 된다. 그래서 등장한 것이 주택임대차보호법이라고 하는 특별법이다.

▐▌ 해결방안

임대차계약관계가 종료되면 임차인은 목적물을 반환하고, 임대인은 그 보증금을 반환해 줄 의무를 부담하게 된다. 그런데 반환해야 할 임대물건이 소실되면 반환할 수 없어 손해배상의 문제가 발생한다. 본 사례는 화재로 인하여 주택을 반환할 수 없는 경우에 해당한다. 다가구 주택 중 임차인이 임차한 부분에서 화재가 발생하였다. 본 사례에서 화재로 인하여 임차물인 주택이 소실되어 그 물건을 반환할 수 없다고 한다면, 원칙적으로 임차인에게 책임이 있다. 다만, 임차한 건물에 대하여 임차인이 그 건물의 보존에 선량한 관리자의 주의의무를 다하였다는 점을 증명한다면, 그 책임으로부터 벗어날 수 있는 가능성은 있다. 그러나 그러한 증명을 할 수 없다고 한다면, 임차인 주택의 손실정도에 따라 손해를 배상해야 하는 책임을 면하기 어려울 것이다.

Ⅲ 관련 판례

대법원은 "원고 소유인 이 사건 건물 중 25평을 임차하여 부광테이프라는 상호로 테이프 제조공장을 경영하여 오던 중 위 공장 내에서 화재가 발생하여 이 사건 건물 전부가 소실된 사실을 인정한 다음, 피고가 이 사건 임차건물의 보존에 관하여 선량한 관리자로서의 주의의무를 다하였다고 인정할 증거가 없음을 이유로 피고에게 이 사건 건물의 소실로 인한 손해배상책임이 있다"고 판시한 바 있다.[28]

대법원은 1994년 2월 8일 "원고 소유인 이 사건 건물 175.6m^{2}를 임차하여 밥상의 칠을 하는 공장으로 사용하여 오던 중 구정 연휴로 휴무 중이던 1991년 2월 17일 화재가 발생하여 이 사건 건물 전부가 소실된 사실, 위 화재 당시 이 사건 공장 내에는 신나 등 인화물질이 많이 있었던 사실, 위 화재는 이 사건 건물내부에서 발생한 사실을 인정하는 한편 위 화재가 동네아이들의 쥐불놀이에 기인한 실화로는 볼 수 없다고 한 다음, 비록 위 화재의 원인이 불명이며 피고가 1991년 2월 13일부터 구정휴무로 작업을 중지하면서 연탄불을 끄고 전기스위치를 차단하고 공장의 문을 닫는 등과 같은 조치를 취한 사실을 인정한 사례에서, 이러한 사실만으로 피고가 동 사건 임차건물의 보존에 관하여 선량한 관리자로서의 주의의무를 다하였는가"에 대하여 의문을 제기하였다.[29] 동 판결에서 대법원은 "임차인의 임차물반환채무가 이행불능이 된 경우에 임차인이 그 이행불능으로 인한 손해배상책임을 면하려면, 그 이행불능이 임차인의 귀책사유에 의하지 아니한 것임을 입증할 책임이 있으며, 임차물이 화재로 소실된 경우에 그 화재발생 원인이 불명인 때에도 임차인이 그 책임을 면하려면 그 임차건물의 보존에 관하여 선량한 관리자의 주의의무를 다하였음을 입증하여야 한다"고 판시하였다. 덧붙여 대법원은 이 사건 건물이 사람의 왕래가 적은 시골에 위치하여 평소에 건물을 지키기 위한 수위 등을 둘 만한 사정이 아니었고, 이 사건 화재로 인하여 피고도 상당한 손해를 입었으며, 피고가 원고보다 경제적으로 더 어려운 입장에 처하여 있는 등 사정이 있다 하더라도 그와 같은 사정만 가지고는 피고의 책임을 면하기 어렵다는 요지로 판시하였다.

---

28) 대법원 1992. 9. 22. 선고 92다16652 판결.
29) 대법원 1994. 2. 8. 선고 93다22227 판결.

제 9 장
주택임대차계약상 임차인의
임대보증금 반환청구권

갑은 2014년 3월 서울시내 소재한 을 소유의 주택을 보증금 2,500만 원에 2년 기간의 전세로 임차하였다. 그 후 을로부터 주택을 인도받고 주민등록도 이사한 즉시 이전하였다. 그러나 전세계약서에 확정일자를 받는 것을 차일피일 미루고 있었다. 그러는 사이에 임대인 을이 사업자금으로 사용하기 위하여 병 은행으로부터 갑이 살고 있는 주택을 담보로 대출을 받고 근저당권을 설정하였다. 최근 을은 사업부진으로 부도를 내고 잠적하였다고 한다. 병 은행은 임차인 갑이 거주하고 있는 주택에 강제집행을 하고자 한다. 갑은 보증금을 돌려받을 수 있는가?

Ⅰ 논 점

1. 주택차용 방법

타인의 주택을 빌려 쓰는 방법에는 현행 민법상 두 가지가 있다. 하나는 물권인 전세권을 설정하는 방법이고, 다른 하나는 채권인 임차권을 설정하는 방법이다.

1) 전세권

전세권이란 전세금을 지급하고 타인의 주택이나 건물을 점유해 그 용도에 따라 사용·수익하며, 후순위권리자 기타 채권자보다 전세금을 우선 변제받을 권리가 있는 물권을 말한다. 민법은 제303조 이하에 전세권을 대한 사항을 규정하고 있다. 전세권을 설정하면 제3자에게 대항력이 있고 임대인의 동의 없이 양도·임대·전세 등을 할 수 있으며, 전세권의 기한이 만료되는 경우에는 전세권설정자가 전세금 반환을 지체할 때에는 전세권자는 민사집행법에 정한 바에 따라 전세권의 목적물의 경매를 청구할 수 있다.

전세권은 설정자인 소유자의 도움이 없더라도 목적부동산을 직접 지배할 수 있는 물건이므로 소유권자가 바뀌더라도 전혀 영향을 받지 않는다. 소유자가 전세권설정자의 지위를 승계하게 되고, 구 소유자는 전세권설정자의 지위를 상실하게 된다. 따라서 전세권이 소멸한 때에도 새로운 소유자가 전세권자의 지위에서 전세금반환의무를 부담하게 되고, 구 소유자는 전세금반환의무를 면하게 된다. 민법은 전세권자는 그 부동산 전부에 대하여 후순위 권리자 기타 채권자보다 전세금의 우선변제를 받을 권리가 있다는 사항을 규정하고 있다(민법 제303조). 전세권의 존속기간을 1년 미만으로 정한 때에는 이를 1년으로 하며 전세권의 설정은 이를 갱신할 수 있다.

2) 임차권

임차권이라 함은 임대차계약에 의하여 임차인이 임차물을 사용·수익하는 권리를 말한다. 임차권은 목적물을 사용·수익할 수 있는 권리로서 실질적으로는 목적물을 직접 지배하는 물권적 성격이 없는 것은 아니지만, 임대인에 대한 사용·수익에 대한 청구권으로서 채권에 해당한다. 그러므로 지상권이라든가 전세권 같은 물권과는 차이가 있다. 임차권은 그 본질이 채권이므로 사용·수익할 수 있는 권리만 인정될 뿐 제3자에 대한 대항력이 없다. 임차인은 전세권 등기를 하여 제3자에게 대항력을 갖추는 것이 보호의 측면에서 실익이 있다. 그러나 임대인은 자기 소유권에 부담이 되는 전세권 등의 물권을 설정하는 것을 꺼려하기 때문에 임차인은 임차권으로 만족할 수밖에 없는 실정이다.

2. 임대차보호법상 임차인 보호

1) 임차권 등기제도

자신의 소유권에 부담이 되는 전세권 등의 물권을 설정해주는 것을 꺼려하고 있는 점을 고려하여, 민법은 임차인을 보호하기 위해 임대차의 등기를 명문으로 규정하고 있다. 즉, 부동산임차인은 당사자 간에 반대약정이 없으면 임대인에 대하여 그 임대차등기절차에 협력할 것을 청구할 수 있도록 한 것이다(민법 제621조). 주거용 건물의 임차인도 임차권을 등기하게 되면 제3자에 대하여 대항력이 있다. 그러나 현실적으로 임차권의 등기는 잘 이루어지기 어려우므로, 임차권등기제도는 임차인보호에 별다른 기여를 하지 못하고 있다는 지적이 있었다. 그 결과 제정된 것이 바로 주택임대차보호법이다.

2) 임대차보호법상 대항력

주택임대차보호법에 따르면, 주택임차인이 주택의 인도와 주민등록전입신고를 마친 다음 날부터 제3자에 대하여 임차권을 주장할 수 있는 대항력이 생기도록 하였고(동법 제3조), 이러한 대항요건과 임대차계약증서상의 확정일자를 갖춘 임차인은 민사소송법에 의한 경매 또는 국세징수법에 의한 공매 시 임차주택(대지를 포함함)의 환가대상에서 후순위권리자 기타 채권자보다 우선하여 보증금을 변제받을 권리가 있게 된다(동법 제3조의 2 제2항). 2001년 12월 29일 상가건물임대차보호법이 제정되어 상가건물의 임차인도 주택임차인과 유사한 보호를 받게 되었다. 주택을 소유하지 못하는 서민의 주거생활 안정을 위하여 제정된 '주택임대차보호법'과 상가건물 임차인의 경제생활 안정을 위하여 제정된 '상가건물임대차보호법'은 민법의 부동산임대차에 대한 특례를 인정하고 이를 강행법규화하여 임차인의 지위를 강화하고자 하는 목적이 있다고 하겠다.

▐▌ 해결방안

본 사례에서 갑은 임대인 을로부터 주택의 인도와 주민등록이 마친 상태로서 대항력을 취득하였다. 그러므로 경락인에게 임차권을 주장할 수는 있다. 그러나 확정일자를 받지 않았기 때문에 선순위권자인 병 은행에 대하여 전세금(임대차보증금)반환청구권을 주장할 수는 없다(주택임대차보호법 제3조의 2 제2항). 여기서 우리는 최우선변제권과 우선변제권을 이해해야만 한다. 최우선변제권이란 소액보증금 가운데 일정한 범위에서 임대권리에 앞선 설정 저당권이나 기타권리보다 우선적으로 변제받을 수 있는 권리를 말하고, 우선변제권이란 채권자 중의 어떤 자가 채무자의 전 재산 또는 특정의 재산으로부터 다른 채권자에 우선하여 변제받을 수 있는 권리를 의미한다. 우선변제권은 주택이 경매나 공매에 붙여져 넘어가는 경우에 적용되고 일반적인 매매계약이 상속 또는 증여 등의 경우에는 적용되지 않는다.

임차인이 입주를 하면 주택의 인도가 이루어지게 된다. 동 사례에서 임차인은 주택을 인도 받았고 동사무소에 가서 주민등록전입의 신고를 하였으니 기본적인 대항력을 갖게 된다. 그 러므로 경락인 등에게 임차권을 행사하는 것은 가능하다. 또한 임차인은 해당 동사무소를 방 문하여 확정일자를 받아야만 임대차보호법상 후순위권리자 기타 채권자보다 우선하여 보증 금을 받을 수 있지만, 동 사례에서 임차인은 확정일자를 받지 못한 상태이다. 선순위자인 은 행에 우선하여 임대차반환청구권인 보증금을 받을 수 없다. 결국 최우선변제권은 주장할 수 있지만, 우선변제권은 행사할 수 없는 상황에 직면하게 될 것이다.

Ⅲ 관련 판례

"갑이 임의경매절차에서 최고가매수신고인의 지위에 있던 을과 주택임대차계약을 체결한 후 주택을 인도받아 전입신고를 마치고 임대차계약서에 확정일자를 받았는데, 다음 날 을이 매각대금을 완납하고 병 주식회사에 근저당권설정등기를 마쳐준 사안에서, 을이 최고가매 수신고인이라는 것 외에는 임대차계약 당시 적법한 임대권한이 있었음을 인정할 자료가 없 는데도 갑이 아직 매각대금을 납부하지도 아니한 최고가매수신고인에 불과한 을로부터 주 택을 인도받아 전입신고 및 확정일자를 갖추었다는 것만으로 주택임대차보호법 제3조의2 제2항에서 정한 우선변제권을 취득한 것"인가에 물음이 제기되었다.[30]

대법원은 "원고는 종전 임의경매절차에서 최고가매수신고인의 지위에 있던 소외 1과 2007년 10월 13일 이 사건 주택에 관한 임대차계약을 체결한 후, 같은 달 23일 종전 임차인 소외 2로부터 이 사건 주택을 인도받은 소외 1로부터 이 사건 주택을 인도받아 같은 날 전입 신고를 마치고 임대차계약서에 확정일자를 받았으며, 소외 1이 같은 달 24일 매각대금을 완 납하고 피고에게 근저당권설정등기를 마쳐준 사실은 알 수 있으나, 소외 1이 최고가매수신 고인이라는 것 외에는 위 임대차계약 당시 적법한 임대권한이 있었음을 인정할 자료는 기록 상 찾아볼 수 없다. 그럼에도 불구하고 원심이, 원고가 아직 매각대금을 납부하지도 아니한 최고가매수신고인에 불과한 소외 1로부터 2007년 10월 23일 이 사건 주택을 인도받고, 전입

---

30) 대법원 2014. 2. 27. 선고 2012다937794 판결.

신고 및 확정일자를 갖추었다는 것만으로 그다음 날인 2007년 10월 24일 00:00 우선변제권을 취득하였다고 단정한 것은, 주택임대차보호법상 적법한 임대권한에 관한 법리를 오해한 것"이라고 하였다.

제 10 장
공작물 점유자, 소유자의 책임

갑은 친구와 함께 빌딩을 수리하는 공사현장을 지나가다 건물 위에서 떨어지는 망치에 맞아 어깨를 심하게 다쳤다. 그 망치는 을 건설주식회사의 종업원이 발을 잘못 딛는 바람에 떨어뜨린 것이었다. 갑은 망치를 떨어뜨린 종업원뿐만 아니라 을 건설주식회사에게 손해배상청구를 하였다. 그러나 을 건설회사는 종업원의 과실로 인한 것이니, 자신에게는 책임이 없다고 주장한다. 피해를 입은 갑은 을 건설회사에 대하여 발생한 손해를 배상해 달라는 청구권을 행사할 수 있을까?

I 논 점

1. 의 의

공작물 등의 점유자, 소유자의 책임에 관한 내용이다. 공작물의 설치 또는 보존의 하자로 인하여 타인에게 손해를 가한 때에는 공작물 점유자가 손해를 배상할 책임이 있다. 그러나 점유자가 손해의 방지에 필요한 주의를 해태하지 아니한 때에는 그 소유자가 손해를 배상할 책임이 있다. 민법 제758조는 공작물 등의 점유자, 소유자의 책임을 규정하고 있다. 본 규정은 공작물의 설치 또는 보존의 하자로 타인의 손해가 발생한 경우에, 공작물의 점유자에게 제1차적인 책임을 묻고, 만약 점유자의 책임을 묻지 못하는 경우라면 소유자가 제2차로 책임을 부담하는 체계로 이루어져 있다. 양자의 책임은 그 성질을 달리하고 있는데, 점유자의 책임은 중대한 과실이 있는 경우에만 책임을 부담하는 중과실책임이지만, 소유자의 책임은 과실이 없다고 할지라도 책임을 부담해야 하는 무과실책임이다.

2. 개 념

동 규정에서 공작물은 인공적 작업에 의하여 만들어진 물건을 말하고, 공작물의 점유자는 공작물을 사실상 지배하면서 그 설치 또는 보존상의 하자로 인하여 발생할 수 있는 각종 사고를 방지하기 위하여 공작물을 보수·관리할 권한 및 책임이 있는 자라고 할 수 있다.[31] 공작물의 설치·보존상의 하자라 함은 공작물이 용도에 따라 통상 갖추어야 할 안전성을 갖추지 못한 상태에 있음을 의미하고, 이와 같은 안전성의 구비 여부를 판단하는 데는 당해 공작물의 설치·보존자가 그 공작물의 위험성에 비례하여 사회통념상 일반적으로 요구되는 정도의 방호조치의무를 다하였는지 여부를 기준으로 삼아야 한다.[32]

▍▍ 해결방안

동 사안을 살펴보면, 을 건설주식회사는 빌딩의 수리에 필요한 작업설비를 보수·관리할 만한 권한 및 책임이 있는 점유자에 해당한다. 동시에 동 회사는 소유자이기도 하다. 따라서 을 건설주식회사는 빌딩을 수리할 때에 도로상에 물건이 떨어지지 않도록 안전망을 설치하는 등 안전설비를 갖추어야 함에도 불구하고, 그러한 설비를 갖추지 않았거나 설비를 갖추었다고 하더라도 각종 사고를 방지할 수 있을 정도의 안전성을 갖추지 못한 상태에 있었다. 을 건설주식회사가 공작물의 설치·보수상의 하자를 가지고 있음을 알 수 있다. 그러므로 을 건설주식회사는 민법 제758조에 의해 공작물의 점유자 내지 소유자로서 책임을 져야 한다. 피해를 당한 피해자는 을 건설주식회사에 대하여 발생한 손해에 대한 배상청구를 할 수 있다.

▍▍ 관련 판례

공작물의 임차인인 직접점유자가 공작물의 설치 보존의 하자로 손해를 입은 경우 소유자의 책임을 인정할 것인가에 대한 물음이 제기되었다. 연탄가스중독사고가 피고의 소유인 공

---

31) 대법원 2000. 4. 21. 선고 2000다386 판결.
32) 대법원 1999. 12. 24. 선고 99다45413 판결.

작물의 설치 또는 보존의 하자로 인하여 발생한 사건에서, 대법원은 "공작물의 설치 또는 보존의 하자로 인하여 타인에게 손해를 가한 때에는 제1차적으로 공작물의 점유자가 손해를 배상할 책임이 있고 공작물의 소유자는 점유자가 손해의 방지에 필요한 주의를 해태하지 아니한 때에 비로소 제2차적으로 손해를 배상할 책임이 있는 것이지만, 공작물의 임차인인 직접점유자나 그와 같은 지위에 있는 것으로 볼 수 있는 사람이 공작물의 설치 또는 보존의 하자로 인하여 손해를 입은 경우에는 소유자가 그 손해를 배상할 책임이 있다"고 판시하였다.[33]

다른 판례에서 대법원은 공장근저당권자가 공장의 부도로 대표이사 등이 도피한 상태에서 담보물의 가치를 보전하기 위하여 경비용역업체를 통하여 공장을 경비한 사실만으로 민법 제758조 제1항 소정의 공작물점유자에 해당한다고 볼 수 없다고 한 판단한 바 있으며,[34] 또 다른 사건에서 "이 사건 사고 지점은 내리막 구간에서 오르막 구간으로 교차되는 곳이고, 주위 300m 구간에는 집수정 및 배수시설물 각 4개소가 설치되어 있으며, 피고가 위 고속도로 상을 계속적으로 순찰하면서 사고처리 및 오물제거 작업을 수행해왔다고 하더라도, 이 사건 사고 지점에 빗물이 고여 발생한 고속도로의 안전상의 결함이 객관적으로 보아 시간적, 장소적으로 피고의 관리행위가 미칠 수 없었던 상황 아래 있었다는 특별한 사정이 인정되지 아니하는 한, 위와 같은 사실만으로 피고가 고속도로에 대한 사회통념상 일반적으로 요구되는 정도의 방호조치의무를 다하였다고 할 수는 없다"고 판단하였다.[35]

---

33) 대법원 1993. 11. 9. 선고 93다40560 판결.
34) 대법원 2000. 4. 21. 선고 2000다386 판결.
35) 대법원 1999.12. 24. 선고 99다45413 판결.

제 11 장
태아의 손해배상청구권

갑의 처 을은 운전사 병의 부주의에 의한 교통사고로 사망하였다. 그 당시 을은 횡단할 수 있는 곳을 지나하다가 교통사고를 당하였고, 특히 교통사고의 주원인은 운전사 병의 과다한 음주로 밝혀졌다. 당시 밤중에 비가 오고 있음에도 불구하고 과속으로 운전을 한 것도 사고에 한 몫을 한 것으로 알려졌다. 당시 갑의 처 을은 임신 8개월째였다. 교통사고로 인하여 태아는 사산되고 말았다. 갑은 태아의 사망에 의한 재산상 및 정신상 손해에 대한 배상을 청구할 수 있는가?

▊ 논 점

1. 자연인의 권리능력

　민법은 사람은 생존한 동안 권리와 의무의 주체가 된다고 규정하고 있다(민법 제3조). 그러므로 사람은 생존하는 동안이라야 권리주체로서 존재하게 된다. 권리능력Rechtsfähigkeit을 가지고 있는 자는 권리주체로서 인정된다. 그렇다면 권리능력이란 무엇일까? 우리 민법은 권리능력에 대한 정의를 내리고 있지 않다. 일반적으로 권리능력이라 함은 권리의 주체가 될 수 있는 추상적이면서 잠재적인 법률상의 지위나 혹은 성질을 의미한다.[36]

---

36) 이영준, 『민법총칙』, 박영사, 2007, p.839.

2. 법인의 권리능력

권리능력을 어떻게 정의해야 할 것인가에 대하여, 독일에서도 많은 논란이 야기된 바 있다. 독일 민법 역시 권리능력을 명시적으로 정의하지 않고 있다. 권리와 의무의 주체가 될 수 있는 능력이나 성질을 권리능력이라고 하는 학자도 있고, 권리와 의무의 주체가 될 수 있는 인(사람)의 능력을 권리능력이라고 주장하는 학자도 있다. 학자들 간의 말장난 같지만, 이러한 논의는 상당한 의미와 도그마를 동반하고 있다. 권리능력이라고 하는 개념이 단지 자연인의 영역에서 끝나는 것이 아니라, 자연인이 결합된 인적 결합체의 권리능력에 대한 인정은 법인론과 관련되어 상당히 복잡한 문제를 야기하게 된다. 법률상의 인(사람)으로서 법인의 권리능력을 인정하는 것은 무리가 없다. 그러나 민법상 조합이나 합자조합 등 합수조합에게 권리능력을 인정하는 것은 법인과의 구별문제 등 다양한 논의가 전개될 수 있다.

3. 행위능력

권리능력과 구분해야 할 개념이 바로 행위능력이다. 단독으로 유용한 법률행위를 할 수 있는 능력을 행위능력Handlungsfähigkeit이라고 한다. 권리능력이 있다고 하여 반드시 행위능력이 있는 것은 아니다. 미성년자는 권리능력을 가지고 있으며, 권리주체로서 인정된다. 그러나 미성년자는 행위무능력자로서, 그 자가 단독으로 한 법률행위는 이를 취소할 수 있도록 하고 있다(민법 제5조, 제10조, 제3조).

▌▌ 해결방안

사람은 출생이 완료된 때에 비로소 권리능력을 취득한다고 하는 원칙에 충실하면, 어머니 뱃속에 있는 태아는 아직 사람으로 탄생이 완료된 것이 아니기 때문에, 민법상 권리능력을 인정할 수 없게 된다. 그러나 본 사안에서 보는 바와 같이, 부모가 사망한 직후에 태어난 자는 부의 사망 당시 태아라고 하는 이유로 상속인이 되지 못하는 경우가 발생한다. 이는 대단히 불공평하다고 하겠다. 그래서 우리 민법은 이 경우 태아를 보호하기 위한 법적인 장치를 마련하였다. 민법은 특정한 중요관계에서, 예컨대 불법행위에 기한 손해배상의 청구(민법

제762조), 재산상속(민법 제1003조 제3항), 대습상속(민법 제1001조), 유류분(민법 제1112조), 유증(민법 제1064조)에 관하여 태아를 개별적으로 보호하고자 한다. 정책적인 배려에 의하여 이 경우 태아는 권리능력을 갖게 된다.

▓ 관련 판례

"원고 남희순의 처로서 1966년 1월 20일 본건 차량사고 당시 임신 7개월의 몸이었는데, 그 날 위 차량사고로 인한 부상으로 말미암아 1966년 2월 2일 5시 정각 임신 8개월 만에 남아를 출생하였으나 이것이 이른바 미숙아이어서 그날 16시경 사망하였다. 이 사고가 없었다면 위 남아는 건강한 태아로 성장하였을 것이다" 교통사고의 충격으로 태아가 조산되고 또 그로 인하여 제대로 성장하지 못하고 사망한 경우, 태아의 불법행위로 인한 손해배상청구권을 인정할 것인가에 대하여 대법원은 "위 불법행위는 한편으로 산모에 대한 불법행위인 동시에 한편으로는 태아 자신에 대한 불법행위라고 볼 수 있으므로, 사망한 아이는 생명침해로 인한 재산상 손해배상청구권이 있다"고 판시하였다.[37] 대법원은 "이 경우에 태아가 아직 권리능력을 취득하기 이전이니까 모체 내에서 독자적으로 불법행위의 객체가 될 수 없는 것이라고 볼 수는 없는 것이요, 또한 위에서 본 바와 같은 결론을 이끌어 내는 데 있어서 민법 제762조(손해배상청구권에 있어서의 태아의 지위)의 규정이 어떠한 장애를 주는 것도 아니다"라고 판시하였다.

고등법원의 판결에서도 그러한 면을 엿볼 수 있다.[38] 법원은 "태아의 법적 보호를 위하여 불법행위에 기한 손해배상청구(민법 제762조), 재산상속(민법 제1000조 제3항) 등과 같이 개별적으로 특별 규정을 두어 이미 출생한 것으로 보는 경우를 제외하고는, 우리 민법의 해석상 사람의 출생 시기는 태아가 모체로부터 전부 노출된 때를 기준으로 삼는 것이 타당하다"고 하면서, "분만 중인 태아에 대하여는 사람으로서의 권리능력을 인정할 수 없지만, 의료과오로 인한 태아의 부모의 위자료를 산정함에 있어서 분만과정에서 사망한 신생아의 손해에 대한 법적 평가액을 아울러 참작함이 상당하다"고 판단하고 있다.

---

37) 대법원 1968. 3. 5. 선고 67다2869 판결.
38) 서울고등법원 2007. 3. 15. 선고 2006다56833 판결.

제 12 장

부부의 일상가사대리권

을의 남편 갑은 건축업을 하고 있고 을은 남편 사무소에서 경리로 일을 하고 있다. 을은 남편 갑의 사업이 여의치 않자 친구 병에게 부탁하여 2,000만 원을 갑 명의로 차용하였다. 그런데 을은 남편 사업이 부진하자 이자를 연체하였고, 이에 불안을 느낀 병이 이자와 원금을 지급하라고 요구하였다. 을은 알아서 하라는 식으로 버티고 있다. 그래서 병은 을의 남편 갑에게 당신의 사업자금으로 당신 아내가 자금을 빌려갔으니 갑이 갚으라고 요구한다. 그러나 갑은 자신은 모르는 일이라고 하면서 상환을 거절하고 있다. 채권자 병은 빌려준 자금을 돌려받을 수 있을까?

▌ 논 점

1. 대리권

대리권Vollmacht이라 함은 본인의 이름으로 의사표시를 교부하거나 수령하고 그 법률효과가 본인의 것으로 귀속시킬 수 있는 법률상의 지위를 말한다. 우리 민법은 대리인이 그 권한 내에서 본인을 위한 것임을 표시한 의사표시는 직접 본인에게 효력이 있음을 규정하고 있다(민법 제114조 제1항). 대리의 효력이 발생하기 위하여는, ① 본인의 이름으로 하는 의사표시가 있어야 한다. ② 대리권이 존재해야 하고, 또 그 대리권의 범위 내에서 행위를 해야만 한다. 이러한 요건들이 충족된 경우에만 대리에 관한 규정이 적용한다.

1) 현명의 원칙

대리인은 본인을 위한 것임을 표시하여야 한다(민법 제114조 제1항). 이를 현명원칙

Offenkundigkeitsprinzip이라고 한다. 대리행위를 통하여 대리인이 자신의 법률행위를 하지만, 대리행위로 인한 효과는 본인에게 귀속시키려는 대리의사를 표시해야 하는 것이다. 명시적으로 본인의 이름으로 의사표시를 해야 할 필요는 없다. 주위의 정황으로 보아 본인을 위하여 의사표시를 한다는 사실을 인식할 수 있을 정도로 충분하다. 자기이름으로 의사표시를 하였는지, 아니면 타인의 이름으로 의사표시를 했는가에 대하여는 의사표시의 해석에 관한 일반원칙을 통하여 도출한다. 그러나 우리 민법은 절대적인 현명의 원칙을 인정하는 것은 아니다. 본인을 위한 것임을 표시하지 않았다 할지라도 상대방이 대리인으로서 한 것임을 알았거나 알 수 있는 때에는 현명이 있는 것으로 인정하고 있기 때문이다(민법 제115조 제2문). 그런 측면에서 우리 민법은 상대적 현명원칙을 인정하고 있다고 하겠다.

2) 대리권의 존재

유권대리가 되기 위해서는 대리인은 대리권을 가지고 있어야 한다. 대리권은 수권행위라고 하는 법률행위를 통하여 발생할 수 있고(민법 제114조 이하), 법률 규정에 의하여 발생할 수 있다(민법 제911조, 제920조). 법률행위를 통한 대리권의 취득은 본인에 의한 수권행위를 통하여 발생하게 된다. 수권행위의 존재와 범위는 의사표시의 해석을 통하여 확정하게 된다.

2. 일사가사에 관한 대리권

대리권이 효력을 발생하기 위해서는 '본인의 이름으로 하는 의사표시(현명)'와 '대리권의 존재 및 그 범위 내의 행위'를 요한다. 이미 말한 바와 같다. 예를 들어 본인이 대리인으로 하여금 매매계약을 체결하도록 하고자 한다면, 본인은 대리인에게 위임장이라든가 인감증명서를 교부하면, 위에서 말한 요건들은 충족되는 것으로 볼 수 있다. 그러나 일상가사의 경우에는 그러한 요건들이 불필요하다. 일상가사대리권은 대리권이라는 측면을 고려한 것이라기보다는 일상가사에 초점을 두고 '일상가사'에 대하여 대리권을 부여하고자 하는 입법자의 의도가 있다고 하겠다. 이 일상가사대리권은 원래 게르만법의 '열쇠의 기능'이라고 하는 법리에서 발달한 것이다. 그러나 오늘날은 별산제를 채택하고 있는 나라가 많아서 거래안전의 보호에 그 목적을 두고 있는 것이 아니라 일상가사비용에 대한 부부의 연대책임만을 인정하고 있다.

▊ 해결방안

1. 일상가사

　　민법 제827조 제1항은 '부부는 일상의 가사에 관하여 서로 대리권이 있다'고 규정하고 있다. 이를 부부 사이의 일상가사대리권이라고 한다. 구민법은 아내의 법률행위에 대하여 남편이 책임을 지는 것으로 하고 있었지만, 부부평등의 원칙에 따라 부부 상호 간 일상적인 가사에 관하여는 서로 대리권이 있는 것으로 개정하게 되었다. 일상가사대리권은 일상의 가사에 속하는 범위 내에서는 일방이 타방을 대리하여 계약을 체결할 수가 있다. 이 경우 배우자 한쪽의 행위에 대하여도 다른 배우자가 공동으로 책임을 지도록 한다. 중요한 것은 일상의 가사에 속하는 범위에 관한 사항이다. 일반적으로 일용품을 구입한다든가, 광열비나 교육비의 지출 또는 의료비나 자녀 양육비 등의 지출은 일상가사의 범위에 속하는 것으로 볼 수 있다.

2. 책임인정 여부

1) 일상가사의 범위

　　부부 사이에는 일상의 가사행위에 관하여 서로 대리권이 있고, 부부의 일방이 일상의 가사에 관하여 채무를 부담한 경우에는 다른 일방도 이로 인한 채무에 대하여 연대책임이 있다(민법 제832조). 일상가사행위로 금전을 차용한 경우 일상적인 생활비로써 타당성이 있는 금액일 경우에 한하여 일상가사대리권을 인정하여 연대책임을 부담하게 된다. 그러나 통상적인 금전의 융자나 가옥의 임대차, 직업상의 사무 등은 일상가사의 범위를 벗어나는 것이므로 그 경우에는 행위 당사자만이 책임을 부담하게 된다. 따라서 을이 일상가사의 목적이 아닌 사업자금 명목으로 금전을 차용한 경우라고 한다면, 을만이 책임을 부담하게 된다. 이 경우 남편 갑은 을의 차용행위에 대한 책임을 부담하지 않아도 될 것이다.

2) 아내의 상업사용인 여부

　　갑은 건축업을 하고 있는 상인에 해당한다. 상인이 영업으로 하는 행위는 기본적 상행위에 해당하고(상법 제46조), 상인이 '영업을 위하여 하는 행위' 역시 보조적 상행위에 해당하기는 하지만, 상행위가 되는 것에 있어서는 하등 문제가 되지 않는다(상법 제47조). '영업을 위하여 하는 행위'란 영업과 관련된 모든 재산법상의 행위를 의미한다. 이에 대하여는 객관적 성질에 의하여 판단하게 되는데, 영업자금의 차입, 상업사용인의 고용, 사무소의 구입 또는 임차 등은 '영업을 위하여 하는 행위'로 본다. 을은 남편 갑회사의 경리로 일하고 있으므로 상인에 해당한다고 볼 수는 없다. 그러나 경리를 담당하고 있다는 점에서 상업사용인의 한 부류인 '부분적 포괄대리권을 가진 상업사용인'이 될 수 있다. 그 자는 영업주인 남편의 대리권 범위 내에서 포괄적인 대리행위를 할 수 있는 지위에 있다(상법 제15조).

3) 상인의 책임

아내 을이 대리권을 가지고 사업자금을 차용한 행위는 보조적 상행위로 볼 수 있다. 상행위의 대리는 대리인이 본인을 위한 것임을 표시하지 않는다고 할지라도 본인에 대하여 효력을 발생시킨다(상법 제48조). 그러므로 을이 사업자금을 차용한 행위는 본인인 남편 갑이 책임을 부담하여야 한다.

Ⅲ 관련 판례

아내가 부담한 4,000만 원의 계금채무에 대하여, 대법원은 "이 사건 계금채무는 피고의 처인 소외인이 그 가족의 기본적인 생계를 유지하기 위한 기초생활비와 자녀들의 교육비 등에 사용하기 위하여 원고가 조직한 계에 가입하여 계금을 수령함으로써 부담하게 된 것이고, 실제 그 금원은 피고 부부의 공동생활에 필요한 생활비 등으로 사용되었으므로, 피고 역시 위 소외인과 연대하여 위 계금채무의 반환책임을 져야 한다는 취지로 주장함에 대하여 이에 부합하는 증거를 믿기 어렵다고 배척한 다음, 그 판시 채택 증거에 의하여 피고는 1986년경 상처하고 1989년경 소외인과 재혼하였고, 피고는 양봉과 논농사를 비교적 큰 규모로 하였고, 재혼 후에도 양봉업과 농사를 계속한 사실, 소외인은 피고와 혼인 후 피고 소유의 건물에서 식당을 경영하다가, 1995년경부터는 피고의 돈과 은행으로부터 차용한 금원으로 위 건물 1층 부분 가게 두 칸에서 '베스트벨리'와 '씨'라는 상표의 의류를 판매하는 매장을 운영한 사실, 소외인은 위 의류매장을 경영하면서 경영부진 등으로 피고 모르게 거액의 채무를 부담한 사실, 피고는 1997년 6월경 소외인이 위 의류사업과 관련하여 거액의 채무를 지고 있다는 사실을 알고 난 후 부부 사이에 불화가 생긴 후, 피고와 1997년 7월경부터 별거하기 시작한 사실, 피고는 소외인의 의류사업으로 인한 채무를 금 1억 원 이상 대신 변제한 사실 등이 인정되고, 가족의 생활비로 사용하기 위해 약 2개월의 짧은 기간에 금 4,000만 원을 필요로 했다는 것은 경험칙상 이례에 속한다 할 것이므로, 이에 비추어 보면 소외인의 원고에 대한 이 사건 계금채무는 혼인공동체의 통상의 사무에 포함되는 일상의 가사로 인한 채무라기보다는 소외인이 자신의 사업상의 필요에 의해 부담한 채무라고 할 것이다"라고 판단하였다.[39]
결국 금전차용에 있어서는 일상적인 생활비로서 타당성이 있는 금액일 경우에 한하여, 통상적인 금전의 융자나 가옥의 임대차, 부동산 매매, 직업상 사무 등은 일상적인 가사를 범위를 벗어난 행위라 할 수 있고, 이 경우 일상가사대리권의 범위에 인정되는 것으로 볼 수 없다.

---

39) 대법원 2000. 4. 25. 선고 2000다8267 판결.

제 13 장
자기거래행위의 금지

> 아내와 사별한 남자 A가 다시 혼인을 하였다. 그는 첫 번째 결혼으로부터 출생한 15살된 아들의 존재를 확실히 하고자, 그의 아들에게 주택을 증여의 방식으로 양도하겠다는 의사표시를 공증인 앞에서 인증받도록 하였다. 그의 아들이 소유권자로서 등기부등본에 등기되었다. A가 사망한 후, 그의 두 번째 부인 F가 A의 아들에 대한 그 부동산의 양도가 효력을 발생시키는 이행이 이루어진 것이 아니라는 이유로, 동 주택은 상속재산에 속한다고 주장하였다. 이 주장은 타당한가?

I 논 점

1. 자기행위

우리 민법 제124조는 자기대리Selbstkontrahieren와 쌍방대리Mehrvertretung에 대한 사항을 규정하고 있다. 대리인이 본인의 이름으로 대리행위를 하면서 동시에 자기 이름으로 본인과 자기 사이에 계약을 체결하는 경우가 전자에 해당하고 대리인이 본인의 이름으로 대리하면서 동시에 상대방을 대리하여 본인과 상대방의 법률행위를 하는 경우는 후자에 해당한다. 우리는 자기대리와 쌍방대리를 자기행위Insichgeschäfte라고 하면서 양자 모두 금지하고 있다. 다만, 본인의 허락이 있거나 채무이행의 경우에는 그 적용을 배제하고 있다. 실정법이 자기행위를 금지하고 있지만, 자기행위를 하였다고 하여 곧바로 무효가 되는 것은 아니다. 대리권 없는 대리가 되어 유동적 무효상태Schwebende unwirksam가 된다. 만약 본인이 추인을 하게 되면, 확정적인 유효의 법률행위가 될 수 있다. 독일 민법 역시 제181조에 자기행위를 규정하면서 이를 금지하고 있다. 우리 민법 제124조는 독일 민법 제181조를 받아들인 것이다. 이하에서는 독일법상의 내용을 기술하고자 한다.

⚠ 해결방안

1. 부동산양도의 효력

부동산에 대한 양도가 효력을 발생하기 위해서는 '증여계약'(독일 민법 제518조)[40]과 '부동산소유권이전합의'(독일 민법 제925조)[41]가 유효해야 한다. 증여를 받은 미성년자 아들의 측면에서 효력이 있는 의사표시들이 요구된다(증여약속에 대한 승낙의 의사표시와 부동산소유권이전합의에 대한 청약의 의사표시를 의미한다). 아들 S는 그 자신이 법률행위에 참여한 것은 아니다. 미성년자로서 그는 행위무능력자(독일 민법 제104조 제1호)[42]에 해당하기 때문에 효력이 있는 의사표시를 교부할 수 없었을 것이다. 법정대리인인 아들 S의 아버지만이, 아들 S를 위하여 행위를 할 수 있을 것이다. 그러나 아버지인 A는 동시에 증여자이기도 하다. 동시에 그는 쌍방 계약당사자 측면에서 행위를 하게 되었다. 즉, 한편으로 그는 자신의 이름으로 행위를 하는 동시에, 다른 한편으로 그는 아들 S의 이름으로 행위를 해야만 한다.

2. 본인의 이익침해

자기행위(두 자연인의 대리인으로서 행위를 하는 것과 같은 쌍방대리에서도 마찬가지이다)는, 본인의 허락이 없거나 채무의 이행(예를 들면 아이에 대한 부양의무를 이행하는 것)에 기여하지 않는 한, 원칙적으로 독일 민법 제181조에 따라 금지된다.[43] 동조가 자기행위를 금지하는 이유는 무엇보다도 대리인에게 발생하는 이익충돌Interessenkonflikt의 위험에 있다. 즉, 누구도 두 명의 본인(주인)을 위하여 봉사할 수는 없는 것이다. 그러나 개별적인 사례에서 이러한 위험이 주어져 있느냐, 주어져 있지 않느냐 하는 것은 중요한 것이 아니다. 왜냐하

---

40) 독일 민법 제518조(증여약속의 방식) ① 급부를 증여로서 약속하는 계약이 유효하기 위해서는 약속에 관하여 공정증서가 작성될 것을 요한다. 이하 생략. ② 방식의 흠결은 약속한 급부의 실행으로 치유된다.

41) 독일 민법 제925조(부동산소유권이전합의) ① 제873조에 의하여 부동산소유권의 양도에 요구되는 양도인과 양수인 간의 합의(부동산소유권양도합의)는 두 당사자가 동시에 출석하여 관할기관 앞에서 표시하여야 한다. 공증인은 누구나 부동산소유권양도합의를 접수할 권한을 가지되, 다른 기관의 권한에는 영향이 없다. 부동산소유권양도합의는 재판상 화해 또는 확정된 도산계획에서도 표시될 수 있다. ② 조건부로 또는 기한부로 행하여진 부동산소유권양도합의는 효력이 없다.

42) 독일 민법 제104조(행위무능력) 다음 각 호의 사람은 행위무능력자이다. 1. 7세에 이르지 아니한 사람. 2. 정신활동의 병적 장애로 인하여 자유로운 의사결정을 할 수 없는 사람으로서 성질상 그 상태가 일시적이 아닌 사람.

43) 독일 민법 제181조(자기거래행위) 대리인은 달리 허용되지 않는 한 본인을 대리하여 자신과 법률행위를 하거나 제3자의 대리인으로서 법률행위를 하지 못한다. 그러나 법률행위가 단지 채무의 이행일 뿐인 경우에는 그러하지 아니하다.

면 그러한 사항은 각각의 사례에 있어서 신중한langwierig 검토가 요구되는 것이기 때문이다. 그러나 이러한 점은 법적 안정성Rechtssicherheit과 명확성Rechtsklarheit에 대한 요구와는 조화를 이루기 어려운 것이라 할 것이다. 그러므로 독일 민법 제181조는 "형식적 질서규정formale Ordnungsvorschrift"으로 이해할 수 있다. 자기행위에 대한 승인이 존재하지 않으며, 또한 증여계약의 체결이 채무의 이행에 기여하는 바가 없다면, 법정대리인 A는 그의 아들을 위한 증여약속을 효과적으로 승낙할 수는 없었을 것이다. 그렇다고 한다면 그의 법정대리권은 제한되는 것으로 보아야 할 것이다(독일 민법 제177조 이하 참조). 그러나 이러한 결과는 본인을 보호하는 것이 아니라, 오히려 본인을 불이익하게 한다는 점에서 일상생활과 유리된 것으로 볼 수밖에 없다.[44] 그러므로 독일 민법 제181조의 적용범위에 대하여, 다시 한 번 검토할 필요성이 있다.

3. 법적인 이익을 부여하는 행위

자녀에 대한 증여에 있어서, 그 자녀로 하여금 불이익의 결과를 초래하는 것은 법률행위의 본질에 따라 받아들일 수 없다. 그러므로 독일 민법 제181조에 대한 합리적인 해석은 그러한 사례들에 대하여 적용될 수 없는 것으로 보아야 할 것이다. 독일 민법 제181조의 금지로부터 그러한 법률행위를 이끌어 내기 위하여, 역시 법적 안정성이나 명확성을 침해하는 결과를 초래해서는 안 될 것이다. 일반적 또는 추상적으로 보건대, 법정대리인의 자녀에 대한 증여행위는 이익충돌이 내재되어 있지 않은 것으로 판단할 수 있다. 그 결과 독일 민법 제181조는 위 사례에 적용되지 않는 것으로 보게 된다. 그러므로 증여계약(과 부동산소유권합의)은 양자 모두 본인인 미성년자(자녀)에게 "법률적인 이익만einen lediglich rechtlichen Vorteil"을 부여하는 것으로 보기 때문에 무효가 아닌 유효한 행위로 판단할 수 있다(독일 민법 제107조 참조).[45] 그러므로 A의 두 번째 부인이 상속재산이라고 주장하는 것은 타당하지 않다.

---

44) BGHZ 59, 236 (240); BGH NJW 1985, 2407.
45) 독일 민법 제107조(법정대리인의 동의) 미성년자가 단지 법적 이익만을 얻는 것이 아닌 의사표시를 함에는 법정대리인의 동의를 요한다.

관련 판례

1. 회사법상 자기거래행위

우리나라에서 자기거래행위에 대한 사례는 찾아보기 어렵다. 독일의 경우 유한회사GmbH, Gesellschaft mit beschränkte Haftung에서 그러한 면이 종종 발견된다. 특히 유한회사에서 회사재산과 사원재산의 분리되어야함에도 불구하고 그렇지 못한 사안들이 있다. 다음 사례를 주목해서 살펴보자.

[사례 a]

쉬나벨Schnabel은 유한회사의 업무집행자Geschäftsführer이다. 그녀는 1,500유로를 지급하고 법인인 유한회사의 자동차를 자기의 개인재산으로 매입하였다. 쉬나벨과 유한회사가 자동차에 대한 매매계약을 체결한 것이다. 유한회사에 대한 급부청구권을 가지고 있는 채권자 게홀트Gehold는 유한회사에서 유한회사의 업무집행자이자 유일한 사원Alleiniger Gesellschafter인 쉬나벨에게 양도된 자동차가 유효하게 이행된 것이 아니라고 주장한다. 타당할까?

[사례 b]

피고인 아내 A는 그의 남편 B와 함께 약 20%의 지분을 갖고 있는 유한회사의 사원이다. A는 이른바 형식적인 업무집행자였고, 실질적으로는 지배인으로 선임된 그의 남편 B가 그 회사를 운영하였다. 하지만 B는 회사재산과 개인재산이 뒤섞인 상태에서 회사를 운영하였고, 또 양자를 구분 없이 사용하기도 하였다. 업무집행자인 B에 의하여 사기를 당한 고객이 유한회사의 사원인 아내 A에게 손해배상을 청구하였다.[46] 아내는 손해배상의무를 부담해야 할까?

---

46) BGHZ 125, 366.

2. 1인 유한회사와 독일 민법 제181조

[사례 a]와 관련하여 강제집행의 가능성을 갖고 있는 채권자인 게홀트에 있어서, 개인용 승용차의 소유권자가 누구인가의 문제는 매우 중요하다. 쉬나벨이 자동차에 대하여 유효하게 획득한 것인가에 대하여 독일 민법 제181조가 적용될 수 있다. 쉬나벨은 유한회사의 대리인으로서 그 자신과 물권적 합의와 인도(민법 제929조)하에 유한회사 소유의 자동차를 자신에게 양도한 것이다.[47] 유한회사의 대리인인 쉬나벨에게 자기대리를 허용하였다는 것은 보이지 않는다. 또한 그러한 법률행위가 단지 채무를 이행한 것이라고 보이지도 않는다. 쉬나벨과 유한회사가 매매계약을 체결하고, 그녀는 1,500유로를 지급하였고 유한회사는 자동차의 소유권을 양도한 것인데, 이러한 법률행위가 유효한 것인가에 대한 의문이 제기된다. 만약 유한회사와 유한회사의 대리인인 쉬나벨이 법률행위를 한 경우, 즉 민법 제181조가 적용된다고 한다면 이러한 매매계약은 자기계약으로서 유효하지 않다.

[사례 b]는 부부가 유한회사의 사원으로 이루어진 법인이다. 또한 둘은 모두 업무집행자의 지위에 있다. 다만, 아내는 형식적인 업무집행자로 실제로 업무를 집행하지는 않았고, 남편만이 실제로 유한회사의 업무를 집행하고 있었다. 남편은 법인재산을 임의대로 사용하고 법인재산과 개인재산을 혼용하고 있었다. 채권자인 고객은 법인재산이 없고, 자력이 없는 사원이자 업무집행자인 남편 B 대신에 자력이 있는 아내 A에 대하여 청구권을 행사하고자 하는 것이다. 이 문제는 민법 제181조를 약간 벗어난 영역이라고 볼 수도 있지만, A와 B가 부부이고 법인재산을 법인의 사원 중 일부인 A에게 양도한 경우, 민법 제181조의 적용 여부를 검토해 볼 필요가 있을 것이다.

---

47) 독일 민법 제929조(물권적 합의와 인도) 동산소유권의 양도에는 소유자가 양수인에게 물건을 인도하고 또 쌍방이 소유권의 이전에 합의하는 것을 요한다. 양수인이 물건을 점유하고 있는 경우에는 소유권 이전의 합의로 족하다.

제 14 장

사단법인 정관목적범위 내 권리능력

사단법인 갑은 독립된 재산으로 부동산 등의 법인재산을 가지고 있다. 대표이사 병에 의하여 법인
재산에 대한 매매가 이루어질 경우, 정관은 정기총회의 결의를 통하여 가능토록 하여 대표이사의
권한을 제한하였다. 이제 대표이사 병은 정관이 정한 목적범위 내에서만 그의 권리를 행사할 수
있게 되었다. 자금의 필요성을 인식한 대표이사 병은, 정관에 따른 정기총회의 결의를 거치지 아
니하고, 부동산을 을에게 매도하였다. 정관목적 범위를 벗어난 대표이사 병에 의한 사단법인의
부동산의 매매계약은 효력이 있는 법률행위일까?

Ⅰ 논 점

1. 자연인과 법인

1) 자연인

독일 민법은 사람에 대하여 자연인과 법인만을 인정하고 있다. 자연인Natürliche Person은
권리능력을 가지고 있다(독일 민법 제1조). 독일 민법은 '권리능력'이라는 용어를 사용하고
있기는 하지만, 권리능력이 무엇인가에 대하여는 명시적으로 정의하고 있지 않다. 일반적으
로 학자들은 권리능력에 대하여 권리와 의무의 주체가 될 수 있는 능력이라고 정의한다.[48]
권리능력의 소유는 권리와 의무의 소지자가 될 수 있음을 의미하고, 권리와 의무를 소지한
자는 권리주체로서 인정된다. 자연인들 사이에서 법률행위를 통하거나, 또는 법적인 규정을
통하여 다양한 법률적인 관계를 형성하는 단체가 발생할 수 있다.

---

48) Mummenhoff, Gründungssysteme und Rechtsfähigkeit, Carl Heymann Verlag KG 1979, S. 3.

2) 법 인

자연인의 다수가 함께 모여 단체를 결성하고자 한다. 그들이 개인의 지위를 초월하여 공동의 목적을 달성하기 위한 합의를 하는 경우가 있다.[49] 그 합의를 통하여 발생하는 단체가 법률거래에 하나의 단일한 권리주체로서 등장하게 된다면, 보다 더 합목적적이라 할 것이다. 특히 기관을 통한 단체로서 법률행위를 할 수 있다면, 그 단체의 행위는 자연인의 행위와 별다름이 없게 될 것이다. 자연인이 사람인 것과 마찬가지로 인위적인 또 다른 사람이 탄생하게 되는데, 이 자가 바로 법인Juristische Person이다. 법인의 인정은 공동의 목적을 달성하기 위하여 단체의 법률적인 전제조건과 사적자치에 대한 활동여지Spielraum의 제공과 밀접한 관련을 맺게 된다.[50]

인적 단체는 자연인과 같은 권리능력을 인정할 필요성이 있다. 그 인적 결합체가 자연인과 동일한 권리와 의무를 인정받을 수 있다면, 이제 그는 독자적인 권리주체로서 인정된다. 자연인이 포괄적인 권리능력을 가지고 있는 것과 마찬가지로 법인 역시 포괄적인 권리능력을 갖게 된다. 다만, 법인은 자연인의 결합체라고 하는 성질상 자연인만이 갖는 특유한 권리는 행사할 수 없다.

2. 정관목적범위 내 권리능력

민법 제34조는 법인의 권리능력에 대한 사항을 규정하고 있다. 민법에서 인정되고 있는 비영리 사단법인은 정관(단체나 법인의 조직이나 활동을 정하는 근본규칙을 기재한 서면)으로 정한 목적의 범위 내에서 권리와 의무가 주체가 될 수 있다. 여기서 '목적의 범위 내'라고 하는 사항을 어떻게 해석해야 하는가에 대하여 다툼이 있는데, '목적을 달성하는 데 필요한 범위 내'로 해석하는 적극적인 입장과 '목적에 위반하지 않는 범위 내'로 해석하는 소극적인 입장이 있다. 판례는 목적사업을 수행하는 데 직접 또는 간접으로 필요한 행위가 법인의 목적범위 내의 행위라고 판시하고 있다.[51]

---

49) 독일 민법 제703조는 그러한 면을 볼 수 있다. 민법 제703조에 따르면, 조합계약에 의하여 조합원은 상호 간에 공동의 목적을 달성하기 위하여 계약에 정하여진 기여를 할 의무, 특히 약정된 출자를 할 의무를 부담하게 된다. 민법상 조합을 규정한 내용으로 우리 민법 제703조에 상응한다.
50) Mummenhoff, Zur Alleinhaftung juristischer Person, in Festschrift für Kim Hyung Bae, 1995, S. 155 (156 f.).
51) 대법원 1987. 12. 8. 선고 86다카12301 판결; 대법원 1991. 11. 22. 선고 91다8821 판결.

Ⅱ 해결방안

　　민법 제59조 제1항 단서에 따르면, 법인의 목적범위 내의 행위에 대하여도 정관에 별도의 규정을 두어서 대표행위의 방법과 절차 등을 제한할 수 있다. 동 사례에서 대표이사 병이 법인재산인 부동산을 매매하고자 한다면 정관에서 정해진 총회의 결의를 따른 절차를 거쳐야 한다. 대표이사 병은 법인의 목적범위 외의 행위를 하였고, 더 나아가 정관에서 정한 총회의 결의절차를 밟지도 않았다. 합당한 절차를 이행하지 않은 대표이사 병의 법률행위는 인정받을 수 없다.

　　그러나 여기서 검토해야 할 사항이 바로 민법 제34조 법인의 권리능력에 대한 제한사항이다. 법인은 자연인과 마찬가지로 포괄적인 권리능력을 가지고 있다. 법인의 권리능력을 제한하게 된다면, 이를 잘 알지 못하는 제3자는 불측의 손해를 입게 된다. 민법에서 인정되고 있는 법인은 비영리사단을 상정하고 있다. 비영리사단의 경우 영리적인 권한 등을 행사할 수 있는 여지를 미연에 예방하고자 하는 뜻이 있는 것이 아닌가 하는 생각이 든다. 반면, 독일 민법에서는 우리 민법이 인정하고 있는 정관목적범위 외의 권리능력에 대한 제한 규정을 찾아볼 수 없다. 이는 법인의 권리능력이 어떠한 경우라도 제한될 수 없다는 것을 상정하고 있다고 하겠다. 다만, 일본의 민법에서는 동 조문과 유사한 내용을 찾아볼 수 있는 바, 우리 민법이 일본 민법을 차용하고 있다는 것을 간접적으로 알 수 있다. 좋지 않은 조문이라 생각이 들고, 동 조문은 삭제될 필요가 있다.

Ⅲ 관련 판례

　　'정관의 목적범위 내'와 관련한 판례는 많지 않다. 그러나 시간이 지나면서 '정관의 목적범위 내'를 해석하는데 대법원은 그 범위를 넓게 해석하는 방식을 취하고 있다. 다음 판례에서도 대법원 "회사의 권리능력은 회사의 설립 근거가 된 법률과 회사의 정관상의 목적에 의하여 제한하나 그 목적범위 내의 행위라 함은 정관에 명시된 목적 자체에 국한되는 것이 아니라, 그 목적을 수행하는 데 있어 직접, 간접으로 필요한 행위는 모두 포함되고 목적수행에 필요한지의 여부는 행위의 객관적 성질에 따라 판단할 것이고 행위자의 주관적, 구체적 의사에 따라 판단할 것은 아니다"라고 판시하면서, 권리능력을 제한함에서 있어서 제한할 수 있는 여지를 상당히 좁혀서 해석해야 함을 제시하고 있다.[52]

---

52) 대법원 1999. 10. 8. 선고 98다2488 판결.

제 15 장

저작권 침해 여부

갑은 모 대학 서예과 교수로 재직 중인 서예가로서, 궁체에 대비되는 필체에 관심을 두어 일반백성들의 글씨체에 바탕을 두면서 독특하고 개성이 있는 이른바 '민체'를 연구하고 체계화하는 데 노력을 기울여 왔다. 아울러 그는 이러한 서체를 실제로 자기 나름의 작품으로 형상화하여 왔는데, 1994년 5월 서울 예술의 전당에서 열린 제7회 한국서예청년작가에 민체로 작품화한 '춘향가'를 출품한 바 있다.

을은 영화사로서 소설가 모 씨의 소설을 원작으로 삼아 '축제'라는 제목의 영화를 제작하여 1996년 6월 초순부터 이를 전국 극장가에서 상영했는데, 이 영화의 필름, 홍보물, 광고물에 영화 제목인 '축제'라는 글자를 기재함에 있어 갑이 쓴 위 '춘향가'의 본문 글자 중에서 복제된 '축'자와 '제'로 이루어진 글자를 사용하였다. 병은 모 출판사를 경영하는 출판인으로서 1996년 4월 25일 위 영화의 원작소설인 유명 소설가 모 씨가 저작한 소설 '축제'를 출판하게 되었는데, 이 소설의 표지, 홍보물, 광고물에 소설 제목인 '축제'라는 글자를 기재함에 있어 마찬가지로 이 사건 글자를 사용하였다. 이처럼 을과 병은 갑이 쓴 이 사건 글자를 영화와 소설의 홍보물 등에 사용함에 있어 원고로부터 그 사용 승낙을 받지 않았다. 이 사건 글자가 기재된 위 '춘향가'에는 갑의 성명이 표시되어 있으나, 을과 병은 위 홍보물 등에 갑의 성명을 표시하지 않았다. 이러한 사실을 확인한 갑은 을과 병을 상대로 저작인격권의 성명표시권 침해를 이유로 금전적인 배상을 요구하는 동시에 명예를 훼손했다는 이유로 사과의 뜻을 표시한 광고를 중앙 일간지에 특정의 크기로 게재할 것을 요구한다. 갑의 요구는 정당한가?

▌ 논 점

1. 저작권의 의의

저작권법은 저작자의 권리와 이에 인접하는 권리를 보호하고 저작물의 공정한 이용을 도모함으로써 문화 및 관련 산업의 향상발전에 이바지하고자 하는 목적으로 제정된 법률이다 (저작권법 제1조). 저작자는 저작물을 창작하는 자에 해당한다. 저작권법상 저작물이라 함은 인간의 사상 또는 감정을 표현한 창작물을 말한다. 저작물이 되기 위해서는 최소한 창작성을 가지고 있어야 하고, 그 창작물은 사상이나 감정을 표현하고 있어야 한다. 저작권은 저작재산권과 저작인격권으로 구분하고 있다. 저작자는 자신의 창작활동을 통하여 저작물에 자신의 정신이나 개성을 투입하고 있다. 저작인격권은 그러한 정신이나 개성 및 저작물과의 관계를 보호하고자 하는 것이다. 저작재산권은 창작된 저작물의 이용이나 상업화를 확보하여 저작자의 재산적 이익에 부합하고자 하는 뜻을 가지고 있다. 상기 사례는 독특하고 개성 있는 글씨체를 작품화한 서예가의 허락 없이 영화 필름, 광고물 및 소설 표지 등의 사용이 저작권 침해가 발생할 수 있는가를 다루고 있다.[53]

2. 저작권의 구분

1) 저작인격권

저작권법은 저작인격권으로서 공표권, 성명표시권 및 동일성유지권을 인정하고 있다. 공표권이라 함은 저작자가 저작물을 공표하거나 공표하지 아니할 것을 결정할 수 있는 권리(저작권법 제11조)이다. 성명표시권은 저작자가 저작물을 원작품이나 그 복제물에 또는 저작물의 공표에 있어서 그의 실명 또는 이명을 표시할 권리(저작권법 제12조)를 말한다. 저작자가 그 저작물의 내용이나 형식 또는 제호의 동일성을 유지할 권리(저작권법 제13조)가 바로 동일성유지권이다.

2) 저작재산권

저작재산권은 저작권자가 그 권리객체 또는 저작물의 경제적 가치를 확보하는 데 필요한 최소한의 이용행위를 전제로 해서 그러한 이용을 금지할 수 있는 권리를 말한다. 저작재산권으로는 복제권, 공연권, 방송권, 전송권, 전시권, 배포권, 2차적 저작물 등의 작성권 등이 있다. 저작인격권과 달리 저작재산권은 저작자의 재산적 이익을 도모하기 위한 목적이 있다.

---

53) 서울지방법원 1997. 2. 21. 선고 96가합42432 판결.

Ⅱ 해결방안

갑은 을과 병이 위 '춘향가' 중에서 이 사건 글자를 갑의 승낙 없이 복제해서 사용함으로써 자신의 서예작품에 따르는 저작재산권과 저작인격권을 침해했다고 주장한다. 반면, 을과 병은 전문 디자이너에게 위 영화에 대한 포스터 디자인 제작을 의뢰한 다음 디자이너가 제작한 포스터 디자인을 사용했을 뿐이라고 항변한다. 이 사건 글자에 대한 갑의 저작권을 침해한 것은 아니라고 주장하는 것이다. 을은 1996년 6월 10일 갑으로부터 항의를 받아 이 사건 글자가 갑의 승낙 없이 복제되어 사용되고 있음을 알고 있음에도 그 사용을 중단하는 등의 아무런 조치를 취하지 않은 채 계속해서 이 사건 글자를 위 홍보물 등에 사용하고, 그 사용에 있어 갑의 성명을 표시하지 않았다. 병 또한 같은 달 17일 갑으로부터 항의를 받아 이 사건 글자가 갑의 승낙 없이 복제되어 있음을 알면서도 그 사용을 중단하는 등의 조치를 취하지 않은 채 이 사건 글자를 위 소설 표지 등에 사용하고, 을과 마찬가지로 그 사용에 있어 갑의 성명을 표시하지 않았다. 그러므로 을과 병은 적어도 위 각 시점부터는 갑의 저작재산권과 저작인격권(성명표시권)을 침해한 것이라 하겠다. 을과 병은 그들의 홍보물 등에 이 사건 글자를 사용해서는 안 되고 또 그 침해로 인한 제작품을 폐기해야 하며, 갑에게 이 사건 글자에 대한 갑의 저작인격권을 침해함으로써 갑이 입은 손해를 배상할 의무가 있다.

Ⅲ 관련 판례

'인쇄용 서체도안이 저작물로서 보호될 수 있는지 여부'와 '인쇄용 서체도안에 관한 저작권 등록신청 반려처분이 적법한지'에 대하여 대법원이 다룬 사건이 있다.[54] 등록관청인 피고에게 저작물등록신청을 하면서 제출한 등록신청서 및 '산돌체모음' 등 서체도안들을 원고들이 우리 저작권법상의 응용미술 작품으로서의 미술 저작물에 해당한다고 주장하면서 저작물등록을 신청한 사안에서 대법원은 첫 번째 사안과 관련하여, "우리 저작권법은 서체도안의 저작물성이나 보호의 내용에 관하여 명시적인 규정을 두고 있지 아니하며, 인쇄용 서체도안과 같이 실용적인 기능을 주된 목적으로 하여 창작된 응용미술 작품으로서의 서체도안은

---

54) 대법원 1996. 8. 23. 선고 94누5623 판결.

거기에 미적인 요소가 가미되어 있다고 하더라도 그 자체가 실용적인 기능과 별도로 하나의 독립적인 예술적 특성이나 가치를 가지고 있어서 예술의 범위에 속하는 창작물에 해당하는 경우에만 저작물로서 보호된다"고 판시하였다. 또한 두 번째 사안과 관련하여, "'산돌체모음' 등 서체도안들은 우리 민족의 문화유산으로서 누구나 자유롭게 사용하여야 할 문자인 한글 자모의 모양을 기본으로 삼아 인쇄기술에 의해 사상이나 정보 등을 전달한다는 실용적인 기능을 주된 목적으로 하여 만들어진 것임이 분명하여, 우리 저작권법의 해석상으로는 그와 같은 서체도안은 신청서 및 제출된 물품 자체에 의한 심사만으로도 저작권법에 의한 보호 대상인 저작물에 해당하지 아니함이 명백하므로, 등록관청이 그 서체도안에 관한 등록신청서 및 제출된 서체도안 자체에 의한 심사결과에 따라 그 서체도안이 우리 저작권법의 해석상 등록대상인 저작물에 해당되지 않는다고 보아 당해 등록신청을 반려한 조치는 적법하다"고 판시하고 있다.

후 기

예술성이 가미된 글씨체는 열심히 연구하고 노력한 서예가에 의하여 완성된다. 글씨체가 한 예술가의 세계를 나타낼 수 있는 것인가라는 의구심을 갖는 사람도 있지만, 추사 김정희를 보면 서예가 역시 예술가로서 자신의 예술세계를 표출할 수 있는 것이라 하겠다. 일반인은 유명 서예가에 의하여 창작되는 글씨체의 미려함을 따라갈 수 없다. 저작권법은 서예 역시 하나의 저작물로서 인정하고 있다. 서예가가 연구하고 체계화된 글씨체로 작품화한 서체는 서예가의 사상 또는 감정을 창작적으로 표현한 지적·문화적 정신활동의 소산으로서 하나의 독립적인 예술적 특성과 가치를 가지는 창작물에 해당하는 것에 찬동한다. 실제로 우리는 영업을 하는 장소의 간판이나 영화 등을 홍보하는 광고용 포스터에 유명 서예가의 글씨체를 모방하거나 동일하게 복제하여 사용하는 경우를 볼 수 있다. 저작물로서 인정된 서체를 사용함에 있어서, 저작권자의 승낙 없이 복제하고 영리적으로 사용하고 있다고 한다면, 이는 분명히 저작재산권을 침해한 것이라고 하겠다. 또한 저작자의 인명을 기재하지 않은 이상 저적인격권 침해를 인정하지 않을 수 없다.

본 사건은 내게 있어서 상당히 흥미를 끄는 사례에 해당한다. 어렸을 때부터 아버님의 권유로 서예를 배우기 시작하였다. 학교생활을 하면서도 틈틈이 서예를 좋아했던 필자는 대학에 입학하고서도 그 흥미를 잃지 않았다. 대학교 공모전에 입상하기도 하고, 인사동을 출입했던 기억이 지금도 사라지지 않고 있다. 1999년 독일로 유학을 가기 전 상당한 고민 속에 잠긴 적이 있다.

인생을 무엇에 중심을 두고 펼쳐볼까 하는 기로에 놓여 있었던 것이다. 예술을 하는 서예가로 갈 것인가, 아니면 미련이 많이 남아 있는 학문을 계속할 것인가. 결심을 한 것은 독일 유학이었다. 서예는 취미로 두고 법학공부를 하기로 한 것이다. 1999년 2월말 민법총칙, 회사법 및 보험법 등을 공부하기 위해 프랑크푸르트Frankfurt행 비행기에 탑승하게 된다.

강남대학교 부임 후 8년쯤 되던 여름방학. 이제는 조금 여유를 가지고 좋아하는 서예를 다시 해보기로 마음먹고 인사동에서 붓과 책자 등을 구입하였다. 미리 준비한 책상 위에 벼루 등이 놓여 있었다. 잘 되지 않는 붓글씨를 다시 시도하는 내 자신은 감격 그 자체였다. 그러나 그것으로 만족할 수밖에 없었다. 다시 다가오는 법학의 판례와 연구논문들! 한가로운 여유 속에서 한자의 옛 풍취에 시간을 할애할 수 없었다. 곧 모든 것을 덮고 다음으로 미루기로 하였다. 다음과 같은 글귀를 남기면서,

"40대 말, 내가 하고 싶었던 서예는 접기로 했습니다. 아직도 나는 학문에 배가 많이 고픈 것 같습니다. 법학공부가 지겨워지거나 후학들에게 물려줘야 하는 순간이 되면, 나는 조용히 뒤로 물러날 생각입니다. 그때 나를 사랑하는 서예가 기꺼이 받아줄 것입니다"

제2부

상법총칙 영역

제 16 장
당연상인

갑은 사업을 하다 실패를 하여 현재 신용불량자이다. 은행에서 대출을 받고자 하여도 신용이 불량하여 은행 직원으로부터 환영을 받지 못한 상태이다. 부득이하게 갑은 아내 을의 명의를 이용하여 영업을 하고자 한다. 조그마한 식당을 운영하기 위하여 갑은 아내 을의 이름으로 해당 관청으로부터 영업허가를 받아 음식점을 운영하고 있다. 이 경우 갑은 상인에 해당하는가? 아니면 아내 을이 상인이 되어야 하는가?

Ⅰ 논 점

1. 자기명의

　당연상인이란 자기명의로 상행위를 하는 자이다(상법 제4조). 당연상인을 이해하기 위해서는 '자기명의'와 '상행위' 개념이 파악되어야 한다. '자기명의'란 상거래로 인하여 생긴 권리의무가 법적으로 귀속되는 주체가 해당 본인이 되는 것을 말한다. 따라서 누가 직접 영업행위를 담당하는가 하는 것은 상인 여부의 판단에 중요하지 않다.

2. 상행위

　'상행위'란 상법 제46조에서 정한 기본적 상행위와 특별법상 인정되고 있는 상행위를 말한다. 특별법상 인정되는 것으로 '사채총액의 인수'를 해당되며(담보부사채신탁법 제23조 제2항), '신탁의 인수'를 상행위로 보고 있다(신탁법 제4조). 양자는 특별법상 기본적 상행위에 해당하는 것으로서 이를 하는 자는 당연상인에 해당한다. 실정법상 상행위는 제한적으로 열거되어 있으며 상인의 개념을 정의하는 기초가 된다. 기본적 상행위의 종류와 범위는 상법 제46조에 열거되어 있다. 이를 절대적 상행위라고 한다. 다만, '오로지 임금을 받을 목적으로 물건을 제조하거나 노무에 종사하는 자의 행위'는 상행위로 보지 않는다(상법 제48조 단서). 임금을 받는다는 것은 특정인에게 고용되어 보수를 받는다는 의미가 아니라, 제조 또는 노무의 양에 따라 영세한 보수를 받는다는 것을 뜻한다. 이러한 행위를 하는 자도 그 나름대로 영리성을 가지고 계속적·반복적으로 제조 또는 노무를 제공하지만 지나친 영세성으로 인하여 기업성을 인정할 수 없기 때문에 상인의 범위에서 제외한 것이다. 그러나 그 적용범위와 한계를 정하기 어려운 점이 있다.

3. '영업으로 한다'는 의미

상법 제46조에 열거된 행위를 영업으로 할 때에만 상행위가 된다. 영업으로 한다고 함은 영리를 목적으로 동종의 행위를 계속·반복하는 것을 말하며, 대외적으로 인식 가능한 것이어야 한다.

1) 영리성

일정한 행위에 영리성이 인정되기 위해서는 첫째, 이익을 얻으려는 의도가 있어야 한다. 따라서 단순히 자체경비의 충당을 목적으로 공장을 운영하는 경우라든가, 또는 조합원에게 필요한 물건을 염가로 제공할 것을 목적으로 소비조합 등을 운영하는 것은 영업으로 운영한다고 할 수 없다. 영리의 목적이 있는 한 이익 또는 손실의 유무라든가, 이익의 사용목적은 불문한다.

2) 계속성

상행위가 되기 위해서는 동종의 행위를 계속·반복하려는 의도가 있어야 한다. 따라서 1회적인 거래 또는 기회가 있을 때마다 행하는 반복적인 투기행위는 영업으로 하는 것이라 할 수 없다.

3) 대외적 인식

동종행위의 계속·반복은 대외적으로 인식될 수 있어야 한다. 대외적인 인식은 모든 사람에게 요구되지는 않고 거래관계에 있는 당사자 간의 인식으로 충분하다. 또한 계속성·반복성은 상인의 점포시설·홍보활동 등 외부적 표상을 통하여 객관적으로 인식되는 것으로 족하고, 실제로 계속되고 반복되었느냐의 여부는 중요하지 않다.

4) 자본적 계산방법

일정한 금액을 투자하여 특정한 사업을 수행하면서 그 사업으로 인한 수입과 비용을 독립적으로 인식하고 이를 기초로 투자나 기간손익을 판단하는 방법인 자본적 계산방법 역시 영업성에 포함되는 것으로 본다(다툼 있음).

ⅠⅠ 해결방안

주식회사의 대외적 거래는 대표이사가 수행한다. 그러나 상인이 되는 자는 대표이사가 아니라 회사이다. 상인이 자신의 영업에 관여하지 않고 지배인이 모든 업무를 처리하는 경우를 볼 수 있다. 주지하다시피, 지배인은 상인의 대리인에 해당한다. 지배인이 영업을 대리한다 할지라도 영업주의 상인이 되는 것은 아무런 영향을 미치지 않는다.

자기명의로 상행위를 하는 이상 타인계산으로 하더라도 상인이 되는 것에는 전혀 이상이 없다. 행정관청에 신고한 영업자와 상거래에서의 주체가 다른 경우를 종종 볼 수 있다. 그러나 상인이 되는 것은 누구의 '명의'로 신고했느냐가 중요한 것이 아니라, 사법상의 권리와 의무의 귀속주체가 중요한 의미를 갖는다. 그러므로 상거래에서의 권리와 의무의 귀속주체가 바로 상인이 된다. 아내 명의로 영업허가를 받았다 할지라도, 남편 갑이 자기명의로 상행위를 하는 이상 갑이 상인이 되는 것에는 하등의 문제가 되지 않는다.

Ⅲ 관련 판례

대법원은 대한광업진흥공사의 기본적 상행위에 대한 인정 여부를 검토하면서 "원고 공사는 민영광산의 합리적이며 획기적인 개발 및 해외광물자원의 확보를 위하여 설립된 법인으로서 기술지도와 조성업무 및 광업개발을 담당함으로써 국민경제발전을 도모함을 목적으로 하고(대한광업진흥공사법 제1조), 그 자본금의 전액을 정부가 출자하며(동법 제4조 제1항), 위 목적을 달성하기 위하여 광업자금의 융자를 그 사업의 하나로 하고 있고(동법 제20조 제1항, 제3호) 위 광업자금의 재원은 자본금, 적립금, 정부 또는 금융기관으로부터의 차입금으로 하며(동법 제22조 제1항), 광업자금을 융자할 때에는 융자대상광산의 광업권과 광업시설만을 담보로 함을 원칙으로 하고 있으며(동법 제22조 제2항), 그 금리는 재무부장관이 동력자원부장관과 협의하여 정하고(동법 제22조 제7항), 위 공사는 융자금이 특정된 목적과 계획에 따라 사용되도록 필요한 관리를 하여야 하며(동법 제23조 제1항), 융자된 광업자금의 상환금은 위 법에 의한 광업융자 이외의 목적에 사용할 수 없다(동법 제24조)고 규정하고 있음"을 제시한 후에, "어느 행위가 상법 제46조 소정의 기본적 상행위에 해당하기 위하여는 영업으로 같은 조 각호 소정의 행위를 하는 경우이어야 하고, 여기서 영업으로 한다고 함은 영리를 목적으로 동종의 행위를 계속 반복적으로 하는 것을 의미하는 바, 구 대한광업진흥공사법(1986.5.12. 법률 제3834호로 전문 개정되기 전의 것)의 제반 규정에 비추어 볼 때 대한광업진흥공사가 광업자금을 광산업자에게 융자하여 주고 소정의 금리에 따른 이자 및 연체이자를 지급받는다고 하더라도, 이와 같은 대금행위는 같은 법 제1조 소정의 목적인 민영광산의 육성 및 합리적인 개발을 지원하기 위하여 하는 사업이지 이를 '영리를 목적'으로 하는 행위라고 보기는 어렵다"는 판시를 하고 있다.[1]

---

1) 대법원 1994. 4. 29. 선고 93다54842 판결.

제 17 장

의제상인

갑은 유명 연기인으로 텔레비전에서 연속극이나 토크 쇼에 종종 출연하여 시청자들에게 높은 인지도를 가지고 있으며, 그 인기도 상당히 높은 것으로 알려져 있다. 일반인으로부터 인기를 얻고 있는 그녀는 지인의 부탁을 받아 결혼하지 않은 남녀를 결혼에 성공하도록 도와주기도 하였다. 그러던 중 그녀를 찾는 사람이 많아지고 부탁한 사람으로부터 일정한 금액의 소개료를 받게 되었다. 이 경우 갑은 상인인가?

I 논 점

1. 설비상인

1) 개 념

점포 기타 유사한 설비에 의하여 상인적 방법으로 영업을 하는 자는 상행위를 하지 아니하더라도 상인으로 보고 있다(제5조 제1항). 이를 설비상인이라고 한다. 설비상인이란 제46조 이외의 행위를 영업으로 하는 자를 말한다. 설비상인에 해당되는 것으로는 경영자문업, 결혼상담업, 연예인의 송출업, 흥행업 등을 들 수 있다. 특히 금융과 서비스업 부문에서 상인의 영역이 넓어져 가고 있다. 설비상인은 역시 제46조 각호 이외의 행위를 영업으로 하여야 한다. 영업성은 당연상인의 경우와 마찬가지이다.

2) 상인적 방법

상인적 방법이란 상법 제5조 제1항에 규정하고 있는 "점포 기타 유사한 설비에 의하여" 라는 문언에서 그 의미를 파악할 수 있다. 일단 상인적 방법이란 '당연상인이 영업을 하는 것과 같은 방법'으로 영업을 하는 것을 뜻한다. 점포나 사무실과 같은 영업활동을 위한 고정적인 장소를 가지고, 상업사용인을 두고 상업장부를 작성하며, 대외적인 홍보활동을 하는 등 사회통념상 상인의 경영방법이라 생각되는 방식을 좇아 영업을 하는 것을 말한다.

2. 회 사

상법 제5조 제2항은 회사는 상행위를 하지 아니하더라도 상인으로 보고 있다. 본조는 상행위 이외의 행위를 영업으로 하는 회사를 상인에 포함시켜 그의 거래를 상법에 적용하기 위한 목적을 가지고 있다. 상인으로서의 성격이 짙은 기업조직으로서 회사가 가지고 있는 특징을 고려하여 입법화된 조문이다.

Ⅲ 해결방안

신문지상에서 우리는 유명연예인의 얼굴을 광고로 하여 결혼상담에 관한 내용을 볼 수 있다. 이 자를 상인으로 보아야 할 것인가에 관하여는 여러 가지 상황에 따라 달라질 수 있다. 결혼상담소라고 하는 것이 점포와 비슷하게 특정한 사무실에서 이루어 질 수 있도록 개설되어 있고, 다수인의 상담을 할 수 있는 설비가 갖추어져 있다고 한다면, 이는 의제상인에 해당할 수 있다. 우리 상법 제5조는 의제상인에 대하여 규정하고 있다. 그러나 갑이 결혼상담소를 설치 운영한다고 할지라도 소일거리로 행하고 있다면, 상인으로 보는 것은 타당하지 않다. 결혼상담소를 운영한다고 하여 당연히 상인자격을 취득한다고 하는 것은 무리가 있다. 갑은 영리를 목적으로 고객으로부터 일정한 비용을 수령하면서 결혼상담소를 운영하면서, 더불어 일정한 시설을 완비하고 상인적 방법으로 영업을 하고 있다고 한다면, 그 자는 의제상인이 된다(상법 제5조 제1항). 그러나 영리를 떠나 순수한 뜻으로 결혼상담의 업무를 행하고 있다면, 그 자는 상인이라 볼 수 없다.

Ⅲ 관련 판례

"계주가 여러 개의 낙찰계를 운영하여 얻은 수입으로 가계를 꾸려 왔다 할지라도 계주가 상인적 방법에 의한 영업으로 계를 운영한 것이 아니라면 계주를 상법 제5조의 제1항 소정의 의제상인이나 같은 법 제46조 제8호 소정의 대금, 환금 기타 금융거래를 영업으로 운영한 것에 해당한다고 볼 수 없으므로 위 계불입금채권을 5년의 소멸시효가 적용되는 상사채권으로 볼 수 없다"는 판결이 있다.[2] 대법원은 원고가 계주로 운영한 세 개의 낙찰계에 가입하여 계금을 수령한 피고 금금순과 그 연대보증인인 피고 서영수에 대하여 계불입금 합계 금 21,000,000원 중 변제받은 금 4,000,000원을 공제한 나머지 금 17,000,000원의 계불입금 채권을 가지고 있는 사실관계를 인정한 후, "민법 제163조 제1호 소정의 이자, 부양료, 급료, 사용료 기타 1년 이내의 기간으로 정한 금전의 지급을 목적으로 하는 채권이 1년 이내의 정기로 지급되는 채권을 가리키는 것임은 소론이 지적하는 바와 같으나, 같은 호 소정의 채권은 기본이 되는 정기금채권의 효과로서 매기에 생기는 채권임을 요하는 바, 이 사건 낙찰계는 계주의 개인사업으로 운영되는 상호신용금고법 제2조 소정의 상호신용계에 유사한 무명계약의 일종인데 이 사건과 같이 매월 낙찰받아 계금을 수령한 계원이 불입할 불입금을 공제한 나머지를 균등 분할한 금액을 계불입금으로 불입하는 것은 계주로부터 대여받은 금원에 해당하는 계금에 관한 원리금변제의 성질을 가지고 있다고 새겨야 할 것이고, 따라서 계불입금 채권은 채권관계가 일시에 발생하여 확정되고 변제방법에 있어서 매월 분할변제로 정하여진 것에 불과하여 기본이 되는 정기금채권에 기한 채권이라고 할 수 없기 때문에 3년의 소멸시효가 적용되는 채권이라고 할 수 없고, 계불입금채권을 원금부분과 이자부분으로 나누어 이자부분에 관하여만 3년의 소멸시효가 적용된다고 할 것도 아니라 할 것이니 위 계불입금 채권이 민법 제163조 제1호 소정의 소멸시효가 완성하는 채권이라고 볼 수 없다"고 하면서, "이 사건 낙찰계가 상호신용금고법상의 상호신용계와 유사한 무명계약으로서 원고가 이 사건 계를 비롯한 여러 개의 계를 운영하여 얻은 수입으로 가계를 꾸려 왔다 할지라도 원고가 상인적 방법에 의한 영업으로 이 사건 계를 운영하였음을 인정할 아무런 자료가 없는 이 사건에 있어서 원고를 상법 제5조 제1항 소정의 의제상인이나 같은 법 제46조 제8호 소정의 대금, 환금 기타 금융거래를 영업으로 운영한 것에 해당한다고 볼 수는 없다"고 판단하였다.

---

2) 대법원 1993. 9. 10. 선고 93다21705 판결.

제 18 장
변호사의 상인 여부

1999년 4월 새마을금고 갑은 변호사 사무실을 운영하던 변호사 을과 5,000만 원에 대한 금전소비대차계약을 체결하였다. 2004년 3월 변호사 을은 원금의 일부를 변제했지만 남은 원금과 이자를 변제하지 않았다. 새마을금고 갑은 5년이 경과한 후인 2010년 3월 소송을 제기하고 승소했다. 그러나 변호사 을은 "변호사 사무실을 운영하고 있으므로 상인에 해당하고, 대출금채권은 상사채권으로서 5년의 소멸시효기간이 적용된다"고 주장한다. 변호사 을은 상인에 해당하는가? 또한 대출금채권은 상사채권으로서 5년의 시효를 인정해야 하는가?

▌ 논 점

1. 변호사의 공공성

변호사는 기본적 인권을 옹호하고 사회정의를 실현함을 사명으로 하며 그 사명에 따라 성실히 직무를 수행하고 사회질서 유지와 법률제도 개선에 노력하여야 하며, 공공성을 지닌 법률 전문직으로서 독립하여 자유롭게 그 직무를 수행하여야 한다(변호사법 제1조). 변호사법에 의하면, 변호사는 그 직무에 공적인 사명을 가지고 있어야 하며, 동시에 독립된 자격으로 용역을 제공하고 그 대가를 받는 하나의 직업인으로서 법률전문가에 해당한다. 변호사의 공공성을 실현하기 위하여, 변호사는 개업 시 지방변호사회를 거쳐 대한변호사협회에 등록을 하여야 하고, 그 개업의 신고를 의무화하고 있다(변호사법 제7조, 제14조 및 제68조).

2. 변호사의 영리성

'사건수임과 관련하여 금품수수를 금지하고 있는 변호사법 규정에 대한 위헌심판제청이 신청되어 세간의 주목을 받았다. 이는 변호사의 영리성과 관련된다. 변호사법 위반으로 제1심에서 유죄선고를 받은 모 변호사가 항소심 재판에서 '변호사법 제34조와 제109조 등은 직업선택의 자유를 침해하는 조항'이라고 하면서 위헌법률심판제청신청을 하였다. 그는 이 신청서에서 "사건수임과 관련하여 금품을 수수할 경우 이를 처벌하도록 되어 있는 변호사법 제34조는 법조비리를 척결하기 위한 조항이지만 6,000명에 가까운 변호사들이 경쟁을 하고 있는 법률시장에서 현실적으로 변호사들의 상인성도 부정할 수 없는 상황이므로 사무직원들의 사건수임 능력에 비례하여 지급해온 일정액의 보수는 리베이트 명목의 알선료라기보다는 성과급 형태의 수당에 해당한다"고 주장하였다. 이어 "실제로 일반기업체의 경우 실적에 따라 성과급을 지급하고 대형로펌의 경우에도 소속변호사를 통해 사건을 수임한 경우 성과급 형태의 수당을 지급하는 것이 공공연한 현실이라는 점에서 변호사의 사무직원 사이에 수수되는 성과급 형태의 임금을 일률적으로 수임알선료로 취급하여 처벌하는 것은 헌법상 평등권 조항과 직업선택의 자유 등을 침해한 위헌적인 조항"이라고 주장한 것이다. 만약 변호사에게 영리성을 인정하게 된다면, 변호사는 상인에 해당한다는 주장은 그 타당성을 인정받을 수 있을 것이다.

Ⅲ 해결방안

변호사의 상인성을 인정하기도 어렵고, 대출금채권에 대하여 상사채권이라는 그의 주장을 받아들이는 것은 용이하지 않다. 변호사의 활동은 법령에 의하여 상당한 정도로 영리추구활동이 제한됨과 아울러 직무의 공공성이 요구된다. 이 점에서 상인의 활동과 본질적인 차이가 있다는 점을 유념해야 한다. 변호사의 직무관련 활동과 그로 인하여 형성된 법률관계에 대한 상인의 영업활동이 동일하게 상법을 적용하지 않으면 안 될 특별한 사회·경제적 필요 내지 요청이 있다고 볼 수도 없다. 상법 제5조 제1항에 규정하고 있는 상인적 방법에 의하여 영업을 하는 자로서 상인으로 볼 수 없다. 상인으로 볼 수 없는 이상 금융기관 대출에 5년의 상사시효를 적용하는 부당하다고 하겠다.

▐Ⅲ 관련 판례

법무사가 상법 제5조 제1항의 의제상인에 해당할 수 있는지 여부와 이에 따라 법무사의 상호등기가 허용되는지 여부와 관련하여, 대법원은 "법령에 의하여 상당한 정도로 그 영리추구 활동이 제한됨과 아울러 직무의 공공성이 요구되는 법무사의 활동은 상인의 영업활동과는 본질적인 차이가 있고, 법무사의 직무 관련 활동과 그로 인하여 형성된 법률관계에 대하여 상인의 영업활동 및 그로 인하여 형성된 법률관계와 동일하게 상법을 적용하지 않으면 안 될 특별한 사회·경제적 필요 내지 요청이 있다고 볼 수도 없으므로, 법무사를 상법 제5조 제1항이 규정하는 '상인적 방법에 의하여 영업을 하는 자'라고 볼 수는 없다. 따라서 법무사의 상호등기 신청을 각하한 등기관의 처분은 정당하고, 법무사 합동법인의 경우 법무사법 제33조 이하에서 그 명칭의 등기를 허용하고 있다거나, 상호의 등기를 허용하는 다른 일부 전문 직종에서 관계 법령에 공익적 목적의 제한규정을 두고 있는 경우가 있다는 사정만으로 부당한 차별에 해당하여 위법하다고 볼 수는 없다"고 판단하였다.[3]

변호사 갑이 을과의 소송대리 위임계약에 따라 성공보수금 지급을 구하는 소를 제기한 사안에서, 대법원은 "성공보수금 지급채무가 민법 제467조 제2항 단서에서 의미하는 '영업에 관한 채무'라거나 혹은 갑의 변호사 사무소가 위 조항에서 의미하는 '영업소'라고 볼 수는 없고, 이때 을의 이행채무는 지참채무로서 갑의 주소지 관할법원에 관할권이 있다"고 판단하였다. 동 사례에서 대법원은 "변호사의 영리추구 활동을 엄격히 제한하고 그 직무에 관하여 고도의 공공성과 윤리성을 강조하는 변호사법의 여러 규정에 비추어 보면, 위임인·위촉인과의 개별적 신뢰관계에 기초하여 개개 사건의 특성에 따라 전문적인 법률지식을 활용하여 소송에 관한 행위 등에 관한 대리행위와 일반 법률사무를 수행하는 변호사의 활동은, 간이·신속하고 외관을 중시하는 정형적인 영업활동을 벌이고, 자유로운 광고·선전활동을 통하여 영업의 활성화를 도모하며, 영업소의 설치 및 지배인 등 상업사용인의 선임, 익명조합, 대리상 등을 통하여 인적·물적 영업기반을 자유로이 확충하여 효율적인 방법으로 최대한의 영리를 추구하는 것이 허용되는 상인의 영업활동과는 본질적으로 차이가 있고, 변호사의 직무 관련 활동과 그로 인하여 형성된 법률관계에 대하여 상인의 영업활동 및 그로 인한 형성된 법률관계와 동일하게 상법을 적용하지 않으면 아니 될 특별한 사회경제적 필요 내지 요청

---

3) 대법원 2008. 6. 26. 선고 2007마996 판결.

이 있다고 볼 수도 없으므로, 변호사는 상법 제5조 제1항이 규정하는 '상인적 방법에 의하여 영업을 하는 자'라고 볼 수 없다"는 종전의 주장[4]을 다시 한 번 명백히 하였다.[5]

---

4) 대법원 2007. 7. 26. 선고 2006마334 판결.
5) 대법원 2011. 4. 22. 선고 2011마110 판결.

제 19 장

지배인의 대리권인 지배권

○○주식회사 종로지점장 갑은 을 은행 종로지점과 예금 및 대출과 관련한 계속적인 거래관계를 가지며 영업활동을 하고 있었다. 그러던 중 갑은 회사의 사업과는 무관한 개인적인 용무로 을로부터 상당한 금액을 대출받아 사용하였다. 그러나 대출받은 금액을 상환하지 못하였다. 그러자 을은 ○○주식회사에 대하여 이를 변제할 것을 요구하였다. 갑의 기채행위는 회사의 영업과 무관한 개인적인 용도의 행위이므로, ○○주식회사는 이를 변제할 수 없다고 주장한다. 타당한가?

Ⅰ 논 점

1. 개 념

상업사용인 가운데 대표적인 자가 바로 지배인이다. 상인에 의하여 선임되는 지배인은 상법상 대리인에 해당한다. 지배인Prokurist이란 영업주(상인)에 갈음하여 영업에 관한 재판상 또는 재판 외의 모든 행위를 할 수 있는 권한을 가진 자이다(상법 제11조 제1항). 이 지배인의 포괄적 대리권을 강학상 지배권Prokura이라 한다. 지배인의 대리권(지배권)은 수권행위에 의하여 발생한다는 점에서 임의대리에 해당하지만, 그 권한범위는 법에 의하여 주어진다는 측면에서 법정대리에 해당하기도 한다.

2. 지배권의 성질

지배권의 범위는 "그 영업에 관한 모든 재판상·재판외의 행위"에 미친다는 점(상법 제11조 1항)에서 정형성과 포괄성을 갖는다. 지배인의 이러한 성질은 제3자 보호를 통한 거래의 안전이라는 기업활동의 특질에 있다. 이제 지배인과 거래하는 거래상대방은 지배인의 대리권 유무·광협을 개별적으로 조사할 필요가 없게 된다. 그러므로 영업주가 그 대리권에 관하여 거래의 금액·종류·시기·장소 등에 관하여 개별적으로 제한하더라도 그 위반은 대내적으로 해임 또는 손해배상청구의 사유에 그치게 되고, 대외적으로 선의의 제3자에 대하여 대항할 수 없다(상법 제11조 제3항). 지배인의 대리권이 제한될 수 없는 것이 아니라, 그 제한을 제3자에게 대항하여 대항하지 못한다는 의미에서 불가제한성을 갖는다.

3. 명 칭

어떤 자가 지배인인지 여부는 그 권한의 실질에 의하여 판단되므로 지배인이라고 하는 명칭은 지배인이 되기 위한 요건이 될 수 없다. 실무상 지배인이라는 명칭보다는 영업부장·지점장·영업소장 등과 같이 기업 내에서 계선상의 직위를 아울러 표시하는 명칭을 하고 있다.

Ⅲ 해결방안

쟁점이 되는 사안은 지배인 갑이 자신의 이익을 위해서 대출을 하였을 때 영업주인 주식회사가 책임을 부담해야 하는가이다. 지배인은 상법상의 대리인으로서 지배인이 자신의 이익을 위하여 영업에 관한 행위를 한 경우라면, 비록 지배인이 개인적 목적으로 행위를 하더라도 그 행위가 객관적으로 영업적 행위로 판단되면 행위의 효력은 영업주에게 미치게 된다. 대법원은 "지배인의 어떤 행위가 영업주의 영업에 관한 것인가의 여부는 지배인의 행위 당시의 주관적인 의사와는 관계없이 그 행위의 객관적 성질에 따라 추상적으로 판단되어야 한다"고 판시하고 있다. 지배인 갑이 한 대출행위가 그 자신의 명의가 아닌 회사의 명의로 된 경우 그 개인적인 사정은 불문하고 객관적 성질에 따라 판단해 보건대, 이는 영업으로 볼 수 있기 때문에 ○○주식회사는 을에 대하여 변제책임을 부담해야 한다.

III 관련 판례

지배인이 개인적 목적을 위하여 영업주 명의로 행한 어음행위가 객관적으로 지배인의 대리권의 범위 내에 속하는 행위인지 여부에 대한 사안에서,[6] 대법원은 "지배인의 행위가 영업주의 영업에 관한 것인가의 여부는 지배인 행위 당시의 주관적인 의사와는 관계없이 그 행위의 객관적 성질에 따라 추상적으로 판단하여야 할 것인 바, 지배인이 영업주 명의로 한 어음행위는 객관적으로 영업에 관한 행위로서 지배인의 대리권의 범위에 속하는 행위라 할 것이므로 지배인이 개인적 목적을 위하여 어음행위를 한 경우에도 그 행위의 효력은 영업주에게 미친다 할 것이고, 이러한 법리는 표현지배인의 경우에도 동일하다"고 판시하였다.

포괄적 영업대리권 등의 실체를 갖추지 아니한 지배인의 소송대리권 인정 여부에 대하여, 법원은 "지배인에게 영업주의 소송대리권을 인정한 것은 지배인이 영업주의 최고경영보조자로서 특정영업소에서의 영업에 관한 포괄적 영업대리권을 가지고 있는 점에 착안하여 법률이 특히 인정한 것으로 보아야 할 것이므로, 회사가 부도난 후 그 회사의 각종 채권관계를 정리하고 이에 관한 소송업무를 처리하기 위하여 지배인으로 선임 등기된 자는 지배인의 실체는 갖춤이 없이 오로지 소송의 편의만을 위한 것으로 그러한 지배인은 영업주의 소송대리권이 없다"고 보아야 한다고 판시하였다.[7] 법원이 설시한 사항을 좀 더 살펴보면, "원고회사의 지배인이라고 하는 박상봉이 그 자신의 명의로 제기하였고, 이 사건 소장에는 원고회사가 위 박상봉을 원고회사 본점에 지배인으로 두고 있다는 내용의 지배인 등기부초본이 첨부되어 있다. 원래 지배인은 별도의 수권절차 없이 당연히 영업주를 대리하여 소송행위를 할 수 있는 권한이 있다. 그것은 지배인이 영업주에 갈음하여 영업에 관한 재판상 또는 재판외의 모든 행위를 할 수 있는 법률상의 대리권을 가지기 때문이다(상법 제11조 제1항). 특히 지배인에게 영업주의 소송대리권까지도 인정한 것은 지배인이 영업주의 최고경영보조자로서 특정영업소(본점 또는 지점)에서의 영업에 관한 포괄적 영업대리권을 가지고 있는 점에 착안하여 법률이 특히 인정한 것으로 보아야 한다. 이는 영업의 특정한 종류 또는 특정한 사항에 대한 위임을 받은 부분적 포괄대리인에게는 재판외의 행위에 관한 대리권만을 인정할 뿐, 재판상의 행위에 관한 대리권은 부여하지 않고 있는 법률(상법 제15조 제1항)의 취지에 비추어

---

6) 대법원 1998. 8. 21. 선고 97다6704 판결.
7) 서울민사지방법원 1986. 1. 20. 선고 85가단5402 판결.

보더라도 명백하다. 이 사건에 있어 원고회사의 지배인이라고 하는 위 박상봉이 과연 위와 같은 의미에 있어서의 지배인에 해당하는가를 본다. 동 박상봉의 변론기일에서의 주장에 의하면, 원고회사의 지배인이라고 하는 박상봉 자신은 원고회사의 대표이사인 주용봉의 친구로서 원고회사가 1984년 11월경 부도가 난 후 원고회사의 각종 채권관계를 정리하고 이에 관한 소송업무를 처리하기 위하여 1985년 8월 10일경 지배인으로 선임된 이래 일반 영업업무는 담당함이 없이 오로지 소송 등 채권회수업무에만 종사하여 왔다는 것이다. 그렇다면 위 주장자체에만 의하더라도 위 박상봉을 원고회사의 특정영업소에 있어서의 포괄적 대리권을 가진 지배인이라고 볼 수 없음은 명백하다. 박상봉 명의의 앞서 본 지배인 등기는 지배인의 실체를 갖춤이 없이 오로지 소송의 편의만을 위하여 경료한 것으로 볼 수밖에 없다. 또한 이와 같이 지배인의 실체를 갖춤이 없이 지배인 등기를 경료하여 그 지배인이라고 하는 자로 하여금 소송행위를 대리하도록 하는 행위는, 소송대리는 원칙적으로 변호사만이 할 수 있도록 하고 그 밖의 일반인의 경우에는 단독사건에 한하여 재판장의 허가를 받은 때에만 이를 할 수 있도록 규정한 민사소송법 및 변호사법의 취지를 참탈하는 것이기도 하다"고 설시하고 있다.

후 기

상법상 지배인의 소송대리권에 관한 개정논의가 있다.[8] 변호사법에서는 변호사가 아닌 자의 소송대리를 엄격히 금지하고 있지만, 상법은 "지배인은 영업주에 갈음하여 그 영업에 관한 재판상 또는 재판외의 모든 행위를 할 수 있다"고 규정하고 있다(제11조 제1항). 지배인이 재판상 소송대리권을 행사할 수 있음을 알 수 있다.

의문 나는 사항은 왜 유독 지배인에게 소송대리권을 상법이 명문으로 규정하고 있는가이다. 지배인제도는 개업 변호사 수가 600여 명에 불과하던 1962년 상법을 제정하면서, 경제적 약자들을 위한 '예외적인 규정'으로 도입된 것으로 알려졌다. 변호사 업계는 이를 개정하고자 한다. 일반 직원을 뽑아 소송만 전담시키거나 법무사 등을 '지배인'으로 등기시켜 소송을 진행하고, 소송이 끝나면 해임시키는 등 탈법적이고 편법적인 관행으로 동 제도를 남용하고 있다는 것이다. 재무상태가 좋지 않은 한계기업이 외부의 인사를 '경영지배인'으로 등록시켜 놓고, 문제가 발생하면 최고경영자는 법적인 책임을 회피한 채 법적인 책임을 이들에게 전가하는 사례가 늘고 있다고 한다. 또한 대부업체 등이 지배인을 소송대리인으로 내세워 같은 기일에 적게는 몇 건에서 많게는 수십 건의 사건을 진행하고 있다고 한다. 이들은 소송대리를 자신의 주 업무로 인식하고 수행한다고 한다. 실제로도 소송대리를 목적으로 고용되는 경우가 많아 변호사 대리제도를 침범하고 있다고 변호사업계는 주장하고 있다.

---

8) 대한법률신문, 2014년 5월 5일자.

제 20 장
부분적 포괄대리권을 가진 사용인

자동차운수사업을 경영하는 갑 주식회사의 경리부장 을은 경상자금의 수입과 지출, 은행거래, 경리장부의 작성 및 관리 등 경리사무 일체에 관하여 그 권한을 위임받아 수행하고 있었다. 그러던 와중에 회사의 자금차입에 대한 요청이 있었고, 그에 따라 경리부장 을은 이사회의 결의절차를 거치지 아니하고 독자적으로 병으로부터 일정한 자금을 차용하게 되었다. 차금을 대여한 병은 경리부장 을은 상법상 부분적 포괄대리권을 가진 사용인임을 주장하며, 갑 주식회사에게 대여금을 요구하고 있다. 타당한가?

Ⅰ 논 점

1. 의 의

상인의 영업을 보조하는 자로서 영업에 관한 포괄적인 대리권을 가지고 있는 지배인도 존재하지만, 영업의 일부로 범위를 정한 특정의 자가 대외적인 거래를 위임받는 경우도 발생한다. 금융기관을 상대로 하여 자금조달업무를 담당하는 자금부장, 상품의 구매업무를 전담하는 구매과장 등을 볼 수 있다. 영업주로부터 영업의 특정한 종류 또는 특정한 사항에 관한 위임을 받아 그에 관한 재판 외의 모든 행위를 할 수 있는 자가 바로 부분적 포괄대리권을 가진 사용인이다(상법 제15조 제1항). 이 자 역시 상법상 대리인에 해당하는 것은 지배인과 같다.

2. 지배인과 부분적 포괄대리권을 가진 사용인

1) 동일성

부분적 포괄대리권을 가진 사용인의 대리권은 지배인이 행사하는 지배권과 유사한 범위를 가지고 있다. 부분적 포괄대리권을 가진 사용인의 대리권 역시 '특정한 사항에 관한 포괄성과 정형성', '불가제한성(대리권을 제한하는 경우에도 이를 선의의 제3자에게 대항하지 못한다)' 등을 가지고 있다는 점에서 지배권과 동일하다. 양자 모두 법정대리의 속성과 임의대리의 속성도 가지고 있다. 그러나 민법상의 대리와는 차이를 보이고 있다.

2) 차이점

부분적 포괄대리권을 가진 사용인은 영업의 특정한 종류 또는 사항에 관하여만 포괄성과 정형성을 가지고 있다(상법 제15조 제1항 전단). 이 점은 지배인과 차이가 있다. 지배인은 재판상 및 재판 외 행위에 관하여 대리권을 가지고 있지만, 부분적 포괄대리권을 가진 사용인은 재판 외의 행위에 관하여만 대리권을 가지고 있다는 점에서 차이가 있다. 한편, 지배인은 지배인을 선임할 수 없지만, 지배인은 부분적 포괄대리권을 가진 사용인을 선임할 수 있다(상법 제11조 제1항). 지배인은 등기를 강제하고 있지만, 부분적 포괄대리권을 가진 사용인은 등기를 요하고 있지 않다. 영업의 전반에 대하여 대리권을 행사할 수 있는 지배인의 지배권과 달리, 부분적 포괄대리권을 가진 사용인은 영업의 특정한 종류라든가 판매, 구매 혹은 융자 등 특정한 사항에 대하여만 대리권을 행사할 수 있다.

▮ 해결방안

일반적으로 주식회사의 경리부장은 경상자금의 수입과 지출, 은행거래, 경리장부의 작성 및 관리 등 경리사무 일체에 관하여 회사로부터 그 권한을 위임받아 업무를 수행한다. 갑 주식회사의 을은 경리부장의 직위에 있다. 그의 지위나 직책 또는 회사에 미치는 영향 등을 고려해 보면, 그는 원칙상 자금차용에 관한 권한은 갖지 않는 것으로 보는 것이 타당하다. 특히 회사의 자금차입을 위해서는 이사회의 결의를 요하는 등의 합당한 절차를 거쳐야 함에도 불구하고, 이를 지키지 않은 것으로 나타나고 있다. 특별한 사정이 없는 한 경리부장 을의 독자적인 자금차용은 갑 주식회사로부터 위임되어 있지 않다고 보아야 할 것이다. 경리부장에게 자금차용에 관한 상법 제15조의 부분적 포괄대리권을 인정하는 것은 타당하지 않다.

Ⅲ 관련 판례

"이 사건 매매계약 당시 피고 강남지사 영업2팀의 팀장은 소외 2이고, 소외 1은 피고 강남지사의 영업2팀에서 과장으로 불리며 근무하던 3급 사원으로서, 피고의 거래처를 정기적으로 방문하여 거래처의 새로운 통신수요를 파악하고 이에 맞는 통신 서비스를 제안하여, 그에 따라 거래처가 새로운 통신 서비스의 제공을 원하는 경우 이에 관한 사항을 사업추진보고서로 작성하여 영업2팀장인 소외 2에게 보고하는 업무를 담당하였을 뿐, 스스로 피고를 대리하여 영업과 관련된 계약을 체결할 권한을 가지지는 않았던 사실, 피고의 2003년 당시 영업세약관리기준에 의하면 영업팀장인 소외 2도 1,000만 원 이상의 거래 시에는 담당임원이나 대표이사의 결재를 받아야 계약을 체결할 수 있도록 되어 있는 사실 등을 인정한 다음, 이와 같은 인정 사실에 나타나는 여러 사정들에 비추어 보면 소외 1이 피고의 영업에 관하여 부분적 포괄대리권을 갖는 사용인이라고 보기 어렵다"고 한 대법원 판결이 있다[9] 대법원은 여기서 "상법 제15조의 부분적 포괄대리권을 가진 사용인은 영업의 특정한 종류 또는 특정한 사항에 관한 재판 외의 모든 행위를 할 수 있는 대리권을 가진 상업사용인을 말하는 것이므로, 이에 해당하기 위해서는 그 사용인의 업무 내용에 영업주를 대리하여 법률행위를 하는 것이 당연히 포함되어 있어야 한다"고 판시하고 있다.

건설회사 현장소장이 부분적 포괄대리권을 가진 사용인이 될 수 있는가에 대한 최근 사건[10]에서 대법원은, "상법 제15조에 의하여 부분적 포괄대리권을 가진 상업사용인은 그가 수여받은 영업의 특정한 종류 또는 특정한 사항에 관한 재판 외의 모든 행위를 할 수 있으므로 개개의 행위에 대하여 영업주로부터 별도의 수권이 필요 없으나, 어떠한 행위가 위임받은 영업의 특정한 종류 또는 사항에 속하는가는 당해 영업의 규모와 성격, 거래행위의 형태 및

---

9) 대법원 2007. 8. 23. 선고 2007다23425 판결.
10) 대법원 2013. 2. 28. 선고 2011다79838 판결.

계속 반복 여부, 사용인의 직책 명, 전체적인 업무분장 등 여러 사정을 고려해서 거래통념에 따라 객관적으로 판단하여야 한다"고 하면서,[11] "건설회사 현장소장은 일반적으로 특정된 건설현장에서 공사의 시공과 관련된 업무만을 담당하는 자이어서 특별한 사정이 없는 한 상법 제15조 소정의 영업의 특정한 종류 또는 특정한 사항에 대한 위임을 받은 사용인으로서 그 업무에 관한 부분적 포괄대리권만을 가지고 있다고 봄이 상당하고, 일반적으로 건설회사의 현장소장에게는 회사의 부담으로 될 채무보증 또는 채무인수 등과 같은 행위를 할 권한이나 회사가 공사와 관련하여 거래상대방에 대하여 취득한 채권을 대가 없이 일방적으로 포기할 권한이 회사로부터 위임되어 있다고 볼 수 없다"고 판시하였다.[12]

---

11) 대법원 2009. 5. 28. 선고 2007다20440, 20457 판결.
12) 대법원 1994. 9. 30. 선고 94다20884 판결.

제 21 장

동업조합으로서 익명조합

갑은 을과 친한 동료 사이이다. 을은 갑이 형광등 사업에 뛰어난 수완을 가지고 있다는 것을 알고 있었다. 을은 자신이 사업자금 3,000만 원을 출자하고, 갑이 그 자금으로 사업을 하는 동업계약을 체결하였다. 갑은 을에게 매달 이익이 발생하면 이익금 가운데 50%를 지급하기로 하는 약정을 하였다. 영업을 통하여 상당한 매출을 올렸던 갑의 영업능력은 1년이 지난 후부터 점진적으로 감소하기 시작하고, 급기야 매출액의 50%를 지급하지 못하는 상황에 직면하게 되었다. 화가 난 을은 갑이 약속했던 이익금을 지급해 달라고 요구하였다. 을의 갑에 대한 이익금청구권은 타당한가?

Ⅰ 논 점

1. 개 념

익명조합계약은 당사자 일방이 상대방 영업을 위하여 출자하고 상대방은 그 영업으로 인한 이익을 분배할 것을 약정하는 계약을 말한다(상법 제78조). 영업을 하는 당사자를 영업자라 하고, 출자를 하는 자를 익명조합원이라 한다. 반드시 양 당사자가 존재해야 한다. 일방 당사자에 여러 사람이 있을 수 있지만 조합과 달리 여러 당사자가 독립해 있을 수는 없다. 이 점 민법상 조합과 차이가 있다. 영업자는 상인임이 원칙이지만 장차 상인이 될 것을 전제로 한 익명조합계약도 유효하다. 익명조합원의 자격에는 아무 제한이 없으며 자연인임을 요하지 않는다. 익명조합원은 출자의무를 부담해야 하고, 영업자는 '영업을 할 의무'를 부담한다. 영업으로 인한 이익을 분배하는 계약이 바로 익명조합Stille Gesellschaft이라고 할 수 있다. 익명조합원은 약정한 출자를 해야 하고, 영업자의 출자와 노력이 결합되어 이익이 창출된다.

창출된 이익은 양 당사자가 약정한 바에 따라 분배를 한다.

2. 성 질

1) 영업자

영업수행의무와 경업금지의무를 부담한다. 익명조합계약의 본지에 반하지 않는 범위에서 선량한 관리자의 주의로써 영업을 수행하여야 하고 임의로 영업을 양도 기타 처분하거나 정지할 수 없다. 선관주의의무의 하나로서 경업금지의무를 부담해야 한다. 영업수행을 함에 있어서, 영업자는 자기명의로 법률행위를 하여야 한다. 그 결과 거래로 인한 권리의무는 영업자에게 귀속한다. 이 자는 상인에 해당한다.

2) 익명조합원

출자자 혹은 투자자로서 익명조합원은 영업을 수행하지 못한다(제86조, 제278조). 그러므로 익명조합원은 영업자의 행위에 관하여 제3자에 대하여 권리나 의무가 없다(제80조). 다만, 익명조합원은 일정범위에서 영업을 감시할 감시권이 있다. 영업시간 내에 한하여 영업에 관한 회계장부, 대차대조표 기타의 서류를 열람할 수 있고 업무와 재산상태를 검사할 수 있으며, 중요한 사유가 있을 때에는 언제든지 법원의 허가를 얻어 위 서류를 열람과 검사를 할 수 있다(제86조, 제277조).

▥ 해결방안

당사자의 일방이 상대방의 영업을 위하여 출자를 하는 경우라 할지라도 그 영업에서 이익이 난 여부를 따지지 않고 상대방이 정기적으로 일정한 금액을 지급하기로 약정한 경우가 있다. 그러나 "영업으로 인한 이익을 분배한다"는 상법 제78조를 보건대, 이익의 유무를 불문하고 매월 일정액을 익명조합원에게 지급한다는 약정은 금전소비대차계약은 되겠지만 익명조합계약은 될 수 없다. 비록, 이익이라는 명칭을 사용하였다 하더라도 그것은 상법상의 익명조합 계약이라고 할 수 없는 것이다. 을과 갑이 익명조합계약을 체결한 이상, 매출이 있을 경우에만 일정한 이익금을 받는 것으로 되어 있다. 투자자인 출자자(익명조합원) 을은 영업자인 갑에게 이익배당금을 청구할 수 없다. 다만, 영업자의 선관주의의무를 위반으로 인하여 발생한 손해에 대한 손해배상청구권 행사는 가능할 것이다.

Ⅲ 관련 판례

익명조합과 관련된 다음의 판례가 있다. 대법원은 "① 피해자가 2004년 8월 2일 '○○지게차'라는 상호로 이 사건 사업을 시작할 당시 자신의 명의로 사업자등록을 마쳤던 점, ② 피해자는 당시 □□지게차에서 근무하고 있었던 관계로 따로 동종의 사업체를 운영하고 있다는 사실이 알려지게 되면 업계에 좋지 않은 평판이 생길 것을 우려하여 2004년 12월 22일 이 사건 사업의 상호를 '○○전동지게차'로 변경하고 그에 관한 사업자등록을 피고인의 명의로 마친 것으로 보이는 점, ③ 피해자는 이 사건 사업을 창설하는 데 필요한 자금을 전적으로 부담하였고, 그 사업장 내의 지게차를 비롯하여 업무용 화물차, 핸드폰, 사무실 컴퓨터 등 각종 비품도 대부분 피해자가 구입하였던 점, ④ 피고인은 피해자로부터 2004년 9월경 120만 원, 2004년 10월경부터 2005년 8월경까지 사이에 매월 150만 원, 2005년 9월경부터 2006년 3월경까지 사이에 매월 200만 원을 정기적으로 송금받았고, 그 외에 명절이나 휴가 무렵에도 돈을 송금받았던 점, ⑤ 피고인은 위 사업의 운영에 소요된 경비를 피해자에게 청구하여 피해자로부터 지급받았던 점, ⑥ 위 사업장의 업무용 예금계좌가 모두 피고인의 명의로 개설되어 있었으나, 위 예금계좌의 관리는 전적으로 피해자가 하였고, 나아가 거래처에 대한 자금집행 역시 피해자가 담당하였던 점, ⑦ 피고인은 정기적으로 업무실적표를 작성하여 피해자에게 건네주었고, 피해자는 피고인으로부터 건네받은 위 업무실적표를 기초로 하여 수입·지출내역서, 결산보고서 등 각종 회계장부를 작성하였던 점, ⑧ 피해자가 위 사업에 관한 부가가치세를 신고하고 각종 세금도 납부하였던 점, ⑨ 이 사건 사업은 2005년 8월경부터 그동안의 누적된 적자를 만회하고 전체적으로 흑자로 전환되었음에도 피고인과 피해자가 위 사업장에서 발생한 이익금을 정산한 사실은 없는 것으로 보이는 점, ⑩ 피고인 스스로도 위 사업장을 설립하고 운영하는 과정에서 피해자와 사이에 동업계약서 등 동업지분에 관한 서류를 작성한 사실이 없고, 이익금을 정산한 사실도 없다는 취지로 진술하고 있는 점 등을 종합하여 보면, 위 사업은 실질적으로 피해자가 단독으로 운영하여 온 것으로 봄이 상당하고, 따라서 위 사업장의 재산은 피해자의 단독 소유라고 할 것이므로, 피고인이 익명조합관계의 영업자의 지위에 있다고 주장하는 등 위 사업이 자신의 것이라고 주장하며 이 사건 지게차 등에 관한 피해자의 반환요구를 거부한 것은 업무상횡령죄를 구성한다"고 판단하였다.[13]

피고인이 갑과 특정 토지를 매수하여 전매한 후 전매이익금을 정산하기로 약정한 다음 갑이 조달한 돈 등을 합하여 토지를 매수하고 소유권이전등기는 피고인 등의 명의로 마쳐 두었는데, 위 토지를 제3자에게 임의로 매도한 후 갑에게 전매이익금 반환을 거부함으로써 이를 횡령하였다는 내용으로 기소된 사안에서, 피고인과 갑의 약정은 익명조합과 유사한 무명계약에 해당한다고 보아 피고인에게 횡령죄 성립을 부정한 사례가 있다.[14] "피해자 공소 외 1과 피고인은 2002년 9월경 양주시 백석읍 오산리 소재 3필지의 토지(이하 '이 사건 토지'라 한다)를 매수하여 이를 전매한 후 그 전매이익금을 정산하기로 약정한 사실, 피고인은 2002년 11월경 피해자가 조달한 금원 등을 합하여 이 사건 토지를 매수하였으나 그 소유권이전등기는 자신과 공소 외 2, 3의 명의로 경료한 사실, 피해자는 이 사건 토지 매수와 그 전매를 피고인에게 전적으로 일임하였고 그에 따라 토지를 매수하는 과정에 전혀 관여하지 않았을 뿐만 아니라 피고인이 2007년 4월경 위 토지를 매도할 때에도 전혀 관여하지 아니한 사실 등을 알 수 있는 바, 사정이 이와 같다면 비록 피해자가 이 사건 토지의 전매차익을 얻을 목적으로 일정 금원을 출자하였다고 하더라도 이후 업무감시권 등에 근거하여 업무집행에 관여한 바도 전혀 없을 뿐만 아니라 피고인이 아무런 제한 없이 그 재산을 처분할 수 있었음이 분명하므로, 피해자와 피고인 사이의 약정은 조합 또는 내적 조합에 해당하는 것이 아니라 익명조합과 유사한 무명계약에 해당하는 것으로 보아야 할 것이다"라고 판시하면서, "이러한 조합 또는 내적 조합과는 달리 익명조합의 경우에는 익명조합원이 영업을 위하여 출자한 금전 기타의 재산은 상대편인 영업자의 재산으로 되는 것이므로 그 영업자는 타인의 재물을 보관하는 자의 지위에 있지 않고 따라서 영업자가 영업이익금 등을 임의로 소비하였다고 하더라도 횡령죄가 성립할 수는 없다"는 종전 판례를 언급하고 있다.[15] 한편, 어떠한 법률관계가 내적

---

13) 대법원 2009. 4. 23. 선고 2007도9924 판결.
14) 대법원 2011. 11. 24. 선고 2010도5014 판결.
15) 대법원 1971. 12. 28. 선고 71도2032 판결; 대법원 1973. 1. 30. 선고 72도2704 판결.

조합에 해당하는지 아니면 익명조합에 해당하는지는, 당사자들의 내부관계에 있어서 공동사업이 있는지, 조합원이 업무검사권 등을 가지고 조합의 업무에 관여하였는지, 재산의 처분 또는 변경에 전원의 동의가 필요한지 등을 모두 종합하여 판단하여야 할 것이다.[16]

16) 대법원 2008. 2. 14. 선고 2007도10645 판결; 대법원 2010. 11. 25. 선고 2009도7001 판결 참조.

제3부

상행위법 영역

제 22 장

대리상

················

울산에서 자동차를 제조하고 판매하는 갑 주식회사가 있다. 갑 주식회사는 판매를 확대하기 위하여 서울의 각 구역 A(신촌), B(강남), C(동작) 및 D(영등포)와 자신의 자동차를 판매해 줄 상인과 대리상계약을 체결하였다. A와 B는 특정 물건에 대하여 계약을 체결할 수 있는 권리를 가지고 있지만, C는 단지 계약을 중개할 권리만을 갖는 것으로 약정을 하였고, D는 물건에 상관없이 계약을 중개할 수도 있고 체결할 수 있는 권리도 갖는 것으로 약정을 맺었다. D에 의하여 갑 주식회사는 상당한 매출을 올렸다. 얼마 후 아무런 이유를 밝히지 아니하고 갑 주식회사는 D와의 대리상계약을 해지하였다. D는 갑 주식회사에 어떠한 권리를 행사할 수 있을까?

▐ 논 점

1. 대리상의 의의

일정한 상인을 위하여 상업사용인이 아니면서 상시 그 영업부류에 속하는 거래의 대리 또는 중개를 영업으로 하는 자가 바로 대리상Handelsvertreter이다. 특정 지역에 지속적인 영업조직을 유지할 필요가 있는 본인은 그곳의 시장사정에 밝은 자를 대리상으로 하여 그의 조직기반을 이용하여 영업을 확대하고자 한다. 대리상은 본인의 지시와 감독을 받지 않는 대신에 영업실적에 따라 보수를 지급받는다. 영업활동을 지역적으로 확장시키기 위한 방안으로써 지점을 설치하여 상업사용인이나 외무사원을 이용하는 방법을 고려해 볼 수 있다. 그러나 이 경우 시설비와 인건비라고 하는 고정비용을 부담해야 하는 단점과 권한남용에 따른 관리의 리스크가 발생할 수 있다. 지역에 거점을 둔 대리상을 이용하게 되면, 제기되는 단점과 리스크를 모두 예방할 수 있는 효과를 갖게 되는 장점이 있다.

2. 대리상의 개념

대리상은 '일정한 상인'이라는 문구에서 볼 수 있듯이 상인을 특정해야 하고, '상인을 위하여'라는 문구에서 볼 수 있듯이 그의 영업을 보조해야 한다. 대리상은 독립성을 가지고 있다는 점에서 상업사용인과 다르다. 대리상은 계약에 따른 의무 이외에 따로 상인의 지휘나 감독을 받을 필요 없이 자신의 독자적인 계획과 계산에 따라 영업을 한다. '상시'라는 문구에서 알 수 있듯이 보조행위는 계속성과 반복성을 가지고 있어야 한다. '그 영업부류에 속한 거래'에서 볼 수 있는 바와 같이 상인의 영업부류에 속한 거래를 영업으로 해야 한다. 그러므로 매매업을 하는 상인을 위하여 금융거래를 대리 또는 중개하는 경우처럼 보조적 상행위를 대리 또는 중개하는 때에는 상법상의 대리상이 아니다. 본인의 거래를 대리하는 체약대리상과 본인의 거래를 중개하는 중개대리상이 존재하지만, 양자 모두 겸업을 하는 것도 가능하다. 대리상은 거래의 대리 또는 중개를 인수함을 영업으로 하는(제46조 제10호, 제11호) 기본적 상행위를 하는 상인이다.

ⅠⅠ 해결방안

대리상은 다음과 같은 세 가지 권리의 행사가 가능하다. 첫째, 보수청구권이다. 대리상은 상인으로서 그 영업범위 내에서 본인을 위하여 행위를 하기 때문에, 이에 대하여 상당한 보수청구권을 행사할 수 있다(상법 제61조). 둘째, 유치권을 행사할 수 있다. 대리상은 거래의 대리 또는 중개로 인한 채권이 변제기에 있는 때에는 그 변제를 받을 때까지 본인을 위하여 점유하는 물건 또는 유가증권을 유치할 수 있다(상법 제91조). 약정에 의한 배제도 가능하다(상법 제91조 단서). 셋째, 대리상의 보상청구권이다. 대리상이 활동으로 본인이 새로운 고객을 획득하거나 영업상의 거래가 현저하게 증가하고 이로 인하여 계약의 종료 후에도 본인이 이익을 얻고 있는 경우에는 대리상은 본인에 대하여 상당한 보상을 청구할 수 있다(상법 제92조의2 제1항). 다만 계약의 종료가 대리상의 책임 있는 사유로 인한 경우에는 그러하지 아니하다.

대리상이 열심히 노력하여 새로운 고객을 획득하였거나 종래의 고객과의 거래규모가 현저하게 증가한 후에 본인이 대리상관계를 종료시키고 직접 고객과 거래를 하는 경우가 발생할 수 있다. 이러한 경우에는 대리상의 노력에 대한 응분의 대가를 지급함으로써 대리상을 보호할 필요성이 있다. 대리상의 보상청구권은 대리상을 보호하고 본인과 대리상 간의 형평을 꾀하려는 목적을 가지고 있다. 대리상 D의 책임 있는 사유로 계약이 종료된 경우가 아니라고 한다면, D는 갑 주식회사에 대하여 보상청구권을 행사할 수 있다.

Ⅲ 관련 판례

2013년 2월 14일 대법원은 '제조자나 공급자와 대리점계약이라는 명칭의 계약을 체결한 자가 곧바로 상법 제87조의 대리상이 되는지 여부'와 '상법 제92조의2에서 대리상의 보상청구권을 인정하는 취지 및 제조자나 공급자에게서 제품을 구매하여 자기의 이름과 계산으로 판매하는 영업을 하는 자에게 대리상의 보상청구권에 관한 상법 제92조의2를 유추 적용할 수 있는가'에 대하여 검토하였다.[1]

1. 사실관계

원고와 피고는 이 사건 메가대리점계약을 체결하면서, 피고가 원고에게 제품을 공급하면 원고는 피고에게 해당 제품의 대금을 지급하고 제품공급 이후 제품과 관련된 일체의 위험과 비용을 부담하여 자신의 거래처에 제품을 재판매하기로 약정한 후, 실제 피고가 기준가격에서 일정한 할인율을 적용하여 제품을 원고에게 매도하면, 원고가 자신의 판단 아래 거래처에 대한 판매가격을 정하여 자신의 명의와 계산으로 제품을 판매하였다.

2. 대리상 인정 여부

대법원은 "상법 제87조는 일정한 상인을 위하여 상업사용인이 아니면서 상시 그 영업부류에 속하는 거래의 대리 또는 중개를 영업으로 하는 자를 대리상으로 규정하고 있는데, 어떤 자가 제조자나 공급자와 사이에 대리점계약이라고 하는 명칭의 계약을 체결하였다고 하여 곧바로 상법 제87조의 대리상으로 되는 것은 아니고, 그 계약 내용을 실질석으로 살펴 대리

---

1) 대법원 2013. 2. 14. 선고 2011다2834 판결.

상에 해당하는지 여부를 판단하여야 한다"[2]고 하면서, "원고가 피고의 상법상의 대리상에 해당하는 것으로 볼 수 없다. 원고의 상고이유 주장처럼 원고가 피고에게 경제적으로 종속되었다고 하더라도 이와 달리 볼 것은 아니다"라고 명백하게 판단하였다.

3. 상법 제92조의2 유추 적용 가능성

대법원은 "대리상의 보상청구권에 관한 위와 같은 입법 취지 및 목적 등을 고려할 때, 제조자나 공급자로부터 제품을 구매하여 그 제품을 자기의 이름과 계산으로 판매하는 영업을 하는 자에게도, ① 예를 들어 특정한 판매구역에서 제품에 관한 독점판매권을 가지면서 제품판매를 촉진할 의무와 더불어 제조자나 공급자의 판매활동에 관한 지침이나 지시에 따를 의무 등을 부담하는 경우처럼 계약을 통하여 사실상 제조자나 공급자의 판매조직에 편입됨으로써 대리상과 동일하거나 유사한 업무를 수행하였고, ② 자신이 획득하거나 거래를 현저히 증가시킨 고객에 관한 정보를 제조자나 공급자가 알 수 있도록 하는 등 고객관계를 이전하여 제조자나 공급자가 계약 종료 후에도 곧바로 그러한 고객관계를 이용할 수 있게 할 계약상 의무를 부담하였으며, ③ 아울러 계약체결 경위, 영업을 위하여 투입한 자본과 그 회수 규모 및 영업 현황 등 제반 사정에 비추어 대리상과 마찬가지의 보호필요성이 인정된다는 요건을 모두 충족하는 때에는, 상법상 대리상이 아니더라도 대리상의 보상청구권에 관한 상법 제92조의2를 유추 적용할 수 있다고 보아야 한다. 그런데 이 사건에서는 원고가 이 사건 메가대리점계약을 통하여 일정한 판매구역에서 피고의 제품에 관한 독점판매권을 가지면서 제품판매를 촉진할 의무와 더불어 피고의 판매활동에 관한 지침이나 지시에 따를 의무를 부담하는 등 사실상 피고의 판매조직에 편입되었다거나 또는 원고가 획득하거나 거래를 현저히 증가시킨 고객에 관한 정보를 피고가 알 수 있도록 하는 등 고객관계를 이전하여 피고가 계약 종료 후에도 곧바로 그러한 고객관계를 이용할 수 있게 할 계약상 의무를 부담하였다는 점을 인정할 자료가 없기 때문에, 피고로부터 제품을 구매하여 그 제품을 자기의 이름과 계산으로 판매하는 영업을 하는 원고에 대하여 대리상의 보상청구권에 관한 상법 제92조의2를 유추 적용할 수는 없다"고 판시하고 있다.

---

2) 대법원 1999. 2. 5. 선고 97다26593 판결 참조.

제 23 장
중개상

독일의 수출업자가 독일제 부엌칼을 한국시장에 진출하고 싶어 한다. 그는 한국에 있는 수입업체를 소개받기를 원하였다. 수입업체를 중개해 줄 중개상 병에게 부탁을 하였다. 그러나 중개상 병은 한국의 수입업체를 물색하는 것에 진력을 기울이지 않았다. 5년이 지난 우연한 기회에 한국의 수입상 을이 독일의 부엌칼을 수입하고 싶다는 사실을 알게 되어, 수출업자 갑은 한국의 수입상 을과 매매계약을 체결하게 되었다. 이러한 사실을 알게 된 중개상 병은 자신에 의하여 갑과 을이 매매계약이 체결된 것이므로, 병은 갑에게 보수청구권을 행사한다. 타당한가?

I 논 점

1. 중개상의 개념

중개상Handelsmakler은 시장시세와 상대방의 신용상태 등을 탐지하고 상품의 감정, 유가증권의 진위, 보험료의 고저, 선박의 성질 등 전문적 자료를 준비하고서 위탁자에게 조언하여 때로는 당사자에게 상대방을 알리지 않음으로써 거래를 원활하게 하는 기능을 한다. 중개업에는 상거래에 익숙하면서도 자력이 없는 사람이 종사하는데, 시장이 상품별로 세분화되어 있는 고도산업사회에서 이용도가 점차 높아지고 있다. 가령 증권 등의 매매, 금융거래 및 운송 및 보험거래 등에서 많이 이용된다. 중개계약을 위하여는 특별한 방식을 요하지 않으므로, 전화로 중개위탁을 하였다 하더라도 중개계약은 성립한다.

2. 중개상의 권리

중개상은 상인이기 때문에 당사자 사이의 아무런 특약이 없는 경우에도 중개에 대한 일정한 보수를 청구할 수 있다. 상법은 상인의 법정청구권으로서 보수청구권을 인정하고 있다(상법 제61조). 보수청구권을 행사하기 위하여는 다음의 요건이 필요하다. 첫째, 중개당사자 간의 계약이 유효하게 성립되어야 한다. 계약이 성립되지 않으면 중개인의 수고가 아무리 크다 하더라도 보수청구권은 발생하지 않는다. 계약이 성립한 이상 이행의 유무는 묻지 않으므로 채무불이행을 이유로 계약이 해제되더라도 보수청구권은 소멸하지 않는다. 둘째, 중개와 계약 성립 간 인과관계가 있어야 한다. 당사자 간에 성립한 계약은 당사자가 그 중개를 중개인에게 위탁한 것이고 중개인의 중개에 의해 그 계약이 성립한 것이어야 한다. 셋째, 중개서 작성교부가 완료되어야 한다(상법 제96조 참조). 이를 요건으로 한 것은 중개인으로 하여금 신중하게 중개를 시키기 위함이다. 당사자 간의 계약이 정지조건부로 성립된 경우에는 그 조건이 성취된 때에 비로소 보수청구권이 발생한다. 해제조건부인 경우에는 즉시 보수청구권이 발생하지만 그 조건이 성취되더라도 특별한 사정이 존재하지 않는 한 보수의 반환의무는 발생하지 않는다.

▐▌ 해결방안

위 사례는 독일 함부르크Hamburg에 있는 지인으로부터 질의를 받은 사례를 구성한 것이다. 당시 질문 받은 사항은 다음과 같다. 첫째, 한국 실정법에도 보수를 지급해야만 하는 중개계약이 존재하는가? 둘째, 그렇다면wenn ja 어떠한 전제조건하에서 중개계약이 체결되는가? 특히 독일 사법에서와 마찬가지로 두 가지 합의된 의사표시가 반드시 필요한가? 셋째, 그렇다면wenn ja 한국 민법에서는 의사표시에 대한 어떠한 해석원칙이 존재하는가? 객관적인 수령권에 따라 상대방 있는 의사표시empfangsbedürftige Willenserklärung를 해석할 수 있는 기본원칙이 존재하는가? 넷째, 예상된 계약이 체결되고 중개상의 행위로 인하여 계약체결이 이루어지는 원인관계가 있는 경우에만, 중개상이 보수청구권을 행사할 수 있다고 하는 기본원칙이 한국에 유효한가? 다섯째, 독일 상법 제354조는 상인의 보수청구권을 규정하고 있다. 한국 상법 역시 동 규정이 존재하는가? 만약 그렇다면wenn ja 구성요건은 무엇인가?

본 질문과 관련하여 중요한 사항은 위탁자와 중개상 사이에 중개계약이 명확하게 체결되었는가의 문제와 중개로 인하여 매매계약이 체결되었는가에 대한 문제라고 생각된다. 계약 당사자의 청약과 승낙의 의사표시가 명백하게 합치를 이루고 있었다고 한다면, 당연히 중개계약은 성립되었다. 그러나 본 사례에서 동 계약이 성립되었는가는 명확치 않다. 계약이 성립되었다고 한다면, 중개상은 진력을 다하여 수입상을 찾아보았어야 할 것이다. 하지만 이 중개를 위한 노력을 기울인 흔적은 중개상에게서 찾아볼 수 없다. 또한 중개계약의 체결과 매매계약 사이에 인과관계가 있는가에 대하여도 명백하게 밝혀져야 할 부분이다. 중개계약의 성립되었음에도 불구하고 5년이 지나도록 그는 수입상을 찾아내지도 못하였다. 5년이 지난 후 독일 수출업자가 한국의 수입상을 알게 되어 체결된 매매계약에 대하여, 중개상 자신이 노력한 대가로 양자의 계약이 체결되었다고 주장하면서 보수청구권을 행사하는 것은 타당성이 떨어진다. 보수청구권 행사는 그리 간단치 않을 것으로 판단된다.

Ⅲ 관련 판례

구 부동산중개업법상 '중개행위'에 해당하는지에 관한 판단 기준 및 '중개행위'가 거래의 쌍방 당사자로부터 중개 의뢰를 받은 경우뿐만 아니라 거래의 일방 당사자로부터 의뢰를 받아 매매 등 거래행위를 알선·중개하는 경우도 포함하는지 여부에 대하여,[3] 대법원은 "구 부동산중개업법(2005. 7. 29. 법률 제7638호 '공인중개사의 업무 및 부동산 거래신고에 관한 법률'로 전부 개정되기 전의 것, 이하 같다)에서 정하는 중개행위에 해당하는지 여부는, 거래 당사자의 보호에 목적을 둔 위 법률의 취지에 비추어 볼 때 중개업자가 진정으로 거래 당사자를 위하여 거래를 알선, 중개하려는 의사를 갖고 있었느냐고 하는 중개업자의 주관적 의사에 의하여 결정하여서는 아니 되고, 중개업자의 행위를 객관적으로 보아 사회통념상 거래의 알선, 중개를 위한 행위라고 인정되는지 여부에 의하여 결정하여야 한다. 한편 중개행위에는 중개업자가 거래의 쌍방 당사자로부터 중개 의뢰를 받은 경우뿐만 아니라 거래의 일방 당사자의 의뢰에 의하여 중개 대상물의 매매·교환·임대차 기타 권리의 득실·변경에 관한 행위를 알선, 중개하는 경우도 포함된다"고 판시하고 있다.[4]

---

3) 대법원 2012. 9. 27. 선고 2010다101776 판결.

상법상 중개상과는 다소 차이가 있지만, 공인중개사인 갑 등이 토지 지분을 을이 매수하도록 중개하면서 등기부 등본조차 확인하지 아니하여 토지에 관하여 경매가 진행 중인 사실을 알리지 못한 사안에서,[5] 대법원은 "이 사건 토지 지분을 원고가 매수하도록 중개하면서 이 사건 토지의 권리관계나 상태 등을 확인하여야 할 주의의무가 있음에도 등기부 등본조차 확인하지 아니하여 이 사건 토지에 관하여 경매가 진행 중인 사실을 알리지 못한 것은 매도인인 소외인의 불법행위에 대한 과실에 의한 방조가 된다고 하면서도, 다음과 같은 이유로 위 방조로 인한 불법행위 책임을 인정할 수 없고, 공인중개사인 피고 1의 불법행위 책임이 인정되지 아니하는 이상 피고 한국공인중개사협회의 불법행위 책임도 인정되지 아니한다고 판단하였다.

① 피고 1 등이 이 사건 토지에 관하여 경매가 진행 중이라는 사실을 알려 주어야 할 의무에서 더 나아가 소외인이 진정한 권리자인지까지 탐문, 확인할 의무까지 있다고 단정하기 어렵다.

② 원고는 2006년 12월 12일 피고 2로부터 이 사건 토지에 관한 매수 제의를 받고 불과 이틀 후인 2006년 12월 14일 이 사건 매매계약을 체결하였는 바, 피고 1 등이 이 사건 토지에 관한 권리관계를 확인할 시간적 여유가 충분하였다고도 할 수 없다.

③ 원고는 수사기관에서, 이 사건 매매계약 체결 전에 소외인으로부터 이 사건 토지에 관하여 상속인들 사이에 분쟁이 있다는 사실을 들었다고 진술한 점, 원고가 잔금을 지급할 때 법무사 직원까지 대동한 점, 실제 매매대금이 5억 원임에도 원고의 요구로 이 사건 토지에 관한 소유권을 이전받지 못할 경우에 대비한 위약금 약정의 의미로 매매대금을 15억 원으로 부풀려 기재한 매매계약서를 추가로 작성한 점, 이 사건 토지의 매매대금은 시세보다 평당 30만 원에서 40만 원 저렴한 점 등에 비추어 볼 때, 원고는 이 사건 매매계약 체결 전에 이 사건 토지에 관하여 경매개시결정이 내려져 있음을 알면서 이 사건 매매계약을 체결하였을 가능성이 크다.

④ 설령 원고가 이 사건 매매계약 체결 또는 잔금 지급 시 이 사건 토지에 관한 경매개시결정을 알지 못하였다고 하더라도, 원고는 이 사건 토지에 관하여 가처분을 신청할 무렵인 2007년 1월 12일경에는 경매개시사실을 알게 되었다고 자인하고 있는 바, 그럼에도

---

4) 대법원 1995. 9. 29. 선고 94다47261 판결 참조.
5) 대법원 2014. 3. 27. 선고 2013다91597 판결.

원고는 2009년에 이 사건 토지가 경락될 때까지 이 사건 매매계약의 효력을 다투거나 매매대금의 반환 요구, 소외인에 대한 고소 등 어떠한 법적인 조치도 취하지 아니하였다.

⑤ 원고는 이 사건 매매계약이 체결된 때로부터 1년 6개월에서 2년여가 경과한 2008년 여름 내지 2009년 봄경 이 사건 토지에 관한 경매개시결정을 알고 있었으면서도 중개수수료로는 이례적으로 많은 금액인 5,000만 원을 지급하였다.

제 24 장
위탁매매인

갑은 5년 전에 구입한 아우디 자동차를 가지고 있다. 5년 정도 사용한 까닭에, 이 자동차를 자동차 중고차 상인인 위탁매매인 을에게 매도를 위탁하였다. 을이 아우디 중고자동차를 매도한다는 소식을 알게 된 병은 그 자동차를 매입하기로 하였다. 을과 병은 매매계약을 체결하였다. 이 경우 자동차 매매를 위탁한 위탁자 갑은 매수인 병으로부터 매매대금을 청구할 수 있는가?

I 논점

1. 위탁매매인의 의의

기업이 지점을 설치하거나 대리상을 이용하는 경우와 같이 기업활동의 범위를 확대하는 수단으로 이용된다. 상인이 지점을 설치하고자 한다면, 시설에 대한 비용과 고정인원이 필요하다. 이는 비용의 고정성과 지속성을 야기하게 되고, 영업의 규모나 성격에 따라서는 비경제적인 면의 발생가능성도 있다. 특정 지역의 시장사정에 밝은 대리상을 이용하게 되면, 영업실적에 따라 보수를 지급함으로써 시장개척비용을 절약할 수 있는 장점은 있다. 그러나 본인과 같은 권한을 행사한다는 점에서 권한남용의 위험이 있다.

위탁매매인Kommissionär은 대리상과 유사한 면이 있지만, 원격지에 있는 경우라든가 대리상이 수행하는 것보다 고도의 기술과 신용 및 전문성을 요하는 유가증권 거래, 농산물의 집산거래 등의 분야에서 큰 힘을 발휘한다. 또한 지역을 거점으로 하여 장기적인 영업의 지원을 필요로 하는 대리상과 달리, 위탁매매인은 원거리에서 전문성과 신용을 강하게 요구하는 시장에서 그 기능이 발휘된다. 다만, 위탁매매인은 불특정·다수의 상인을 고객으로 삼는 자에 해당하기 때문에, 상인이 그 조직을 지속적이면서 배타적으로 이용할 수 없는 단점이 있다. 위탁매매인의 상대방으로서는 거래상대방의 자력, 신용상태, 대리인의 대리권의 유무와 그 범위 등을 조사할 필요가 없어 거래의 신속을 기할 수 있다. 위탁자가 거래상 노출을 회피하려 할 경우에도 적합한 제도이다.

2. 위탁매매인의 개념

위탁매매인은 자기명의로 타인의 계산으로 물건 또는 유가증권의 매매를 영업으로 하는 자이다(상법 제101조). 경제적 효과와 명의가 분리된다는 점이 위탁매매의 특색이다. 대상과 관련하여 무체재산권과 채권은 위탁매매의 목적물에 해당하지 않는다. 물건 가운데 부동산도 포함된다는 것이 통설의 견해이지만, 상법 제103조와 관련하여 다툼이 제기될 수 있다.

3. 간접대리

위탁매매인은 자기명의로 위탁받은 매매를 이행하지만, 경제적 효과는 타인인 위탁자에게 귀속한다는 점에서 간접대리Mettelbare Vertretung의 전형이라고 하겠다. 기능 면에서 자기명의로 자기의 계산으로 영업을 하는 상인과 타인명의로 타인의 계산으로 계약을 체결하는 체약대리상의 중간에 위치하고 있다. 또 공급자와 수요자를 간접적으로 연결시켜 주는 중개상의 성격도 갖고 있다. 그러나 주선의 목적물이 물건이나 유가증권의 매매라는 점에서, 주선의 목적이 운송의 인수인 운송주선인과 다르고, 주선의 목적이 물건 또는 유가증권의 매매 이외의 것인 준위탁매매인과도 다르다.

참고사항

독일 민법 역시 간접대리에 대하여 다음과 같이 설명한다. Helmut Köhler의 민법 사례집에서 원문을 발췌해 보았다. "Das BGB kennt also nur die offene (unmittelbare, echte) Vertretung. Die sog. "mittelbare Stellvetretung", bei der in eigenem Namen für fremde Rechnung gehandelt wird (Hauptfälle: Kommissionsgeschäft, §§ 383 HGB; Speditionsgeschäft, §§ 407 HGB), ist keine Vertretung i.S. der §§ 164 BGB. Berechtigt und verpflichtet wird aus solchen Geschäften nur der Handelnde.

Ⅱ 해결방안

제3자와의 관계라고 할 때 제3자는 위탁매매인이 위탁을 실행하는 그 상대방을 의미한다. 위탁매매인은 자기의 명의로 제3자와 매매계약을 체결하는 것이므로 위탁매매인 자신이 제3자에 대하여 직접 권리를 취득하고 의무를 부담한다. 그러므로 위탁자는 위탁매매인으로부터 제3자에 대한 채권을 양수 또는 채무를 인수하는 특약이 없는 한, 직접 그 제3자에 대하여 권리를 취득하거나 의무를 부담하지 않는다(상법 제102조의 반대해석). 원칙상 위탁자 갑은 을의 거래상대방인 매수인 병에게 매매대금을 청구할 수 없다. 양자는 아무런 법적 관계가 없기 때문이다. 다만, 채권양도의 대항요건을 갖추게 되면, 예외적으로 갑은 병에게 대금청구권을 행사할 수 있는 가능성은 있다.

Ⅲ 관련 판례

1. 위탁매매와 관련된 사안

위탁매매에서 위탁매매인이 위탁품이나 판매대금을 임의로 사용·소비한 경우에, 횡령죄가 성립하는지 여부와 금은방을 운영하는 피고인이, 갑이 맡긴 금을 시세에 따라 사고파는 방법으로 운용하여 매달 일정한 이익금을 지급하는 한편 갑의 요청이 있으면 언제든지 보관 중인 금과 현금을 반환하기로 갑과 약정하였는데, 그 후 경제사정이 악화되자 이를 자신의 개인채무 변제 등에 사용한 사안에서, 대법원은 다음과 같은 요지로 판단하였다.[6]

첫 번째 사안과 관련하여 대법원은 "위탁매매에 있어서 위탁품의 소유권은 위임자에게 있고 그 판매대금은 이를 수령함과 동시에 위탁자에게 귀속한다 할 것이므로, 특별한 사정이 없는 한 위탁매매인이 위탁품이나 그 판매대금을 임의로 사용·소비한 때에는 횡령죄가 성립한다"고 판시하는 동시에,[7] "금은방을 운영하던 피고인이 피해자에게 금을 맡겨 주면 시세에 따라 사고파는 방법으로 운용하여 매달 일정한 이익금을 지급하여 주고, 피해자의 요청이 있으면 언제든지 보관 중인 금과 현금을 반환해주겠다고 제안한 사실, 피해자는 피고인에

---

6) 대법원 2013. 3. 28. 선고 2012도16191 판결.
7) 대법원 1990. 3. 27. 선고 89도813 판결 참조.

게 공소사실 기재와 같이 2005년 9월 5일경부터 2007년 7월 27일경까지 5회에 걸쳐 일정량의 금 또는 그에 상응하는 현금을 맡겼고, 피고인은 이에 대하여 피해자에게 매달 약정한 이익금을 지급하여 온 사실, 피고인은 경제사정이 악화되자 피해자를 위하여 보관하던 금과 현금을 개인채무 변제 등에 사용한 사실 등을 알 수 있다. 사실관계가 이러하다면, 피해자는 금은방을 운영하는 피고인의 경험과 지식을 활용함에 따른 이익을 노리고 자신 소유의 금을 피고인에게 맡겨 사고팔게 하였다고 할 것인데, 이를 앞서 본 법리에 비추어 보면, 피해자가 피고인에게 매매를 위탁하거나 피고인이 그 결과로 취득한 금이나 현금은 모두 피해자의 소유이고, 피고인이 이를 개인채무의 변제 등에 사용한 행위는 횡령죄를 구성한다"고 판시하였다.

2. 준위탁매매인과 관련된 사안

1) 준위탁매매인의 개념

위탁자인 광고매체사가 준위탁매매인인 광고대행사를 통하여 외국법인 광고주에게 광고용역을 공급한 것은 구 부가가치세법 제11조 제1항 제4호, 같은 법 시행령 제26조 제1항 제1호에 정한 영세율 적용대상 거래에 해당하는지 여부에 대하여 대법원이 판단하였다.[8] "원고와 전담광고대행사 및 종합광고대행사(이하 양자를 모두 포함하여 '광고대행사'라 한다) 사이에 체결된 광고대행계약의 내용, 이 사건 광고용역의 제공경위, 광고료 및 광고대행수수료의 지급방법, 세금계산서의 발행·교부방식, 회계처리의 내용 등 제반 사정을 종합하면, 광고대행사는 자기 명의로 원고의 계산에 의하여 광고용역을 제공하는 것을 영업으로 하는 준위탁매매인에 해당하고, 준위탁매매인에 의한 용역 공급의 경우에도 부가가치세법 제6조 제5항이 유추적용 되므로 이 사건 외국법인 광고주에게 광고용역을 공급한 주체는 위탁자인 원고이고, 광고대행사가 외국법인 광고주로부터 외국환은행을 통하여 원화로 받은 광고료는 결국, 원고가 지급받은 것으로 봄이 상당하다. 따라서 광고대행사를 통한 원고의 이 사건 광고용역의 공급은 구 부가가치세법(2007. 12. 31. 법률 제8826호로 개정되기 전의 것) 제11조 제1항 제4호 및 구 부가가치세법 시행령(2000. 12. 29. 대통령령 제17041호로 개정되기

---

8) 대법원 2008. 7. 10. 선고 2006두9337 판결.

전의 것, 이하 같다) 제26조 제1항 제1호에서 정한 영세율 적용대상 거래에 해당한다"고 판시하고 있다.

2) 준위탁매매인 관련 법적 쟁점

대법원은 '원고와 주식회사 스튜디오이쩜영(이하 '스튜디오이쩜영'이라고 한다) 사이에 체결된 이 사건 영화에 관한 국내배급대행계약(이하 '이 사건 배급대행계약'이라고 한다)이 준위탁매매계약의 성질을 가지는지 여하에 관하여, 다음과 같은 사정 등을 고려하여, 스튜디오이쩜영은 이 사건 배급대행계약에 따라 원고의 계산으로 자신의 명의로 각 극장들과 사이에 영화상영계약을 체결하였다고 봄이 상당하므로 스튜디오이쩜영은 준위탁매매인의 지위에 있다고 판단하였다.[9] 자세한 사항은 다음과 같다. ① 이 사건 배급대행계약서 제1조, 제2조에서 원고가 국내에서 독점적으로 판권을 소유하는 이 사건 영화에 관하여 그 국내배급을 스튜디오이쩜영에게 대행하게 하는 계약을 체결하는 것이라고 명확하게 하고 있듯이, 스튜디오이쩜영은 원고로부터 이 사건 영화의 판권을 매입한 후 배급하는 것이 아니라, 판권을 가지는 원고를 대행하여 이 사건 영화를 배급하기로 하는 배급대행계약을 체결한 것인 점, ② 스튜디오이쩜영이 원고로부터 이 사건 영화의 판권을 일정 가격에 매입한 후 배급하는 경우라면 이 사건 영화의 흥행 결과에 따른 이른바 '부금'의 액수에 따라 손실이 나거나 이익을 볼 수 있을 것이나, 이 사건 배급대행계약에 의하면, 스튜디오이쩜영은 원고를 대행하여 이 사건 영화의 상영계약을 체결하고 부금(이는 개략적으로 말하면 영화를 상영한 극장이 그 상영의 대가로 그가 얻은 입장료 수입의 일정 비율을 배급대행사에 지급하기로 약정한 돈으로서, 배급대행사는 거기서 일정 비율의 배급수수료를 공제한 것을 영화 판권사에 지급하게 된다)을 정산하는 등의 업무를 처리한 후 원고로부터 미리 정하여진 수수료를 지급받음에 그치는 반면, 원고는 이 사건 영화의 판권을 소유하면서 자신의 비용과 책임 아래 영화의 선전활동을 진행한 후 그 흥행의 결과에 따른 부금의 액수에 따라 수익과 손실을 부담하는 점, ③ 스튜디오이쩜영은 선급금으로 5억 원을 지급하였으나 이는 이후 원고에게 지급할 부금에서 공제할 것이어서, 위 선급금은 스튜디오이쩜영의 부금정산의무 등을 담보하기 위하여 원고가 지급받아 둔 것에 불과하고, 또한 스튜디오이쩜영이 프린트대금으로 3억 원을 미

---

[9] 대법원 2011. 7. 14. 선고 2011다31645 판결.

리 지급하였지만 이 역시 원고에게 지급할 부금에서 공제할 것이며, 스튜디오이쩜영이 배급을 진행하는 데 필요한 경비도 배급수수료와 별도로 집행할 수 있되 이를 500만 원으로 책정하여 원고에게 지급할 부금에서 공제하기로 하였으므로, 결국 위 돈들은 모두 원고의 부담이 되는 점, ④ 이 사건 영화의 배급방식은 기본적으로 스튜디오이쩜영이 시행하고 있는 방식을 채택하기로 하였으나, 이는 스튜디오이쩜영이 배급대행을 함에 있어서 통상 취하는 방식에 따라 업무를 수행하겠다는 정도의 의미에 불과하며, 오히려 스튜디오이쩜영은 이 사건 영화의 배급에 최선을 다하고, 배급시기 및 방법 등과 관련하여 원고와 협의하고, 이 사건 영화의 개봉 스코어를 매일 집계하여 원고에게 통보하며, 메가박스 코엑스 종영 후 60일 이내에 부금에 관하여 정산한 후 원고에게 정산서를 제출할 의무가 있는데, 이는 상법 제113조, 제104조 소정의 준위탁매매인의 통지의무, 계산서제출의무에 해당하는 점, ⑤ 스튜디오이쩜영이 각 극장들로부터 부금계산서 및 세금계산서를 받아 처리하도록 하고 있으나, 준위탁매매의 경우에는 준위탁매매인이 자신의 명의로 상대방과 계약을 체결하여 계약상대방에 대하여 직접 권리를 취득하고 의무를 부담하게 되는 결과 상대방으로부터 직접 세금계산서 등을 받게 될 수 있다고 할 것이므로, 스튜디오이쩜영이 직접 각 극장들로부터 부금계산서 및 스튜디오이쩜영이 공급자로 표시된 세금계산서를 받는다는 점을 들어 스튜디오이쩜영이 자신의 계산으로 영화상영계약을 체결한 것이라고 할 수 없는 점, ⑥ 상법 제113조, 제105조는 준위탁매매에 있어서 거래행위의 법적 효과가 오직 준위탁매매인에게만 귀속되고 위탁자는 거래상대방에 대하여 직접적인 법률관계에 서지 못하므로 거래상대방으로 하여금 이행을 시키기 위하여는 준위탁매매인을 통하여 이행을 최고하거나 준위탁매매인으로부터 채권을 양도받아 최고를 할 수밖에 없는 점을 참작하여 위탁자를 보호하기 위하여 준위탁매매인에게 이행담보책임을 지울 필요를 인정하여, 준위탁매매인은 위탁자를 위한 계약에 관하여 상대방이 채무를 이행하지 아니하는 경우에는 위탁자에 대하여 이를 이행할 책임이 있다고 규정하고 있는데, 스튜디오이쩜영이 원고에게 부금의 최종 수금 책임을 지고 각 극장들로부터 부금을 지급받지 못하더라도 부금 상당의 돈을 지급하기로 약정한 것 역시 위와 같은 이행담보책임의 한 형태라고 볼 수 있으므로 이 점을 들어 준위탁매매가 아니라거나 스튜디오이쩜영이 자신의 계산으로 영화상영계약을 체결한 것이라고 할 수 없는 점 등이다.

　갑 주식회사가 국내에서 독점적으로 판권을 보유하고 있는 영화에 관하여 갑 회사와 국내 배급대행계약을 체결한 을 주식회사가 극장운영자인 병 주식회사와 영화상영계약을 체결한 후 병 회사에 가지게 된 부금채권을 자신의 채권자인 정에게 채권담보를 위해 양도한 사안에서, 대법원은 "상법 제103조, 제113조는 위탁매매 또는 준위탁매매에서 위탁매매인이 위탁매매로 인하여 취득한 물건, 유가증권 또는 채권은 위탁자와 위탁매매인 또는 위탁매매인의 채권자 사이의 관계에서는 이를 위탁자의 채권으로 본다고 규정한다. 원래 위탁매매인과 상대방 사이에 체결된 위탁매매의 법적 효과는 그 계약의 당사자인 위탁매매인과 상대방에게 귀속하여 위탁매매인이 위탁매매의 목적물이나 그 위탁매매계약상의 채권을 취득하고, 위탁자는 위탁매매인으로부터 그 목적물이나 채권을 양도받음으로써 비로소 그 권리자가 된다. 그러나 상법규정은 위탁자가 위탁매매인의 배후에 있는 경제적 주체로서 위 물건 또는 채권에 대하여 가지는 직접적 이익을 고려하고 나아가 위탁매매인이 위탁자에 대하여 신탁에서의 수탁자에 유사한 지위에 있음을 감안하여, 위탁자와 위탁매매인 사이 또는 위탁자와 위탁매매인의 채권자 사이의 관계에 있어서는 위탁매매인의 실제의 양도행위가 없더라도 위 물건 또는 채권을 위탁자의 재산으로 의제하는 것이다. 그리고 그렇게 함으로써 위탁매매인이 위 물건 또는 채권에 관하여 한 처분 또는 위탁매매인의 채권자가 위 물건 또는 채권에 대하여 하는 강제집행 등 자기 채권의 만족에 관한 행위는 이미 위탁자에게 속하는 물건 또는 채권에 대하여 행하여진 것이어서 무권리자의 처분 또는 채무자의 재산이 아닌 재산에 대한 강제집행 등임을 이유로 위탁자와의 관계에서 그 효력을 부인하여 위탁자의 이익을 보호하고자 하는 것이다. 따라서 위탁매매인이 그가 제3자에 대하여 부담하는 채무를 담보하기 위하여 그 채권자에게 위탁매매로 취득한 채권을 양도한 경우에 위탁매매인은 위탁자에 대한 관계에서는 위탁자에 속하는 채권을 무권리자로서 양도하였다고 볼 것이고, 따라서 그 채권양도는 무권리자의 처분 일반에서와 마찬가지로 양수인이 그 채권을 선의취득하였다는 등의 특별한 사정이 없는 한 위탁자에 대하여 효력이 없다고 할 것이다. 이는 채권양수인이 양도의 목적이 된 채권의 귀속 등에 대하여 선의이었다거나 그 진정한 귀속을 알지 못하였다는 점에 관하여 과실이 없다는 것만으로 달라지지 아니한다"고 하였다.

대법원은 "스튜디오이쩜영이 이 사건 배급대행계약의 이행으로 극장운영자인 롯데쇼핑 주식회사(이하 '롯데쇼핑'이라고 한다)와 사이에 영화상영계약을 체결하고 그 계약에 기하여 롯데쇼핑에 대하여 가지게 된 이 사건 부금채권을 자신의 채권자인 피고에게 그 채권의 담보로 양도한 것은 앞서 본 대로 준위탁매매계약상 위탁자의 지위에 있는 원고에 대하여 효력이 없다고 판단한 것은 정당하다. 이와 달리 상법 제103조는 위탁매매인의 채권자가 위탁매매인이 위탁매매로 취득한 채권에 대하여 강제집행을 실시하는 경우 또는 위탁매매인이 도산하여 파산 등 도산 관련 절차가 진행되는 경우 등에만 적용되고 위탁매매인이 위탁매매로 취득한 채권을 자의로 처분한 경우에는 적용되지 아니한다거나, 위 상법 규정은 그 채권의 양수인 등이 채권의 귀속에 관하여 선의인 경우에는 적용의 여지가 없다는 상고이유의 주장은 받아들일 수 없다"고 하였다.

3. 운송주선인 관련 사안

1) 운송주선인의 운송업 겸업

대법원은 "상법 제46조 제12호, 제114조에 의하여 자기의 명의로 물건운송의 주선을 영업으로 하는 상인을 운송주선인이라고 하고 여기서 주선이라 함은 자기의 이름으로 타인의 계산 아래 법률행위를 하는 것을 의미하는 것이므로 운송주선계약은 운송주선인이 그 상대방인 위탁자를 위하여 물건운송계약을 체결할 것 등의 위탁을 인수하는 계약으로 민법상의 위임의 일종이기 때문에 운송주선업에 관한 상법의 규정이 적용되는 외에 민법의 위임에 관한 규정이 보충 적용되며, 운송주선인은 자기의 이름으로 주선행위를 하는 것을 영업으로 하는 것이지만 하주나 운송인의 대리인이 되기도 하고 위탁자의 이름으로 운송계약을 체결하는 경우에도 운송주선인임에는 변함이 없다"고 판시한 바 있다.[10]

2) 운송주선인의 손해배상책임 여부

운송주선인이 자기나 그 사용인이 운송물의 수령, 인도, 보관, 운송인이나 다른 운송주선인의 선택 기타 운송에 관하여 주의를 게을리하지 않았음을 증명한 경우라면, 상법 제115조에 따라 운송주선인은 손해배상책임을 지지 않는다. 대법원은 "피고 유피에스 코리아를 운송주선인으로 볼 여지가 없지 아니하나, 이 사건 화물은 그 성질상 영하 18도의 냉동상태로 보관되어야 하는 것인데도, 실제운송인인 고려해운이 양하 및 화물의 장치업무를 하는 피고 한국허치슨터미널 주식회사(이하 '허치슨터미널'이라고 한다)에게 화물을 인도하면서 그와 같은 사항을 고지하지 아니하였고, 실제 운송인과의 용역계약에 따라 화물을 인도받아 보세

---

10) 대법원 1987. 10. 13. 선고 85다카1080 판결.

장치장에 보관하고 있던 피고 허치슨터미널이 그 냉동컨테이너의 위험물관리코드를 제대로 살피지 아니한 채 이를 상온에 방치함으로써 자연발화하여 소훼된 것이므로, 이러한 사실관계에 비추어 피고 유피에스 코리아는 자기나 그 사용인이 운송물의 수령, 인도, 보관, 운송인이나 다른 운송주선인의 선택 기타 운송에 관하여 주의를 게을리하지 않았음이 증명되었다고 할 것이어서 상법 제115조에 따른 손해배상책임을 지지 아니한다고 할 것이다"라고 판시하였다.[11]

---

11) 대법원 2007. 4. 27. 선고 2007다4943 판결.

제 25 장
공중접객업자의 고가물에 대한 책임

> 갑은 목욕탕을 운영하고 있다. 목욕탕에서 분실사건이 자주 일어나 갑은 목욕탕 안에 있는 책상 게시판에 "화폐, 유가증권 기타의 고가물에 대하여 그 종류와 가액을 명시하여 임치하지 않으면 그 물건의 멸실 또는 훼손으로 인한 손해를 배상하지 않습니다"라는 문구를 게재하였다. 그럼에도 불구하고 손님 을이 목욕을 하면서 지갑을 목욕탕 주인 갑에게 맡기지 않고 보관하다가 분실하는 사건이 발생하였고, 손님 을은 갑에게 지갑 속에 들어 있던 돈 120만 원을 물어내라고 한다. 이 경우 갑은 손님 을이 분실하였다고 주장하는 120만 원을 물어주어야 하는가?

I 논 점

1. 개 념

공중접객업자란 극장·여관·음식점 기타 객의 집래를 위한 시설에 의한 거래를 영업으로 하는 자를 말한다(상법 제151조). 공중접객업은 그 영업의 내용이 매우 다양하여 공중접객업 전부에 대하여 공통적으로 적용되는 규정을 두는 것은 불가능하다. 객의 휴대물에 관하여 발생한 손해에 대하여, 상법은 다음과 같이 구분하여 공중접객업자의 책임을 규정하고 있다.

2. 책 임

상법은 공중접객업자의 책임에 대하여 임치받은 물건에 대한 책임과 임치받지 않은 물건에 대한 책임으로 구분하여 규정하고 있다.

1) 임치받은 경우

2010년 개정 전 상법은 공중접객업자가 고객으로부터 임치받은 물건이 멸실 또는 훼손된 경우 불가항력으로 인한 때에만 면책되는 것으로 하여 엄격한 책임을 두고 있었다. 그러나 개정 상법은 "자기 또는 그 사용인이 고객으로부터 임치를 받은 물건과 보관에 관하여 주의를 게을리하지 아니하였음을 증명하지 아니하면 그 물건의 멸실 또는 훼손으로 인한 손해를 배상할 책임이 있다"고 하면서, 공중접객업자의 책임에 대하여도 다른 업종과 같이 과실책임의 원칙에 따라 주의의무를 게을리하지 아니하였음을 증명하는 경우에는 면책되도록 하였다. 공중접객업자는 임치받은 물건에 대하여 기울여야 할 주의의무로서 선관주의의무가 있다.

2) 임치받지 않은 경우

공중접객업자는 객으로부터 임치를 받지 아니한 경우에도 책임을 부담해야 한다. 임치받지 않았다 할지라도, 공중접객업자의 시설 내에 휴대한 물건이 자기 또는 그 사용인의 과실로 인하여 멸실 또는 훼손된 때에는 그 손해를 배상할 책임이 있다(제152조 제2항). 수치하지 않은 물건에 대하여 책임을 인정한 것은 시설의 안전 기타의 관리는 공중접객업자의 책임에 해당되기 때문이다.

3) 책임 없음을 게시한 경우

주의해야 할 사항은 고객의 휴대물에 대하여 책임이 없음을 공중접객업자가 게시한 경우라 할지라도, 분실 또는 훼손에 대하여 책임을 면하지 못한다는 사실이다. 상법은 이러한 사항을 명백하게 규정하고 있다(상법 제152조 제3항).

4) 고가물에 대한 책임

고객은 화폐, 유가증권 기타의 고가물에 대하여는 그 종류와 가액을 명시하여 임치하여야 한다. 만약 고가물을 임치하지 않았다고 한다면, 공중접객업자는 그 물건의 멸실 또는 훼손으로 인한 손해를 배상할 책임이 없다(제153조 제3항). 고가물이 명시되지 않았다고 한다면, 고가물에 상응하는 보관방법을 취할 수 없게 될 것이다. 또한 손해발생 시 고액의 손해가 발생하게 되는데, 공중접객업자가 임치받지도 않았는데 책임을 지는 것은 가혹하다고 하겠다.

5) 소멸시효

공중접객업자의 책임은 공중접객업자가 임치물을 반환하거나 고객이 휴대물을 가지고 간 후 6개월이 지나면 소멸시효가 완성된다(상법 제154조 제1항). 기산점과 선의와 악의에 대한 사항은 각각 제2항과 제3항에서 규정되어 있다.

▋▋ 해결방안

공중접객업자인 목욕탕 주인 갑은 "고가물을 임치하지 않을 경우 책임을 지지 않는다"라는 문구를 게재하고 있다. 임치하지 않은 경우에 대하여 고가물과 고가물이 아닌 경우를 구분하여 살펴보아야 한다. 고가물의 경우 고객은 공중접객업자에게 반드시 임치를 해야 한다. 종류와 가액을 명시하지 않고 임치를 하지 않았다고 한다면, 공중접객업자 갑은 책임이 없다. 그러므로 1,200만 원에 대한 책임을 부담하지 않아도 될 것이다. 그러나 지갑에 대하여는 임치를 하지 않았다 할지라도 책임을 부담하는 경우가 발생할 수 있다. 만약 이 이 경우 공중접객업자가 책임을 부담하지 않기 위해서는, 자기나 사용인의 과실로 인하여 그 물건이 멸실되었거나 훼손된 것이 아니라는 사항을 증명해야 한다. 증명하지 못한다면, 공중접객업자는 손해배상책임으로부터 자유롭지 못하다.

▋▋ 관련 판례

1. 선관주의의무

공중접객업자의 선관주의의무와 관련된 판례로는 다음과 같은 사건이 있다. 대법원은 "공중접객업인 숙박업을 경영하는 자가 투숙객과 체결하는 숙박계약은 숙박업자가 고객에게 숙박을 할 수 있는 객실을 제공하여 고객으로 하여금 이를 사용할 수 있도록 하고 고객으로부터 그 대가를 받는 일조의 일시 사용을 위한 임대차계약으로서 객실 및 관련 시설은 오로지 숙박업자의 지배 아래 놓여 있는 것이므로 숙박업자는 통상의 임대차와 같이 단순히 여관 등의 객실 및 관련 시설을 제공하여 고객으로 하여금 이를 사용 수익하게 할 의무를 부담하는 것에서 한 걸음 더 나아가 고객에게 위험이 없는 안전하고 편안한 객실 및 관련 시설을 제공함으로써 고객의 안전을 배려하여야 할 보호의무를 부담하며 이러한 의무는 숙박계약의 특수성을 고려하여 신의칙상 인정되는 생명, 신체를 침해하여 투숙객에게 손해를 입힌 경우 불완전이행으로 인한 채무불이행책임을 부담하고, 이 경우 피해자로서는 구체적 보호의무의 존재와 그 위반 사실을 주장, 입증하여야 하며 숙박업자로서는 통상의 채무불이행에 있어서와 마찬가지로 그 채무불이행에 관하여 자기에게 과실이 없음을 주장, 입증하지 못하는 한 그 책임을 면할 수는 없다"고 판단하고 있다.[12]

2. 임치 여부

고객이 공중접객업자에게 물건에 대한 손해배상책임을 발생시키기 위해서는 양자 사이에 물건보관에 대한 합의가 전제되어 있어야 한다. 중요한 두 개의 판례가 있다. "소외 최중성은 1990년 2월 5일 23시 40분부터 그다음 날 08시 40분경까지 피고가 경영하는 국화장여관에 투숙하면서 위 여관건물 정면 길(노폭 6m)건너편에 있는 주차장에 그 소유의 소나타 승용차를 주차시켜 놓았다가 도난당하였는데, 투숙할 때에 여관 종업원에게 주차사실을 고지하지 않았던 사실, 위 주차장은 피고가 위 여관의 부대시설의 하나로 설치한 것으로서 그 출입구가 위 여관의 계산대에서 마주볼 수 있는 위치에 있기는 하나 시정장치가 부착된 출입문을 설치하거나 도난방지를 위한 특별한 시설을 하지 아니한 채 그 입구에 국화장주차장이라는 간판을 세우고, 그 외곽은 천으로 된 망을 쳐놓고, 차를 세울 부분에 비와 눈에 대비한 지붕을 설치하여 만든 것에 불과한 것이고, 또한 위 주차장에 주차된 차량을 경비하는 일을 하는 종업원이 따로 있지도 아니한" 사안에서, 대법원은 "여관부설주차장에 시정장치가 된 출입문이 설치되어 있거나, 출입을 통제하는 관리인이 배치되어 있거나 기타 여관 측에서 그 주차장에의 출입과 주차사실을 통제하거나 확인할 수 있는 조치가 되어 있다면, 그러한 주차장에 여관투숙객이 주차한 차량에 관하여는 명시적인 위탁의 의사표시가 없어도 여관업자와

---

12) 대법원 2000. 11. 24. 선고 2000다38718·38725 판결.

투숙객 사이에 임치의 합의가 있는 것으로 볼 수 있으나, 위와 같은 주차장출입과 주차사실을 통제하거나 확인하는 시설이나 조치가 되어 있지 않은 채 단지 주차의 장소만을 제공하는 데에 불과하여 그 주차장출입과 주차사실을 여관 측에서 통제하거나 확인하지 않고 있는 상황이라면, 부설주차장 관리자로서의 주의의무위배 여부는 별론으로 하고 그러한 주차장에 주차한 것만으로 여관업자와 투숙객 사이에 임치의 합의가 있는 것으로 볼 수 없고, 투숙객이 여관 측에 주차사실을 고지하거나 차량열쇠를 맡겨 차량의 보관을 위탁한 경우에만 임치의 성립을 인정할 수 있다"고 하면서, "상법 제152조 제1항의 규정에 의한 임치가 성립하려면 우선 공중접객업자와 객 사이에 공중접객업자가 자기의 지배영역 내에서 목적물 보관의 채무를 부담하기로 하는 명시적 또는 묵시적 합의가 있음을 필요로 한다"는 사항을 명백히 하였다.[13]

"피고 1은 피고 2 경영의 ○○한우전문점에 고기를 납품하기 위하여 방문하였는데, 주차공간이 부족하자 자신 소유 사고차량을 위 음식점 앞의 인도에 주차한 다음 그 시동열쇠를 평소 위 음식점의 주차관리를 해오던 소외인에게 넘겨준 사실, 피고 1이 사고차량을 그대로 남겨둔 채 피고 2와 함께 외출한 사이에 소외인은 사고차량을 주차선 내로 이동하려고 운전하다가 인도를 보행하던 피해자를 충격하여 사망에 이르게 사건"에서 대법원은 "자동차손해배상 보장법 제3조에서 자동차 사고에 대한 손해배상 책임을 지는 자로 규정하고 있는 '자기를 위하여 자동차를 운행하는 자'란 사회통념상 당해 자동차에 대한 운행을 지배하여 그 이익을 향수하는 책임주체로서의 지위에 있다고 할 수 있는 자를 말하고, 이 경우 운행의 지배는 현실적인 지배에 한하지 아니하고 사회통념상 간접지배 내지는 지배가능성이 있다고 볼 수 있는 경우도 포함한다"고 판시하면서,[14] "여관이나 음식점 등의 공중접객업소에서 주차대행 및 관리를 위한 주차요원을 일상적으로 배치하여 이용객으로 하여금 주차요원에게 자동차와 시동열쇠를 맡기도록 한 경우에 위 자동차는 공중접객업자가 보관하는 것으로 보아야 하고 위 자동차에 대한 자동차 보유자의 운행지배는 떠난 것으로 볼 수 있으나,[15] 자동차 보유자가 공중접객업소의 일반적 이용객이 아니라 공중접객업자와의 사업·친교 등 다른 목적으로 공중접객업소를 방문하였음에도 호의적으로 주차의 대행 및 관리가 이루어진 경우,

---

13) 대법원1992. 2. 11. 선고 91다21800 판결; 대법원 1998. 12. 8. 선고 98다37507 판결.
14) 대법원 1986. 12. 23. 선고 86다카556 판결 참조.
15) 대법원 1988. 10. 25. 선고 86다카2516 판결 참조.

일상적으로는 주차대행이 행하여지지 않는 공중접객업소에서 자동차 보유자의 요구에 의하여 우발적으로 주차의 대행 및 관리가 이루어진 경우 등 자동차 보유자가 자동차의 운행에 대한 운행지배와 운행이익을 완전히 상실하지 아니하였다고 볼 만한 특별한 사정이 있는 경우에는 달리 보아야 한다"고 판시하고 있다.[16]

---

16) 대법원 2009. 10. 15. 선고 2009다42703 판결.

제4부

회사법 영역

제 26 장

회사 정관목적범위 외의 권리능력

갑 주식회사의 정관에는 타인의 채무를 보증하는 것은 포함되어 있지 않다. 그럼에도 불구하고 갑 주식회사의 대표이사 을은 병과의 장래를 도모하기 위한 포석으로 병의 채무에 대한 보증행위를 하고자 한다는 뜻을 피력했으나, 실제로는 개인적인 이익을 위하여 행위한 것이었다. 을이 채무를 이행하지 아니하자, 병은 갑 주식회사에 대하여 을의 채무에 대한 이행을 청구하였다. 갑 주식회사는 을의 법률행위가 정관목적범위 외의 행위임을 이유로 이행을 거절한다. 병은 갑 주식회사에게 을에 대한 채무이행을 청구할 수 있을까?

I 논 점

1. 의 의

회사는 그 목적에 의해 권리능력이 제한되고, 정관소정의 목적을 벗어난 회사행위는 무효가 되는지에 대한 다툼이 있다. 영미법상의 이론이 "ultra vires" 이론인데, 민법 제34조는 이 이론을 도입하여 "법인은 법률의 규정에 좇아 정관으로 정한 목적의 범위에서 권리와 의무의 주체가 된다"고 규정하고 있다. 그러나 상법에는 이런 규정이 없고 민법에 준용한다는 규정도 없어 학자들의 다툼이 발생하고 있다. 상법이 정관목적에 의해 회사의 권리능력이 제한된다는 명문규정을 두고 있지 않아, 민법 제34조가 상법상의 회사에도 적용되어야 하는지, 또는 유추 적용되는 것으로 해석하는 것이 타당한가에 대한 논란이 있다.

2. 제한긍정설

제한긍정설은 회사도 민법상의 법인과 같이 그 목적에 의해 권리능력이 제한된다고 주장한다. 첫째, 민법 제34조는 회사를 포함한 법인일반에 공통되는 기본원칙이므로 상법에 의해 이를 배제하는 규정이 없는 한 회사에도 동 규정이 적용 또는 유추 적용된다는 것이다. 둘째, 법인은 원래 특정한 목적을 위하여 설립되는 인격자이므로 그 목적범위 내에 있어서만 권리의무의 주체가 된다는 것은 법인의 본질에 속하며, 이러한 법인의 본질이 영리법인인 회사에 있어서도 적용되는 것은 일반법인과 다를 바가 없다고 한다.

3. 제한부정설

회사는 그 목적에 의해 권리능력이 제한되지 않는다는 입장이다. 첫째, 민법상의 법인에 관한 규정은 공익법인에 관한 규정으로서 사법일반에 관한 통칙은 아니라는 점을 든다. 민법 제34조의 규정은 공익법인에 대하여 영리활동을 금지하기 위하여 정책적으로 인정한 특칙으로서 활동의 범위가 넓은 영리법인에까지 적용해야 하는 것은 아니며, 상법에서 민법 제34조를 준용한다는 명문의 규정이 없는 이상, 회사의 목적에 의한 권리능력의 제한은 없다고 해석한다. 둘째, 회사의 목적에 의해 회사의 권리능력을 제한하면 거래의 안전을 심히 해치게 되는 문제점이 있다고 한다. 회사의 활동범위가 대단히 넓은 오늘날의 현실에서 볼 때 거래의 안전을 희생해서까지 사원을 보호할 필요는 없다는 것이다. 셋째, 비교법적으로 볼 때에도 대륙법계에서는 목적에 의해 회사의 권리능력이 제한되지 않으며, 영미법계에서도 목적에 의한 회사의 권리능력제한은 거의 폐지되고 있다는 점에서 제한을 긍정해서는 안 된다고 주장한다.

Ⅲ 해결방안

민법 제34조는 정관의 목적에 의하여 권리능력을 제한하는 규정을 두고 있다. 이는 일본 민법 제43조를 따른 것으로 알려지고 있다. 반면 독일 민법은 목적에 의한 권리능력의 제한 규정을 두고 있지 않다. 이는 회사에 대하여도 동일하게 적용된다. 대표이사는 대내적으로 정관에 의하여 준수해야 할 의무를 부담하지만(독일 주식법 제82조 제2항), 대외적인 대표권은 제한되지 않는다(독일 주식법 제82조 제1항). 법인에 있어서 대표이사는 업무를 집행하는 자로서, 자연인이 갖는 포괄적인 권리능력을 행사하게 된다. 대표이사의 행위는 기관에 해당하기 때문에 법인에 귀속하게 된다. 고로 법인 역시 권리능력의 행사에 있어서 제한을 받지 않게 된다. 이는 입법자의 거래안전을 중히 여기고 있다는 의도를 짐작할 수 있다. 입법적인 측면을 고려하지 않는다고 할지라도 민사법의 해석상 거래상대방 병은 을의 채무에 대하여 갑 주식회사에게 이행을 청구하는 것은 가능하다고 할 것이다.

Ⅲ 관련 판례

우리나라 판례는 제한긍정설의 입장에서 일관하여 판시하고 있다. 초기에는 목적범위를 엄격하게 해석하였다. 대법원에 따르면, "법인의 권리능력은 그 목적범위에 의한 제한을 받는 것으로서 주식회사 대표이사가 타인의 채무에 대한 보증을 한 경우 그 보증행위가 회사의 정관에 열거된 목적과 그 외에 법인의 목적을 달성함에 필요한 범위에 속하는 것임을 심리확정하지 않는 이상 이를 회사자체의 보증행위라고 단정할 수 없다"고 하면서 목적범위에 의한 제한을 받는 것으로 하고 있었다.[1] 그러나 10년이 지난 후 대법원은 거래안전의 측면을 고려하면서 목적범위를 보다 폭넓게 해석하는 방법을 모색하고 있다.

대법원은 "회사의 권리능력은 회사의 설립근거가 된 법률과 회사의 정관상의 목적에 의하여 제한되나 그 목적범위 내의 행위라 함은 정관에 명시된 목적 자체에 국한된 것이 아니고 그 목적을 수행하는 데 직접 또는 간접으로 필요한 행위는 모두 포함되며 목적수행에 필요한지 여부도 행위의 객관적 성질에 따라 추상적으로 판단할 것이지 행위자의 주관적·구체적 의사에 따라 판단할 것은 아니다. 이 사건 피고가 단기금융업을 영위하는 회사로서 회사의 목적인 어음의 발행, 할인, 매매, 인수, 보증, 어음매매의 중개를 함에 있어서 어음의 배서는 행위의 객관적 성질상 위 목적수행에 직접, 간접으로 필요한 행위라고 하여야 할 것이다"라고 판시하고 있다.[2] 법인의 권리능력을 제한하는 '법률과 정관상의 목적 범위 내의 행위'와

---

1) 대법원 1974. 11. 26. 선고 74다310 판결; 1975. 12. 23. 선고 75다1479 판결.
2) 대법원 1987. 9. 8. 선고 87다1349 판결; 1991. 11. 22. 선고 91다8821 판결; 대법원 2001. 9. 21. 2000그98 결정.

관련하여, "법인의 권리능력은 법인의 설립근거가 된 법률과 정관상의 목적에 의하여 제한되나 그 목적 범위 내의 행위라 함은 법률이나 정관에 명시된 목적 자체에 국한되는 것이 아니라 그 목적을 수행하는 데 있어 직접, 간접으로 필요한 행위는 모두 포함된다"라고 판단하고 있다.[3] 정관목적범위 외의 권리능력에 대하여, 대법원이 형식적으로 제한긍정설의 입장에서 판시하고 있는 모습을 취하고 있지만, 목적범위를 해석함에 있어서 상당히 광범위하게 해석하는 방식을 고수함에 따라 실제로는 제한을 부정하는 결과를 초래하고 있다고 하겠다.

---

3) 대법원 2011. 11. 28. 선고 2010다91831 판결.

제 27 장
주식회사 주주의 유한책임 남용

갑 주식회사는 아버지 A와 자녀 B와 C로 구성된 가족회사이다. A가 대표이사이자 대주주로 지분의 95%를 가지고 있다. 갑 주식회사는 금융기관 을로부터 3년 만기로 5,000만 원 융자를 받았다. 대출기간이 되자 채권자 을은 갑 주식회사에게 대출금의 상환을 요구하였다. 그러나 갑 주식회사의 상태를 보면, 회사 자본금이나 기본자산은 미약하고 사업의 운영은 거의 차입에 의존하고 있었다. 갑 주식회사는 형식상 법인의 모습을 띠고 있지만, 거의 대표이사이자 대주주인 A의 개인기업과 같이 운영되고 있었다. 얼마 지나 갑 주식회사는 거의 자력이 없어 파산에 이르게 된다. 반면 갑 주식회사의 대주주인 A는 부동산과 금융자산 등 다수의 재산을 보유하고 있다. 채권자 을은 채무자인 갑 주식회사가 아닌 A에 대하여 회사채무의 이행을 요구한다. 타당한가?

▌ 논 점

주식회사에서 주주는 출자한 만큼의 책임을 부담하는 유한책임을 진다. 주주가 한명으로 이루어진 1인 회사라 하더라도, 주주가 유한책임을 부담하는 것은 마찬가지이다. 출자한 재산을 가지고 주식회사는 독립된 법인격하에 독자적으로 영업활동을 한다. 그러나 1인 주주가 외견상으로는 주식회사의 형태를 취하기는 하지만, 실제적으로는 회사가 사원의 지배·이익과 불가분의 일체를 이루어 주주가 개인적인 이익을 추구하는 모습을 종종 볼 수 있다. 특히, 주식회사가 파산되는 경우에는 책임을 회피하는 수단으로 법인제도를 악용함으로써 채권자를 해치고 일반 공중에게 상당한 피해를 야기하는 부작용이 발생하곤 한다. 우리 상법은 이러한 상황을 상정하고 입법한 규정이 존재하지 않는다. 판례는 예외적으로 회사의 유한책임을 인정하지 않고 주주에게 회사의 채무를 부담하도록 하여 채권자를 보호하고자 하였다. '법인격의 남용' 또는 '법인격의 무시'라는 명칭으로 유한책임의 남용에 대한 문제가 여기서 논의된다.

'법인격의 남용' 또는 '법인격의 무시'이론은 판례법 국가인 미국에서 먼저 시작된 것으로 알려지고 있다. 1인이나 소수로 구성된 자본회사(주식회사와 유한회사 상관없이)에서 구성원인 주주에 의하여 회사가 좌지우지되고, 형식적으로는 법인이지만 실제로는 개인회사처럼 이용함으로써 회사채권자에게 불측의 피해를 야기하는 사례가 등장하였다. 법원은 원칙상 자본회사에서 유한책임이 인정되어야 하지만 예외적인 경우에 유한책임을 인정하지 않고, 채무자인 법인과 법인의 구성원은 동일하다는 법적 사고를 상정하여 법인의 채무를 자연인에게 묻고자 하였다. 이것이 대륙법인 독일의 판례에서도 등장하게 되었다. 그렇지만 법적 감정rechtsethisch에 따라 해결하고 있는 미국의 방식 대신에, 독일은 실정법의 체계 내에서 주주의 인적책임을 인정하고자 하는 시도를 하게 되었다. 이것이 독일 자본회사에서 전개되고 있는, 이른바 실체파악론Durchgriffslehre이다.

Ⅱ 해결방안

주식회사의 신용의 기초는 회사재산에 있고 그 사원인 주주는 그가 가진 주식의 인수가액을 회사에 대하여 납입함으로써 그 책임을 다하는 된다(상법 제331조). 이를 주주의 유한책임이라 한다. 대외적으로 주주는 회사채무에 대하여 아무런 책임도 지지 아니한다. 그러나 자본회사의 사원이 회사의 법인격을 남용하여 회사채권자의 권리를 침해하고 개인의 이익을 꾀한 경우에는 사원 개인의 유한책임의 특권을 부인해야 할 필요성이 자본회사인 유한회사와 주식회사에 논의되었다. 이는 형평의 문제로서 미국의 판례법에서 시작되었고, 독일 역시 이러한 방식을 판례에서 도입하게 되었다. 예외적인 상황에서 채권자 을은 갑 주식회사에 대하여 A의 채무에 대한 이행청구권을 행사할 수 있다.

Ⅲ 관련 판례

삼진주식회사(갑)는 을에 의하여 1990년 설립된 회사로서 형식상 3명의 주주로 되어 있으나 실질적으로는 모두 을과 친분관계에 있어 을이 주식의 전부를 소유하고 있는 것이나 다름 없다. 병은 1991년 6월 10일에 삼진주식회사가 신축 중인 오피스텔 및 상가의 일부에 대하여 분양받는 것을 내용으로 하는 계약을 체결하고, 계약금 및 1, 2차 중도금을 차례로 지급하였 다. 계약금과 중도금을 지급받은 후 삼진주식회사에 문제가 발생하여 건축공사가 중단되었 다. 병은 위 계약금 및 중도금의 반환을 삼진주식회사에게 청구하였다. 그러나 삼진주식회 사는 변제에 대한 자력이 없었다. 병은 삼진주식회사가 법인임에도 불구하고 사실상 주식회 사를 지배하였으며 변제에 대한 자력이 있는 주주 을에게 계약금 및 중도금에 대한 청구소송 을 제기하였다. 대법원은 "회사는 그 구성원인 사원과는 별개의 법인격을 가지는 것이고, 이 는 이른바 1인 회사라 하여도 마찬가지이다. 그러나 회사가 외형상으로는 법인의 형식을 갖 추고 있으나 이는 법인의 형태를 빌리고 있는 것에 지나지 아니하고 그 실질에 있어서는 완 전히 그 법인격의 배후에 있는 타인의 개인기업에 불과하거나 그것이 배후자에 대한 법률적 용을 회피하기 위한 수단으로 함부로 쓰인 경우에는 비록 외견상으로는 회사의 행위라 할지 라도 회사와 그 배후자가 별개의 인격체임을 내세워 회사에게만 그로 인한 법적 효과가 귀속 됨을 주장하면서 배후자의 책임을 부정하는 것은 신의성실의 원칙에 위반되는 법인격의 남 용으로서 심히 정의와 형평에 반하여 허용될 수 없다 할 것이고, 따라서 회사는 물론 그 배후 자인 타인에 대하여도 회사의 행위에 관한 책임을 물을 수 있다고 보아야 할 것이다"라고 판 시하였다.[4]

원고는 1996년 7월 소외 안건사와 안건사의 건물일부를 임차하는 임대차계약을 체결하고 임대보증금을 지급하였다. 하지만 1998년 안건사가 파산함에 따라 동 회사에 대하여 원고가 임대차보증금을 반환받아야 함에 있어 문제가 발생하였다. 1998년 3월 안건사의 대표이사 이자 대주주 등이 또 다른 회사인 신안건사를 설립하였다. 신안건사는 상호·상징·영업목 적이 구안건사와 거의 동일했고, 실질적인 임원진·주주 역시 대주주의 친인척 또는 직원 등 개인적으로 관련이 있는 자가 대부분이며, 사무실 역시 같은 곳을 이용하였다. 또한 1999년 10월경에 신안건사는 구 안건사로부터 실내건축공사에 관한 사업을 양수하였다. 2000년 4 월 원고는 신안건사를 상대로 채무면탈을 위한 회사제도의 남용을 주장하며, 원고의 임대차 보증금 채권에 대한 지급을 구하는 소를 제기하였다. 대법원은 "기존회사가 채무를 면탈할

---

4) 대법원 2001. 1. 19. 선고 97다21604 판결.

목적으로 기업의 형태·내용이 실질적으로 동일한 신설회사를 설립하였다면, 신설회사의 설립은 기존회사의 채무면탈이라는 위법한 목적달성을 위하여 회사제도를 남용한 것이므로, 기존회사의 채권자에 대하여 위 두 회사가 별개의 법인격을 갖고 있음을 주장하는 것은 신의성실의 원칙상 허용될 수 없다 할 것이어서 기존회사의 채권자는 위 두 회사 어느 쪽에 대하여서도 채무의 이행을 청구할 수 있다"고 하였다.[5]

법인격부인론을 적용할 때에 '법인격 형해화' 또는 '법인격 남용'을 인정하기 요건을 제시한 판결이 있다.[6] "신지건설산업의 법인격이 형해화되어 있거나 피고가 신지건설산업의 법인격을 남용하였다고 인정하기 위해서는, 피고가 위 음성지점을 설립하여 원고와의 거래를 개시하였다가 그 영업을 폐지하고 신지건설산업이 원고와의 거래를 사실상 인수하여 영업을 하게 된 경위 및 사유, 피고가 위 음성지점 폐쇄 후 운영한 영업의 조직, 내용 및 자금 마련 경위, 2009년 7월 1일 이후 피고가 위 거래에 직접 관여하였는지 아니면 신지건설산업이 피고와 경제적으로 독립된 지위에서 위 거래를 한 것인지, 피고와 신지건설산업의 조직, 직원, 자금 및 기타 재산이 서로 구분 없이 사용되었는지 여부, 특히 위 철근 무단 반출 등에 의하여 마련된 자금의 구체적인 용도 및 피고를 위한 사용 여부 등을 분명히 할 필요가 있으며, 이러한 사정들에 기초하지 아니한 상태에서는 섣불리 원심과 같이 피고가 신지건설산업과 동일한 회사로서 실질적으로 2009년 7월 1일 이후의 위 철근 반출 행위로 인한 피고의 책임을 면하기 위해서 신지건설산업의 독립된 법인격을 이용한 것이라고 보기에는 부족하다. 따라서 원심으로서는 위와 같은 사정에 대하여 더 심리하여 본 후 법인격 남용 여부를 판단하였어야 할 것이다"라고 하면서, 대법원은 "어떤 회사가 외형상으로는 법인의 형식을 갖추고 있으나 실제로는 법인의 형태를 빌리고 있는 것에 지나지 아니하고 그 실질에 있어서는 완전히 그 법인격의 배후에 있는 다른 회사의 도구에 불과하거나, 배후에 있는 회사에 대한 법률 적용을 회피하기 위한 수단으로 함부로 쓰이는 경우에는, 비록 외견상으로는 그 해당 회사의 행위라 할지라도 그 회사와 배후에 있는 회사가 별개의 인격체임을 내세워 해당 회사에게만 그로 인한 법적 효과가 귀속됨을 주장하면서 배후에 있는 회사의 책임을 부정하는 것은 신의성실의 원칙에 위반되는 법인격의 남용으로서 심히 정의와 형평에 반하여 허용될 수 없고, 따라서 해당 회사는 물론, 그 배후에 있는 회사에 대하여도 해당 회사의 행위에 관한 책임을

---

5) 대법원 2004. 11. 12. 선고 20002다66892 판결.
6) 대법원 2013. 2. 25. 선고 2011다103984 판결.

물을 수 있다고 보아야 한다. 그러나 그 해당 회사가 그 법인격의 배후에 있는 회사를 위한 도구에 불과하다고 보려면, 원칙적으로 문제가 되고 있는 법률행위나 사실행위를 한 시점을 기준으로 하여 두 회사 사이에 재산과 업무가 구분이 어려울 정도로 혼용되었는지 여부, 주주총회나 이사회를 개최하지 않는 등 법률이나 정관에 규정된 의사결정절차를 밟지 않았는지 여부, 해당 회사 자본의 부실정도, 영업의 규모 및 직원의 수 등에 비추어볼 때 그 해당 회사는 이름뿐이고 실질적으로는 배후에 있는 회사를 위한 영업체에 지나지 않을 정도로 형해화되어야 한다. 또한 위와 같이 법인격이 형해화될 정도에 이르지 않더라도 그 배후에 있는 회사가 해당 회사의 법인격을 남용한 경우 그 해당 회사는 물론 배후에 있는 회사에 대하여도 해당 회사의 행위에 대한 책임을 물을 수 있으나, 이 경우 채무면탈 등의 남용행위를 한 시점을 기준으로 하여, 배후에 있는 회사가 해당 회사를 자기 마음대로 이용할 수 있는 지배적 지위에 있고, 그와 같은 지위를 이용하여 법인제도를 남용하는 행위를 할 것이 요구되며, 그와 같이 배후에 있는 회사가 법인제도를 남용하였는지 여부는 앞서 본 법인격 형해화의 정도 및 거래상대방의 인식이나 신뢰 등 제반 사정을 종합적으로 고려하여 개별적으로 판단하여야 한다"[7]고 하고 있다.

---

7) 대법원 2008. 9. 11. 선고 200790982 판결; 대법원 2010. 1. 28. 선고 2009다73400 판결.

제 28 장

주식회사 이사의 제3자에 대한 책임

갑 주식회사 대표이사 을은 사업을 확장하기 위하여 새로운 영역에 대규모 투자를 하였다. 그 투자를 위하여 금융기관 병으로부터 대출을 받기도 하였지만, 부족한 부분에 대하여는 기업어음(CP)을 발행하여 회사의 자금조달에 충당하였다. 추진했던 사업이 실패로 돌아가자, 갑 주식회사는 병에 대한 채무를 상환할 수 없게 되었다. 갑 주식회사의 파산으로 대출금을 받지 못하게 된 채권자 병은 회사의 대표이사인 을에게 발생한 손해를 배상하라는 청구소송을 제기하였다. 타당한가?

I 논 점

1. 이사의 회사에 대한 책임

상법은 이사의 책임에 관하여 두 가지 측면에서 고려하고 있다. 이사는 회사에 대하여 책임을 부담해야 한다. 고의 또는 과실로 법령이나 정관에 위반한 행위를 하거나 그 임무를 게을리 한 경우에는 해당 이사는 회사에 대하여 연대하여 손해를 배상해야 한다(상법 제399조 제1항). 제1항의 행위가 이사회의 결의에 의한 것인 때에는 그 결의에 찬성한 이사 역시 전항의 책임을 부담해야 한다(동조 제2항). 또한 전항의 결의에 참가한 이사가 이의를 제기한 기재가 의사록에 없는 경우라면, 그 결의에 찬성한 것으로 추정하게 된다(동조 제3항).

2. 이사의 제3자에 대한 책임

상법은 대표이사의 업무집행으로 인하여 제3자에게 가한 불법행위에 대하여 회사뿐만 아니라 대표이사 개인도 그 자에 대하여 연대책임을 부담하도록 하고 있다(상법 제389조 제3항). 또한 이사가 고의 또는 중대한 과실로 인하여 그 임무를 게을리한 때에는 그 이사는 제3자에 대하여 연대하여 손해를 배상할 책임이 있다(상법 제401조 제1항). 여기서 주주도 제3자에 포함되는지 여부와 주주의 직접손해뿐만 아니라 간접손해도 포함하는가에 대한 물음이 제기된다.

1) 주주의 제3자에 포함 여부

제3자라 함은 임무를 해태한 당해 이사와 회사를 제외한 제3자로서 타인을 의미하기 때문에, 회사 및 회사의 행위자인 이사는 제3자의 범위에 포함되지 않는다. 회사채권자 및 회사와 거래관계를 맺은 자 등은 제3자에 해당한다. 상법 제401조 제1항은 제3자라고만 규정되어 있다. 명시적으로 규정되어 있지 않기 때문에 주주는 제3자에 포함되는 것으로 볼 수 없다는 주장도 있지만, 상법이 어떠한 제한도 가하고 있지 않기 때문에, 주주 또는 주식인수인 모두 제3자에 포함되는 것으로 보아야 한다.

2) 간접손해의 포함 여부

직접손해라 함은 회사가 손해를 입었는지 여부에 관계없이 이사의 임무해태로 인해 제3자가 직접 개인적으로 입은 손해를 말한다. 반면, 간접손해란 이사의 임무해태로 인하여 제1차적으로 회사에 손해가 발생하고 그 결과 제2차적으로 제3자가 입게 되는 손해를 의미한다. 2차적으로 발생하였다는 점에서 간접적인 손해가 된다. 이사가 회사의 재산을 횡령하여 회사재산이 감소되어 회사가 부실화되고 그로 인하여 제3자인 회사채권자가 채권을 회수하지 못하게 되어 손해를 보는 경우가 대표적인 사례이다. 상법 제401조는 직접손해만 포함하는 것이지 간접손해까지 포함되는 것은 아니다.

▐▌ 해결방안

대표이사가 임무를 해태하여 제3자에게 손해를 입혔을 경우 대표이사가 제3자에게 직접

책임을 부담하는가에 관한 내용이다. 대표이사의 제3자에 대한 손해배상책임은 상법 제389조 제3항(제210조 준용)과 상법 제401조 및 민법 제750조(불법행위에 대한 손해배상책임)에 의하여 개인적인 책임을 부담하게 되고, 대표이사의 불법행위로 인하여 제3자에게 회사가 그 책임을 부담하는 것은 상법 제389조 제3항에 의해서이다. 또한 상법 제401조에 따른 책임을 부담하는 경우도 있다. 대표이사가 회사의 경영을 지나치게 방만하게 경영한 결과 회사의 채무를 지급할 수 없게 된 경우이다. 그러나 이사가 통상의 거래행위로 인하여 부담하는 회사의 채무를 이행할 능력이 있었음에도 불구하고 단순히 그 이행을 지체하고 있는 사실로 인하여 상대방에게 손해를 끼친 경우, 또는 이사 등의 경영상의 판단에 과오가 있고 이로 인하여 제3자에게 손해를 끼친 경우에는 이사의 "악의 또는 중대한 과실로 인한 임무해태행위"라고 볼 수 없어 이사는 상법 제401조 제3항의 책임을 지지 않는다.

만약 갑 주식회사 대표이사 을이 회사를 방만하게 운영하고, 회사의 자산이나 경영상태 등에 비추어 기업어음을 발행한 경우라고 한다면, 제401조 제3항의 악의 또는 중대한 과실로 인한 임무해태행위에 해당하므로 회사채권자는 갑 주식회사와 대표이사 을에게 손해배상청구권을 행사할 수 있다. 그러나 갑 주식회사가 파산하게 되고, 그 결과 자력이 없음으로 인하여 채권을 확보할 수 없게 되었다고 한다면, 이는 간접손해에 해당하므로 회사채권자 병은 대표이사 을에게 손해배상청구권을 행사할 수 없다고 하겠다.

Ⅲ 관련 판례

대법원은 "주식회사의 주주가 대표이사의 악의 또는 중대한 과실로 인한 임무해태행위로 직접 손해를 입은 경우에는 이사와 회사에 대하여 상법 제401조, 제389조 제3항, 제210조에 의하여 손해배상을 청구할 수 있으나, 대표이사가 회사재산을 횡령하여 회사재산이 감소함으로써 회사가 손해를 입고 결과적으로 주주의 경제적 이익이 침해되는 손해와 같은 간접적인 손해는 상법 제401조 제1항에서 말하는 손해의 개념에 포함되지 아니하므로, 이에 대하여는 위 법조항에 의한 손해배상을 청구할 수 없다"고 판시하였다.[8]

대법원은 직접손해와 간접손해를 보다 명확하게 구분하면서, "주식회사의 주주가 이사의

---

8) 대법원 1993. 1. 26. 선고 91다36093 판결.

악의 또는 중대한 과실로 인한 임무해태행위로 직접 손해를 입은 경우에는 이사에 대하여 구상법(2011. 4. 14. 법률 제10600호로 개정되기 전의 것, 이하 '상법'이라 한다) 제401조에 의하여 손해배상을 청구할 수 있으나, 이사가 회사의 재산을 횡령하여 회사의 재산이 감소함으로써 회사가 손해를 입고 결과적으로 주주의 경제적 이익이 침해되는 손해와 같은 간접적인 손해는 상법 제401조 제1항에서 말하는 손해의 개념에 포함되지 아니하므로 이에 대하여는 위 법조항에 의한 손해배상을 청구할 수 없다. 그러나 회사의 재산을 횡령한 이사가 악의 또는 중대한 과실로 부실공시를 하여 재무구조의 악화 사실이 증권시장에 알려지지 아니함으로써 회사 발행주식의 주가가 정상주가보다 높게 형성되고, 주식매수인이 그러한 사실을 알지 못한 채 주식을 취득하였다가 그 후 그 사실이 증권시장에 공표되어 주가가 하락한 경우에는, 주주는 이사의 부실공시로 인하여 정상주가보다 높은 가격에 주식을 매수하였다가 주가가 하락함으로써 직접 손해를 입은 것이므로, 이사에 대하여 상법 제401조 제1항에 의하여 손해배상을 청구할 수 있다"고 판시하고 있다.[9]

---

9) 대법원 2012. 12. 13. 선고 2010다77743 판결.

제 29 장

주식회사 감사의 해임과 보수청구권

2009년 3월 1일 이후로 갑은 을 주식회사의 상임감사로 재직하고 있었다. 재직 중 갑은 직무로 인한 일정한 보수를 지급받았다. 2010년 8월 7일 을 주식회사는 감사 갑이 감사정보비, 업무추진비, 출장비 일부의 부적절한 집행 등의 잘못이 있다는 이유를 들어 감사를 해임하였다. 감사 갑은 이는 상법 제415조, 제385조 제1항에서 규정하고 있는 '정당한 이유'에 해당하지 않는다고 하면서 이의를 제기하였다. 감사 갑의 을 주식회사에 대한 이의제기는 타당한가?

▮ 논 점

1. 감사의 선·해임

회사의 업무와 회계의 감사를 주된 임무로 하는 주식회사의 필요 상설기관이 감사이다. 감사는 업무와 회계감사를 통해 이사의 직무집행을 감독한다. 감사는 주주의 대리인으로서 주주총회에서 선임된다(상법 제409조 제1항). 주주총회 보통결의에 의하여 선임되지만, 대주주의 전횡을 예방하고 소수주주의 의사를 반영하기 위하여, 상법은 의결권 없는 주식을 제외한 발행주식총수의 100분의 3을 초과하는 수의 주식을 가진 주주는 그 초과하는 주식에 관하여 의결권을 행사하지 못하도록 하고 있다(상법 제409조 제2항). 회사는 정관으로 위 비율을 낮출 수는 있으나 높일 수는 없다(상법 제409조 제3항). 감사의 선임권은 위임하지 못한다. 감사의 해임(이사 역시 마찬가지이다)은 주주총회 특별결의사항이다. 정당한 이유가 없다고 할지라도 감사를 해임할 수는 있지만, 임기만료 전이면 회사는 손해배상책임을 부담해야 한다. 회사가 해산하여 청산중 회사인 경우에도 감사는 여전히 필요하다. 그 이외의 경우에 대하여는 이사의 경우와 같다(상법 제415조, 제385조 제1항).

2. 임 기

주식회사 감사의 임기는 취임 후 3년 내의 최종의 결산기에 관한 정기주주총회의 종결 시까지로 하고 있다(상법 제410조). 1995년 개정 상법에서 그 임기를 2년에서 3년으로 연장하였다. 이는 감사의 독립성을 확보하고, 감사의 임무를 적절하도록 하기 위한 목적이 있다. 주식회사 회계의 복잡성을 고려하여 영업활동과 재정상황에 관한 실정을 제대로 파악하기 위해서는 조금 더 장기의 기간이 필요하다고 하겠다.

3. 감사위원회

1999년 개정상법은 감사에 대체할 수 있는 감사기구로서 감사위원회를 둘 수 있도록 하였다. 종전과 같이 감사를 두는 것을 원칙으로 하되, 정관에 규정을 두어 감사위원회를 둘 수 있으며, 감사위원회를 두는 경우 감사는 둘 수 없게 하였다(상법 415조의2 1항). 감사위원회를 설치하고자 할 경우에는 정관에 규정을 두어야 하며, 정관에 규정을 두지 않은 경우에는 당연히 감사를 두어야 한다. 그러나 상장법인으로서 소정의 규모에 달하는 대규모상장법인(자산총액이 2조 원 이상인 상장회사)의 경우에는 감사에 갈음하여 감사위원회를 의무적으로 두어야 한다.

Ⅲ 해결방안

상법 제415조, 제385조 제1항에 규정된 '정당한 이유'를 검토해 보아야 한다. '정당한 이유'란 주주와 감사 사이에 불화 등 단순히 주관적인 신뢰관계가 상실된 것만으로는 부족하고, 감사가 그 직무와 관련하여 법령이나 정관에 위반된 행위를 하였거나 정신적·육체적으로 감사로서 직무를 감당하기에 현저하게 곤란한 경우, 감사로서 직무수행능력에 대한 근본적인 신뢰관계가 상실된 경우 등이 해당된다. 이 경우 당해 감사가 그 직무를 수행하는 데 장해가 될 객관적 상황이 발생한 것으로서, 비로소 임기 전에 해임할 수 있는 정당한 이유가 있다고 하겠다.

본 사례에서 감사는 감사정보비, 업무추진비, 출장비 일부에 대하여 부적절하게 사용한 바 있다. 이 경우에 감사를 해임하는 것이 정당한 이유에 속하는 것으로 볼 수 없다. 위의 사유만으로 감사가 업무를 집행함에 있어 장해가 될 만한 객관적 상황이 발생하였다고 보기는 어렵다고 하겠다. 을 주식회사가 감사 갑에게 통고한 해임은 타당한 것으로 볼 수 없다.

Ⅲ 관련 판례

대법원은 "임기만료 전의 감사 해임에 관하여 상법 제415조, 제385조 제1항에서 정한 '정당한 이유'가 인정되는 경우에 해당 하는가"와 "임기만료 전에 정당한 이유 없이 해임된 감사가 회사를 상대로 보수 상당액을 해임으로 인한 손해배상액으로 청구하는 경우, 남은 임기 동안 다른 직장에 종사하여 얻은 이익을 손해배상액에서 공제하여야 하는가"에 대하여 판단하였다.[10] 우선 대법원은 "상법에서 말하는 '정당한 이유'란 주주와 감사 사이에 불화 등 단순히 주관적인 신뢰관계가 상실된 것만으로는 부족하고, 감사가 그 직무와 관련하여 법령이나 정관에 위반된 행위를 하였거나 정신적·육체적으로 감사로서 직무를 감당하기 현저하게 곤란한 경우, 감사로서 직무수행능력에 대한 근본적인 신뢰관계가 상실된 경우 등과 같이 당해 감사가 그 직무를 수행하는 데 장해가 될 객관적 상황이 발생한 경우"를 말하고, 그 경우에 "비로소 임기 전에 해임할 수 있다"고 판단하고 있다. 또한 대법원은 "임기가 정하여져 있는 감사가 임기만료 전에 정당한 이유 없이 주주총회의 특별결의로 해임되었음을 이유로 상법 제415조, 제385조 제1항에 의하여 회사를 상대로 남은 임기 동안 또는 임기 만료 시 얻을 수 있었던 보수 상당액을 해임으로 인한 손해배상액으로 청구하는 경우, 당해 감사가 그 해임으로 인하여 남은 임기 동안 회사를 위한 위임사무 처리에 들이지 않게 된 자신의 시간과 노력을 다른 직장에 종사하여 사용함으로써 얻은 이익이 해임과 사이에 상당인과관계가 인정된다면 해임으로 인한 손해배상액을 산정함에 있어서 공제되어야 한다"고 판시하였다.

임기 전 이사의 해임과 관련하여, 대법원은 "원고는 피고 회사의 경영계획 중 1년 동안 어느 것 하나 제대로 실천된 것이 없을 정도로 투자유치능력이나 경영능력 및 자질이 부족하였다고 보이고, 이로 인하여 대표이사인 원고가 피고 회사를 위하여 수임한 직무를 수행하기 곤란하게 되었을 뿐만 아니라 대표이사와 피고 회사 간의 인적 신뢰관계가 무너져 피고 회사가 대표이사인 원고를 믿고 그에게 피고 회사의 경영을 맡길 수 없는 사정이 생겼다고 봄이

---

10) 대법원 2013. 9. 26. 선고 2011다42348 판결.

상당하다는 이유로, 피고 회사가 원고를 해임한 것은 정당한 이유가 있다"고 하면서,[11] "상법 제385조 제1항에 규정된 '정당한 이유'란 주주와 이사 사이에 불화 등 단순히 주관적인 신뢰관계가 상실된 것만으로는 부족하고, 이사가 법령이나 정관에 위배된 행위를 하였거나 정신적·육체적으로 경영자로서의 직무를 감당하기 현저하게 곤란한 경우, 회사의 중요한 사업계획 수립이나 그 추진에 실패함으로써 경영능력에 대한 근본적인 신뢰관계가 상실된 경우 등과 같이 당해 이사가 경영자로서 업무를 집행하는 데 장해가 될 객관적 상황이 발생한 경우에 비로소 임기 전에 해임할 수 있는 정당한 이유가 있다고 할 것이다"라고 판시하였다.[12]

---

11) 대법원 2004. 10. 15. 선고 2004다25611 판결.
12) 대법원 2004. 10. 15. 선고 2004다25611 판결; 대법원 2011. 9. 8. 선고 2009다31260 판결.

제 30 장

주주총회 소집 철회 여부

갑 주식회사(원고회사)의 대표이사 을인 소외 1이 2005년 7월 14일 이사회를 소집하여 원고회사의 임시주주총회를 2005년 7월 29일 오전 11시에 소집하기로 하는 내용의 이사회결의가 이루어진 후, 같은 날 주주들에게 그 임시주주총회 소집통지서를 발송한 사실이 있다. 그러나 소외 1은 2005년 7월 29일자로 예정된 임시주주총회의 소집을 철회하기로 계획한 후, 2005년 7월 28일 오후 4시에 이사회를 소집하여 2005년 7월 29일자 임시주주총회의 소집을 철회하기로 하는 내용의 이사회결의가 이루어지자마자 임시주주총회가 개최될 장소의 출입문에 2005년 7월 29일자 임시주주총회가 이사회결의로 철회되었다는 취지의 공고문을 부착하고, 이사회에 참석하지 않은 주주들(소외 2, 3, 4)에게는 퀵서비스를 이용하여 2005년 7월 29일 오전 11시 개최 예정이었던 임시주주총회가 이사회결의로 그 소집이 철회되었다는 내용의 소집철회통지서를 보내는 한편 전보와 휴대전화(직접 통화 또는 메시지 녹음)를 이용하여 같은 취지의 통지를 하였다. 이 경우 임시주주총회의 철회는 타당한가?

▌ 논 점

1. 주주총회 권한

주주총회는 주주로 구성되고, 회사의 기본적 사항에 관하여 회사의 의사를 결정하는 기관에 해당한다. 주주총회는 상법 또는 정관에 정해진 사항에 한해서만 결의할 수 있다(상법 제361조). 주주총회는 이사, 감사의 선임 및 해임권(상법 제282조 제1항, 제385조 제1항, 제409조 제1항, 제415조), 정관변경권(상법 제433조 제1항) 등을 통하여 회사의 업무집행을 감독하고 또 주주총회의 권한범위를 확대할 수 있다. 주주총회는 회사의 내부 의사결정기관이고, 대외적인 대표행위는 대표이사나 대표집행임원이 하게 된다. 주주총회는 주식회사에서 반드시 존재해야 하는 필요상설기관이다.

2. 주주총회 소집권자

상법은 주주총회의 소집에 대하여, 원칙적으로 이사회가 결정하는 것으로 하고 있다(제362조). 결정에 대한 집행은 대표이사 또는 집행임원이 해야 한다(상법 제389조 제3항, 제209조, 제408조의4 제1호). 예외적으로 소수주주(상법 제366조 제2항, 제542조의6 제1항)또는 감사(상법 제412조의3)나 감사위원회(상법 제415조의2 제6항, 제412조의3) 또는 법원의 명령에 의하여 소집되는 경우도 있다(상법 제467조 제3항).

3. 소집 관련사항

정기총회는 원칙적으로 매년 1회 일정한 시에 소집되어야 한다(상법 제365조 제1항). 다만, 예외적으로 연 2회 이상의 결산기를 정한 회사는 매 결산기에 정기총회를 소집해야 한다(상법 제365조 제2항). 정기주주총회는 원래 재무제표를 승인하고 이익처분을 결정하기 위하여 소집되는데, 그러한 점에서 정기주주총회를 결산주주총회라고도 한다. 주주총회의 소집지는 정관에 다른 정함이 없으면 본점소재지 또는 이에 인접한 지로 하고 있다(상법 제364조). 소집지의 특정한 장소를 소집장소로 해석한다. 소집장소는 위치나 규모 등에서 주주가 출석하기 편리한 곳이어야 한다. 주주총회를 소집하기 위해서는 회의일을 정해야 하고 소집을 통지한다. 기명주식과 무기명주식에 대하여 달리하고 있다. 무기명주식을 방행한 경우에는 공고하도록 되어 있다(상법 제363조 제1항, 제3항). 기명주식에 대한 소집통지는 회의일 2주 전에 서면 또는 전자문서에 의한 통지를 발송하여야 하고(상법 제363조 제1항), 의결권 없는 주주에 대하여는 통지를 하지 않아도 된다(상법 제363조 제4항).

Ⅲ 해결방안

갑 주식회사 대표이사 을은 이사회의 결의를 거쳐 주주들에게 임시주주총회 소집통지서를 발송하였다. 그러나 사정이 생겨 다시 이를 철회하기로 하는 이사회결의를 거친 후 총회 개최장소 출입문에 총회 소집이 철회되었다는 취지의 공고문을 부착하였다. 그리고 이사회에 참석하지 않은 주주들에게 퀵서비스를 이용하여 총회 소집이 철회되었다는 내용의 소집철회통지서를 보내는 한편, 전보와 휴대전화로도 같은 취지로 통지를 하였다. 이 사건 2005년 7월 29일자 임시주주총회의 소집을 철회하기로 하는 이사회결의를 거친 후, 소집통지와 같은 방법인 서면에 의한 소집철회통지를 한 이상, 위 임시주주총회의 소집이 적법하게 철회되었다고 볼 수 있다.[13]

Ⅲ 관련 판례

대법원이 '주주총회의 개최 없이 의사록만을 작성한 주주총회결의로 대표자로 선임된 자의 행위에 대하여 회사에게 상법 제395조에 따른 책임을 묻기 위한 요건'과 '이사 선임 권한이 없는 사람이 허위의 주주총회결의 등의 외관을 만들어 이사를 선임한 경우, 회사에 대하여 상법 제395조의 표현대표이사 책임을 물을 수 있는지 여부'에 대하여 판단하였다.[14] 대법원은 "상법 제395조의 규정에 의하여 회사가 표현대표자의 행위에 대하여 책임을 지는 것은 회사가 표현대표자의 명칭사용을 명시적으로나 묵시적으로 승인함으로써 대표 자격의 외관 현출에 책임이 있는 경우에 한하므로, 주주총회를 소집·개최함이 없이 의사록만을 작성한 주주총회결의로 대표자로 선임된 자의 행위에 대하여 상법 제395조에 따라 회사에게 그 책임을 물으려면, 의사록 작성으로 대표 자격의 외관이 현출된 데에 대하여 회사에 귀책사유가 있음이 인정되어야만 할 것이다.[15] 그리고 이사 선임 권한이 없는 사람이 주주총회의사록 등을 허위로 작성하여 주주총회결의 등의 외관을 만들고 이에 터 잡아 이사를 선임한 경우에는, 주주총회의 개최와 결의가 존재는 하지만 무효 또는 취소사유가 있는 경우와는 달리, 그 이사 선임에 관한 주식회사 내부의 의사결정은 존재하지 아니하여 회사가 그 외관의 현출에 관여할 수 없었을 것이므로, 달리 회사의 적법한 대표이사가 그 대표 자격의 외관이 현출되

---

13) 대법원 2011. 6. 24. 선고 200935033 판결.
14) 대법원 2013. 7. 25. 선고 2011다30574 판결.
15) 대법원 1992. 8. 18. 선고 91다14369 판결 참조.

는 것에 협조, 묵인하는 등의 방법으로 관여하였다거나 회사가 그 사실을 알고 있음에도 시정하지 않고 방치하는 등 이를 회사의 귀책사유와 동일시할 수 있는 특별한 사정이 없는 한, 회사에 대하여 상법 제395조에 의한 표현대표이사 책임을 물을 수 없고, 이 경우 위와 같이 허위의 주주총회결의 등의 외관을 만든 사람이 회사의 상당한 지분을 가진 주주라고 하더라도 그러한 사정만으로는 대표 자격의 외관이 현출된 것에 대하여 회사에 귀책사유가 있는 것과 동일시할 수 없다"고 판시하고 있다.[16)]

---

16) 대법원 2008. 7. 24. 선고 2006다24100 판결 참조.

제5부

보험계약법 영역

제 31 장
보험계약자의 청약에 대한
철회권 행사

> 갑은 연금보험의 필요성을 인식하고 을 생명보험에 연금보험을 가입하기로 하였다. 전화로 연금보험을 가입하고 난 뒤 7일 후 전화로 청약철회를 요청하였다. 그러나 을 생명보험사는 본인의 자필서명이 필요하다고 하면서 지점방문을 요구하였다. 보험청약 시에는 전화가입이 가능하지만, 청약을 철회하고자 할 때에는 지점을 방문해야 한다는 것이었다. 청약철회를 하기 위해서는 반드시 지점을 방문해야 하는가?

▌ 논 점

1. 보험계약에서 철회권

　보험계약 역시 사법상 하나의 계약에 해당되기 때문에, 우리 민법 제527조에 따라 청약의 구속력을 인정하는 것이 원칙이다. 그러나 실무상 생명보험의 영역에서 보험계약자의 철회권을 인정하고자 하는 예가 나타났다. 일반적으로 무진단보험의 경우에 보험계약자는 계약 당사자인 보험자와 직접 보험계약을 체결하는 것이 아니라, 보험설계사를 통하여 보험계약 청약서를 교부받고 계약을 체결하게 된다. 만약 보험계약자가 보험설계사와 잘 알고 지내는 사이라고 하면, 당시 그의 권유를 거절하지 못한 채 즉흥적으로 청약의 의사표시를 하는 경우가 발생할 수 있다. 이러한 상황을 방지하기 위하여 보험계약자가 청약의 의사표시를 교부하였다 할지라도 일정한 기간 동안 신중히 고려하여 청약의 의사표시를 철회할 수 있는 제도가 마련되었다.

2. 생명보험약관상 철회권

생명보험표준약관 제2조는 보험계약자의 청약에 대한 철회권을 명문으로 규정하고 있다. 제1항은 보험계약자가 철회권을 행사할 수 있다는 점과 철회권을 행사할 수 있는 기간에 대하여 규정하고 있다. 보험자와 생명보험계약을 체결한 보험계약자는 청약을 한 날부터 15일 이내에 그 청약을 철회할 수 있다(보험업법 개정으로 2014년 7월 15일부터는 '보험증권을 받은 날'로부터로 변경될 예정임). 다만, 진단계약, 단체(취급)계약 또는 보험기간이 1년 미만인 계약을 체결한 보험계약자는 청약철회권을 인정하고 있지 않다. 일반적으로 체결된 계약에 대하여 15일의 철회기간을 부여한 반면에, 전화·우편·컴퓨터 등의 통신매체를 통한 보험계약(이하 "통신판매 계약"이라 한다.)의 경우에는 청약을 한 날부터 30일 이내에 그 청약을 철회할 수 있도록 하고 있다. 제2항은 청약접수에 따른 보험자의 보험료반환에 대한 사항을 규정하고 있다. 보험계약자가 청약을 철회한 때에는 보험회사는 청약의 철회를 접수한 날로부터 3일 이내에 이미 납입한 보험료를 돌려주도록 하고 있다. 보험회사가 보험료의 반환을 지체하고 있는 경우에는, 반환이 늦어진 기간에 대하여 이 계약의 보험계약대출 이율을 연단위 복리로 계산한 금액을 더하여 지급해야 한다. 다만 계약자가 제1회 보험료를 신용카드로 납입한 계약의 청약을 철회하는 경우에는 회사는 신용카드의 매출을 취소하며 이자를 더하여 지급하지 아니함을 규정하고 있다. 제3항은 철회권과 보험사고에 대한 급부내용을 담고 있다. 보험계약자가 청약을 철회할 당시에 이미 보험금 지급사유가 발생한 경우를 상상할 수 있다. 보험계약자가 그 보험금 지급사유의 발생사실을 알지 못한 경우에 해당된다면, 보험계약자의 청약철회의 효력은 발생하지 아니하고 보험자는 보험금을 지급해야 한다.

3. 보험업법 등의 청약철회권

보험계약자의 권리로서 철회권을 인정하고 있는 생명보험표준약관의 경우와 달리, 보험업법과 보험업법시행령 및 전자서명법은 통신수단을 통한 청약철회의 가능성을 보여주고 있다. 보험업법 제96조는 보험회사가 통신수단(전화, 우편 및 컴퓨터 통신 등)을 이용하여 보험계약을 청약한 자가 그 청약을 철회하고자 하는 경우 통신수단을 이용할 수 있음을 규정하고 있고, 보험업법시행령은 보험회사가 통신수단을 이용하여 보험계약을 청약한 자가 전화를 이용하여 그 청약을 철회하고자 하는 경우에는, 상대방의 동의를 얻어 철회하고자 하는 청약내용·청약자 본인 여부를 확인하고 그 내용을 음성 녹음하는 등 증거자료를 확보, 유지하여야 함(제46조 제5항)을 규정하고 있다. 또한 보험회사는 통신수단을 이용하여 보험계약을 청약한 자가 컴퓨터 통신을 이용하여 그 청약을 철회하고자 하는 경우에는 전자서명법상 공인전자서명을 이용하여 청약자 본인인지 여부를 확인하여야 함(제6항)을 규정하고 있다. 보험업법, 보험업법시행령 및 전자서명법은 통신수단을 이용한 모집에서 간접적으로 보험계약 청약자에 의한 청약철회권을 인정하고 있는 것을 볼 수 있다.

Ⅱ 해결방안

유선철회가 가능하다. 청약철회는 유선 등 통신수단을 통해서도 가능함이 법률로 명시되어 있다. 보험계약지기 청약을 철회하고자 하는 경우 보험회사는 동신수난(선화, 우편, 컴퓨터통신 등)을 이용할 수 있도록 하여야 한다고 규정하고 있으며(보험업법 제96조), 전화로 청약철회를 요청받은 경우 청약내용, 청약자 본인 여부를 확인하고 그 내용을 음성녹음 하는 등 증거자료를 확보·유지하도록 규정되어 있다(보험업법 시행령 제43조). 보험계약자 갑은 유선으로 청약철회 요청이 가능하며, 보험회사 을은 보험계약자 갑에게 청약철회를 위하여 지점방문만을 강요해서는 아니 된다.

Ⅲ 관련 판례

인터넷 사이트를 운영하는 콘텐츠 제공회사가 전자상거래 등에서의 소비자보호에 관한 법률을 위반하였음을 이유로 결제대행회사가 콘텐츠 제공회사와의 계약을 해지한 것은 적법하다고 한 판례가 있다.[1] 보험계약과 관련된 청약철회가 문제가 되었던 사안은 아니지만, 이는 청약철회권을 이해함에 있어 좋은 참고가 될 수 있다고 판단되어 제시한다.

---

1) 대법원 2008. 12. 24. 선고 2008다58961 판결.

"원고가 자신이 운영하는 인터넷 사이트에 무료로 가입하여 1주일 동안 유료회원의 서비스를 받도록 하는 이 사건 이벤트를 실시하면서 그 인터넷 사이트 화면에서 '무료체험', '공짜'라는 문구를 크게 강조하는 반면에 '7일 무료체험 후에는 자동 정회원으로 전환되어 월정액 2,000원이 부과됩니다.'라는 안내문구는 이용자가 인지하기 어렵게 화면 하단에 작은 글씨체로 표기한 것은 이용자가 이러한 내용을 제대로 인식하지 못한 채 부주의로 이벤트에 참여하게끔 유도한 것이며, 또한 원고가 자신이 운영하는 인터넷 사이트의 자동결제 유료회원들에게 매월 회비 결제 시에 '〈자동맞춤짝 서비스 원고 주식회사〉 원고 주식회사 모바일 회원인지 메시지 2,000원 피고 주식회사' 또는 '맞춤짝이 나타났습니다 원고 주식회사 2,000원 결제 피고 주식회사'라는 문구로 문자메시지를 발송한 것은 자동결제를 알리는 문자메시지를 보내면서도 이를 받아보는 사람이 스팸 문자메시지 또는 결제 승인 요청 메시지인 것처럼 오인할 수 있도록 함으로써 매월 자동결제가 진행되고 있다는 사실을 정확히 알리지 않은 것이므로, 이러한 원고의 행위는 전자상거래법 제21조 제1항 제1호의 기만적 방법을 사용하여 소비자를 유인 또는 거래하거나 청약철회 등 또는 계약의 해지를 방해하는 행위에 해당한다고 인정하고, 한편 원고의 위와 같은 기만적 행위로 원고가 운영하는 인터넷사이트의 자동결제 유료회원으로 된 사람들이 그 회원 탈퇴 및 환불을 요청하였음에도 원고가 이에 성실히 응하지 않은 것은 전자상거래법 제21조 제1항 제2호(제3호의 오기로 보인다)의 분쟁이나 불만처리에 필요한 인력 또는 설비의 부족을 상당기간 방치하여 소비자에게 피해를 주는 행위에 해당한다고 인정한 다음, 원고가 전자상거래법을 위반하였다는 이유로 피고가 이 사건 계약을 해지한 것은 적법하다"고 판단하였다.

제 32 장

생명보험에서 자살의 경우

보험금청구

남편 갑은 자신을 보험계약자로, 아내 병을 피보험자로, 정을 보험수익자로 하는 생명보험계약을을 보험회사와 체결하였다. 보험계약은 주계약과 재해사망특약으로 구성되어 있는데, 주계약의 경우 피보험자가 보험기간 중에 사망한 경우에는 1억 원의 사망보험금을 지급하되, 보험계약일로부터 만 2년이 경과되기 전에 재해 이외의 원인으로 사망하면 3,000만 원을 지급하고, 재해사망특약의 경우 피보험자가 보험기간 중에 교통재해 이외의 재해를 원인으로 사망하면 보험금 5,000만 원을 지급하도록 되어 있었다. 다만, 피보험자가 '고의로 자신을 해친 경우'에는 보험금을 지급하지 아니하되, 피보험자가 '정신질환상태에서 자신을 해친 경우'와 '책임개시일로부터 2년이 경과된 후에 자살한 경우'에는 보험금을 지급하는 것으로 한다. 이 사건 보험약관상 '재해'라 함은 우발적인 외래의 사고로서 재해분류표에 따른 사고를 말한다고 되어 있다. 부부싸움 도중 피보험자 아내 병은 극도로 흥분한 정신적 공황상태에서 베란다 밖으로 몸을 던져 사망하였다. 이 경우 보험수익자 정은 을 보험회사로부터 보험금을 받을 수 있을까?

Ⅰ 논 점

1. 자살과 보험자의 면책

1) 면책의 의의

상법 제659조 제1항과 생명보험표준약관 제16조 제1항의 전단은 피보험자의 고의적인 자살에 대하여 면책으로 규정하고 있다. 보험계약이 사행계약으로서 우연의 보험사고로 거액의 보험금이 지급되는 계약일 뿐만 아니라 선의성과 윤리성이 강조되기 때문에, 고의적인 보험사고에 대하여는 보험자의 책임을 면제하고자 하는 것이다. 하지만 생명보험표준약관 동조 제1항 후단에는 일정기간이 지난 자살에 대하여 보험자의 책임을 규정하고 있다.

2) 면책의 근거

보험계약자 또는 피보험자나 보험수익자의 고의적인 행위에 의한 보험사고는 보험의 성질인 우연성이 배제된다. 자기 자신이 보험사고를 유발하여 손실을 발생시키고 이를 타인에게 전가하는 것은 우연한 손실을 담보하는 보험원리에서 요구되는 신의성실의 원칙과 공서양속에 반하며 공익을 해칠 수 있기 때문에 인정될 수 없다. 보험계약은 그 사행성으로 인하여 사고의 발생을 전제로 하는 것이므로, 보험계약자 등의 고의나 중과실에 의하여 보험사고가 발생한 경우에 보험자가 보험금을 지급해야 하는 것은 부당하다. 생명보험계약에서는 보험계약자 등이 보험금 취득을 노리고 보험사고를 유발할 가능성이 충분히 있다. 이러한 보험계약자 등의 인위적인 보험사고는 보험사고의 불확실성에 어긋난다는 점에서 보험자의 면책이 인정되고 있다.

2. 자살과 보험자 부책

1) 부책의 의의

우리나라 생명보험표준약관 제16조 제1항 제1호에 의하면, "피보험자가 고의로 자신을 해친 경우에 보험자는 책임을 면한다"고 규정하고 있다. 이는 피보험자가 책임개시일(부활계약의 경우는 부활청약일)로부터 2년 이내에 자살하거나 스스로 자신을 해침으로써 고도의 장해상태가 되었을 경우를 의미한다. 한편, 현행 생명보험표준약관 제16조 제1항의 후단에는 자살부책조항이 규정되어 있다. 피보험자가 정신질환상태에서 자살 또는 자신을 해치거나 보험계약의 책임개시일로부터 2년이 경과된 후에 자살하거나 또는 자신을 해침으로서 장해분류표 중 제1급의 장해상태가 되었을 경우에는, 보험자는 보험금지급책임을 면하지 못한다. 결국 동 약관에 의한다면 정신질환 또는 자살면책기간의 경과 후에 자살을 한 경우에는, 보험자는 보험금을 지급해야 한다.

2) 부책의 근거

자살은 종교적이나 윤리적으로 비난을 받아야 하지만, 피보험자가 자살한 것이기 때문에 그 직접적인 책임을 유족들에게 돌리기는 어렵다. 자살로 인하여 보험금을 수령하는 보험수익자는 피보험자의 유족들이라는 것이 일반적이다. 법은 정책적으로 경제적 손실을 보상한다는 보험의 취지에서 고의적인 보험사고임에도 불구하고, 보험자로 하여금 망인의 유족들에게 보험금을 지급하도록 하고 있다. 또한 자살이라 할지라도 정신질환 등의 병적 원인에 의한 자살이거나 보험금 수령의 목적과는 전혀 관련이 없는 자살에 대해서는 고의성이 존재한다고 볼 수 없다. 이러한 보험사고는 보험금을 수령하겠다는 고의성이 없는 자살이므로, 보험자는 보험금지급책임을 부담하게 된다. 생명보험표준약관은 면책기간 2년을 경과한 자살에 대하여 보험자가 보험금 지급책임을 부담한다고 규정하고 있다. 이러한 규정을 인정해야 하는 이유는 보험계약 체결 당시에 자살에 의한 보험금을 지급받으려는 의도를 가진 계약이 아니라고 본 것이다. 정신질환에 의한 자살에 대하여 보험자가 책임을 부담해야 한다고 본 것 역시, 피보험자가 고의성을 가지고 있지 않은 것으로 본 것이다.

Ⅱ 해결방안

사망을 보험사고로 하는 보험계약에서 자살을 보험자의 면책사유로 규정하고 있는 경우, 그 자살은 사망자가 자기의 생명을 끊는다는 것을 의식하고 그것을 목적으로 의도적으로 자기의 생명을 절단하여 사망의 결과를 발생케 한 행위를 의미한다. 그러나 피보험자가 정신질환 등으로 자유로운 의사결정을 할 수 없는 상태에서 사망의 결과를 발생케 한 경우까지 포함하는 것이라고 할 수 없다. 또한 그러한 경우 사망의 결과를 발생케 한 직접적인 원인행위가 외래의 요인에 의한 것이라면, 그 보험사고는 피보험자의 고의에 의하지 않은 우발적인 사고로서 재해에 해당한다.

아내 병은 갑과 부부싸움 중 극도의 흥분되고 불안한 정신적 공황상태에서 베란다 밖으로 몸을 던져 사망하였다. 이 사고는 자유로운 의사결정이 제한된 상태에서 망인 병이 추락함으로써 사망의 결과가 발생하게 된 우발적인 사고로서 보험약관상 보험자의 면책사유인 '고의로 자신을 해친 경우'에 해당하지 않는다. 보험수익자 정은 피보험자 병의 사망으로 인한 보

험금지급청구권을 행사할 수 있다.[2]

Ⅲ 관련 판례

대법원은 "이 사건 각 보험계약의 피보험자인 망 소외 1은 술에 취한 나머지 판단능력이 극히 저하된 상태에서 신병을 비관하는 넋두리를 하고 베란다에서 뛰어내린다는 등의 객기를 부리다가 마침내 음주로 인한 병적인 명정으로 인하여 심신을 상실한 나머지 자유로운 의사결정을 할 수 없는 상태에서 충동적으로 베란다에서 뛰어내려 사망한 것으로 봄이 상당하고, 따라서 이는 우발적인 외래의 사고로서 이 사건 보험약관에서 재해의 하나로 규정한 '추락'에 해당하여 사망보험금의 지급대상이 된다"고 판단하였다.[3]

하지만 '망인은 양양군 보건소 예방의약부서에서 건강검진 업무를 담당하는 33세의 공무원인데, 2007년 6월 11일 병가를 신청하고 속초 시내에 소재한 병원을 찾아가 불안, 의욕저하 및 2007년도부터의 대인관계의 어려움 등을 호소하여 중증의 우울성 에피소드로 진단받은 사실이 있었다. 그는 같은 날 18시 40분경 주거지 인근 야산에서 처인 원고 1, 동서 및 처형 등에게 '자신의 못난 성격을 자책하면서 사무실의 변화에 적응하지 못하고 사람과도 적응하지 못한 스스로가 원망스러우며, 이젠 사무실 일에서 벗어나고 싶고, 가족들에게 미안하다'는 등의 내용이 기재된 유서를 남긴 채 제초제를 마시고 신음하다가 병원으로 이송되었으나 그다음 날인 2007년 6월 12일 05시 25분경 사망한' 사안에서,[4] 대법원은 "피보험자가 자살하였다면 그것이 정신질환 등으로 자유로운 의사결정을 할 수 없는 상태에서 사망의 결과를 발생케 한 경우에 해당하지 않는 한 원칙적으로 보험자의 면책사유에 해당한다 할 것인데, 여기서 말하는 정신질환 등으로 자유로운 의사결정을 할 수 없는 상태에서의 사망이었는지 여부는 자살자의 나이와 성행, 자살자의 신체적·정신적 심리상황, 그 정신질환의 발병시기, 그 진행경과와 정도 및 자살에 즈음한 시점에서의 구체적인 상태, 자살자를 에워싸고 있는 주위상황과 자살 무렵의 자살자의 행태, 자살행위의 시기 및 장소, 기타 자살의 동기,

---

2) 대법원 2006. 3. 10. 선고 2005다49713 판결.
3) 대법원 2008. 8. 21. 선고 2007다76696 판결.
4) 대법원 2011. 4. 28. 선고 2009다97772 판결.

그 경위와 방법 및 태양 등을 종합적으로 고려하여 판단하여야 한다"고 하면서,[5] 이 경우 망인은 정신질환 등으로 자유로운 의사결정을 할 수 없는 상태에서 자살을 한 것으로 보기 어렵다고 판단하였다.

---

5) 대법원 2006. 4. 14. 선고 2005다70540 판결 참조.

제 33 장
보험계약자 등의 고지의무

보험계약자이자 피보험자인 갑은 보험자 을과 생명보험계약을 체결하였다. 갑이 뇌출혈 증상으로 최초 내원한 병원 경과기록지에 의하면 고혈압에 대해 "평소 높다는 말을 들었다"라고 기재되어 있었다. 일시적인 요인으로 혈압이 높게 측정되는 경우에도 수축기 혈압은 200mmHg 이상으로 나타날 수 있으나, 확장기 혈압은 90mmHg를 넘지 않는 경우가 대부분인데, 갑의 혈압 수준은 139/97mmHg, 159/97mmHg로서 확장기 혈압이 모두 90mmHg를 초과하고 있었다. 청약서상 과거의 병력에 대한 질문에 대하여 갑은 보험계약 체결 전 고혈압으로 투약처방을 받은 사실을 알리지 않았다. 갑의 사망 후 그의 유족이 보험금지급을 요구하였다. 보험자는 고지의무의 위반을 이유로 그 계약을 해지하고 면책을 주장한다. 타당한가?

Ⅰ 논 점

1. 고지의무

고지의무라 함은 보험계약자 또는 피보험자가 보험계약을 체결하는 데 중요한 사실을 고지하고, 중요한 사실에 관하여 부실한 사실을 고지하지 아니할 의무를 말한다. 우리 상법 제651조는 고지의무를 명문으로 규정하고 있다. 계약체결 전에 발생하는 의무이다. 의무에는 직접의무Pflicht와 간접의무Obliegenheit가 있다. 해당되는 의무를 이행하지 아니하면 상대방이 그 이행을 강제할 수 있고, 손해배상청구권을 행사할 수 있는 것이 전자에 해당한다. 그러나 후자는 그 위반 시 이행을 강제할 수 없을뿐더러, 발생하는 손해에 대한 배상청구 역시 하지 못한다. 보험계약자 등이 부담하는 의무는 직접의무가 아니라 간접의무에 해당한다.

2. 고지의무의 위반

1) 객관적 요건

　고지의무위반이 되기 위해서는 보험계약자가 보험계약상 '중요한 사항'을 보험자에게 고지하지 아니하거나 사실과 다른 것을 고지해야만 한다. 여기서 '중요한 사항'이라 함은 보험자가 위험의 인수 여부 및 보험료 액을 판단하는 데 영향을 미칠 수 있는 것을 말한다. 보험회사의 질문표에 기재된 질문사항은 다른 특별한 사정이 없는 한 그 보험계약에 있어서의 중요한 사항에 해당하는 것으로 추정할 것이므로, 그 질문표에 사실과 다른 기재를 하였다면 고지의무위반이 된다.

2) 주관적 요건

　고지의무의 주관적 요건으로서 중요한 사실에 대한 불고지 또는 부실고지가 보험계약자 또는 피보험자의 고의 또는 중대한 과실로 인한 것이어야 한다. '고의'라 함은 중요한 사항에 대하여 알면서 고지하지 아니하거나 부실의 고지를 하는 것을 말한다. '중대한 과실'이라 함은 고지하여야 할 사실은 알고 있었지만 현저한 부주의로 인하여 그 사실의 중요성의 판단을 잘못하거나 그 사실이 고지하여야 할 중요한 사실이라는 것을 알지 못하는 것을 뜻한다.

3. 보험자의 해지권

　보험계약자 등의 고지의무에 대한 위반을 이유로 하여 해지권을 행사하고자 한다면, 보험자는 보험계약자 등의 고지의무가 고의 또는 중대한 과실에 의한 것이라는 것을 입증해야만 한다. 고지의무를 위반한 사실이 보험사고의 발생에 영향을 미치지 아니한 경우에는 보험자의 계약해지권을 행사할 수 없다(상법 제655조 단서). 고지의무 위반사실과 보험사고 발생과의 인과관계의 부존재에 관한 입증책임은 보험계약자가 부담한다. 그러므로 그 인과관계의 존재를 조금이라도 엿볼 수 있는 여지가 있다면, 상법 제655조 단서는 적용될 수 없다.

Ⅱ 해결방안

보험계약자이자 피보험자 갑의 혈압 수준은 139/97mmHg, 159/97mmHg로서 확장기 혈압이 모두 90mmHg를 초과하고 있었다. 그는 자신이 고혈압이라고 하는 사실을 인지하고 있는 것으로 판단된다. 보험자가 제시한 청약서에는 과거의 병력에 대한 질문이 있었다. 갑은 보험계약 체결 전에 고혈압 증상이 있었다는 사실과, 투약처방을 받은 사실을 고지해야 함에도 불구하고, 이를 보험회사에 알리지 않았다. 명백히 고지의무를 위반한 것으로 보인다. 상법 제651조에 따라 보험자 을은 보험계약을 해지하고 보험금을 지급하지 않겠다는 주장을 할 수 있다.

Ⅲ 관련 판례

피고(반소원고, 이하 '피고'라고만 한다) 2는 2008년 7월 25일 직장에서 근무를 하던 도중 몸 상태가 좋지 않자 진찰을 받아보기로 하였고, 그의 처인 피고(반소원고, 이하 '피고'라고만 한다) 1은 피고 2가 진찰을 받기에 앞서 치료비 등에 대비한 보험에 가입하기로 하고 2008년 7월 25일 원고(반소피고, 이하 '원고'라고만 한다)의 보험설계사인 소외인과 전화로 상담을 한 후 원심 별지 기재와 같이 피보험자를 피고 2로 하는 보험(이하 '이 사건 보험'이라 한다)에 가입하기로 하고, 같은 날 13시 39분경 신용카드로 제1회 보험료를 결제한 사실, 당시 피고 1은 소외인에게 피고 2가 고혈압이나 기타 질병으로 병원에 가거나 진단을 받은 병력이 없다고 진술하였을 뿐만 아니라, 그 후 소외인으로부터 이 사건 보험의 청약서 등을 우편으로 배달받아 보험청약서의 질문표를 작성함에 있어서도 피고 2가 최근 5년 이내에 고혈압 등으로 의사로부터 진찰 또는 검사를 통하여 진단을 받았거나 투약 등을 받은 적이 없다고 기재하여 이를 원고에게 우송한 사실, 원고 소속 심사담당자는 2008년 8월 7일 피고 1이 우송한 보험청약서 등을 토대로 이 사건 보험계약의 심사를 완료한 사실, 한편 피고 2는 2008년 7월 25일 16시 05분경 미래내과의원에 내원하여 신장기능검사 등을 받았는데, 같은 날 고혈압이라는 진단 아래 혈압약을 처방받았고, 2008년 7월 31일 다시 위 의원에 내원하여 검사 결과를 확인하면서 의사로부터 고혈압, 고혈압성 신부전증 등의 소견을 듣고 이에 관한 약을 처방받은 사실, 이에 앞서 피고 2는 2008년 6월 17일 1차 직장건강검진을 받았는데, 2008년 7월 30일경 '고혈압, 신장질환과 당뇨질환 의심'이라는 소견과 함께 2차 검진 요망이라는 검진 결과를 통보받은 사실, 신부전증은 고혈압이 원인이 되는 경우가 많은데 피고 2의 경우도 고혈압성 신부전증으로 추정되는 사실, 원고는 피고 1의 고지의무 위반을 이유로 이 사건 보험계약을 해지한다고 주장하면서 원고의 보험금 지급채무가 존재하지 아니한다는 확인을 구하는 소를 제기한 사건에서, 대법원은 "피고 1은 이 사건 보험계약의 청약을 한 이후 이 사건 보험계약이 성립하기 전에(원고가 2008년 8월 7일 보험심사를 마친 것으로 보아 이 사건 보험계약의 성립일은 2008년 8월 7일 이후로 봄이 상당하다) 피보험자인 피고 2가 의사로부터 고혈압이라는 진단을 받았음에도 청약서의 질문표를 작성하여 원고에게 우송함에 있어 고의 또는 중과실로, 고혈압으로 진단받은 사실이 없다고 기재함으로써 고지의무를 위반하였고, 이 사건 보험계약은 이를 이유로 한 원고의 해지 의사표시에 따라 적법하게 해지되었다고 봄이 상당하므로 이 사건 보험계약에 기한 원고의 보험금 지급의무는 존재하지 아니한다"고 판단하였다.[6]

---

6) 대법원 2012. 8. 23. 선고 2010다78135 판결.

제 34 장
상해보험에서 위험변경증가에
따른 통지의무

회사에 다니는 갑은 을 보험자와 상해보험계약을 체결하였다. 계약체결 당시 그는 사무를 보는 부서에서 근무하고 있었다. 회사의 구조조정으로 갑은 공장 생산직으로 직무를 전환하게 되었다. 작업을 하던 도중에 갑은 기계에 손을 다치는 사고를 당하였다. 갑은 을 보험자에게 보험금지급청구를 하였다. 그러나 을 보험자는 직업변경통지의무를 위반하였다는 이유로 해당 보험금지급을 거절하고 있다. 타당한가?

▌ 논 점

1. 개 념

상해보험이라 함은 피보험자가 우연한 외래의 사고로 말미암아 신체에 상해를 입은 경우에 피보험자 또는 그 상속인에게 일정한 보험금액 기타의 급여를 하는 보험이다. 상해보험은 상해의 치료를 위한 비용이나 상해로 인한 사망 또는 폐질의 경우에 일정한 보험금액을 지급하기로 하는 인 보험에 해당한다. 상법 제737조는 상해보험을 명문으로 정의하고 있다.

2. 성 질

상해보험은 급격하면서도 우연적이며 또한 외래적인 사고에 의한 신체손상을 보험사고로 한다. 보험사고의 발생 자체와 시기 등이 불확정하다는 특징을 가지고 있는 것이 상해보험이다. 상해보험은 상해를 보험사고로 하는 점에서 질병, 부상 또는 분만 등에 대하여 보험급여를 하게 되는 의료보험과 차이가 있다. 상법은 상해보험에 관하여는 제732조를 제외하고 생명보험에 관한 규정을 준용하고 있다(상법 제739조). 상해보험의 정액보험성을 의미한 것이다. 그러나 상해보험은 피보험자의 상해의 결과에 따라 차등의 보험금을 지급하게 된다는 점에서 손해보험과 같은 부정액보험성 역시 가지고 있다.

3. 상 해

상해에 대한 개념은 질병·상해보험 표준약관 제15조에서 그 의미를 이해할 수 있다. 상해라 함은 보험기간 중에 발생한 급격하고도 우연한 외래의 사고로 신체에 입은 상해를 의미한다. '급격성'은 피보험자가 예견하지 아니하였거나 예견할 수 없는 순간에 사고가 생긴 것을 말한다. '우연성'은 피보험자의 고의로 인한 것이 아니고 뜻하지 않게 상해를 입은 것을 요건으로 하는 것이다. '외래성'은 상해의 원인 또는 매개를 의미하는 것이므로 그 상해의 원인이 외래적이어야 한다. '신체의 손상'은 질병이나 자연발생적인 것 및 정신적 충동에 기인한 것이 아님을 의미한다. 피보험자 신체의 상해는 우연한 외래의 사고와 상당인과관계가 있어야 한다.

▌▌ 해결방안

상해보험은 직업이나 직무의 성격에 따라 사고발생 위험성이 달라지므로 직업·직무별로 구분하여 보험료 및 보험요율을 산출하고 있다. 위험한 직업이나 직무로 변경하였다면 사고발생 위험도 증가하게 되고, 보험계약자가 납입해야 할 보험료도 높아지게 된다. 반대로 위험성이 낮은 직업이나 직무로 변경하는 경우라면, 납입할 보험료가 낮아지게 된다. 상법 제652조 제1항은 보험기간 중 보험사고발생 위험이 현저하게 변경 또는 증가된 때에는 보험계약자 등이 그 사실을 보험회사에 통지할 의무를 부과하고 있다.

보험계약자나 피보험자는 보험자에게 위험변경증가의 통지의무를 부담하여야 한다(상법 제652조 제1항). 이를 위반한 경우에는 그 사실을 안 날로부터 보험자는 1월 내에 계약을 해지할 수 있다(상법 제652조 제2항). 다만, 보험계약자가 위험변경증가의 통지의무를 부담하지 않았다 하더라도, 보험사고가 변경된 직업이나 직무와 관련이 없는 사고인 경우에는 보험자는 보험금을 지급해야 한다. 본 사례의 경우 갑은 상대적으로 위험하지 않는 사무직에서 고도의 위험이 동반될 수 있는 생산직으로의 변경이 있었다. 보험계약자는 상법이 정하고 있는 위험변경통지의 의무를 이행하였어야만 한다. 이를 이행하지 않은 이상, 보험자는 보험계약을 해지하고 면책을 주장할 수 있다. 보험자 을의 보험금지급에 대한 거절은 타당하다.

Ⅲ 관련 판례

"외과적 수술, 그 밖의 의료처치로 인한 손해를 보상하지 아니한다. 그러나 회사가 부담하는 상해로 인한 경우에는 보상한다"고 정한 상해보험약관 면책조항이 있다. 동 면책조항의 취지를 우선 인식해야 하고, 외과적 수술 등의 과정에서 의료과실에 의해 상해의 발생이 위 면책조항을 적용할 수 있는가에 대한 물음이 제기되고 있다.

대법원은 "'외과적 수술, 그 밖의 의료처치로 인한 손해를 보상하지 아니한다. 그러나 회사가 부담하는 상해로 인한 경우에는 보상한다.'라는 상해보험약관 면책조항의 취지는 피보험자에 대하여 보험회사가 보상하지 아니하는 질병 등을 치료하기 위한 외과적 수술 기타 의료처치(이하 '외과적 수술 등'이라고 한다)가 행하여지는 경우, 피보험자는 일상생활에서 노출된 위험에 비하여 상해가 발생할 위험이 현저히 증가하므로 그러한 위험을 처음부터 보험보호의 대상으로부터 배제하고, 다만 보험회사가 보상하는 보험사고인 상해를 치료하기 위한 외과적 수술 등으로 인한 위험에 대해서만 보험보호를 부여하려는 데 있다. 위와 같은 면책조항의 취지에 비추어 볼 때, 특정 질병 등을 치료하기 위한 외과적 수술 등으로 인하여 증가된 위험이 현실화된 결과 상해가 발생한 경우에는 위 면책조항 본문이 적용되어 보험금 지급대상이 되지 아니하고, 외과적 수술 등의 과정에서 의료과실에 의하여 상해가 발생하였는지는 특별한 사정이 없는 한 위 면책조항의 적용 여부를 결정하는 데 고려할 요소가 되지 않는다. 이 경우 상해보험약관의 보험보호범위와 생명보험약관의 그것에 차이가 생길 수 있으나, 이는 위 면책조항의 존부에 따라 발생하는 차이일 뿐 생명보험약관에서의 재해와 상해보험약관에서의 보험사고인 상해를 달리 해석한 결과가 아니므로, 위와 같은 사정만으로 달

리 볼 것은 아니다"라고 판시하고 있다.[7]

갑 보험회사와 생명보험 겸 상해보험의 성격을 가진 보험계약을 체결할 당시 공무원이었던 을이 그 후 화물차 운전기사로 직업을 변경한 사실을 통지하지 않은 채 갑 회사와 영업용 화물자동차보험계약을 체결하여 화물차를 운전하다가 교통사고로 사망한 사안에서, 대법원은 "망인이 2001년 3월 생명보험 겸 상해보험의 성질을 가지는 이 사건 보험계약을 체결한 후 약 9년이 경과한 2010년 1월에 그 소유의 영업용 화물차량에 관하여 영업용화물자동차보험에 가입하였고 그 두 보험의 보험회사가 모두 피고라는 사실만으로 그 사이에 망인의 직업이 변경되었다는 사실을 피고도 알았거나 설사 몰랐다 하더라도 중대한 과실에 의한 것이라고 한 원심의 판단은 그대로 수긍하기 어렵다. 원심에 이르기까지 제출된 증거에 의하면, 이 사건 보험계약의 청약서에는 망인의 직업이 기술직 공무원으로 되어 있었는데, 그로부터 약 9년이 경과한 2010년 1월 27일 그 소유의 영업용 화물차량에 대한 자동차종합보험에 가입하였고 2011년 2월 21일 그 영업용 화물차를 운전하다가 사고로 사망한 사실을 알 수 있기는 하다. 그러나 망인이 그 소유의 영업용 화물차량에 관하여 자동차보험에 가입하였다고 하여 반드시 본인의 직업이 운전사로 변경되었다고 단정할 수는 없는 일이고, 위 두 개의 보험계약의 보험회사가 모두 피고라고 하여 망인이 이 사건 보험계약 체결 이후 공무원에서 퇴직하고 영업용 화물차 운전수로 직업을 변경하였다는 사실을 피고가 알았거나 용이하게 알 수 있었다고 단정할 수도 없다 할 것이다. 더구나 기록을 살펴보아도 이 사건 보험계약서나 약관에는 보험가입자가 장래 가입하는 다른 보험에 관한 정보 등을 피고가 스스로 조회하여 이미 체결된 보험계약의 유지나 변경 여부를 심사할 의무가 있다거나 적어도 그럴 것이라는 점을 예상할 수 있다고 볼 만한 내용은 찾아볼 수 없다. 또한 피고와 같은 보험회사에서 이 사건 보험과 같은 생명보험 등 업무를 처리하는 부서와 자동차보험 업무를 처리하는 부서가 서로 연계되어 있어 피보험자의 직업 등 개인신상에 관한 정보를 각 부서가 당연히 공유하게 된다거나, 생명보험 등에 먼저 가입한 피보험자가 이후 자동차보험에 가입하면서 제공한 정보를 기존 생명보험 등의 보험요율 변경 등을 위한 자료로 활용할 수 있고 그렇게 하는 것이 당연히 기대된다고 볼 만한 사정도 확인되지 않는다"고 판시하였다.[8]

---

7) 대법원 2013. 6. 28. 선고 2012다107051 판결.
8) 대법원 2013. 6. 27. 선고 2013다13474 판결.

제 35 장

피보험자의 동의와 그 철회

갑 주식회사의 임직원으로 근무하고 있는 을과 그의 동료들은 그들이 재직하는 도중에 사고를 당할 경우 그들의 유족들을 위하여 병 보험자와 생명보험계약을 체결하였다. 계약체결 당시 을 등은 생명보험계약의 피보험자로서 동의를 하였다. 5년 후 을과 그의 동료들은 갑 주식회사를 퇴직하였고, 퇴직한 임직원들은 생명보험계약을 동의한 사항을 철회하고자 한다. 그러나 동 보험계약에는 피보험자의 동의를 철회할 수 있는 권리를 인정하는 보험약관의 규정이 존재하지 않고 있다. 또한 계약당사자의 특별한 합의를 한 것도 아니다. 을과 그 동료들의 동의에 대한 철회권 주장은 타당할까?

❚ 논 점

1. 개인보험 피보험자의 동의

1) 의 의

1991년 상법이 개정되기 이전에는 동의의 방식에 대하여 아무런 제재를 두지 않았다. 하지만 실무상 계약체결 시 계약신청서에 서명 또는 기명날인하여 동의하는 것이 의례적인 일이었다. 이것을 상법이 받아들여 현재 상법 제731조에 의하여 서면동의를 요구하게 되었다. 동의는 개별 보험계약별로 행해져야 하며, 장래에 체결될 모든 사망보험에 대해 미리 동의하는 포괄적 동의는 인정될 수 없다. 타인의 생명보험에서 피보험자의 동의라 함은 해당 사망보험계약의 피보험자로 되는 것에 대해 찬성하는 의사표시이고, 그것의 법적 성질은 준법률행위이다. 실정법상 동의의 방식은 서면이므로 구두 또는 묵시적인 동의는 인정되지 않게 된다.

2) 시기와 방법

상법 제731조 제1항에 의하면, 타인의 사망보험의 경우에 그 타인의 동의는 '보험계약 체결 시'에 서면동의를 얻어야 한다. 이러한 실정법에 근거하여 대법원은 계약체결 시에 서면동의가 행해지지 않는 이상 타인의 생명보험계약은 무효라는 입장을 견지하고 있다. 피보험자가 동의를 하는 시기는 '계약체결 시'에 이행되어야 하고, 동의방식은 서면을 통하여 이루어져야 한다. 이와 같이 엄격한 시기와 방식을 요구하는 이유는 도박보험의 위험성, 피보험자 살해의 위험성 및 공서양속의 침해위험성을 배제하고자 함이다.

2. 단체보험 피보험자의 동의

단체보험계약은 '타인을 위한 생명보험계약'의 일종으로서 유상·쌍무·낙성계약의 성질을 갖고 있다. 상법은 제731조는 타인의 사망을 보험사고로 하는 보험에서 보험계약자 또는 보험수익자 기타 이해관계인 등이 보험금을 노리고 고의적인 살인 등의 보험사고를 내거나 사망보험을 사행적으로 이용하는 것을 방지하고자 하는 목적을 가지고 있다. 하지만 단체보험과 관련하여 우리 상법 제735조의3은 단체가 규약에 따라 구성원의 전부 또는 일부를 피보험자로 하는 생명보험계약을 체결하는 경우에는 상법 제731조를 적용하지 아니한다고 하여 피보험자의 동의를 요구하고 있지 않다. 단체보험은 일정한 규약에 따라 단체의 구성원을 위하여 체결되므로 도박이나 투기의 위험이 적기 때문에 개별적인 피보험자의 동의를 요구하지 않는 것이다. 단체보험의 유효요건으로서 요구하는 '규약'의 의미는 단체협약, 취업규칙, 정관 등 그 형식을 막론하고 단체보험의 가입에 관한 단체내부의 협정에 해당하는 것으로서, 반드시 당해 보험가입과 관련한 상세한 사항까지 규정하고 있을 필요는 없지만 대표자가 구성원을 위하여 일괄하여 계약을 체결할 수 있다는 취지는 담겨 있어야 한다.

Ⅱ 해결방안

동 사례는 갑 주식회사가 임직원으로 재직하던 을 등이 재직 중 보험사고를 당할 경우 유가족에게 지급할 위로금 등을 마련하기 위하여 을 등을 피보험자로 한 보험계약을 체결하고

을 등이 보험계약 체결에 동의하였다. 그러나 을 등이 갑 회사에서 퇴직함으로써 보험계약의 전제가 되는 사정에 중대한 변경이 생겨 을 등은 보험계약에 대한 동의를 철회하고자 하는 것이다.

대법원이 판시하는 바와 같이 "상법 제731조, 제734조 제2항의 취지에 비추어 보면, 보험계약자가 피보험자의 서면동의를 얻어 타인의 사망을 보험사고로 하는 보험계약을 체결함으로써 보험계약의 효력이 생긴 경우, 피보험자의 동의 철회에 관하여 보험약관에 아무런 규정이 없고 계약당사자 사이에 별도의 합의가 없었다고 하더라도, 피보험자가 서면동의를 할 때 기초로 한 사정에 중대한 변경이 있는 경우에는 보험계약자 또는 보험수익자의 동의나 승낙 여부에 관계없이 피보험자는 그 동의를 철회할 수 있다. 그리고 피보험자가 서면동의를 할 때 기초로 한 사정에 중대한 변경이 있는지는 보험계약자 또는 피보험자가 보험계약을 체결하거나 서면동의를 하게 된 동기나 경위, 보험계약이나 서면동의를 통하여 달성하려는 목적, 보험계약 체결을 전후로 한 보험계약자 또는 보험수익자와 피보험자 사이의 관계, 보험계약자 또는 보험수익자가 고의로 피보험자를 해치려고 하는 등으로 피보험자의 보험계약자 또는 보험수익자에 대한 신뢰가 깨졌는지 등의 제반 사정을 종합하여 사회통념에 비추어 개별적·구체적으로 판단하여야 한다"[9]

Ⅲ 관련 판례

피보험자가 자신의 서면동의 없이 체결되어 확정적으로 무효가 된 보험계약을 추인하였다고 하여 그 보험계약이 유효로 되는지 여부와 관련하여, 대법원은 "상법 제731조 제1항에 의하면 타인의 생명보험에서 피보험자가 서면으로 동의의 의사표시를 하여야 하는 시점은 '보험계약 체결 시까지'이고, 이는 강행규정으로서 이를 위반한 보험계약은 무효이므로, 타인의 생명보험계약 성립 당시 피보험자의 서면동의가 없다면 그 보험계약은 확정적으로 무효가 되고, 피보험자가 이미 무효가 된 보험계약을 추인하였다고 하더라도 그 보험계약이 유효로 될 수 없다"고 판시하고 있다.[10]

---

9) 대법원 2013. 11. 14. 선고 2011다101520 판결.
10) 대법원 2010. 2. 11. 선고 2009다74007 판결.

'타인의 사망을 보험사고로 하는 보험계약의 체결에서 보험설계사가 보험계약자에게 피보험자의 서면동의 등의 요건에 관하여 설명의무를 부담하는지 여부 및 보험설계사가 그러한 설명의무를 이행하지 아니하여 보험계약이 무효로 된 경우, 보험자가 보험업법 제102조 제1항에 기한 손해배상책임을 부담하는지 여부'와 관련된 사건이 있다.[11] 대법원은 "타인의 사망을 보험사고로 하는 보험계약의 체결에 있어서 보험설계사는 보험계약자에게 피보험자의 서면동의 등의 요건에 관하여 구체적이고 상세하게 설명하여 보험계약자로 하여금 그 요건을 구비할 수 있는 기회를 주어 유효한 보험계약이 성립하도록 조치할 주의의무가 있고, 보험모집인이 위와 같은 설명을 하지 아니하는 바람에 위 요건의 흠결로 보험계약이 무효가 되고 그 결과 보험사고의 발생에도 불구하고 보험계약자가 보험금을 지급받지 못하게 되었다면 보험자는 '보험업법' 제102조 제1항에 기하여 보험계약자에게 그 보험금 상당액의 손해를 배상할 의무를 지게 될 것이지만, 위 서면동의요건 흠결로 인한 보험계약의 무효와 관련하여 보험모집인에게 설명의무 등 주의의무 위반의 귀책사유가 인정되지 아니하거나 그 위반사실과 보험계약의 무효로 인한 손해발생과의 사이에 인과관계가 존재하지 아니하는 경우에는 보험자에게 손해배상책임을 물을 수 없을 것"이라고 판시하고 있다.[12]

---

11) 대법원 2008. 8. 21. 선고 2007다76696 판결.
12) 대법원 2002. 4. 26. 선고 2000다11065, 11072 판결; 대법원 2004. 5. 14. 선고 2003다49580 판결; 대법원 2006. 4. 27. 선고 2003다60259 판결 등 참조.

제6부
어음·수표법 영역

제 36 장

약속어음요건으로서 지급지

을은 갑과 매매계약을 체결하고, 매매대금을 지급하기 위하여 갑에게 약속어음을 발행하였다. 어음을 발행하면서 발행인 을은 약속어음 요건에 해당하는 사항을 모두 기재하였다. 다만, 지급지를 '이어도'라고 하는 지명을 기재해도 되는지에 대하여 깊이 고민하지 않고, 어음금만 지급하면 되는 것이라 믿고서 지급지를 '이어도'라고 기재하였다. 이 약속어음은 유효한 어음인가?

I 논 점

1. 약속어음

1) 의 의

어음을 작성하는 발행인이 어음의 수취인에게 일정한 기일에 증권상 기재된 금액을 지급할 것을 약속하는 지급약속증권이 바로 약속어음이다. 약속어음에서 발행인은 주채무자에 해당하고, 수취인은 어음상 권리자에 해당한다. 지급인이 존재하지 않는 약속어음은 어음의 발행인과 수취인으로 이루어진 2면 관계를 가지고 있다.

약속어음

서울특별시 동작구 사당동 ○○○번지
갑 귀하

금액: 일천만 원

위 금액을 귀하 또는 지시인에게 이 약속어음과 상환하여 지급하겠습니다.

지급기일	2015년 12월 31일	**발행일**	2015년 9월 30일
지 급 지	서울특별시 강남구	**발행지**	서초구 반포동
지급장소	○○은행 강남지점	**발행인**	을 (인)

2) 요 건

약속어음의 경우 다음과 같은 형식요건을 요구한다(어음법 제75조). 첫째, 어음을 표시하는 문자(어음문구). 둘째, 일정한 금액을 지급할 뜻의 무조건의 약속. 셋째, 만기의 표시. 넷째, 지급지. 다섯째, 수취인. 여섯째, 발행일 및 발행지. 일곱째, 발행인의 기명날인 또는 서명 등이 갖추어 있어야 한다.

2. 지급지와 지급장소

지급지와 지급장소는 다르다. 지급장소는 지급지에 있으면서 지급이 행하여질 특정한 장소를 의미한다(어음법 제4조, 제27조 제2항). 지급지는 광역시와 같은 비교적 넓은 지역으로서 '서울특별시'는 지급지로서 어음에 기재할 만하다. 지급장소는 지급지에서 보다 더 구체화된 장소이다. '서울특별시 중구 소공동 1번지 1호' 또는 '국민은행 명동지점'이 해당될 수 있다. 지급지는 어음요건에 해당하지만, 실제로 어음을 거래함에 있어서 지급장소가 기재되고 있다. 지급장소는 어음요건에 해당하지 않는다. 지급지와 지급장소가 서로 차이가 있는 경우라도, 어음의 효력에는 영향을 미치지 않는다. 다만, 지급장소만 무효가 될 뿐이다.

Ⅱ 해결방안

어음상 지급지는 단일성과 실제성이 갖추어져 있어야 한다. 지급지의 단일성은 지급지가 중첩적으로 기재되어 있다든가, 또는 선택적으로 기재되어서는 안 된다는 것을 의미한다. 지급지를 복수로 기재하게 되면, 어느 지역에 지급을 청구해야 하는가에 대하여 소지인과 지급인 사이에 다툼이 발생할 수 있다. 실제성이라 함은 지급지가 실제로 존재하는 지역이어야 함을 의미한다. 그러므로 '이어도'와 같이 실제로 존재하지 않는 지역이나, 존재한다고 할지라도 지급 가능성이 없는 지역은 지급지로서 효력이 없다.

Ⅲ 관련 판례

지급지와 관련된 판례는 많지 않다. 약속어음의 지급지가 '서울'이라고만 기재된 경우(환어음의 지급지도 마찬가지이다)에 지급지로서 타당한가에 대한 의문이 제기될 수 있다. 대법원은 "지급지를 기재함에 있어 원칙적으로 독립된 최소 행정구역을 기재하여야 하나, 서울특별시의 경우는 '서울'이라고만 기재하면 되고, 반드시 그 구까지를 표시하여야 하는 것이 아니다"라고 판시하고 있다.[1)]

어음면상 지급장소의 기재로써 지급지의 기재를 보충할 수 있는가에 대하여,[2)] 대법원은 "이 사건 약속어음에는 지급장소로서 '중소기업은행 능곡지점'이라고 표시되어 있음을 알 수 있는 바, 위 지급장소의 기재 중에는 '능곡'이라는 지역 이름이 포함되어 있고, 위 기재로부터 능곡 혹은 능곡이 소재하고 있는 경기 고양시가 지급지에 해당하는 것을 쉽게 알 수 있다고 할 것이므로, 이러한 경우에 약속어음상의 지급지란 자체는 백지라고 할지라도 위 지급장소의 기재에 의하여 지급지가 보충되었다고 봄이 상당하다"라고 하면서, "어음면상 지급지에 관한 특별한 표시가 없다 할지라도 거기에 지급장소의 기재가 있고 그것이 지의 표시를 포함하고 있어 그로부터 지급지에 해당하는 일정지역이 추지될 수 있는 경우에는 지급지의 기재가 이에 의하여 보충되는 것으로 볼 수 있다"고 판시하고 있다.

---

1) 대법원 1981. 12. 8. 선고 80다863 판결.
2) 대법원 2001. 11. 30. 선고 2000다7387 판결.

또 다른 판례에서 대법원은 지급지란에 '삼진기계'와 같이 무명의 사업체의 상호가 표시되어 있는 경우, 대법원은 "약속어음의 발행지 및 지급지란에 '삼진기계'라는 업체의 상호표시만 기재되어 있다면 어음법상 요구되는 발행지와 지급지의 장소적 개념이 표현된 것이라고 할 수 없으므로 어음의 필요적 기재요건을 갖추었다고 보기 어렵다"고 하면서 이 경우 지급지의 장소적 개념이 표현된 것으로 볼 수 없다고 한다.[3] 그러나 삼진기계는 "피고가 서울 마포구 용강동에서 경영하는 업체의 명칭임이 명백하므로 위와 같은 정도의 보완기재는 소지인에게 부여된 보충권한의 범위 내에 속한다고 보아야 할 것이라고 하면서, 위 상호표시에 위 업체가 소재한 지명을 보완 기재하여 유효한 어음으로 완성하는 정도의 보충권한은 소지인에게 부여되어 있다고 보는 것이 타당하다"고 판시하고 있다.

---

3) 대법원 1991. 7. 23. 선고 91다8975 판결.

제 37 장
어음요건으로서 지급인

갑과 을은 선풍기 50대를 매입하기로 하는 매매계약을 체결하였다. 매도인 갑은 매매대금을 위하여 발행된 하나의 어음을 받았다. 매수인 을이 발행한 이 어음은 지급인이 병으로 되어 있었다. 지급기일이 되자 어음을 소지하고 있는 갑은 지급인 병에게 어음금지급청구를 하고자 하였다. 그런데 지급인 병은 실제로 존재하지 않는 가공의 인물이었다. 이 어음은 유효한 어음인가? 만약 지급인이 지급을 하지 못하는 상황이라면, 어음소지인 갑이 매매대금을 받을 수 있는 방법은 없을까?

▌ 논 점

1. 환어음

1) 의 의

어음을 작성하는 발행인이 지급인에 대하여 증권상 기재된 금액을 일정한 기일에 증권상 권리자인 수취인에게 지급해 줄 것을 위탁하는 지급위탁증권이 환어음이다. 지급을 위탁하고 있기 때문에, 환어음의 경우 발행인이 직접 금액을 지급하지 않고 제3자에게 그 지급을 의뢰하는 형식을 띤다. 환어음에는 기본적으로 발행인, 수취인 및 지급인이라고 하는 3면 관계가 요구된다.

<table>
<tr><td colspan="2" align="center">환어음</td></tr>
<tr><td colspan="2" align="center">서울특별시 동작구 사당동 ○○○번지
병 귀하</td></tr>
<tr><td colspan="2">금액: 일천만 원</td></tr>
<tr><td colspan="2">위 금액을 이 환어음과 상환하여 갑 또는 그 지시인에게 지급하여 주십시오.</td></tr>
<tr><td>지급기일 2015년 12월 31일
지 급 지 서울특별시 강남구
지급장소 ○○은행 강남지점</td><td>발행일 2015년 9월 30일
발행지 서초구 반포동
발행인 을 (인)</td></tr>
</table>

2) 요 건

어음은 당연히 서면형식을 요한다. 환어음의 경우 다음과 같은 형식요건이 요구된다(어음법 제1조). 첫째, 어음임을 표시하는 문자(어음문구). 둘째, 일정한 금액을 지급할 뜻의 무조건의 위탁. 셋째, 지급인의 명칭. 넷째, 수취인. 다섯째, 발행인의 기명날인 또는 서명. 여섯째, 발행일. 일곱째, 만기의 표시. 여덟째, 발행지. 아홉째, 지급지 등이 기재되어야 한다.

2. 어음흠결의 구제

어음법에서 요구하는 기재사항이 모두 기재된 어음을 기본어음이라고 한다. 원칙적으로 기본어음에 해당하는 어음요건이 모두 기재되어 있어야 하지만, 이 중에서 일정사항은 기재하지 않아도 증권이 무효로 되지 않는 경우가 있다. 지급지, 발행지 및 만기에 대한 사항이 그것이다. 지급지나 발행지의 기재가 없는 때에는 지급인에 부기된 장소를 지급지, 발행인에 부기된 장소를 발행지로 본다(어음법 제2조 제3항, 제4항). 어음법은 만기의 기재가 없으면 그 어음은 일람출급어음으로 본다(어음법 제2조 제2항).

⏸ 해결방안

어음의 취득자는 지급인이 기재되어 있는지를 우선적으로 확인해야 한다. 지급인이 가공의 인물일지라도 그것이 기재되어 있다고 한다면, 어음의 유효성에는 아무런 영향을 미치지 않는다. 그러나 지급인이 기재되어 있지 않다고 한다면, 그 어음은 어음요건에 합당하지 않기 때문에, 유효인 어음으로 인정받을 수 없다. 동 사례에서는 지급인이 기재되어 있기 때문에 유효한 어음인 것은 사실이다. 문제는 지급인이 기재되어 있기는 하지만 실제로 존재하는 인물이 아니라 가공의 인물이라는 점이다. 이러한 경우라 할지라도 동 어음이 가치가 없는 것은 아니다. 어음소지인은 어음발행인이나 배서인에게 어음에 의한 책임을 물을 수 있다. 동 사례의 경우 지급인 병으로부터 어음금을 지급받지 못한다고 하더라도, 어음을 소지하고 있는 갑은 을에게 어음금청구를 할 수 있다.

⏸ 관련 판례

지급인이 환어음에 인수문언의 기재 및 기명날인 등을 하지 아니한 채 소지인 등에게 인수의 통지를 한 경우, 어음법 제29조 제2항에 따른 책임을 지는지 여부에 대한 사건이 있었다.[4] 약속어음은 발행할 때부터 발행인이 주채무자가 된다. 반면, 환어음은 지급인이 인수를 함으로써 주채무자로 확정되고 만기에 환어음을 지급할 의무를 부담하게 된다(어음법 제28조 제1항). 동 사건에서 대법원은 "어음법 제29조 제2항은 환어음에 인수를 기재한 지급인이 그 어음을 반환하기 전에 인수의 기재를 말소하였음에도 소지인 등에게 서면으로 인수의 통지를 한 때에는 어음에 기재된 말소 전의 인수문언에 따라 책임을 진다는 취지를 규정한 것으로 해석함이 상당하므로, 만일 지급인이 환어음에 인수문언의 기재 및 기명날인 등을 하지 아니한 채 소지인 등에게 인수의 통지를 한 경우에는 그 지급인에 대하여 어음법 제29조 제2항에 따른 어음상의 책임을 물을 수 없다"고 판시하였다.

---

4) 대법원 2008. 9. 11. 선고 2007다74683 판결.

제 38 장
어음행위의 무인성

갑과 을은 2014년 7월 1일 자동차에 대한 매매계약을 체결하였다. 매수인 갑은 자동차를 양도받고서 2014년 10월 31일을 만기로 하는 약속어음을 매도인인 을에게 발행하고자 한다. 현금을 지급받을 수 없는 을은 3개월짜리 약속어음을 교부받았다. 2014년 8월 30일 현금이 부족한 을은 동 약속어음을 병에게 양도하였다. 2014년 9월 1일 자동차에 하자가 있다는 점을 발견한 갑은 을과의 매매계약에 대하여, 하자담보책임으로 인한 계약해제권을 행사하였다. 2014년 10월 31일 만기가 되자, 어음을 소지하고 있는 병은 발행인이자 어음금채무자인 갑에게 어음금청구권을 행사하고자 한다. 갑은 어음금을 지급해야 하는가?

❚ 논 점

1. 유인성

일반적으로 어음행위는 매매계약 등과 같은 원인관계에 의하여 어음행위가 발생하게 된다. 만약 어음행위의 원인관계인 매매계약이나 도급계약 등이 무효 또는 취소되는 경우라면, 어음이나 수표는 당연히 효력을 잃는다고 보아야 할 것이다. 또한 원인관계에 의하여 지급해야 할 급부의 내용과 그 원인관계를 통하여 발생하는 어음이나 수표의 기재내용이 상이하다면, 원인관계에 따른 금액기재가 우선하는 것이 타당할 것이다. 어음이나 수표에 있어서 이러한 효과를 인정하게 된다면, 우리는 이것을 '어음이나 수표의 유인성'이라고 해야 할 것이다.

2. 무인성

　다른 유가증권도 마찬가지겠지만, 어음이나 수표라고 하는 유가증권은 채권자와 채무자 사이의 지급수단으로만 기능이 멈춰 있는 것이 아니라 유통성을 생명으로 한다. 그러므로 어음이나 수표에게 유인성을 인정하게 된다면, 원인관계의 무효나 취소로 인하여 어음행위까지 무효로 되는 경우를 초래하게 되어 유통성을 저해하는 요소로 등장할 수 있다. 어음법과 수표법은 이 점을 고려하여 어음의 원인관계에 의하여 영향을 받지 않도록 하고 있다. 이를 '어음행위의 무인성'이라 한다.

3. 무인성의 기능

　무인성은 어음관계가 원인관계로부터 영향을 받지 않는다. 원인행위가 무효가 되거나 취소 또는 소멸에 의하여 어음상의 권리가 그 영향을 받지 않는다. 영향을 받지 않는다고 하는 것은 원인관계가 무효가 된다고 할지라도 어음관계는 독립적인 효력을 발생한다는 의미이다. 이는 어음거래의 안전을 꾀하고 어음의 유통성을 강화시키는 데 기여를 한다. 어음행위의 무인성은 원인관계와 상관없이 어음행위가 유효하게 존재하게 되므로, 어음상의 권리자는 그 어음채권의 원인관계가 유효하다는 것을 주장하거나 입증할 필요가 없다. 오히려 어음채무자는 원인관계가 하자가 있다는 점을 주장하고 입증해야 하는 부담을 지게 된다. 어음행위에서 무인성을 인정한다고 하는 것은 당사자 간의 입증책임을 전환하는 기능을 하게 된다.

Ⅱ 해결방안

　매매목적물의 하자로 인한 계약해제권의 행사로 인하여, 갑과 을 사이에 체결된 계약은 소급해서 무효가 된다. 만약 어음행위가 발생되지 않았다고 한다면, 민법 제741조가 규정하고 있는 부당이득반환의 법리에 따라 양자는 원상회복의무가 발생하게 된다. 갑은 매매목적물인 자동차를 반환하면 되고, 을은 매매대금을 받았다고 한다면, 그 대금을 반환해야 할 것이다. 그러나 매매계약 체결 후 발행된 어음이 을로부터 병에게 양도되었다. 병은 을과 갑 사이의 매매계약이 해제된 것과 관계없이 어음소지인으로서 갑에게 어음금청구권을 행사할 수 있다. 이는 어음의 무인성 때문이다. 갑 역시 어음채무자로서 어음금채권자인 어음소지인 병에게 어음금을 지급해야 한다. 다만, 어음은 발행되어 효력이 발생하고 있고, 매매계약은 소급해서 무효가 되었다 할지라도, 어음의 무인성이 인정되기 때문에 갑은 병에게 어음금을 지급해야만 하고, 그에 따른 손해는 매도인 을에게 청구해야 할 것이다.

Ⅲ 관련 판례

'피고는 발행일 1984년 8월 21일 수취인 소외 박화옥, 발행지 및 지급지 각 서울특별시로 하고 만기를 백지로 한 액면금 5천만 원의 약속어음 한 장을 발행한 사실, 원고는 위 어음 뒷면의 제1 배서란에 소외 신영찬 명의의 배서가 되었다가 'x' 표로 말소되고, 그 아래 제2 배서란에 위 박화옥의, 제3 배서란에 위 신영찬의, 제4 배서란에 위 박화옥의, 제5 배서란에 원고의 각 배서가 각 피배서인란을 백지로 하여 차례로 이루어져 원고에 이르기까지 형식상 배서가 연속되어 있는 이 사건 어음의 최종소지인으로서 만기를 1985년 3월 12일로 보충하여 피고에게 지급 제시하였으나 지급 거절된 사실'이 있는 사안에서,[5] 대법원은 "채무자를 해할 것을 알지 못하고 어음을 취득한 자에 대하여는 그에게 중대한 과실이 있었는지 여부를 묻지 아니하고 어음채무자는 소지인의 전자에 대한 인적 항변을 가지고 대항할 수 없는 것이고, 한편 어음행위는 무인행위로서 어음수수의 원인관계로부터 분리하여 다루어져야 하고 어음은 원인관계와 상관없이 일정한 어음상의 권리를 표창하는 증권이라 할 것이므로,[6] 이 사건 어음이 피고 주장과 같이 소외 신영찬에게 광업소 근로자들에 대한 노임체불사실이 있을 때에만 권리를 행사하기로 한 약정하에 발행되었다 하더라도 이와 같은 사정은 어음의 원인관계에 기한 인적 항변사유에 불과하고 어음상의 권리는 일단 유효하게 성립되었다고 보아야 할 것이다"라고 판시하고 있다.

원인채무가 소멸된 약속어음으로써 한 어음금 청구가 바로 권리남용에 해당하는지 여부와 관련하여, 대법원은 "어음행위는 무인행위로서 어음수수의 원인관계로부터 분리하여 다루어져야 하고 어음은 원인관계와 상관없이 일정한 어음상의 권리를 표창하는 증권이라 할

---

5) 대법원 1989. 10. 24. 선고 89다카1398 판결.
6) 대법원 1984. 1. 24. 선고 82다카1405 판결 참조.

것인바, 원인채무가 이미 변제된 약속어음을 소지함을 기화로 그 발행인을 상대로 어음금 청구를 하였다 하더라도 어음행위의 무인성의 법리에 비추어 그 소지인의 어음금 청구가 바로 신의성실의 원칙에 어긋나는 것으로서 권리의 남용에 해당한다고 볼 수는 없다"고 판시하고 있다.[7]

---

7) 대법원 1997. 7. 25. 선고 96다52649 판결.

제 39 장

융통어음 소지인의 권리

을은 반포에서 식당을 운영하고 있다. 식당을 운영하면서 갑으로부터 여러 가지 식자재를 보급 받았다. 현금으로 지급하지 못하는 을은 갑에게 약속어음을 발행하고자 하였다. 갑은 을이 발행하는 약속어음은 받을 수 없다고 하면서, 갑은 을의 친척인 병이 발행한 어음을 요구한다. 갑은 삼촌인 병에게 이러한 이야기를 설명하고 융통자로서 융통어음을 발행해 줄 것을 요청하였다. 조카의 어려움을 보고 가만히 있을 수 없다는 생각에 병은 약속어음을 발행하여 조카 을에게 교부하였다. 교부받은 약속어음은 갑에게 재교부되었다. 만기가 되자 어음을 소지하고 있던 갑은 을에게 어음 지급청구를 하고자 하였으나 행방불명이라 여의치 않았다. 결국 어음 소지인 갑은 발행인 병에게 어음금지급을 청구한다. 병은 어음금을 지급해야만 할까?

▌ 논 점

1. 융통어음의 의의

상거래가 원인이 되어 발행되는 상업어음은 기업이 물품이나 용역을 구매하고 그 대금을 지급하는 수단으로 그 기능을 하게 된다. 어음 가운데 가장 진정한 동기에서 발행한다고 하는 의미에서 진성어음이라고도 한다. 반면, 융통어음은 일반적으로 두 가지 형식의 자금융통 기능을 가지고 있다. 어음발행의 원인에 현실적인 상거래가 없이 오직 자금융통의 목적을 위하여 발행하는 방법과 기업이 약속어음을 발행하여 사채업자나 금융기관에 할인의 방법으로 어음을 매각하여 자금을 조달하는 방법이 그것이다.

2. 융통어음 방식

1) 개인적 자금융통

을은 갑으로부터 목적물을 매입하였다. 현금을 지급하지 못하는 채무자 을은 그의 작은 아버지 병에게 부탁하여 어음발행을 요청하였다. 다급한 조카를 위하여 작은 아버지 병은 어음을 발행하였고, 그 어음을 받은 을은 채권자 갑에게 교부하여 주었다. 전형적인 융통어음의 모습이다. 만기가 되기 전 갑은 사업을 잘 운영하여 수익을 내서 채권자 갑에게 채무금액을 지급하고, 교부하였던 융통어음을 상환하게 된다. 상거래 없이 갑의 자금융통을 위하여 작은 아버지에 의하여 발행된 이 어음은 일시적인 자금사정에 중요한 역할을 하게 된다.

2) 기업의 자금융통

상거래를 수반하지 않으면서 자금을 융통하기 위한 목적으로 기업이 발행하는 어음이 융통어음이다. 특히 기업에서 융통어음은 자금사정이 어려운 경우에 발행하게 된다. 다만, 이 경우 이음발행이 남빌되기 쉽고 발행된 어음이 부노날 가능성이 높다. 금융기관의 단기금융 시장을 통한 어음할인은 대부분 융통어음을 매개로 하여 이루어지고 있다.

■ 해결방안

융통어음을 발행한 자 병은 피융통자 을에 대하여 어음상의 책임을 부담하지 않는 것은 명백하다. 그러나 이 융통어음이 피융통자인 을에게 머물러 있는 것이 아니라, 피융통자의 이해관계인인 채권자 갑에게 교부되었다. 채권자 갑은 동 어음을 교부 받은 후 채무자가 원하는 물건을 양도했을 것이고, 만약 자력이 있는 병의 의하여 발행된 어음이 없었다고 한다면, 그는 식자재를 공급하지 않았을 것이다. 발행인 병은 어음을 양수하는 제3자에 대하여 어음상의 채무를 부담하겠다는 의사로써 어음을 발행한 것으로 보아 어음금지급채무를 부담해야 한다.

Ⅲ 관련 판례

대법원은 "융통어음이라 함은 타인으로 하여금 어음에 의하여 제3자로부터 금융을 얻게 할 목적으로 수수되는 어음을 말하는 것이고, 이러한 융통어음에 관한 항변은 그 어음을 양수한 제3자에 대하여는 선의·악의를 불문하고 대항할 수 없는 것이므로 어떠한 어음이 위에서 말하는 융통어음에 해당하는지 여부는 당사자의 주장만에 의할 것은 아니고 구체적 사실관계에 따라 판단하여야 하는데, 어음의 발행인이 할인을 의뢰하면서 어음을 교부한 경우, 이는 원인관계 없이 교부된 어음에 불과할 뿐이고, 악의의 항변에 의한 대항을 인정하지 아니하는 이른바 융통어음이라고 할 수는 없다"고 판시하고 있다[8].

'융통어음의 발행자가 스스로 융통어음의 어음금을 지급한 경우, 피융통자의 보증인의 지위에서 피융통자의 채무를 대신 변제한 것으로 볼 수 있는지 여부'와 '융통어음의 발행에 있어서 융통자와 피융통자 사이의 법률관계'에 대하여 대법원이 판단하였다[9]. 첫 번째 사안에서 대법원은 "융통어음을 발행한 융통자는 피융통자 이외의 제3자에 대한 관계에서 어음금 채무를 부담하는 데 그치고 융통어음의 발행으로 인하여 피융통자의 보증인이 되는 것은 아니므로, 융통자가 스스로 융통어음의 어음금을 지급하였다 하더라도 이는 어디까지나 융통어음의 발행인으로서 자신의 어음금채무를 이행한 것에 불과하고, 피융통자의 보증인의 지위에서 피융통자의 채무를 대신 변제한 것으로는 볼 수 없다"고 하면서, "소외 망 최현각이 판시 각 약속어음의 발행으로 인하여 그 소지인인 소외 박명주에 대하여 그 어음금 상당의 보증채무를 부담하게 되었음을 전제로, 위 망인의 상속인들인 원고들이 위 각 어음의 피융통자인 피고에 대하여 수탁보증인의 구상권에 기하여 자신들의 출재로 인한 면책액에 상당한 금원의 지급을 구할 수는 없다"는 취지로 판시하였다. 두 번째 사안에서 대법원은 "융통어음은 융통자와 피융통자 사이의 내부관계에 있어서는 피융통자가 어음금의 결제를 책임지는 것을 당연한 전제로 하여 수수되는 것이므로, 융통어음의 수수 당시 당사자 사이에서는 어음의 만기가 도래하기 이전에 피융통자가 어음을 회수하여 융통자에게 반환하거나, 융통어음의 결제자금으로 그 액면금에 상당한 금액을 융통자에게 지급하기로 하는 약정이 있었던 것으로 봄이 상당하다"고 판시하고 있다.

---

8) 대법원 1996. 5. 14. 선고 96다3449 판결.
9) 대법원 1999. 10. 22. 선고 98다51398 판결.

제 40 장
어음의 변조에 대한 책임문제

갑은 을에게 물품을 팔았다. 을로부터 약속어음 1,000만 원짜리를 받았다. 그러나 갑은 상환해야 할 1억 원의 채무가 있다. 그는 10,000,000원짜리 약속어음을, 100,000,000원짜리 어음으로 변경을 가하여 병에게 양도하였다. 갑으로부터 교부받은 어음이 만기가 되자 병은 을에게 어음금을 지급할 것을 요구하였다. 발행인인 을은 10,000,000원짜리 어음을 발행한 것은 맞지만, 100,000,000원짜리 어음에 대한 책임은 없다고 주장한다. 발행인이자 어음금채무자 을은 병에게 책임을 부담해야 하는가? 부담한다면 채무의 범위는 어느 정도인가?

I 논 점

1. 실정법상 변조

어음과 수표의 변조에 대해 어음법 제69조(어음법 제77조 제1항 제7호)와 수표법 제50조)에 "환어음의 문구가 변조된 경우에는 그 변조 후에 기명날인하거나 서명한 자는 변조된 문구에 따라 책임을 지고 변조 전에 기명날인하거나 서명한 자는 원래 문구에 따라 책임을 진다"고 규정되어 있다. 어음법과 수표법은 모두 변조 전에 기명날인 또는 서명한 자의 책임과 변조 후에 기명날인 또는 서명한 자의 책임을 구분하고 있다. 입법자는 진실을 존중하여 변조 전에 기명날인 또는 서명한 자를 보호해야 한다는 면과 외관을 존중하여 어음소지인을 보호하고자 하는 면의 조화를 꾀하고 있다.

2. 변조의 형식

어음과 수표의 변조는 권한 없는 자가 원칙적으로 완성된 어음에 대하여 그 내용을 변경하는 것이다. 기명날인 이외의 어음과 수표에 기재되어 있는 내용에 변경을 가하는 것이 바로 변조에 해당한다. 권한 없는 자가 어음상 기재내용을 변경하는 것이 변조이기 때문에, 권한 있는 자가 변경하는 것은 변조에 해당하지 않고 변경으로 본다. 이미 어음상의 다른 권리 또는 의무를 가진 자가 있는 경우에는 이러한 자의 동의를 받지 않고 기재내용을 변경하는 것은 변조가 된다. 반면, 어음의 위조는 아무런 권한을 가지고 있지 않은 자가 타인의 이름으로 어음행위를 하는 것이다. 타인의 명칭을 도용하여 그 타인이 어음행위를 한 것과 같은 외관을 야기하는 행위가 바로 어음위조인 것이다. 결국, 위조라고 하는 것은 명의상의 어음행위자의 의사가 존재하고 있지 않다는 것에 그 본질이 있다.

▌▌ 해결방안

어음법과 수표법은 변조에 대한 어음행위자의 책임을 규정하고 있다(어음법 제69조, 제77조 제1항 제7호, 수표법 제50조). 법문에 따르면, 어음이나 수표의 문구가 변조된 경우에는 변조 전에 기명날인 또는 서명한 자는 원칙적으로 원 문언에 따라 어음상의 책임을 부담한다. 피변조자 을은 변조 후의 문언에 대한 책임을 부담하지 않는 것이 원칙이기 때문에, 그 자신은 1,000만 원의 책임을 부담한다.

변조 전의 기명날인자 을이 어음면의 기재변경에 때하여 사전에 동의하거나 사후에 추인한 경우라면, 예외적으로 변조 후의 문언에 따라 1억 원의 어음상 책임을 부담한다. 또한 변조 전의 기명날인 또는 서명자에게 변조에 대하여 귀책사유가 있다면, 변조 전의 기명날인 또는 서명자는 변조 후의 문언에 따라 1억 원의 책임을 진다. 책임을 부담하게 되는 법적 근거로는 표현대리에 의한 책임, 민법 제756조의 사용자배상책임, 신의성실원칙에 따른 책임 및 법정 추인으로 인한 책임 등이 제시될 수 있다.

III 관련 판례

　대법원은 "약속어음의 문언에 변개가 있는 경우 변개 전에 기명날인 또는 서명한 자는 그 변개에 동의를 하지 아니한 이상 변개 후의 문언에 따른 책임을 지지는 아니한다고 하더라도, 변개 전의 원 문언에 따른 책임을 지게 된다"고 판시하고 있고,[10] '이 사건 약속어음의 최종 소지인인 원고가 배서인인 피고에 대하여 변개 전의 원 문언에 따른 소구의무자로서의 책임을 묻기 위하여서는 원고가 변개 전의 원 문언에 따른 적법한 지급제시를 하였음이 인정되어야 할 것인바, 변개 전의 원 문언에 따른 이 사건 약속어음의 지급기일이 1994년 2월 25일임은 원심이 적법하게 확정한 바이고, 기록에 의하면 원고는 이 사건 약속어음이 변개된 후인 같은 해 3월 9일에야 비로소 위 어음을 취득하였다고 주장하고 있을 뿐만 아니라, 원고가 변개 전의 원 문언에 따른 지급제시기간 내에 이 사건 약속어음을 지급제시 하였음을 인정할 만한 증거도 엿보이지 아니하므로(원고도 위 어음을 1994년 4월 7일에 지급제시 하였다고 주장하고 있다), 원고의 피고에 대한 소구권은 요건 흠결로 상실되어 원고는 피고에 대하여 변개 전의 원 문언에 따른 책임도 물을 수 없다'고 하면서 "약속어음의 최종소지인이 배서인에 대하여 변개 전의 원 문언에 따른 상환의무자로서의 책임을 묻기 위해서는 소지인이 변개 전의 원 문언에 따른 적법한 지급제시를 하였음이 인정되어야 할 것인바, 소지인이 약속어음이 변개된 후에야 비로소 그 어음을 취득하였고 변개 전의 원 문언에 따른 지급제시기간 내에 그 약속어음을 지급제시하지 않은 경우, 그 최종소지인의 배서인에 대한 상환청구권은 요건 흠결로 상실되어 배서인에 대하여 변개 전의 원 문언에 따른 책임도 물을 수 없다"고 판시하였다.

---

10) 대법원 1996. 2. 23. 선고 95다49936 판결.

제7부

심화학습

제 41 장
독일 실정법상 '인적 결합체'에 대한 고찰과 시사점

┃ 서 론

독일 실정법 '인적 결합체'를 어떻게 획정할 것인가의 문제가 제기된다. 자연인과 자연인 사이의 결합인 '인적 결합체'는 독일 다양한 실정법에서 볼 수 있다. 대표적인 것으로는 민법상 조합GbR, Gesellschaft bürgerliches Rechts, 합명회사oHG, Offene Handelsgesellschaft 및 합자회사 KG, Kommanditgesellschaft를 들 수 있다. 이들은 모두 합수조합Gesamthandgesellschaft에 속한다. 다만, 익명조합Stille Gesellschaft은 영업자와 출자자의 결합으로 발생한다는 점에서 '인적 결합체'이기는 하지만, 영업자만이 전면에 나서고 출자자는 겉으로 드러나지 않는다는 점에서, 인적 결합체로 바라보기 보다는 '상인'으로 등장하는 모습을 띠게 된다.[1]

'인적인 결합체'라는 점에서는 법인Juristische Person 역시 합수조합과 다르지 않다. 민법상 사단법인이 법인의 출발점이라고 할 수 있다. 민법상 법인을 기본형으로 하여, 상법의 영역에서 주식회사AG, Aktiengesellschaft는 소유와 경영을 분리하는 유한책임의 특징을 가지고 있다. 회사법상 주식회사의 변형물로서, 다소 인적인 요소를 가미하면서 법인의 요소를 상실하지 않고자 하는 또 다른 형태가 바로 유한회사GmbH, Gesellschaft mit beschränkte Haftung이다. 유한회사는 법인이면서 유한책임의 특징을 가지고 있다. 동시에 회사의 구성원이 업무집행자로 등장한다든지, 감독기관에 대한 강제성을 부여하지 않는 등 합수조합이 가지고 있는 두드러지는 특징 등을 포함하고 있다는 점에서, 동일한 법인인 주식회사와 차이가 있다.

독일에서 협동조합GenG, eingetragene Genossenschaft을 어떤 모습으로 운영하고 있는가를 살펴볼 필요가 있다. 독일 협동조합은 법인의 영역에 속한다. '등기된 협동조합'은 명칭에서 알 수 있듯이, 등기가 되어 있다는 점에서 '법인'임을 금방 알 수 있다. 협동조합이 설립된 경제 이익에 대한 동기가 달라서 농업협동조합, 영업협동조합, 주택건설협동조합, 그리고 소비자협동조합 등 다양한 협동조합을 만들어 발전시켰다.

본 논문은 독일 실정법상 인정되고 있는 '인적 결합체'에 대하여 살펴보고, 우리나라와 어떤 차이점이 있는가를 검토하고자 한다. 또한 독일법이 우리에게 주는 시사점을 제시하기로 한다.

---

1) 독일 대부분의 회사법 강의교재를 보면, 익명조합을 빼놓지 않고 설명하고 있다. 인적 결합체의 한 형태로서 설명의 필요성이 있다. 예를 들면 Hüffer, Gesellschaftsrecht, Verlag C.H.Beck, 2003, S. 252 ff.; Hueck/ Windbichler, Gesellschaftsrecht, 20. Aufl., Verlag C.H.Beck, 2003, S. 221 ff.

Ⅱ 출발점으로 법적인 존재인 자연인, 그리고 자연인의 결합

1. 권리주체로서 자연인

개별적인 인간은 자연인Natürliche Person으로서 권리능력을 가지고 있다(독일 민법 제1조). 독일 민법은 권리능력에 대하여 명문으로 규정하고 있기는 하지만, 그것을 정의하고 있지는 않다. 일반적으로 학자들은 권리능력에 대하여 권리와 의무의 주체가 될 수 있는 능력이라고 정의한다.[2] 권리능력의 소유는 권리와 의무의 소지자가 될 수 있음을 의미하고, 권리와 의무를 소지한 자는 권리주체로서 인정된다. 자연인들 사이에서 법률행위를 통하거나, 또는 법적인 규정을 통하여 상이한 내용의 법적인 관계가 발생할 수 있다.

2. 자연인의 결합체

자연인의 다수가 함께 모여 단체를 결성하고자 한다. 그들이 개인의 지위를 초월하여 공동의 목적을 달성하기 위하여 합의를 하는 경우가 있다.[3] 그 합의를 통하여 발생하는 그 단체가 법률거래에 하나의 단일한 권리주체로서 등장하게 된다면, 보다 더 합목적적이라 할 것이다. 특히 기관을 통한 단체로서 법률행위를 할 수 있다면, 그 단체의 행위는 자연인의 행위와 별 다름이 없게 될 것이다.

3. 인적 결합체의 권리능력

인적 단체가 권리주체로서 인정되고, 그 단체가 자연인의 권리능력과 동일하다고 하는 경우에, 어떠한 전제조건이 충족되어야 그 인적 단체가 자연인과 동일한 권리주체로서, 독자적인 권리와 의무의 주체로서 인정받을 수 있는가에 대한 물음이 제기된다. 민사법의 영역에서 흥미로움을 던져주는 이 문제는, 공동의 목적을 달성하기 위하여 단체의 법률적인 전제조건과 사적자치에 대한 활동여지Spielraum를 정하는 것과 관련이 있다.[4] 또한 이러한 사적자

---

2) Mummenhoff, Gründungssysteme und Rechtsfähigkeit, Carl Heymann Verlag KG 1979, S. 3.

3) 독일 민법 제703조는 그러한 면을 볼 수 있다. 민법 제703조에 따르면, 조합계약에 의하여 조합원은 상호 간에 공동의 목적을 달성하기 위하여 계약에 정하여진 기여를 할 의무, 특히 약정된 출자를 할 의무를 부담하게 된다. 민법상 조합을 규정한 내용으로 우리 민법 제703조에 상응한다.

4) Mummenhoff, Zur Alleinhaftung juristischer Person, in Festschrift für Kim Hyung Bae, 1995, S. 155 (156 f.).

치의 활동여지를, 일정한 목적에 얼마나 실용적으로 또 유익하게 사용하도록 구분 짓는 것과 관련이 있을 뿐 아니라, 법률거래에 참여하는 참가자들에게 주어진 거래안전의 보호와도 밀접한 관련이 있게 된다.

Ⅲ '인적 결합체'의 다양한 권리능력 취득

'인적 결합체' 혹은 '인적 단체'가 어떠한 방법으로 권리능력을 획득하는가에 대하여 독일 민사법은 크게 보면 세 가지 방식을 취하고 있다.[5] 인적 단체가 권리능력을 획득할 수 있는 방법을 살펴보도록 한다.

1. 공적인 등기나 국가 승인을 통한 방법-주식회사, 유한회사 등

일정한 인적 단체가 특별하게 갖추어야 할 전제조건을 충족한 경우에, 등기소의 등기나 국가의 허락을 통하여 권리능력을 획득하는 방법이 있다. 즉, 일정한 요건이 갖추어진 경우에, 창설적인 등기라는 행위를 통하여 권리와 의무의 소지자가 될 수 있다.

독일 민법 제21조 이하는 사단Vereine에 대한 내용을 규정하고 있다. 영리사업을 목적으로 하지 아니하는 사단은 관할 구법원의 사단등기부에 등기함으로써 권리능력을 취득하게 된다. 비영리사단에 대하여 등기를 통하여 권리능력이 획득하는 것을 알 수 있다. 영리사업을 목적으로 하는 사단의 경우, 연방 법률에 특별한 규정이 없다고 한다면 공적인 허가를 통하여 권리능력이 획득될 수 있다. 제21조가 비영리사단에 대한 사항이라고 한다면, 제22조는 주식회사AG[6]와 등기된 협동조합GenG[7]을 기본모델로 하고 있는 영리사단의 권리능력에 대

---

5) 특히 Soergel/Hadding, BGB, 2000, Vor § 21 Rdn. 3 ff.

6) 독일 주식법 제1조와 제41조를 참조. 주식법 제1조(주식회사의 본질) 주식법 (1) 주식회사는 고유한 법인격을 가지고 있는 회사이다. 회사채무에 대하여 회사채권자에게는 단지 회사재산만으로 책임을 부담한다. (2) 주식회사는 지분의 분할로 이루어진 자본금을 가지고 있다. 주식법 제41조(Handeln im Namen der Gesellschaft vor der Eintragung. Verbotene Aktienausgabe) AktG (1) 상업등기부에 등기하기 전 주식회사는 그 자체로서 발생하지 않는다. 회사의 등기 전에 그 자신 이름으로 행위한 자는 인적인 책임을 부담한다; 다수가 행위한 경우에는, 연대채무자로서 행위를 한다.

7) 독일 등기된 협동조합법 제1조 제1항, 제13조 및 제17조를 참조. 협동조합법 제1조(협동조합의 본질) (1) Gesellschaften von nicht geschlossener Mitgliederzahl, deren Zweck darauf gerichtet ist, den Erwerb oder die gemeinschaftlichen Geschäftsbetrieb zu fördern(Genossenschaften), erwerben die Rechte einer "eingetragenen Genossenschaft" nach Maßgabe dieses Gesetzes. 이하 생략. 협동조합법 제13조(등기 전 법적 상태) 해당 주소지 협동조합등기부에서 등기하

한 사항이다. 영리사단이나 비영리사단은 '단체적으로 조직화 된 인적 결합körperschaftlich organisierte Gemeinschaft'이라는 점에서 공통점을 가지고 있다. 비록 인적 단체가 종종 단체적으로 조직화 된 '인적 결합체'라고 판단하기 어려운 경우가 발생된다고 할지라도,[8] 유한회사 GmbH, Gesellschaft mit beschränkte Haftung 역시 영리사단의 한 형태에 속한다고 보아야 할 것이다.

비영리사단, 주식회사, 등기된 협동조합 및 유한회사 등의 영리사단들이 해당 등기소에 등기를 통하여 법률적으로 결합된 권리능력을 획득한 경우라 한다면, 이제 그 단체들은 이른바 '법인juristische Person'으로 표시된다. 권리능력이 인적 단체에게 국가에 의하여 수여된 경우, 즉 영리사단에 대하여도 동일한 사항이 적용된다.

2. 법률 규정에 의한 방법-합명회사와 합자회사

1) 법규에 의한 권리능력

하나의 인적 단체에 대하여 권리능력을 인정하고자 하는 가능성은 법률적인 규정을 통하여 명백하게 발생하게 된다. 특별히 정해진 구성요건의 전제조건이 충족되는 경우에, 그 충족을 통하여 인적 단체는 권리와 의무의 주체가 될 수 있다.

2) 합명회사와 합자회사

독일 실정법이 추후도 의심을 하지 않고 '인적 단체'에 권리능력을 인정하고 있는 영역이 있다. 독일 회사법상 인정되고 있는 합명회사oHG와 합자회사KG에서 그러한 면을 볼 수 있다. 합명회사가 무한책임사원만으로 구성된 회사형태를 띠고 있다고 한다면, 합자회사는 최소한 무한책임사원 한 명과 유한책임사원 한 명이 결합한 형태를 띤다. 양자는 인적인 구성에 있어서 폐쇄적인 성질을 가지고 있다는 점에서 유사한 측면이 있다.

기 전에는, 협동조합은 등기된 협동조합의 권리를 갖지 못한다. 협동조합법 제17조(법인, 형식상인) (1) 등기된 협동조합은 그 자체로서 독자적인 권리와 의무를 갖는다: 협동조합은 소유권과 부동산에 대한 다른 물적인 권리를 획득하고, 법정에 피소될 수도 있고 소를 제기할 수도 있다. (2) 협동조합은 상법상의 의미에서 상인으로서 효력을 갖는다.

8) 유한회사가 인적인 요소를 다분히 가지고 있다는 점과 자본회사이면서 소유와 경영에 대한 예외적인 면이 다수 인정되고 있다는 점에서 그러한 것을 알 수 있다. Hüffer, Gesellschaftsrecht, Verlag C.H.Beck, 2003, S. 303 f.

3) 구체적인 규정들

독일 상법 제105조 이하는 합명회사에 대한 내용을 규정하고 있다.[9] 인적인 결합체로서 합명회사와 합자회사는 조합계약이 선행되어야 한다. 조합계약에 기하여 조합원은 상호 간에 공동의 목적을 달성하기 위하여 계약에 정하여진 기여를 해야 할 의무를 부담하게 된다(독일 민법 제705조). 독일 상법은 공동의 이름을 가지고 상행위를 영위하고자 하는 목적을 가진 인적 단체가, 만약 그 단체 사원 누구도 단체의 채권자에 대하여 책임이 제한될 수 없는 경우라 한다면, 그 인적 단체는 합명회사임을 명시적으로 규정하고 있다(독일 상법 제105조 제1항). 합자회사 역시 합명회사와 크게 다르지 않다. 다만, 합자회사는 무한책임사원과 유한책임사원이 결합되어 있다는 점에서 차이가 있다.

합명회사와 합자회사가 권리능력을 가지고 있는가에 대하여 실정법은 어떠한 태도를 견지하고 있는지 살펴볼 필요가 있다. '인적 단체'인 합명회사, 합자회사가 상업등기부에 등기하기 전 영업행위를 개시하거나 제3자에 대한 관계에서 상업등기부에 등기를 함으로써 효력이 발생하게 되는 경우라면(독일 상법 제123조 제2항[10]; 제161조 제2항),[11] 동 회사의 이름 Name을 가지고 권리를 행사할 수 있고 또한 의무를 부담할 수 있다(독일 상법 제124조[12]; 제161조 제2항). 합명회사와 합자회사의 경우 법률을 통한 특별한 구성요건의 전제조건들이 충족되는 경우라 한다면, 이러한 '인적 단체'는 정해진 범위 내에서 권리와 의무를 행사하는 권리주체로 등장한다.[13] 만약 합명회사, 합자회사가 운영하는 영업행위가 독일 상법 제1조 제2항[14]에 해당하는 것이 아니라 독일 상법 제2조에 해당하는 경우에만 단지, 제3자와의 관

---

9) 상법 제105조(합명회사의 개념; 민법의 적용가능성) (1) 단체의 이름으로 상행위를 하는 것에 목적을 두고 있는 회사는 합명회사이고, 동 회사에서는 회사채권자에 대한 책이 어느 누구에게도 제한되지 않는다. (2) 이하 생략.

10) 상법 제123조(제3자에 대한 관계에서 효력) (1) 합명회사의 제3자에 대한 효력은 상업등기부에 등기를 하는 시점에 효력이 발생한다. (2) 등기 전에 이미 회사가 영업을 시작하는 경우라면, 상법 제2조 또는 제105조로부터 다른 사항이 존재하지 않는 한, 영업개시 시점과 함께 효력이 발생한다.

11) 상법 제161조(합자회사의 개념; 합명회사의 적용가능성) (1) 단체 이름으로 상행위를 하고자 하는 회사는, 만약 사원들 가운데 1인 또는 몇 명이 회사채권자에 대하여 책임이 출자한 재산의 대하여 책임을 지는 사원으로 제한되는 경우(유한책임사원)와 다른 사원이 책임의 제한을 갖지 못하는 경우(인적인 책임을 부담하는 사원)라면, 합자회사이다. (2) 이 자에 다른 사항이 규정되지 않고 있다면, 합자회사는 합명회사에서 효력을 발생하고 있는 규정들이 적용된다.

12) 상법 제124조(법률적인 독자성; 회사재산의 범위에서 강제집행) (1) 합명회사는 회사의 이름으로 권리를 획득하고 의무를 부담하고, 법원에 소유권과 부동산에 대한 물적인 권리를 제기할 수도 있고 제기당할 수도 있다. (2) 회사재산의 강제집행을 위해서는 회사에 대하여 집행가능한 채무명의가 요구된다.

13) Vgl. BGHZ 10, 91 (100); BGH NJW 1973, 2198 = WM 1973, 1291 = JZ 1975, 178.

14) 상법 제1조와 제2조는 '당연상인'과 '임의상인'에 대하여 규정하고 있었다. 그러나 1998년 독일은 상인에 대한 개념에 대한 상당부분 개정하게 되었다. 특히 '당연상인'의 개념을 삭제하고 '의제상인' 개념으로 통합하여 상인을 단순화하는

계에서 합명회사, 합자회사의 권리능력과 관련하여, 상업등기소에 등기하는 것이 창설적인 효력을 갖는다.

3. 판례를 통한 권리능력 인정-민법상 조합

1) 민법상 조합의 법형성

민법상 조합GbR 그 자체가 권리능력이 있는가에 대하여, 연방대법원은 시간이 지남에 따라 매우 전향적인 태도를 취하였다.[15] 1966년 연방대법원은 민법상 조합이 다른 인적회사의 구성원이 될 수 없다고 하면서 권리능력을 인정하지 않았다.[16] 또한 민법상 조합이 권리와 의무의 귀속주체가 될 수 없기 때문에 어음수표능력을 부정하였다.[17]

민법상 조합이 협동조합의 설립에 참여할 수 있는가에 대한 물음에서 1991년 연방대법원은 합수로써 민법상 조합 그 자체가 협동조합의 설립에 참가할 수 있다고 하면서, 처음으로 민법상 조합의 권리능력을 인정하였다.[18] 1992년 역시 주식회사에서 단체의 사원성 및 다른 민법상 조합에의 참여를 인정하였다.[19] 1997년에는 민법상 조합의 수표능력을 긍정[20]하였던 연방대법원은, 2001년 법률거래에 있어서 고유한 권리의무를 갖는 권리주체로서 권리능력을 인정할 뿐만 아니라, 그 자체에게 당사자능력을 명백하게 인정하는 결정을 내렸다.[21]

2) 학자들의 입장

민법상 조합이 권리능력을 가지고 있는 것인가에 대하여 학자들의 다툼이 있었다. 그것을 인정하지 않는 입장을 다수성이론Vielheitstheorie 또는 개별적인 합수이론이라고 한다. 다수성이론의 대표적인 학자는 Marburg 대학의 Volker Beuthien 교수이다.[22] 그에 따르면, 회

작업을 하였다. 자세히는 "제42장 상인의 개정방향"을 참조하기 바람.

15) 자세히는 유주선, "독일법상 민법상 조합의 권리능력", 기업법연구 제20권 제1호 (사)한국기업법학회, 2006), 384면 이하; 안성포, "민법상 조합의 권리능력과 당사자능력-2001년 1월 29일 독일연방법원의 변경된 판결을 중심으로-", 비교사법 제10권 제3호 (사)한국비교사법학회, 2003), p.285 이하.

16) BGHZ 46, 291 (296).

17) BGHZ 59, 179.

18) BGHZ 116, 86 (88).

19) BGH BB 1992, 1621.

20) BGH NJW 1997, 2754.

21) BGH NJW 2001, 1056.

사에 관련되는 권리와 의무의 귀속주체로서 개별적인 사원들을 배열하고 있다. 개별적인 합수이론에 따르면, 민법상 조합 그 자체는 권리능력이 존재하지 못하고, 단지 재산권의 소지자로서 전체 조합의 결합에서 조합원이 존재하게 된다. 그러므로 민법상 조합 그 자체의 권리능력을 인정할 수 없게 된다.

민법상 조합의 권리능력을 인정하는 입장은 단일성이론Einheitstheorie이라고 한다. 단일성이론은 민법상 조합에게 독자적인 권리능력을 인정하고자 한다. 대표적인 학자로는 역시 Marburg 대학교에 재직 중인 Johannes Wertenbruch 교수를 들 수 있다.[23] 그는 집단 Gruppe이라는 용어를 제시하며 합수조합에 권리능력을 부여하는 데 기초를 제공한 Werner Flume 교수의 이론을 발전시켜, 민법상 조합은 구성원들로부터 별도로 존재하는 것이 아니라 합수적으로 결합되어 있는 구성원들 그 자체로서, 구성원들의 인적결합체와 동일하다고 주장하였다.[24]

4. 소 결

독일 민법은 인적 단체의 경우 두 가지 방식(독일 민법 제21조와 제22조)하에 권리능력의 획득을 인정하고 있다. 인적 단체가 일정한 요건을 충족하게 되면, 실정법상 법인이 되며 법인은 자연스럽게 그 자체가 권리와 의무의 주체가 되는 권리주체로서 권리능력을 갖게 된다. 그러나 모든 인적 단체가 법인이 되는 것이 아니며, 독일 실정법은 법인과 다른 법적 형태인 합수조합을 인정하고 있다. 합수조합은 법인과 마찬가지로, 조합 그 자체로 권리능력이 상당부분 인정된다. 독일 상법상 인정되고 있는 합명회사와 합자회사는, 비록 그 자체가 법인은 아니지만 일정한 영역에서 권리주체로서 권리능력이 인정되고 있다. 합명회사와 합자회사에 실정법상 인정되었던 권리능력은 '민법상 조합'에까지 인정해야 한다는 지속적인 대법원 판결이 나타나고 있다.

---

22) Beuthien, Systemfragen des Handelsrechts, Festgabe Zivilrechtslehre 1934/1935, S. 55 f.; ders., Zur Begriffsverwirrung im deutschen Gesellschaftsrecht, JZ 2003, 715 (716 f.).

23) Wertenbruch, Die Parteifähigkeit der GbR-die Änderung für die Gerichts- und Vollstreckungspraxis, NJW 2002, 324 ff.; ders., Die Haftung von Gesellschaften und Geschäftsanteilen in der Zwangsvollstreckung, Calr Heymann Verlag, 2000, S. 211 ff.

24) Wertenbruch, Die Haftung von Gesellschaften und Geschäftsanteilen in der Zwangsvollstreckung, Calr Heymann Verlag, 2000, S. 211 ff.

법인과 합수조합 양자에게 권리능력을 인정하고 있기 때문에, 양자의 차이점은 무엇인가에 대한 물음이 제기될 수 있다.[25] 자연인은 포괄적인 권리능력을 가지고 있다. 법인 역시 법인이라고 하는 본질적인 성질이나 법률에 의한 제한 등을 제외하고는 포괄적인 권리능력을 가지고 있다. 합수조합 역시 권리능력을 가지고 있다. 다만, 법인이 포괄적인 권리능력을 가지고 있는 반면에 합수조합은 부분적으로만 권리능력을 인정한다는 점에서, 양자의 차이점을 발견할 수 있다. 또한 법인과 법인이 아닌 인적 단체라는 사실에서 차이점이 있다. 더 나아가 '권리능력 없는 사단nichtrechtsfähiger Verein'과 '설립중회사Vor-GmbH oder Vor AG'에 대한 권리능력 인정 여부가 발생할 수 있는데, 독일의 경우 '민법상 조합'에 대하여 권리능력을 인정한 이상 양자의 경우에도 부분적으로 권리능력이 인정되는 결과를 가져오게 된다.[26]

Ⅳ 인적 단체의 책임체계

1. 자연인의 책임

자연인의 책임과 관련하여 기업소지자 개념이 등장한다.[27] 하나의 기업은 각각의 기업소지자에게 귀속되고, 하나의 기업소지자는 필수적으로 기업에 귀속하게 된다.[28] 개별적인 자연인이 자신의 고유한 이름으로 영업을 하는 경우를 생각해 보자. 이 경우 그는 계약당사자에 해당한다. 기업소지자는 자연인에 해당하기 때문에, 개인으로부터 구별되는 특별한 책임 재산이 필요하지 않다. 자연인으로서 기업소지자는 기업의 모든 권리와 의무의 귀속주체이다. 개별적인 자연인이 다른 자연인과 계약을 체결하는 경우, 그의 채무에 대하여 그는 자신의 모든 재산을 가지고 책임을 부담하게 된다. 각각의 채권자는 그의 개인적인 재산에 대하여 강제집행을 하게 된다.

---

25) Peifer, Rechtsfähigkeit und Rechtssubjektivität der Gesamthand—die GbR als oHG, NZG 2001, S. 296 ff.

26) 안성포, "독일법에 있어서 설립중의 주식회사의 권리주체성", 「비교사법」 제7권, (사)한국비교사법학회, 1997), p.273 이하; 정성숙, "설립중의 회사와 발기인의 책임—독일에 있어서 판례와 다수설을 중심으로", 「상사법연구」 제23권 제2호, (사)한국상사법학회, 2004, p.333 이하.

27) 기업소지자에 대하여는 Rittner, Die werdende juristische Person, 1973, S. 282 ff.

28) K. Schmidt, Handelsrecht, Carl Heymann Verlag KG, 3. Aufl., 1987, § 4 Ⅳ, S. 74.

2. 합수조합의 책임체계

자연인이 채권자에 대하여 자신의 개인재산 전체를 가지고 책임을 부담하는 것과는 달리, '인적 단체'라는 측면에서 합명회사와 합자회사는 다른 책임구조를 갖게 된다. 이미 독일 상법에서 고찰한 바와 같이, 합명회사와 합자회사는 독일의 실정법상 법인은 아니지만 권리주체로서 권리능력을 가지고 있다. 독일 상법 제124조 제1항에 따라, 합명회사는 그 자체로서 계약당사자이기도 하지만, 또한 채무자의 지위를 가지고 있다. 그러나 권리주체로서 인정받는 합명회사는 그 자체로 책임을 부담하는 구조를 가지는 독립적인 존재로 인정받지는 못한다. 합명회사의 구성원은 합명회사의 채무에 대하여, 회사의 구성원이 인적인 책임을 부담할 뿐만 아니라 무한책임을 부담하는 구조를 띠고 있다.[29]

합명회사의 가까운 친척(?)인 합자회사 역시 크게 다르지 않다. 합자회사는 무한책임사원과 유한책임사원이라고 하는 두 가지 상이한 책임의 구성원이 존재한다. 합명회사 구성원과 마찬가지로, 합자회사에서 무한책임사원의 지위를 가지고 있는 자는 인적인 책임을 부담하게 된다.[30] 그러나 유한책임사원의 경우, 그는 단지 정해진 금액만큼만 책임을 지는 제한된 책임구조를 갖는다. 합자회사에서도 유한책임사원이라면, 그는 출자한 것 이상의 책임을 부담할 필요가 없는 것이다.[31]

만약 합자회사가 "유한책임 합자회사GmbH & Co. KG"의 구조로 형성되었다면, 그 회사형태의 경우 인적으로 책임을 부담하는 자가 유한회사가 된다는 점에서, 다소 특별한 사항이 발생하게 된다. 이러한 경우 합자회사의 채무에 대하여, 단지 그 유한회사가 무한책임을 부담하게 된다. 그러나 유한회사의 사원이 책임을 부담하는 것은 아니다.

3. 법인의 책임체계

독일법상 유한회사, 주식회사 및 등기된 협동조합 등은 대표적인 법인에 해당한다. 자연인의 포괄적인 권리능력을 가지고 있지만, 법인 역시 포괄적인 권리능력을 가지고 있다. 그런 측면에서 법인은 자연인이 가지고 있는 "거의(?) 모든 권리"를 행사하게 된다.[32] 다만, 인

---

29) 독일 상법 제128조 참조.
30) 독일 상법 제161조 제2항, 제128조.
31) 독일 상법 제171조 제1항, 제172조 제4항.
32) 다만, 법인이라고 하는 성질로 인하여 행사할 수 없는 권리 등이 제한 받을 수 있고, 법규에 의하여 일부가 권리가 제한

적 결합이라고 하는 특징으로 인하여 자연인이 가지고 있는 일부 권리를 행사할 수 없으며, 또한 법규에 의하여 일부 권리가 제한되기도 한다.[33]

주식회사와 유한회사는 경우, 회사채무에 대하여 회사재산만으로 책임을 부담한다. 회사의 구성원은 인적인 책임을 부담하지 않을 뿐 아니라, 무한책임의 형태로부터 배제된다.[34] 회사의 계약당사자인 채권자가 강제집행을 하는 경우, 단지 회사재산에 대하여 이행이 가능할 뿐, 회사의 구성원에 대하여 법적인 조치를 행사할 수 없다. 반면 '등기된 협동조합GenG'[35]과 '주식합자회사Kommanditgesellschaft auf Aktien'는 주식회사, 유한회사와 마찬가지로 법인에 해당한다. 그러나 구성원의 인적인 책임이 발생하지 않는 유한회사나 주식회사와 달리, 실정법상 구성원에게 부가적인 책임이 발생하기도 한다. 한편 '등기된 협동조합'의 경우, 협동조합의 구성원에게 책임이 배제되는 경우도 있지만,[36] 개별적인 사례에서 정관은 구성원의 보충적인 책임을 인정하는 모습도 가능하다.[37]

4. 소 결

자연인의 경우, 그는 권리와 의무의 주체인 권리주체로서 자신의 전 재산을 가지고 자신의 채무를 이행해야 한다. 법인은 단지 법률이나 정관에 따라 선임된 기관을 통하여 행위능력을 갖는다.[38] 법인의 이름으로 발생된 채무는 단지 그 단체의 채무이므로, 그 구성원은 인적인 책임, 즉 개인적인 재산으로 법인의 채권자에게 책임을 부담하지 아니한다. 그 구성원은 개인의 목적을 위하여 회사재사에 대하여 공동으로 처리할 수 없다.[39] 또한 구성원은 단지 회사와의 내부적인 관계에서 출자액만큼만 책임을 부담하고, 외부적인 관계에서 법인의 채무에 대하여 직접적으로 책임을 부담하지 않는다. 법인은 언제나 법률거래에 독립적으로 참가

될 수 있다.

33) 이기수·최병규·조지현, 『회사법(상법강의 II)』(제8판), 박영사, 2009, p.91 이하.

34) 독일 주식회사법 제1조 제1항 제2문, 유한회사법 제13조 제2항.

35) 독일 협동조합이 법률에 의하여 처음 규정된 것은 1867년의 프로이센법에 의해서이다. 그 후 오랜 준비 끝에 오늘날의 독일 협동조합에 관한 기본법인 영업협동조합과 경제협동조합에 관한 법률(Gesetz betr, die Erwebs – und Wirtscha-ftsgenossenschaften)이 1889에 공포되어 최근 2006년의 개정에 이르기까지 이어져 오고 있다.

36) 등기된 협동조합법 제2조.

37) 등기된 협동조합법 제6조.

38) U. Huber, Rechtsfähigkeit, juristische Person und Gesamthand, Festschr. Lutter, S. 107 (113).

39) Wertenbruch, Die Haftung von Gesellschaften und Geschäftsanteilen in der Zwangsvollstreckung, Carl Heymann Verlag, 2000, S. 211.

하고, 독자적으로 권리와 의무에 대한 귀속주체이며 회사재산의 소지인에 해당한다. 그러므로 회사채권자에 대하여 인적 단체인 법인은 단지 단체의 재산만을 가지고 책임을 부담하게 된다. 법인만의 재산인 회사재산으로 법인이 자신의 채무를 부담하는 것이 원칙이지만, 앞에서도 보았듯이 반드시 그것이 지켜지는 것은 아니다. 법률적으로 특별하게 사원의 책임을 인정하거나 개별적인 사원이 보증을 통하여 이루어진 경우라 한다면, 법인의 채무에 대하여 사원이 그 책임을 부담할 수 있다.

독일의 다양한 법인에 대한 책임구조를 고찰해 보건대, 법인이라는 조직체가 일반적인 언명, 즉 '법인에서 사원책임이 존재하지 않는다'라고 하는 사항은 반드시 지켜지는 것은 아니라는 점이다.[40) 이는 구성원책임의 배제가 법인과 필연적으로 결합되어 있지 않다는 것을 의미하는 것이다.[41) 그러나 모든 구성원이 외부적인 관계에서 무한책임을 부담하도록 하는 법인의 형태는 독일법에서 존재하지 않는다.[42)

Ⅴ 우리나라 '인적 결합체'와 비교 및 비판

1. 회사형태에 대한 비교

1) 형태의 다양성

독일 실정법에서는 주식회사, 유한회사, 유한책임회사, 합자회사, 합명회사 등이 있다. 주식회사와 유한회사는 법인으로 되어 있다는 점에서 우리나라의 법률체계와 동일한 모습을 띠고 있다. 반면 독일의 경우 '유한책임 합자회사GmbH & Co. KG'와 '주식합자회사KGaA'라는 형태의 회사가 존재하는 반면, 우리나라에는 그러한 회사 형태는 존재하지 않고 있다.[43)

---

40) Wiedemann, Gesellschaftsrecht, 1980, § 4 Ⅰ 3b, S. 202.

41) T. Raiser, Geamthand und juristische Person im Licht des neuen Umwandlungsrecht, AcP 194 (1994), S. 495 ff.

42) Schöpflin, Der nichtsrechtsfähige Verein, Carl Heymann Verlag, 2003, S. 92.

43) 주식합자회사에 대하여는 이영종, "독일법상의 주식합자회사에 대한 고찰", 「한양법학」, 제25집, 한양대학교법학연구소, 2009, p.419 이하.

2) 법인과 합수의 영역

합자회사와 합명회사는 양국 모두 실정법상 인정되고 있다. 독일의 경우 양 회사의 형태가 상법전에 규정되어 있지만, 법인이 아닌 합수조합으로 인정되고 있다. 주식회사와 유한회사는 각각 독립적인 법전을 두고 규정하고 있다. 반면 우리나라에서 주식회사와 유한회사는 상법전에 규정되어 있다. 또한 독일과 달리 합명회사와 합자회사에 대하여 법인으로 인정하고 있다는 점에서 차이를 보이고 있다.

2. 합자조합, 유한책임회사 도입과 비판

1) 도 입

인적 자산의 중요성이 높아짐에 따라 인적 자산을 적절히 수용할 수 있는 공동기업형태에 대한 수요가 증가함에 따라, 우리나라는 합자조합과 유한책임회사를 도입하는 입법적인 개정이 있었다.[44] 우리 상법에는 합명회사, 합자회사, 주식회사 및 유한회사의 4가지 회사형태가 존재하고 있었다. 그러나 이 중 합명회사와 합자회사는 거의 그 모습을 찾아보기 힘들고, 대부분의 회사는 주식회사의 형태로 존재하고 있다.[45] 그래서 새롭게 등장한 것이 유한책임회사다. 또한 회사는 아니면서 조합의 형태를 가지고 도입된 것이 합자조합이다.

2) 비 판

독일법상 합명회사와 합자회사는 합수조합에 해당한다. 우리나라나 일본처럼 양 회사를 법인으로 보고 있지 않다. 우리나라에서도 합명회사나 합자회사는 법인으로 인정되고 있음에도 불구하고, 실질적인 면에서 양 회사는 합수조합에 해당한다. 합자회사가 존재함에도 불구하고 합자조합을 도입할 필요성이 있었던가에 대하여는 회의감이 든다. 합자회사는 실질적으로 조합의 성질을 가지고 있기 때문에, 합자회사라는 명칭을 사용하고 있다고 할지라도 법인이라고 한 것뿐이지, 합자회사는 합자조합과 하등의 차이가 없기 때문이다.

---

44) 최완진, 신회사법요론–2012년 시행 개정회사법–, 한국외국어대출판부 2012년, 유한책임회사에 대하여는 p.375 이하; 합자조합에 대하여는 p.401 이하.

45) 소규모 사업장조차도 주식회사의 형태로 설립되는 이유는 개정안에서도 밝힌 바와 같이 과세의 문제와 많은 관련이 있다. 합명, 합자회사의 경우 그 실질은 조합임에도 불구하고 상법상 법인으로 규정되어 있기 때문에 회사 자체에 대해 법인세를 과세하고, 회사의 이익을 구성원에게 분배하는 과정에서 다시 한 번 과세가 발생한다.

유한책임회사의 도입 역시 마찬가지이다. 명칭부터 유한책임회사는 유한회사와 전혀 차이가 없다. 유한회사가 상법전에 규정되어 있음에도 불구하고, 유한책임회사에 관한 규정을 새로 입법할 필요가 있었던가에 대하여 부정적인 입장이다. 유한책임회사를 규정하고자 하였다면, 유한책임회사의 규정을 없앴어야 하고, 더 바람직한 것은 유한회사의 규정을 개정하는 방향을 취하면서, 유한책임회사의 규정을 입법하지 말았어야 했다. 의미 없는 헛된 수고를 한 것이다.

Ⅵ 시사점과 결론

독일 실정법의 고찰을 통하여 발견되는 몇 가지 사항을 지적함으로써 필자의 결론에 갈음하고자 한다.

독일의 입법자는 권리능력 있는 인적 단체에 대하여, 한편으로는 권리주체로서 독립성을 인정하기도 하고, 또 한편으로 그 인적 단체에게 권리능력을 인정하기는 하지만 독립성을 배제하는 면을 인정하고 있다. 권리능력 있는 법인이 언제는 그 자체로 독립성을 인정하는 것은 아니라는 점을 우리는 인식할 수 있다. 판례 역시 유한회사의 제한된 책임을 부담하는 유한책임사원에 대하여 예외적으로 인적인 책임을 부담하는 사례가 등장하고 있다.[46] 이러한 문제에 대하여 법인격을 부인한다고 하면서, 법인과 자연인의 동일성을 인정하는 태도는 타당하지 않다.

민법상 조합의 법형성이 독일에서 두드러지게 나타나고 있다. 민법상 조합, 그 자체에게 권리능력을 부여하지 않았던 전통적인 견해가 무너지고, 인적 결합으로서 조합 그 자체에게 권리능력을 인정하고자 하는 독일 대법원의 노력은 가히 존경할 만하다. 사회적 현상의 발전에 따라 법이 어떻게 발전하고 있는가를 보여주고 있는 사례라는 생각이 든다. 반면, 우리나라는 민법상 조합에 대한 판례가 매우 드물게 발생하고 있어 법형성에 도움을 주고 있지 못한 상태이다. 우리나라에서도 독일과 같이 인적 단체로서 민법상 조합이 다수 존재함으로써 법률적인 문제에 직면하게 된다면, 역시 '민법상 조합의 권리능력 인정'이라고 하는 법형성을 볼 수 있을 것이다. 그런 측면에서 독일 판례에서 발전하고 있는 민법상 조합의 권리능력

---

46) BGHZ 149, 10; BGHZ 150, 61; BGHZ 151, 181.

에 대한 인정은 우리에게 매우 흥미로운 비교법적인 연구의 의미를 주고 있다.

권리능력은 사람(인)만이 가지고 있는 특징인가, 아니면 법인이 아닐지라도 인적 단체는 권리능력을 갖는 것이 가능한가의 문제가 독일에서도 매우 혼란스럽게 전개되고 있다. 독일 실정법은 합수조합에게 권리능력을 인정하고 있다. 그렇다면 법인과 합수조합의 차이는 무엇인가의 문제, 또한 권리능력을 인정하게 된다면 양자는 어떠한 점에서 차이가 발생하는가의 문제 등이 복잡다기하게 전개되고 있다.[47] 더 나아가 판례의 태도에 따라 '민법상 조합'이 권리능력을 인정하게 된다면, '권리능력 없는 사단'이나 '설립중회사'가 권리능력이 있는가의 문제가 발생하게 된다. 권리능력이 없다는 의미에서 존재하는 '권리능력 없는 사단'과, 아직 등기가 되지 않아 법인에 이르지 못한 '설립중회사'의 경우 진정 권리능력이 없는 것으로 보아야 하는가? 아니면 판례가 '권리능력 없는 사단'이나 '설립중회사'에 대하여 '민법상 조합'을 준용하도록 하고 있는 취지를 고려하여, '민법상조합'에게 권리능력을 인정한 이상, '권리능력 없는 사단'이나 '설립중회사' 역시 권리능력을 인정해야 하는가? 아무튼 독일의 논의 역시 '용어'의 혼란을 가중시키고 있다는 비판을 면하기 어렵다. 아직 판례에서 드러나고 있지 않은 우리의 경우 다행스러운 일이라 하겠지만, 앞으로 이러한 논쟁이 우리나라에서도 발생되지 말라는 법은 없다.

〈일감법학 제25호 2013년 6월 30일, 97면 이하 게재〉

---

47) Beuthien, Zur Begriffsverwirrung im deutschen Gesellschaftsrecht, JZ 2003, 715 ff.; Huber, Rechtsfähigkeit, juristische Person und Gesamthand, Festschr. Lutter, S. 107 (109 ff.).

권리능력을 어떻게 정의해야 하는가에 대한 물음이 독일에서 심하게 다투어지고 있었다. 특히 '민법상 조합'이 권리능력이 있는가에 대한 다툼은 필자에게 상당한 흥미를 주었다. 권리능력은 사람(인)만이 가질 수 있는 것이라고 한다면, 자연인과 법인만이 권리능력이 있다고 하여야 할 것이다. 그러나 권리와 의무의 주체가 될 수 있는 능력을 권리능력이라고 한다면, 합수조합이라고 하는 인적결합체에게도 권리능력을 인정할 수 있게 될 것이다. '민법상 조합'이 권리능력이 있다고 한다면, '권리능력 없는 사단' 역시 권리능력을 인정하는 상황도 발생한다. '권리능력 없는 사단'이 권리능력이 있다? 언어도단일까? 아니면?

독일에서의 논의가 우리나라에도 그대로 적용할 수 있을까? 우리의 대법원은 아직 '민법상 조합'에게 권리능력을 인정하고 있지 않다. 그러나 법인이 아닌 조합에게도 권리능력을 인정해야 할 필요성은 언제든지 발생할 수 있다. 그러한 측면에서 본 주제를 연구해 보고 싶었다. 2013년 3월 22일 건국대학교 법학연구소에서 개최된 "회사법의 현안과 과제"라는 대주제 하에 발표된 논문이다.

상법상 상인의 개정방향

Ⅰ 서 론

　　우리 상법의 근원을 어디에서부터 찾아야 할 것인가에 대한 물음은, 우선 일본과의 관계에서 찾을 수밖에 없을 것이다. 일본 정부는 1911년 '조선에 시행할 법령에 관한 법률'을 제정하여 우리나라의 법률은 조선총독부령으로 정한다는 것과 이 명령에 의하여 일본 법률 중 우리나라에 시행할 법률을 지정하도록 하였다.[1] 1912년 3월 공포된 조선민사령에 의하여 일본의 상법, 어음법, 수표법, 유한회사법 및 상법시행법 등이 우리나라에서 사용하게 되었고, 그 결과 우리 상법으로 적용하게 되었다. 일본 상법에 영향을 미친 것은 독일의 상법이다.[2] 1881년 독일인 Hermann Rösler가 기초하여 1890년 4월에 공포되었고, 그 후 1891년 4월 1일부터 시행하게 된 것이 일본 구 상법전이다. 그 이후 약간의 체계상의 문제가 발생하여 구 상법전을 폐기하고 등장한 것이 신상법전이다. 일본의 신상법전은 약간의 프랑스법전 규정을 일부 받아들였지만, 그 대부분 독일 구 상법(뒤에 설명하는 ADHGB)의 영향을 받은 것이다.[3] 독일 구 상법전의 체계에 따라 일본의 신상법전은 제1편 총칙, 제2편 회사, 제3편 상행위, 제4편 어음, 그리고 제5편 해상으로 구성되어 있었다. 1932년과 1933년에 어음법과 수표법이 각각 단행법으로 분리되는 과정을 겪었고, 1938년 유한회사법이 역시 분리 제정되었다.

1948년 우리 정부수립 후 일본 법령을 대신할 우리의 법령을 만들기 위한 작업에 착수하였고, 1963년 1월 1일부터 우리의 제정상법이 시행되었다. 의용상법과 달리 제정상법은 편·장·절의 구성과 규정의 위치에서 상당한 차이를 보이고 있기는 하지만, 그 체계에서 있어서 기본적인 틀은 의용상법을 가지고 있었다. 2010년 5월 14일 상법 가운데 제1장 총칙편과 제2장 상행위편에 대한 일부 개정 작업이 이루어졌다. 그러나 독일 구 상법에서부터 유래되고 있는 상인에 대한 내용은 개정되지 않았다.

본 논문은 독일 상법에서 시작된 상인 개념에 대하여 살펴보고자 한다. 먼저 우리의 상인에 대한 입법태도를 살펴보며, 독일에서 상인개념이 어떤 변화를 겪고 있으며, 또 그 변화 속에서 우리 상법상 상인이 어느 방향으로 개정되어야 할 것인가에 대한 소견을 제시해 보고자 한다.

---

1) 이철송, 『상법총칙·상행위법』(제11판), 박영사, 2012, p.27 이하.
2) 정희철, 『상법학(상)』, 박영사, 1988, p.9 이하.
3) 최기원, 『상법학신론(상)』(제18판), 박영사, 2009, p.28.

Ⅱ 우리 상법의 최근 개정과 상인에 대한 입법태도

1. 상법의 최근 개정

1) 개정 내용

글로벌 스탠더드에 맞는 선진 상사법제 구축작업으로 상법 전반에 대한 체계적인 개정작업이 법무부를 통하여 이루어지고 있다. 상법 해상편, 회사편, 보험편 및 항공운송편 등의 작업이 진행되는 가운데, 2010년 상법총칙편과 상행위편의 일부내용에 대한 개정작업이 마무리되어 현재 효력을 발생하고 있다. 상법총칙에 금융리스, 가맹업 및 채권매입업 등이 기본적 상행위의 한 종류로서 명문으로 규정되어 있다. 그러한 신종 상행위의 거래가 활발하게 이루어지고 있음에도 불구하고, 그것에 대한 법률관계가 상법에 규정되어 있지 않고 약관에만 의존하여 계약당사자 간 분쟁의 가능성이 높았다. 금번 개정 상법은 이들의 신종 상행위에 대한 기본적인 법률관계를 명확히 규정하여, 계약관계가 정당하면서도 공평하도록 하고자 하였다.

공중접객업자에 대하여 전통적으로 로마법의 레셉툼의 책임Receptumhaftung이라고 하는 매우 엄격한 책임을 인정하고 있었다.[4] 개정 전 상법에 따르면, 공중접객업자가 '불가항력'을 증명하지 아니하면, 그 손해를 배상해야 한다는 구조를 가지고 있었다. 그러나 이 엄격책임을 현대에도 인정하는 것은 다른 사업자와 형평이 맞지 않고 현실성도 없을 뿐만 아니라, 공중접객업자와 객 사이의 발생할 수 있는 분쟁을 미연에 방지해야 할 필요성이 제기되었다. 그 결과 공중접객업자의 책임을 일반 사업자의 책임수준인 과실책임으로 개정하게 되었다.[5] 공중접객업자는 자기나 사용인의 무과실을 증명하면, 발생하는 책임을 면할 수 있고, 입증책임의 부담을 공중접객업자에게 지워 고객보호에 소홀함이 없도록 하였다. 자산평가 원칙을 규정하고 있던 상법상 기업회계기준 등이 회계관행과 불일치하여 기업 회계실무에 애로가 있었다. 2010년 상법의 자산평가 규정을 삭제함으로써 기업회계에 대한 상법의 관여를 최소화하고 기업이 준수해야 할 회계기준을 일원화하게 되었다.

---

[4] 로마법에서 인정된 책임형태이다. 운송인이나 여관업자에게 수령한 운송물이나 휴대물의 멸실 또는 훼손에 대하여 고의나 과실이 없음을 증명하여도 수령(receptum)했다는 사실에 의하여 법률상 당연히 결과책임을 인정하여 손해배상책임을 부담토록 하는 책임형태이다. 이기수·최병규, 『상법총칙·상행위법(상법강의 I)』(제7판), 박영사, 2010, p.547.

[5] 최준선, 『상법총칙·상행위법』(제7판), 삼영사, 2011, p.384.

2. 상법상 상인에 대한 입법태도

우리 상법은 제1편 제2장에서 상인에 대한 내용을 규정하고 있다. 상법은 상인을 당연상인과 의제상인으로 구분하고, 의제상인은 다시 제5조 제1항의 상인과 제2항의 상인으로 구분하고 있다. 소상인은 제9조에 규정되어 있다.

1) 당연상인

상법 제4조는 당연상인을 규정하고 있다. 당연상인이라 함은 '자기명의로 상행위를 하는 자'를 의미한다(상법 제4조). 상법 제4조에서 말하는 '상행위'는 동법 제46조에 정하고 있는 제1호부터 제22호의 내용을 의미한다. 상법 제46조의 각호에 대하여 상행위로 정한 것은, 이 행위들이 경험적으로 상인들이 주업으로 삼아 왔던 것들이므로 법상 상인의 영업으로 보기에 적합하기 때문일 것이다.[6]

(1) 상법상 기본적 상행위

우리 상법은 제46조에 영업으로 할 경우 기본적 상행위가 될 수 있는 사항을 22가지로 하여 나열하고 있다. 상법상 기본적 상행위는 다음과 같다.

① 동산·부동산·유가증권 기타의 재산의 매매
② 동산·부동산·유가증권 기타의 재산의 임대차
③ 제조·가공 또는 수선에 관한 행위
④ 전기·전파·가스 또는 물의 공급에 관한 행위
⑤ 작업 또는 노무의 도급에 관한 인수
⑥ 출판·인쇄 또는 촬영에 관한 행위
⑦ 광고·통신 또는 정보에 관한 행위
⑧ 수신·여신·환 기타의 금융거래
⑨ 공중이 이용하는 시설에 의한 거래
⑩ 상행위의 대리의 인수
⑪ 중개에 관한 행위

---

6) 이철송, 『상법총칙·상행위법』(제11판), 박영사, 2012, p.84.

⑫ 위탁매매 기타의 주선에 관한 행위

⑬ 운송의 인수

⑭ 임치의 인수

⑮ 신탁의 인수

⑯ 상호부금 기타 이와 유사한 행위

⑰ 보험

⑱ 광물 또는 토석의 채취에 관한 행위

⑲ 기계·시설 그 밖의 재산의 금융리스에 관한 행위

⑳ 상호·상표 등의 사용허락에 의한 영업에 관한 행위

㉑ 영업상 채권의 매입·회수 등에 관한 행위

㉒ 신용카드·전자화폐 등을 이용한 지급결제 업무의 인수

(2) 특별법상 상행위

남보부사채신탁법 제23조 제2항은 사채총액의 인수를 상행위로 보고 있다. 신탁법 제4조역시 업으로 하는 신탁의 인수를 상행위로 보고 있다. 후자는 기본적 상행위에 해당하고, 전자는 영업으로 하는가에 관계없이 이를 상행위로 보고 있다.

(3) 예외

자기명의로 영업성 있는 거래를 한다고 하더라도 '오로지 임금을 받을 목적으로 물건을 제조하거나 노무에 종사하는 자의 행위'는 상행위로 보지 않는다(상법 제46조 단서). 따라서 이러한 행위를 하는 자는 상법상 상인으로부터 배제된다.

(4) 중간결론

상법 제4조에 '자기명의'라 함은 상거래로 인하여 생긴 권리와 의무가 법률적으로 귀속되는 주체가 되는 것을 말한다.[7] 당연상인이 되기 위해서는 상법 제46조 제1호부터 제22호에 해당되는 상행위에 우선적으로 해당되어야 한다. 또한 권리와 의무가 귀속되는 주체로서 자

---

7) 김정호, 『상법총칙·상행위법』, 법문사, 2008, p.34.

기명의로 하게 되면, 그는 우리 상법상 당연상인이 된다.

2) 의제상인

설비상인과 회사에 대하여도 상인으로 보게 된다. 이를 의제상인이라고 한다.

(1) 설비상인

설비상인이라 함은 상법 제46조 이외의 행위를 영업으로 하는 자를 말한다. 우리 상법이 제5조 제1항에서 '점포 기타 유사한 설비에 의하여 상인적 방법으로 영업을 하는 자에 대하여, 그가 상법 제46조의 상행위를 하지 않더라도 상인으로 보고자 한다. 그것에 대한 이유는 상법 제46조 각호 외에도 기업활동의 대상이 될 만한 것들이 다수 있을 뿐만 아니라, 경제의 발전에 따라 새로운 유형의 영업행위가 발생하고 있다는 점에 착안한 것이다. 설비상인의 대상이 될 수 있는 업종으로는 경영자문업, 결혼상담업, 연예인의 송출업, 흥행업 등을 포함하여 금융이나 서비스 영역에서 새로운 사업이 계속 등장하고 있다.[8]

(2) 회사

상법 제5조 제2항에 따라, 회사는 상행위를 하지 아니하더라도 상인으로 보게 된다. 회사는 상행위 기타 영리를 목적으로 설립한 법인이므로, 상행위를 하는 경우라면 당연상인에 해당하게 될 것이다. 제5조 제2항은 회사가 상행위를 하지 않는다 할지라도 상인으로 보겠다는 내용을 담고 있다. 회사의 상인성에 대하여, 제5조 제1항에서 규정하고 있는 설비상인과 관련하여 의미를 부여하는 주장[9]이 있을 수도 있다. 회사가 기본적 상행위를 하지 않더라도 점포 기타 유사한 설비에 의하여 상인적 방법으로 영업을 하면 제5조 제1항에 의하여 상인으로 보기 때문에, 제5조 제2항이 '회사는 상행위를 하지 아니하더라도 상인으로 본다'라고 하는 것은, 설비상인의 요건을 구비하지 못한 회사도 상인으로 본다는 데에 그 뜻이 있다고 한다. 그러나 설비상인과 관련지어 회사의 상인성을 바라보기보다는 회사라고 하는 조직은 영리성을 띠는 상인의 성격을 많이 가지고 있다는 점을 고려하여 회사의 거래를 상법에 적용하

---

8) 이기수 · 최병규, 『상법총칙 · 상행위법(상법강의 I)』(제7판), 박영사, 2010, p.90.
9) 최준선, 『상법총칙 · 상행위법』(제7판), 삼영사, p.85.

고자 한 뜻으로 보아야 할 것이다.[10]

3) 소상인

상법 제9조는 소상인에 대하여 규정하고 있다. 영업규모가 영세하여 상법에서 규정하고 있는 내용 가운데 일부 규정의 적용을 소상인에게는 배제하고자 하는 것이다. 영업규모의 영세성에 대하여는 상법 시행령에 규정되어 있다. 시행령에 따르면, '자본금액이 1천만 원에 미달하는 상인으로서 회사가 아닌 자'를 소상인으로 분류하고 있다(상법시행령 제2조). 이는 사회의 경제규모에 따라 영업규모의 기준이 달라질 수 있으므로 시행령에 규정하게 된 것이다.

Ⅲ 독일 상법상 상인에 대한 변화

1. 구 상법의 개관

1) 연 혁

독일은 각 지역에서 일정한 권력을 행사하게 되는 연방을 토대로 하여 발전한 나라이다. 독일의 경우 1794년 2월 5일 프로이센 왕국에 관한 포괄적인 상법전에 해당하는 1794년 보통프로이센주법ALR, das Allgemeine Preußische Landrecht für die preußischen Staaten을 가지고 있었다. 그러나 근대적 상법전으로 알려진 프랑스 상법전에 이어 1861년 독일은 통일된 상법전을 완성하게 되는데, 그것이 바로 1861년 독일통일상법전ADHGB, das Allgemeine Deutsche Handelsgesetzbuch이다. 이 독일통일상법전ADHGB은 독일제국이 통일되기 전에 독일 연방 각각의 주에서 동시 입법을 하게 됨으로서 단일법으로 탄생된 것이다.[11] 이 법은 1871년 독일 제2제국이 성립되면서 제국법Reichsgesetz, 이른바 독일 구 상법으로 바뀌었다. 그 이후에 민법BGB, Bürgerliches Gesetzbuch의 제정과 함께 상법이 개정되면서, 1897년 5월 독일제국상법전

---

10) 김정호, 『상법총칙·상행위법』, 법문사, 2008, p.45: 이기수·최병규, 『상법총칙·상행위법(상법강의 I)』(제7판), 박영사, 2010, p.92.
11) Canaris, Handelsrecht, 24. Aufl., 2006, S. 17 ff.

HGB, das Handelsgesetzbuch für das Deutsche Reich이라고 일컬어지는 신상법이 탄생되었고, 1900년 1월 1일부터 독일은 민법전과 함께 독일 상법전이 시행되게 되었다.

2) 체 계

회사법의 영역과 관련하여, 주목해야 할 점은 유한회사와 주식회사에 대하여는 유한회사법GmbHG와 주식법AktG이라고 하는 독립적인 법률 속에 규정되어 있다는 점이다. 회사에 관하여 통일상법전은 모두 한 법률에서 규정하는 체계를 가지고 있었지만, 1892년 유한회사법이 제정되면서 독립적인 법전체계의 모습을 띠게 되었고, 1937년 주식법 역시 상법에서 분리되면서 단일한 법전의 체계를 가지고 있다. 그럼에도 불구하고 인적회사로서 합명회사와 합자회사는 상법에서 규정하고 있다.

2. 구 상법상 상인의 유형

상인개념을 분류함에 있어 영업의 실질적인 내용에 따라 상인을 정하는 당연상인에 대한 개념이 존재하고 있었고, 그 밖의 상인으로 분류하고 있었다. 상법의 적용을 받는 상인은 고유한 의미의 상인인 당연상인Mußkaufmann: 제1조이 있고, 의무적 등기상인Sollkaufmann: 제2조, 임의적 등기상인Kannkaufmann: 제3조, 형식상인Formkaufmann: 제6조 제2항 및 소상인Minderkaufmann: 제4조이 존재하고 있었다. 독일 상법상 상인의 개념이 다양한 형태를 인정하고 있음을 알 수 있다.[12]

1) 당연상인

개정 전 독일 상법은 특히 물품의 제조와 유통의 측면을 고려하여, 상사영업(우리 상법의 '상행위'이라고 볼 수 있음)이라고 하는 개념을 가지고 당연상인을 규정하고 있었다. 상사영업의 종류가 우리나라에 비하여 그리 많지 않은 것을 제외하고, 독일 상법상 당연상인과 우리 상법의 당연상인은 큰 차이가 없다.[13] 결국 상법 제1조 제2항에서 열거하고 있는 일정한

---

12) Capelle/Canaris, Handelsrecht, 20. Aufl., 1985, S. 20 f.
13) 개정 전 독일 상법 제1조 제2항에서 열거하고 있는 일정한 행위 중의 하나를 영업으로 하는 자는 자동적으로 상법상의 상인으로 인정되었으므로 이를 당연상인이라고 하였다. 개정 전 독일 상법 제1조 (1) 이법에서 상인이라 함은 기본적

행위 중 하나를 영업으로 하는 자는 그의 의사나 등기 여부와 관계없이 상법 제1조에 따라 상법상의 상인이 된다.

2) 의무적 등기상인

개정 전 독일 상법 제2조는 동법 제1조 제2항에서 열거하고 있는 일정한 종류 이외의 행위를 영업으로 하는 기업이 그 방법과 범위에 있어서 상인적 방법으로 설비된 영업조직을 필요로 하는 경우에는 그 기업의 상호는 상업등기부에 등기할 의무가 있다. 등기가 이루어진 경우라면, 법률의 규정에 의하여 상법 제1조의 의미에서 상사영업으로 의제되어 그 자는 상인이 된다. 이를 "의무적 등기상인"이라 한다.[14] 이 점 우리 상법 제5조에 규정되어 있는 의제상인과 유사하지만, 우리의 의제상인은 등기를 요하지 않는 반면에, 독일의 경우 상인이 되기 위해서는 등기가 요구되고 있었다는 점에 차이가 있다.

3) 등기에 있어서 당연상인과 의무적 등기상인의 차이

당연상인에 있어서 등기는 등기에 관계없이 상인이 될 수 있다는 점에서 선언적 의미만을 가지고 있는 반면에, 의무적 등기상인의 경우에는 등기를 함으로써 비로소 상인자격을 취득하게 되므로, 의무적 등기상인의 경우 등기가 창설적 효력을 갖게 된다.[15]

4) 임의적 등기상인

농업과 임업을 경영하는 자는 그의 기업이 그 방법과 범위에 있어서 상인적 방법으로 설비

상행위를 하는 자를 말한다. (2) 기본적 상행위라 함은 다음 각 호에서 표시되는 영업의 종류를 대상으로 하는 행위가 해당된다. 1. 재화가 변경되지 않거나, 가공 또는 변형에 의하여 또 다시 양도되는 것에 차이를 두지 않고, 동산이나 유가증권이 또 다시 양도되는 것. 2. 영업이 수공예로 영위되지 않는 한, 재회의 재회를 다른 것을 위하여 가공 또는 변형의 인수. 3. 보험료 대가에 따른 보험의 인수. 4. 은행거래와 금전거래행위. 5. 해상을 통한 재화와 여객의 인수, 운송업자 또는 육지나 역내수해에 정해진 기구를 통한 여객운송의 거래. 해운거래행위. 6. 위탁매매인의 행위, 운송업자 및 창고업자의 해위. 7. 대리상, 중개상의 영업행위. 8. 출판행위 및 그 밖의 서적행위 또는 예술행위. 9. 영업이 수공예로 수행되지 않는 한, 인쇄 영업행위.

14) 개정 전 독일 민법 제2조(의무적 등기상인) 수공예나 그 밖의 영업행위가 상법 제1조 제2호에 따른 상행위에 해당되지 않은 경우, 비록 그것이 종류나 범위에 따라 상인적 방법으로 행하여지는 영업행위를 요구하는 경우라 하더라도 기업의 상호가 등기되는 경우라 한다면, 이법에서 말하는 상행위에 적용된다. 기업은, 상인적인 상호의 등기에 대하여 적용되는 규정에 따라 등기를 해야 할 의무를 부담한다.

15) BGHZ 31, 400. 연방대법원은 의무적 등기상인이 등기를 하지 않은 경우에 상인이 될 수 없음을 판단하고 있다.

된 일정한 영업조직을 필요로 하는 경우에는 상업등기부에 등기를 할 수가 있으며, 등기를 하는 경우에는 그는 상인자격을 취득하게 된다(독일 상법 제3조 제2항).[16] "임의적 등기상인"이 "의무적 등기상인"과 차이는, 전자의 경우 등기를 통하여 상인이 될 수도 있지만, 등기를 하지 않고 상인이 되지 않고자 하는 경우도 발생할 수 있다는 점이다. 반면에 후자는 등기를 해야만 하고, 또 그것을 통하여 상인자격을 획득하게 되는 것이다.

5) 상사회사

주식회사, 유한회사, 주식합자회사 등의 물적회사는 상사영업을 경영하지 아니하는 경우에도 그 기업의 법적 형식을 중시하여 상인자격이 인정된다. 이들을 "형식상인"이라고 한다.[17]

6) 소상인

소상인은 당연상인과 같이 상법 제1조 제2항에서 열거하고 있는 일정한 행위 중의 하나를 영업으로 한다는 점에서는 동일하다. 그러나 그의 영업이 방법과 범위에 있어서 상인적 방법에 따른 영업설비를 필요로 하지 아니하는 경우에, 소상인이 적용된다.[18] 소상인의 경우에는 우리나라와 유사하게 상법상 일부 규정에 대한 배제를 인정하고 있었다.[19]

3. 구 상법에 대한 비판

1) 상사행위의 시대적 유리

개정 전 독일 상법 제1조 제2항은 9가지에 대한 기본적 상행위를 개별적으로 나열하는 방

---

16) 개정 전 독일 상법 제3조(농업과 임업; 상인) (1) 농업과 임업을 영위함에 있어서는 제1조의 규정이 적용되지 아니한다. (2) 농업과 임업에 대하여는 등기를 해야 할 권리를 가지고 있지만, 의무는 없다는 기준하에 제2조가 적용된다. 등기가 이행되면, 상인의 상호말소에 대하여 적용되는 일반적인 규정에 따라 상호의 말소가 발생하게 된다. (3) 단지 농업적이거나 임업적인 부업의 기업을 기술하고 있는 하나의 기업이, 농업이나 임업의 운영과 결합되어 있는 경우에, 부업으로 행하게 되는 기업에 대하여, 제1항과 제2항의 규정들이 상응하여 적용하게 된다.

17) 개정 전 상법 제6조(상사회사, 형식상인) (1) 상인에 적용되는 규정들은 상사회사에게도 역시 적용된다. (2) 법률이 기업의 대상에 대하여 고려를 하지 아니하고, 상인의 성질에 부과하고 있는 인적 결합의 권리와 의무는, 상법 제4조 제1항을 통하여 영향을 받지 아니한다.

18) 개정 전 독일 상법 제4조(소상인) (1) 상호, 상업장부 및 지배인에 대한 규정은, 영업의 종류나 범위가 상인적 방법으로 하는 영업행위를 요구하고 있지 않는 자에게 적용하지 아니한다. (2) 다시 한 번 확인 요망.

19) 우리 상법 제9조를 참조.

법을 택하고 있었다. 그러나 열거된 기본적 행위를 구체적으로 살펴보면, 독일 상법이 제정된 19세기 말 당시의 주요한 기업활동, 즉 재화전환의 매개행위 또는 이와 관련이 있는 행위를 중심으로 하여 입법화된 것이라는 점을 알 수 있다. 상법이 그와 같이 규정하고 있는 것들은 오늘날 지속적으로 증가하고 있는 각종 서비스업에 대한 고려를 결핍하고 있다는 비판을 면하기 어려운 상황이었다.[20] 더 나아가 개정 전 독일 상법은 "당연상인"과 "의무적 등기상인"을 구별하고 있었다. 그러나 상법에서 양자를 구분하여 적용하는 것이, 오늘날의 시대상황에 적합한가에 대한 의문이 제기되었다.[21]

2) 당연상인과 의무적 등기상인 사이 구별의 모호성

개정 전 독일 상법의 경우 "당연상인"과 "의무적 등기상인"의 경우, 업종에 의한 구별기준이 모호하다는 다양한 비판이 있었다. 그러한 구분은 실무상 발생하는 문제를 해결하기에 역부족이라는 면과 복잡한 문제를 야기하기도 하였다.[22] 예를 들면, 원료를 구입하여 상품을 생산하여 판매하는 것을 영업으로 하는 일반적인 상품수공업자는 상법 제1조 제2항 제1호에 의하여 당연상인으로 분류된다. 그러나 주택을 건축하여 이를 양도하는 건축업자의 경우에는 거래의 대상이 동산이 아니라는 이유로, 상법 제1조에 의한 상인으로 인정되지 못하는 결과를 초래하였다. 또한 상사중개인은 상법 제1조에 의하여 상인이지만, 부동산중개인은 상법 제1조의 상인에 해당되지 않는다. 그러나 이들의 경우에는 상법 제2조에 의한 의무적 등기상인에 해당할 수 있기 때문에, 자신의 상호를 상업등기부에 등기할 의무는 있지만, 이를 등기하지 아니하는 경우에는 상법상의 상인자격이 부정되어 상법이 적용되지 아니한 불합리한 결과를 가져오기도 하였다.[23] 기본적 상행위를 기초로 하는 상인 개념의 정립방법은 서로 유사한 업종의 경우에도 상인자격의 취득과 관련하여, 법률적으로 전혀 다른 결과를 가져오는 등 그 구별기준에 있어서 합리적인 근거가 결여되고 있다는 비판이 강하게 제기되었던 것이다.

---

20) Referentenentwurf, ZIP 1996, 1401. 이기수 · 최병규, 『상법총칙 · 상행위법(상법강의 I)』(제7판), 박영사, 2010, p.33을 보면, 실제로 독일 상공회의소가 그의 회원기업을 상대로 조사한 바에 따르면, 상법 제2조에 의한 상인이 상법 제1조 제2항에 의한 상인의 수보다도 더 많은 것으로 집계되었으며, 특히 최근 통계에 따르면 상업등기부에 등기되는 상인의 85%는 상법 제2조에 의한 상인으로서 각종의 서비스업을 영업으로 하는 것으로 조사되었다.

21) Kort, Zum Begriff des Kaufmanns im deutschen und französisches Handelsrecht, AcP 193, S. 455 ff.

22) 임중호, "1998년 개정독일상법에 있어서의 상인개념의 개혁과 그의 상법적 의미", 「법학논문집」 제23집, 중앙대학교법학연구소, 1998, p.79.

23) BGHZ 31, 400 f.; Schmidt K., Handelsrecht, S. 272 ff.

4. 상인개념의 변화

1) 개정 필요성

이미 고찰한 바와 같이 독일 상법상 상인 개념은 정립방법 자체가 매우 복잡하고 그 종류가 다양하기도 하지만, 그것을 구별하고 있는 기준 자체가 19세기의 경제생활의 토대에서 비롯된 것으로 알려져 있다.[24] 당연상인을 통한 상인의 개념인식과 복잡한 상인유형의 인정이 현대의 경영환경을 반영하고 있지 못하고 있다는 비판과 그것에 대한 단순화 필요성의 제기는 상법개정으로 나타났다.[25] 개정 전 다양하면서 운용상 문제점으로 제기되었던 상인 개념이 그 구별 기준의 합리성이 떨어지는 역사적인 산물이라는 것을 인식하고, 상인 개념을 단순화하는 작업을 추진하게 되었던 것이다.[26]

2) 주요 개정 내용

(1) 상인개념의 일원화

개정 전 "당연상인"과 "의무적 등기상인"을 통합하여 상법상 상인개념을 획일적인 기준을 통하여 일원화작업을 한 것이 가장 큰 특징이다. 개정 독일 상법은 개정 전 상법과 마찬가지로 상법상 상인은 '상사영업을 경영하는 자'라는 것을 전제하고(제1조 제1항), 이 경우 '상사영업이란 그 방법 또는 범위에 있어서 상인적 방법으로 설비된 영업조직을 필요로 하는 모든 영업경영을 의미하는 것이라고 하였다(제1조 제2항). 이러한 개정방식은 "상인적 방법으로 설비된 영업조직의 필요성"이 개정 상법상 상인개념의 본질적인 구성요소이자 상인과 비상인을 구별하는 기준이 되었다는 것을 의미한다.[27]

---

24) 개정의 필요성에 대하여는 임중호, "1998년 개정독일상법에 있어서의 상인개념의 개혁과 그의 상법적 의미", 「법학논문집」, 제23집, 중앙대학교법학연구소, 1998, p.80 이하.

25) Baumbach/Hopt, Handelsgesetzbuch(HGB), 31. Aufl., 2003, § 1 Rdn. 3 ff.

26) Referententwurf, ZIP 1996, 1402.

27) 개정 전 상법은 제1조 제1항에서 기본적 상행위를 열거하는 방식을 통하여 당연상인을 개념화하는 방식을 취하였다. 그러나 개정 상법은 이러한 방식 대신에, 개정 전의 상법 제2조에서 "의무적 등기상인"의 개념으로 사용하고 있었던 '상인적 방법으로 설비된 영업조직의 필요성'이라는 사항을 통하여 상인개념을 새롭게 정립하고자 하였다. 자세히는 이기수, "1998년 독일 상법개정", 「법학논집」, 제34집, 고려대학교법학연구소, 1998, p.432 이하. 독일 Tübigen Uni.에 있던 Wolfgang Zöllner 교수의 발표논문이 번역된 것이다.

(2) 소상인 폐지로 인한 상인 또는 비상인

개정 전 독일 상법 제4조는 소상인에 대한 사항을 규정하고 있었다. 개정 전 상법에 따르면, 등기하지 아니한 소규모영업자는 상법 제1조 제2항의 기본적 상행위 가운데 해당하는 상행위를 하는 경우라면, 그 자는 소상인으로서 상법의 적용을 받고 있었다. 소상인에 해당하게 되면, 상호, 상업장부 및 지배인에 적용되고 있던 규정들은 그 자에게 적용되지 않게 된다(개정 전 상법 제4조 제1항). 그러나 소규모영업자의 영업이 기본적 상행위에 해당하지 않는다면, 그 자는 소상인이 아니고 비상인으로 인정하고 있었다.

개정상법은 소상인을 완전상인에 준하는 대우를 부여하였다. 개정 독일 상법 제2조는 영업적 기업의 경우, 그 영업행위가 동법 제1조 제2항에 따른 상사행위에 해당되지 않는다 하더라도, 그 기업의 상호가 등기되는 경우라 한다면, 상사행위로 인정한다. 즉, 상인적 방법에 의하여 설비된 영업조직을 필요로 하지 아니하는 영업적 기업의 경우에도 영업자의 선택에 따라서, 그는 기업의 상호를 등기할 수 있다. 이 경우 소규모영업자의 기업은 상사영업으로 의제되어 완전한 상인자격을 취득할 수 있게 된다. 물론 소규모영업자가 등기를 하지 않는 경우라 한다면, 그 자는 상인으로 인정받지 못하게 된다.[28]

결국 한편으로는 소규모영업을 하는 자가 등기를 통하여 완전한 상인이 되면, 개정 전 상법 제4조 제1항에서 소상인에게 적용되지 않았던 규정은 사라지는 결과를 가져왔고, 또 한편으로는 소규모영업자가 상법의 엄격한 규정을 적용받는 것을 거부하고자 하는 경우, 상호등기의 말소를 통한 상인자격의 종료가능성을 부여함으로써 소규모영업자를 보호하는 정책을 마련하고 있다(개정 상법 제2조 제3문).

5. 중간결론

1) 의제상인에 대한 사항

개정 전 독일 상법은 상인을 정의함에 있어 기본적 상행위라고 하는 개념을 통하여 당연상인이라 하여 상인을 정의하고자 하였다.[29] 또한 상인적 방법으로 설비된 영업조직이라는 의제상인이라고 하는 개념을 통하여 '기타의 영업의 경우에' 상인과 비상인을 구별하고자 하였

---

28) Byndlinski, Zentrale Änderung des HGB durch das Handelsrechtsreformgesetz, ZIP 1998, S. 1173 ff.

29) Schmidt K., Handelsrecht, Carl Heymann Verlag KG, 3 Aufl., 1988, S. 270 ff.

다. 그러나 개정 상법은 '상인적 방법으로 설비된 영업조직'이라는 개념을 가지고, 상인적 기업과 비상인적 기업 간의 구별을 위한 기준으로 채택하였다.[30] 따라서 "상인적 방법으로 설비된 영업조직"이라고 하는 개념은 상인과 비상인을 구별하는 획일적 기준이 된다.

개정상법은 상인을 정의함에 있어 '상사영업'이라는 개념을 계속하여 사용하고 있다. 그러나 개정상법 제1조 제2항에서 사용되고 있는 상사영업이라는 개념은 개정 전 상법에 있던 그것과는 차이가 있다. 개정 전 상법에서는 제1조 제2항에서 "상품거래 또는 그와 관련이 있는 행위를 기본적 상사영업", 즉 "기본적 상행위"에 해당하게 된다. 그러나 개정상법은 상인적 방법으로 설비된 영업조직을 필요로 하는 영업을 경영하는 것을 곧 "상사영업"이라고 규정하고 있는데, 개정 전의 상품거래를 기초로 하는 "기본적 상행위"와는 다른 개념을 의도하고 있는 것이다.

2) 소상인에 대한 사항

개정 전 상법에서는 등기하지 아니한 소규모영업자가 개정 전 상법 제1조 제2항에서 열거하고 있는 기본적 상행위 중의 하나를 영업으로 하는 경우에는 개정 전 상법 제4조에 따라서 소상인으로서 원칙적으로 상법의 적용을 받았으나 그의 영업이 기본적 상행위 이외의 행위를 영업으로 하는 경우에는 소규모영업자는 소상인이 아니고 비상인으로 취급되었다.

개정상법상 등기하지 아니한 모든 소규모영업자는 비상인으로 취급된다. 개정상법 제2조 제1문에 따라서 그 방법 또는 범위에 따라서 상인적 방법으로 설비된 영업조직을 필요로 하지 아니하는 영업적 기업의 경우에도 영업자의 선택에 따라서 자신의 기업의 상호를 상업등기부에 등기를 할 수가 있고, 이 경우에는 소규모영업자의 기업은 상사영업으로 의제되어 소규모영업자는 완전한 상인자격을 취득할 수 있게 된다.

---

30) Hofmann, Handelsrecht, Luchterhand, 10. Aufl., 1999, S. 9 ff.

Ⅳ 우리 상법상 상인 개념의 개정방향

1. 2010년 상법총칙 개정의 문제점

1) 상인개념 개정 누락

1962년 상법이 제정된 이후 우리 상법은 수차례 개정작업을 하였다. 그동안 개정 내용은 주로 회사법 관련사항에 제한되었던 반면에, 2010년 개정된 상법총칙과 상행위편은 상법 제정 당시 상당수 방치된 오류를 바로잡고, 여타제도의 합리성을 높이기 위한 개선이 이루어진 것으로 평가하고 있다.[31] 그러나 왜 상법총칙에서 가장 우선적으로 등장하는 동시에 상법상 중요한 의미를 가지고 있는 상인개념에 대한 현대화 작업이 이루어지지 않았는가에 대한 상당한 의문이 든다.

2) 기본적 상행위의 증가

우리 상법은 상법 제4조를 통한 "자기명의"와 제46조에 열거되어 있는 "기본적 상행위"를 통하여 당연상인이라고 하는 개념을 도출해내고 있다. 상법 제46조를 보면, 1995년 개정상법에서 제8호 대금, 환금 기타의 금융거래를 수신·여신·환 기타의 금융거래로 수정하였고, 제16호 무진을 상호부금 기타 이와 유사한 행위로 개정한 바 있다. 그리고 당시 존재하지 않았던 19호부터 21호를 추가하여 리스, 프랜차이즈 및 팩토링을 1995년 상법 개정 시 다시 기본적 상행위에 추가하더니, 2010년 상법을 개정하면서 다시 한 번 지급결제업무의 인수에 대한 사항을 기본적 상행위로 수용하였다.

3) 문제점

우리 상법이 당연상인을 정의함에 있어, 상법 제46조에 규정되어 있는 22개의 기본적 상행위 외에 얼마나 더 많은 기본적 상행위를 법전에 수용할 것인지가 궁금하다. 어떤 연유에서 해당되는 기본적 상행위를 최초로 받아들였는지에 대하여는 알 수 없지만, 경제생활의 변화에 따라 얼마나 더 많은 기본적 상행위가 우리 상법 제46조에 수용될지 모를 일이다. 시

---

31) 이철송, 『상법총칙·상행위법』(제9판), 박영사, 2010, p.26.

대상황에 따라, 새로 생기는 상행위가 당연상인과 연관되어 기본적 상행위로 지속적으로 받아들이게 된다면, 우리 상법전은 현재 22호의 상행위에서 50호, 아니 100호의 기본적 상행위를 인정하게 되는 묵직한 상법전을 구경하게 될 것이다. 이는 다른 국가에 볼 수 없는 진풍경이 연출될는지도 모를 일이다.

2. 의제상인을 통한 상인개념의 수정

개정 전 독일 상법 제1조 제1항과 제2항을 통하여 도출되는 "당연상인"의 개념은 독일 상법이 제정된 19세기말 당시의 주요한 기업활동, 즉 재화전환의 매개행위 또는 이와 관련이 있는 행위를 중심으로 입법화된 것이라고 한다.[32] 주지하다시피 우리 상법은 일본 상법을 근간으로 하여 제정된 법률이고, 일본 상법에 커다란 영향을 미친 것은 독일의 구 상법이다. 당연상인의 개념 역시 독일 상법의 체제가 우리에게 상당부분 전해졌을 것이라는 점은 이론의 여지가 없다. 경제환경의 변화에 따라, 재화와 관련된 기본적 상행위에 다양한 서비스와 관련된 상행위를 수용하고 있는 것이 우리 상법의 변화모습이다.

독일 상법은 상인개념에 대한 대전환을 이루었다. 현재 실정법에 따르면, 상사영업을 하는 자가 법률상 당연히 상인으로 인정되는 것이 아니고 '… 그 방법 또는 범위에 있어서 상인적 방법으로 설비된 영업조직을 필요로 하는 기업의 경우'에 상인자격이 인정된다.

기본적 상행위를 통한 당연상인의 개념 하에 상인을 정의하고자 하는 방법의 한계가 우리의 현실에도 노출되고 있다.[33] 당연상인이라는 개념을 통한 상인개념의 인식은, 현재의 경제상황에 합리적인 인식방법이라 할 수 없다. 당연상인의 개념을 과감하게 수정하는 동시에, 의제상인의 개념에 우선적인 무게를 두고 상인개념을 정립한 독일 상법의 입법태도를 진지하게 고려해 볼 필요가 있다.

---

32) 임중호, "1998년 개정 독일상법에 있어서의 상인개념의 개혁과 그의 상법적 의미", 「법학논문집」, 제23집, 중앙대학교법학연구소, 1998, p.79 이하.
33) 김정호, 『상법총칙·상행위법』, 법문사, 2008, p.48 이하.

3. 소상인 개념의 실익 여부

1) 의 의

영업규모가 영세한 소상인은 완전상인에 대비되는 개념이다. 자본금액이 1천만 원에 미달하는 상인으로서 회사에 해당하지 않는 자는 소상인에 해당하게 된다(상법시행령 제2조). 상법이 소상인에 대하여 규모만을 기준으로 정하고 있기 때문에, 당연상인 뿐만 아니라 의제상인에도 해당될 수 있다는 주장[34]이 있으나, "점포 기타 유사한 설비에 의하여 상인적 방법으로"라고 하는 의제상인의 경우, 상인적 방법이 되기 위해서는 "점포나 사무실과 같은 영업활동을 위한 고정적인 장소를 가지고, 상업사용인을 두고 상업장부를 작성하며 대외적인 홍보활동을 하는 등 사회통념상 상인의 경영방법이라 생각되는 방법을 좇아 영업을 하는 것"이 충족되어야 하는 바, 실제로 의제상인에 대하여는 소상인 개념의 적용이 쉽지 않을 것이다.

2) 소상인 대신에 상인 또는 비상인

개정 전 독일 상법이 인정하고 있었던 방식과 마찬가지로 우리 상법 역시 기본적 상행위를 영업으로 하는 경우에만 완전상인의 자격을 취득하기도 하고, 또한 소상인이 될 수도 있다. 기본적 상행위 가운데 하나를 영업으로 하는 경우에, 상법 제9조에 의하여 소상인은 원칙적으로 상법의 적용을 받게 되고, 예외적으로 지배인, 상호, 상업장부와 상업등기에 대한 규정이 그에게 적용하지 않게 된다. 결국 그의 영업이 기본적 상행위 이외의 행위를 영업으로 하는 경우에는 소규모영업자는 소상인이 되지 못하고 비상인으로 취급받게 되는 것이다.

그러나 현재 기본적 상행위만을 가지고 당연상인을 규정하는 방법이 한계를 노정하고 있는 이상, 기본적 상행위를 삭제하고 의제상인 개념의 방법을 통하여 상인개념을 도출하게 된다면, 소상인이라고 하는 개념이 반드시 필요한가에 대한 의문점이 제기된다. "상인적 방법"으로 영업을 하는 자가 상인이라고 한다면, 굳이 소상인이라고 하는 개념은 사라지고, 독일 상법과 유사하게 우리 상법은 이제부터 소규모영업자는 상인이거나 아니면 상인이 아닌 자로 남게 될 것이다. 이는 기본적 상행위를 토대로 하여 개념화하는 당연상인의 개념을 허용하지 않음에 따라 도출되는 하나의 결과라고 볼 수 있고, 이러한 결과는 상인 개념이 단순화하게 되는 효과를 제공한다.

---

34) 이철송, 『상법총칙·상행위법』(제9판), 박영사, 2010, p.75.

Ⅴ 결론

독일은 1998년 상법을 개정하면서 기본적 상행위를 열거하는 전통적인 방식을 포기하고 그 대신에 상인적 방법으로 설비된 영업조직의 필요성이라는 여건을 상법상 상인개념의 구성요소로 하고 있다. 그간의 복잡한 상인개념의 정립방법을 통일적으로 기술하는 방법을 택한 것이다. 한정적으로 열거된 기본적 상행위를 중심으로 하여 상인개념을 정립하던 전통적인 상인개념의 정립방법과 결별하고 상인적 방법으로 설비된 영업조직의 필요성이라는 요건을 기초로 하여, 상인개념을 정립하고자 하는 방법을 받아들인 독일의 경우 상인개념을 현대화하여 새로운 기업환경에 대응하고자 하였다.

우리 상법은 제46조에서 기본적 상행위를 열거하는 현행의 방식을 수정해야 할 필요성이 주기적으로 제기되고 있다.[35] 당연상인과 의제상인을 구별하는 현행 상법의 태도는 단순한 입법기술적인 차원으로 독일 구 상법의 방식을 우리가 일본을 통하여 받아들인 것에 불과하다. 그러므로 그러한 체제가 실무적인 분야에서 진정 의미가 있는가에 대한 회의감을 지울 수 없다. 이미 독일은 1998년 전통적인 당연상인을 정의함에 있어 기본적 상행위를 열거하는 방식을 폐지하고, 의제상인의 개념을 통한 상인개념 방식으로 재편하여, 현실의 경제생활을 반영하고 있다. 우리 상법 역시 의제상인을 중심으로 하여 상인개념을 다시 한 번 정립하여, 상법의 현대화를 갖출 수 있는 깊이 있는 고민이 요구된다.

〈상사판례연구, 제26집 제2권, 2013년 6월 30일, p.81 이하 게재〉

---

35) 이미 당연상인을 통한 개념화에 대한 비판적 시각으로는 정희철, 『상법학(상)』, 1988, p.70 이하; 김정호, 『상법총칙·상행위법』, 법문사, 2008, p.48 이하.

2013년 5월 25일 충북대 법학연구소와 한국상사판례학회가 공동으로 "기업환경 관련법제의 쟁점과 과제"라는 대주제하에 학술대회를 개최하였다. 본 학술대회에서 필자는 두 번째 "상법상 상인의 개정방향"이라는 제목으로 발표를 하였다. 독일 상법으로부터 수용했던 상인 개념이 현재에도 그대로 받아들이는 것이 가능할까? 필자의 의문은 여기서 시작되었다. '당연상인'이 되기 위해서 기본적 상행위를 지속적으로 나열해야만 하는 사고가 현재에도 타당한 것으로 받아들여야 하는가? 그것에 대답은 현 독일 상법이 말해주고 있었다. 1998년 독일 상법은 '당연상인'이라는 개념을 중심으로 상인을 정의하는 방식에서 벗어나 '의제상인'을 가지고 상인의 범위를 폭넓게 수용하고자 하였다. 우리 상법은 아직까지 이에 대한 의문에 전혀 거동을 하지 않고 있다.

상법에서 상인 개념은 매우 중요한 의미를 갖는다. 상법의 적용을 받기 위해서는 '상인'이라는 개념이 정의되어야 하고, 상법이 일반법과 무엇이 다른가를 파악해야 하는 점, 또한 일반법과 달리 상법은 어떠한 특별한 규칙이 있으며, 그 규칙을 통하여 추구하고 목적하는 바가 무엇인지를 정확히 이해해야 할 것이다. 그것에 대한 출발점은 바로 상인에 대한 개념에 있다.

제 43 장

이사의 제3자에 대한 손해와 주주의 이사에 대한 손해배상청구권

▌ 서 론

합명회사의 형태를 설립하여 상대방과 법률행위를 하게 되면, 각 사원은 정관에 다른 규정이 없는 한 회사의 업무를 집행할 권리와 의무가 있다(상법 제200조 제1항).[1] 각 사원 각자에게 업무집행을 맡긴 이유는 합명회사를 운영하는 경우 자신들이 출자한 것 이상의 책임을 부담하는 무한책임사원이기 때문에, 그들의 책임에 상응하는 업무집행을 할 수 있도록 한 것이다. 물론 업무집행권을 갖지 못한 사원은 업무집행에 대한 감시권을 갖게 된다(상법 제195조, 민법 제710조). 합자회사의 경우도 합명회사와 크게 다르지 않다. 무한책임사원은 출자한 것 이상의 책임을 지기 때문에 그들만이 업무집행을 하고(상법 제273조), 업무집행을 하지 않는 유한책임사원은, 합명회사의 업무집행을 하지 않는 사원과 마찬가지로, 업무집행에 대한 감시권을 갖는다(상법 제277조).[2] 결국 자연인 그 자신이 단독으로 영리적인 활동을 하는 경우, 그의 전 재산을 가지고 책임을 지도록 하고 있는 경우와 마찬가지로, 합명회사나 합자회사의 경우 무한책임사원이 전 재산을 가지고 회사채무에 대한 책임을 부담하기 때문에, 무한책임사원에게만 업무집행권을 부여한 것이다.

이사 또는 대표이사는 거래의 통념상 그들에게 객관적으로 요구되는 주의로써 회사의 업무를 집행하여야 하고, 동 의무를 위반한 경우에는 회사에 대하여 손해배상책임을 부담해야 한다(상법 제399조 제1항). 이는 회사와 이사의 법적인 관계에서 발생하는 업무집행자로서의 의무에 해당하는 것이다.[3] 합명회사에서 업무집행을 하는 사원이 제3자에게 손해를 가한 경우 그 단체인 회사가 손해배상책임을 지는 것은 물론이거니와 업무집행을 한 그 자도 회사와 연대책임을 부과하고 있다. 우리 상법은 주식회사에 대하여 합명회사에 대한 규정을 준용하고 있다. 주식회사와 이사는 위임관계 속에 있으므로, 이사는 회사의 위임에 따라 회사의

---

1) 김정호, 『회사법』(제2판), 법문사, 2012, p.799.
2) 합자회사는 익명조합(Stille Gesellschaft)과 유사한 면을 띠고 있다. 출자자와 영업자로 구성된 익명조합의 경우, 출자자는 유한책임을 부담하면서 영업을 담당하지 않고 뒤에 숨어 있는 자(이른바 익명)에 해당한다. 반면 영업자는 출자자(익명조합원)의 출자를 바탕으로 전면에 나서서 업무집행을 하는 자에 해당한다. 다만, 합자회사의 무한책임사원이 부담하는 책임과는 다른 모습을 띠고 있다는 점에서 차이가 있다.
3) 다만, 개정 상법 제399조 제1항에서, '고의 또는 과실로 법령이나 정관에 위반한 행위를 하거나 또는 그 임무를 해태한 경우'라는 사항을 명시적으로 입법화하였다. 개정 전 상법상 이사가 법령 또는 정관위반으로 인하여 부담하는 회사에 대한 책임과 관련하여, 책임에 대한 과실 여부를 가지고 다툼이 있었다. 개정 상법은 '고의 또는 과실'이라는 용어를 명확하게 삽입함으로써 이사의 법령 또는 정관에 위반한 행위에 대한 책임이 과실책임에 해당함을 명백하게 하였다. 주식회사에서 업무집행을 하는 대표이사의 제3자에 대한 불법행위책임을 인정하는 규정을 두고 있다.

수임자로서 선량한 관리자의 주의의무를 부담해야 한다. 제3자와의 관계는 위임관계가 존재하는 회사와의 관계와 다르다. 이사가 제3자와의 관계에서 회사에 부담하는 것과 같이 이사는 제3자에 대하여 선관주의의무를 부담하는 것은 아니다. 우리 대법원 역시 이 점을 명시적으로 밝히고 있다.[4] 2012년 4월 15일 개정된 상법 제401조는 약간의 변경이 있었다.[5] 개정과 관계없이 우리 상법은 제401조에서 이사의 제3자에 대한 책임을 명시적으로 규정하고 있다.

본 논문은 우선적으로 이사의 제3자에 대한 책임에 대한 사항을 검토하게 된다. 그리고 난 후, 주주가 제3자에 해당하는지 여부를 다룬 뒤, 2012년 12월 13일 대법원이 판시한 '이사의 주주에 대한 손해배상책임'의 문제를 검토하기로 한다.

Ⅱ 업무집행기관의 제3자에 대한 손해배상책임-비교법적인 검토

1. 독 일

독일 민법 제1장 제2절은 법인에 대한 내용을 규정하고 있다. 독일 민법에 따르면, 기본규약에 좇아 선임된 대리인이 그 직무의 집행에 관하여 제3자에게 손해를 가한 경우, 사단이 책임을 지도록 하고 있다(민법 제31조).[6] 독일 민법상 기관의 행위에 대하여 사단이 책임을 져야 하는 이유는, 기관의 행위는 사단 그 자신의 행위로서 본다고 하는 사고에 기인한 것이다.[7] 이른바 기관이론Organtheorie의 한 단면이다.[8] 사단은, 마치 자연인이 자신의 행위에 대하여 책임을 부담하는 것과 마찬가지로, 기관의 행위에 대하여 책임을 부담해야만 한다. 다만, 동조가 적용되기 위해서는 이사, 이사회의 구성원 또는 정관에 합당한 대리인자격을 갖춘 자가 손해를 배상해야 하는 행위를 야기하였어야 한다. 독일법상 이러한 사고는 다른 법

---

4) 대법원 1985. 11. 12. 선고 84다카 2490 판결.

5) 유주선, "주식회사에서 이사책임에 관한 논의-2011년 개정상법과 관련하여, 「일감법학」, 제22권, 건국대학교법학연구소, 2012, p.179 이하.

6) 독일 민법 제31조(기관의 행위에 대한 법인의 책임) 사단은 이사회, 이사회 구성원 또는 기타 기본규약에 따라 선임된 대리인이 그 직무의 집행에 관하여 행한 손해배상의무를 발생시키는 행위로 인하여 제3자에게 가한 손해에 대하여 책임을 진다.

7) Brox, Allgemeiner Teil des BGB, 25 Aufl., 2001, S. 338

8) BGH 98, 148.

인들에게도 적용된다. 독일 민법 제86조에 규정되어 있는 재단법인에 대하여 뿐만 아니라, 주식회사나 유한회사 대하여도 동일하게 적용된다. 독일 연방대법원은 법인이 아닌 합수조합인 합명회사나 합자회사의 경우에도 민법 제31조가 적용되는 것으로 보고 있고,[9] 더 나아가 민법상 조합에 대하여도 민법 제31조의 적용범위에 해당하는 것으로 판단하고 있다.[10]

독일 주식법 제93조는 이사의 주의의무와 책임에 대한 내용을 규정하고 있다. 특히 제2항은 이사가 주의의무를 위반한 경우에, 그 자는 그것으로부터 발생한 손해에 대하여 연대하여 회사에게 배상책임을 지도록 하고 있다.[11] 업무집행자의 책임과 관련하여, 독일 유한회사법 역시 주식회사에 대한 규정과 큰 차이가 없다. 독일 유한회사법 제43조 제2항은 자신의 임무를 위반한 업무집행자는 회사에 대하여 연대하여 그로 인하여 발생한 손해에 대하여 책임을 지도록 하고 있다(유한회사법 제43조).[12]

한편, 주식회사에서 주주에 대한 책임규정이 존재하지 않기 때문에, 업무집행기관의 직무행위로 인하여 주식회사와 주주에게 동시에 손해가 발생한 경우에, 누구에게 우선적으로 손해배상청구권을 부여해야 하는가에 대한 다툼이 있었다. 주주에게 손해가 발생하였다면, 지체 없이 그의 손해배상청구권을 제기할 수 있다는 주장도 있고,[13] 그 자신이 배상청구권을 행사할 수 있는가는 부차적으로 주어질 수 있다는 주장도 있으며,[14] 단지 주식회사만이 청구권을 행사할 수 있다는 주장도 있는가 하면,[15] 주주가 손해를 입었다 할지라도 그는 전혀 청구권을 행사할 수 없다는 주장도 있다.[16] 주주의 업무집행기관에 대한 책임추궁방식이 법문에 명백하게 규정되어 있지 않다는 비판에 따라, 독일 주식법 입법자는 1937년 주식법 제101조 제1항에서 주주에게 보장하였던 보상청구권을, 1965년 주식법 제117조 제1항 제2문에서 이른바 "주주의 간접손해(반사손해)를 보상으로부터 배제하는 입법적 단행을 하게 되었

---

9) BGH NJW 52, 538; VersR 62, 664.
10) BGH NJW 03, 1445; BAG NZA 08, 348 Tz 53.
11) 독일 주식법 제93조(이사의 주의의무와 책임) (1) 이사는 업무집행을 함에 있어서 상당하고도 성실한 주의를 가지고 있어야 한다. 이하 생략. (2) 본연의 의무를 위반한 이사들은, 그것으로 인하여 발생한 손해에 대한 연대책임을 부담한다.
12) 독일 유한회사법 제43조(업무집행자의 책임) (1) 회사의 업무를 집행함에 있어서 업무집행자는 성실한 상인의 주를 가지고 임해야 한다. (2) 본연의 임무를 위반한 업무집행자들은 발생한 손해에 대한 연대책임을 부담한다.
13) Mertens, Kölner Komm. AktG § 93 Rdn. 88; Baumbach/Hueck, Komm. AktG § 93 Rdn. 4, 13. Aufl., 1968.
14) Baums, Der Geschäftsleitervertrag, 1987, S. 215 ff.
15) Mertens, Die Anzeigepflicht des Verlustes des Garantiekapitals nach dem AktG und GmbHG-Zur Informationspolitik in den Kaptialgesellschaften- ZGR 1972, 254 (276 ff.); Wiedemann, Gesellschaftsrecht, Bd. I, 1980, S. 241.
16) Hefermehl, in: Geβler/Hefermehl/Eckardt/Kropff, Komm. AktG 1973, § 93 Rdn. 96.

다.[17] 현재 효력을 발생하고 있는 독일 주식법 제117조 제1항[18]과 제317조[19]에 따르면, 주식회사(또는 기업결합형태에서 지배회사)의 업무집행기관 또는 업무집행기관에 준하는 지위에 있는 자가 주주(종속회사)에게 손해를 야기하게 한 경우, 주주(종속회사의 주주)에게도 배상책임을 부담해야 함을 명시적으로 밝히고 있다. 그러나 자세히 보면, '주주가 손해를 입은 경우, 그 손해가 회사가 입은 손해와 상관없이 그 주주에게도 손해를 배상하도록 하고 있고', '회사와 별도로 자신이 직접 손해를 입은 경우에는 그 손해의 배상도 청구할 수 있다'고 규정하고 있다. 독일 실정법의 고찰에서 알 수 있는 바와 같이, 법인의 경우 업무집행자가 제3자에게 가한 손해에 대하여 그 자신이 책임을 지지 않고 법인에게 귀속되는 것이 원칙이지만, 기업결합의 경우에 있어서는 지배회사의 업무집행자가 종속회사의 주주에게 손해를 배상할 책임을 예외적으로 인정하고 있다.

2. 일 본

일본 구 민법 제44조 제2항은 법인의 불법행위능력에 대하여 규정하고 있었다.[20] 2008년 12월1일의 법인정비법(정식명칭「일반 사단 법인 및 일반재단법인에 관한 법률 및 공익사단법인 및 공익재단법인의 인정 등에 관한 법률의 시행에 따르는 관계 법률의 정비 등에 관한 법률」), 법인법(정식명칭「일반사단법인 및 일반재단법인에 관한 법률」), 공익인정법(정식명칭「공익 사단 법인 및 공익재단법인의 인정 등에 관한 법률」)의 시행에 의해 구 민법 제44조는 삭제되었다. 2008년의 민법개정 이후에 대응하는 새 규정은, 법인법 제78조, 제117조,

---

17) Begr. RegE bei Kropff, Aktiengesetz, 1965, § 117 S. 163; Brandes, Gesellschafts- und Gesellschafterschaden, FS Hans-Joachim Fleck, 1988, S. 13 (15); Müller, Gesellschafts- und Gesellschafterschaden, Festschrift für Kellermann, 1991, 317 (335); BGHZ 94, 55 (58).

18) 독일 주식법 제117조(손해배상의무) (1) 회사에 대한 영향력을 행사하면서, 회사나 주주에게 손해를 야기하기 위하여 이사나 감사의 구성원이나 지배인 또는 상업사용인 등을 고의적으로 정한 자는, 발생하는 손해에 대한 배상책임을 회사에 부담한다. 회사의 손해를 통하여 주주에게 부과되어진 손해와 상관없이, 주주에게 손해를 입었다고 하는 한, 그 자는 주주에게 발생된 손해에 대하여 배상책임이 있다.

19) 독일 주식법 제317조(지배기업과 지배기업 법정대리인의 책임) (1)지배계약을 하지 않은 채, 지배기업이 종속기업에게 불리한 법률행위를 하거나 또는 하나의 조치를 취함에 있어 그들에게 불리하도록 하면서, 그 불리함이 결산기에 실제로 보상되지 않거나 종속기업에게 보상을 위한 특별한 이익을 보상받을 수 있는 청구권을 행사하지 않는 것으로 한다면, 그 지배기업은 그것으로 인하여 발생한 손해에 대한 배상책임을 종속회사에 부담한다. 종속회사는, 종속회사의 손해를 통하여 주주에게 발생하였던 손해와 상관없이 주주들에게 발생한 손해에 대하여, 배상해야 할 책임이 있다.

20) 법인은 이사 그 밖의 대리인이 그 직무를 하는 것에 대해서 다른 사람에게 입힌 손해를 배상할 책임을 진다(제1호). 법인의 목적 범위를 넘는 행위에 의해 다른 사람에게 손해를 가했을 때는, 그 행위에 관련한 사항의 결의에 찬성한 사원, 이사 및 그 결의를 이행한 이사 그 밖의 대리인은 연대해서 그 손해를 배상할 책임을 진다(제2호).

제118조에 해당한다. 대표자가 제3자에 대하여 가한 손해배상책임을 인정하고 있고(민법 제78조),[21] 임원 등이 제3자에게 가한 손해에 대한 배상책임을 따로 규정하고 있다.[22] 또한 임원 등이 법인이나 제3자에게 손해를 가한 경우에는 연대채무를 부담하는 것으로 하고 있다.[23] 민법에서 법인의 제3자에 대한 책임을 규정하고 있는 일본은 회사법에도 인정되고 있다. 일본 상법 제266조의3(현재 회사법 제429조)을 계승한 것으로 알려지고 있다. 우리의 이사에 해당하는 취체역이 그 직무를 행함에 있어 악의 또는 중대한 과실이 있는 때에는 그 이사는 제3자에 대하여 연대하여 손해배상책임이 있음을 규정하고 있다(일본 회사법 제429조).[24]

3. 우리나라

우리 민법은 법인의 조직으로서 업무를 집행하는 기관으로서 이사(제57조)와 감독기관으로서 감사(제66조), 그리고 의사결정기관으로서 사원총회(제68조 이하)를 인정하고 있다. 특히 이사는 대외적으로 법인을 대표할 뿐만 아니라 대내적으로 법인의 업무를 집행하는 업무집행기관으로서 사단법인에 있어서 반드시 존재해야 하는 필요기관에 해당한다. 한편 법인은 이사 기타 대표자가 그 직무에 관하여 타인에게 가한 손해를 배상할 책임이 있다(민법 제35조 제1항). 여기서 '이사 기타 대표자'자 함은 법인의 대표기관을 의미하는 것이고 대표권이 없는 이사는 법인의 기관이기는 하지만 대표기관은 아니기 때문에 그들의 행위로 인하여 법인의 불법행위가 성립하지 않게 된다.[25] 그러나 유의해야 할 사항은 법인의 이사 기타

---

21) 민법 제78조(대표자의 행위에 관한 손해 배상 책임) 일반사단법인은, 대표이사 그 밖의 대표자가 그 직무를 하는 것에 대해 제3자에게 가한 손해를 배상할 책임을 진다.

22) 민법 제117조(임원 등의 제3자에 대한 손해 배상 책임) 1.임원 등이 그 직무를 하는 것에 대해 악의 또는 중대한 과실이 있을 때는 해당 임원 등은 이것에 의해 제3자에게 생긴 손해를 배상할 책임을 진다. 2. 다음 각호에 열거하는 자가 해당 각호에 정하는 행위를 한 때도, 전항과 같다. 다만, 그 자가 해당 행위를 한 것에 대해서 주의를 게을리하지 않은 것을 증명했을 때는 그러하지 아니하다. 1) 이사 다음에 열거하는 행위 가. 계산서류 및 사업보고 및 이 부속명세서에 기재하거나 또는 기록해야 할 중요한 사항에 관한 허위의 기재 또는 기록. 나. 기금 (제131조에 규정하는 기금을 말한다.)을 인수하는 자를 모집을 할 때에 통지해야 하는 중요한 사항에 관한 허위의 통지 또는 해당모집을 위한 해당 일반사단법인의 사업 그 밖의 사항에 관한 설명에 이용한 자료에 관한 허위의 기재 또는 기록. 다. 허위의 등기. 라. 허위의 공고 (제128조 제3항에 규정하는 조치를 포함한다.). 2) 감사 보고에 기재하거나 또는 기록해야 할 중요한 사항에 관한 허위의 기재 또는 기록. 3) 회계감사인 회계감사보고에 기재하거나 기록해야 할 중요한 사항에 관한 허위의 기재 또는 기록.

23) 민법 제118조(임원 등의 연대책임) 임원 등이 일반사단법인 또는 제3자에게 생긴 손해를 배상할 책임을 질 경우에 있어서 다른 임원 등도 해당손해를 배상하는 책임을 질 때는 이러한 자들은 연대채무자로 한다.

24) 일본 회사법 제429조 ① 취체역(우리의 이사에 해당)이 그 직무를 행함에 있어 악의 또는 중대한 과실이 있는 때에는 그 이사는 제3자에 대하여도 역시 연대하여 손해배상의 책임을 진다. 이하 생략.

25) 대법원 2005. 12. 23. 선고 2003다30159 판결.

대표자의 불법행위의 의한 책임을 법인이 부담하는 것으로 하고 있는 동시에(민법 제35조 제1항 본문), 이사 기타 대표자 역시 이로 인하여 발생한 손해에 대하여 자신 또한 책임을 면하지 못하는 것으로 하고 있다(민법 제35조 제1항 단서). 우리의 경우 비영리법인에서 업무집행자가 타인에게 손해를 가한 경우 발생하는 손해에 대한 배상책임을 인정하고 있는 것과 같은 맥락에서 주식회사 역시 타인에 대한 손해배상책임을 부담하도록 하고 있다.

4. 소 결

우리와 독일의 경우 업무집행기관으로서 주식회사의 이사, 유한회사의 업무집행자는 회사에 대한 관계에서 발생하는 손해에 대한 책임을 부담하도록 하고 있다. 독일의 경우 업무집행기관의 제3자에 대한 행위에서 발생한 손해에 대하여, 그 자신이 부담하는 것이 아니라 법인에게 귀속시키고 있는 반면에 우리의 경우 이사 기타 대표자 자신의 책임을 규정하고 있다는 점에서 차이점이 발견된다. 업무집행기관의 제3자에 대한 책임을 법인에게 귀속시키고 있는 독일은 다른 단체의 경우에도 동일하게 적용된다. 더 나아가 독일의 판례는, 포괄적인 권리능력과 독립성을 갖춘 법인에 적용하는 단계를 넘어, 법인은 아니지만 부분적인 권리능력을 인정하고 있는 합명회사나 합자회사, 또한 민법상 조합 등에 대하여도 단체의 책임만을 인정하고자 한다.

다른 나라에서는 적어도 이사의 제3자에 대한 책임에 대하여, 제정법에서 그처럼 포괄적으로 인정하는 예를 찾기가 쉽지 않다. 일본의 경우, 회사가 자력이 없는 상태인 도산 등으로 말미암아 채권을 변제받지 못하는 경우에 회사 대신에 대표이사 등을 상대로 배상책임을 인정하고자 하는 목적에서 동 규정을 입법한 것으로 알려져 있다. 주식회사의 이사는 포괄적인 권리능력을 가지고 있다는 점에 유념하여, 제3자에 대한 보호필요성 차원에서 본 규정이 입법화된 것이라는 입장[26]도 있고, 제3자를 보호하는 입장뿐만 아니라 이사가 직무집행을 함에 있어 신중을 기하게 하고자 하는 의도가 있다는 주장[27]도 있다. 독일 실정법상 법인이라고 하는 단체에서 있어서 업무집행기관의 제3자에 대한 책임은 특별하게 규정되어 있지 않아, 그것이 민법상 비영리법인이든 아니면 회사법상 영리법인이든, 만약 기관 자신의 책임

---

26) 임재연, 『회사법 II』(개정판), 박영사, 2012, p.458.
27) 이철송, 『회사법강의』(제20판), 박영사, 2012, p.768 이하.

이 문제가 등장하게 된다면, 민법상의 불법행위책임의 문제로 돌아가게 될 것이다. 독일의 경우와 달리 일본은 민법이나 회사법에서 기관의 책임을 배제하는 독일의 "기관이론 Organtheorie"을 받아들이지 않았고, 이러한 일본의 체계를 우리가 그대로 계수한 것이다. 이하에서는 상법 제401조에 대한 사항을 고찰하기로 한다.

Ⅲ 우리 상법상 주주의 이사에 대한 손해배상청구 가능성

1. 상법 제401조의 법적 성질

우리 상법 제401조는 이사가 임무해태로 인하여 제3자에게 손해를 가한 경우에는 배상책임을 부담하는 것으로 하고 있다. 동 규정의 법적 성질을 살펴보자.

상법 제401조가 일반 불법행위책임과 유사하다는 측면을 고려하여, 일본에서 논의되고 있는 불법행위특칙설과 특수불법행위설 등의 주장이 있다.[28] 양자는 불법행위책임으로부터 출발하고 있다는 점에서 공통점이 있지만 차이점도 존재한다. 전자는 불법행위요건을 고의(개정 전, 악의) 또는 중과실로 한정하면서 경과실로 인한 책임을 면제하고 있다는 점에서, 일반 불법행위책임을 규정하고 있는 민법 제750조의 특칙으로 볼 수 있다. 일반 불법행위책임과 달리, 경과실로 인한 이사의 책임을 면제하고자 하는 이유가 있다고 한다. 결국 이 입장은 이사의 책임을 경과실에 대한 책임이 면제된 것만을 제외하고는 일반불법행위책임과 동일한 것으로 파악하게 된다. 반면 후자는 이사의 제3자에 대한 책임을 상법이 특별히 인정한 불법행위책임으로 파악하고자 하며, 민법 제755조 내지 제759조의 특수한 불법행위의 하나로 보고 있다.[29] 일반 불법행위와 달리 위법성 요건을 요구하고 있지 않다. 다만, 개정 전 상법 제401조에 규정되어 있는 '악의 또는 중대한 과실로 임무를 해태한 때'에 이사의 제3자에 대한 책임이 성립하게 된다. 이 입장을 따르게 되면, 이사가 이러한 책임을 지지 않는 경우라도, 일반 불법행위책임에 대한 요건이 충족되면, 이사는 제3자에 대하여 면책을 주장할 수 없게 된다.

---

28) 일본의 논의에 대하여는 김건식, "주주의 직접손해와 간접손해–이사의 제3자에 대한 책임을 중심으로", 「법학」, 제34권 제2호, 서울대학교법학연구소, 1993, p.298 이하.

29) 박효관, "이사의 제3자에 대한 책임–위법성 요건을 중심으로–", 「판례연구」, 제14집, 부산판례연구회, 2003. 2, p.548.

외부적인 관계에서 이사가 제3자에게 손해를 가한 경우에, 그 자는 회사의 기관으로서 행위를 한 것이기 때문에 회사가 책임을 부담하는 것이 원칙이지만, 상법이 이사에게 제3자에 대하여 책임을 부담하도록 규정한 것은 제3자를 특별히 보호하고자 하는 정책적 배려가 있다는 주장이 법정책임설이다.[30] 이러한 주장과 괘를 같이 하면서, 본 규정은 제3자 보호를 목적으로 하기도 하지만 동시에 이사가 직무집행을 함에 있어서 신중을 기하게 하고자 하는 의도에서 상법에서 규정한 것이라는 주장도 있다.[31] 일본과 우리나라의 통설이다. 대법원 역시 이러한 입장을 취하고 있다.[32] 법정책임설을 인정하게 되면, 동 규정의 책임은 불법행위책임과는 무관하므로 제3자에 대한 관계에서 위법성이 인정될 필요는 없다.

2. 주주의 제3자에의 포함 여부

상법 제401조에서 의미하는 제3자의 범위를 파악해야 할 필요성이 있다. 제3자라 함은 임무를 해태한 당해 이사와 회사를 제외한 제3자로서 타인을 의미한다.[33] 회사 및 회사의 행위자인 이사는 제3자의 범위에 포함되지 않는다. 회사채권자 및 회사와 거래관계를 맺은 자 등은 제3자에 해당하는 것으로 본다.[34] 상법 제401조 제1항은 제3자라고만 규정되어 있다. 명시적으로 규정되어 있지 않기 때문에 주주는 제3자에 포함되는 것으로 볼 수 없다는 주장[35]도 있지만, 상법이 어떠한 제한도 가하고 있지 않기 때문에, 주주 또는 주식인수인 모두 제3자에 포함되는 것으로 보아야 한다.[36] 주주도 상법 제401조의 제3자 범위에 포함되는 것으로 보면, 이제 질문은 이사가 주주에게 부담해야 하는 손해범위에 대한 확정의 문제로 발전한다.

---

30) 김정호, 『회사법』(제2판), 법문사, 2012, p.508 이하; 임재연, 『회사법 II』(개정판), 박영사, 2012, p.456.

31) 이철송, 『회사법강의』(제20판), 박영사, 2012, p.768.

32) 대법원 2006. 12. 22. 선고 2004다63354 판결에서 "상법 제401조에 기한 이사의 제3자에 대한 손해배상책임이 제3자를 보호하기 위하여 상법이 인정하는 특수한 책임이라는 점을 감안할 때, 일반 불법행위책임의 단기소멸시효를 규정한 민법 제766조 제1항은 적용될 여지는 없고, 달리 별도로 시효를 정한 규정이 없는 이상 채권으로서 민법 제162조 제1항에 따라 그 소멸시효기간은 10년이라고 봄이 상당하다"고 판시하고 있다.

33) 김동민, "주주의 간접손해에 대한 이사의 손해배상책임에 관한 연구", 「법학논총」, 제21집, 숭실대학교법학연구소, 2009. 2, p.11.

34) 구회근, "이사의 회사에 대한 손해배상책임 및 판례에 나타난 구체적인 사례 분석", 「사법연수원논문집」, 제3집, 2006, p.130.

35) 서돈각·정완용, 『상법강의(상)』, 전4전정, 법문사, 1999, p.468.

36) 김정호, 『회사법』(제2판), 법문사, 2012, p.510; 이철송, 『회사법강의』(제20판), 박영사, 2012, p.772.

3. 직접손해와 간접손해

주주에게 발생하는 손해는 크게 두 가지, 직접손해와 간접손해로 구분된다. 양자를 구분하여 살펴보도록 한다.[37]

1) 직접손해

직접손해라 함은 회사가 손해를 입었는지 여부에 관계없이 이사의 임무해태로 인해 제3자가 직접 개인적으로 입은 손해를 말한다.[38] 직접손해에 속하는 사례로는 이사가 작성한 허위의 주식청약서를 믿고 제3자가 주식을 인수하였다가 손해를 본 경우, 또는 이사의 허위정보를 믿고 주식을 매수하거나 또는 매도할 기회를 잃은 주주가 받게 되는 손해 등을 들 수 있다. 그 외에도 명의개서를 부당하게 거절한 경우, 명의개서 또는 주식병합 등을 위하여 회사에 제공한 주권을 부당하게 반환하지 않은 경우, 주권을 정당한 이유 없이 장기간 교부하지 않은 경우, 재무제표에 허위기재를 한 경우, 주식의 부당한 소각, 특정주주의 신주인수권을 무시한 경우, 주주를 불평등하게 대우한 경우, 정당한 이유 없이 주식의 상장폐지를 신청한 경우 등을 들 수 있다.[39] 결국 직접손해라 함은 주식회사의 대표이사가 제3자에 대하여 직접적인 위법행위를 통하여 손해를 가한 경우라 하겠다.[40]

2) 간접손해

간접손해라 함은 이사의 임무해태로 인하여 제1차적으로 회사에 손해가 발생하고 그 결과 제2차적으로 제3자가 입은 손해를 의미한다. 2차적으로 발생하였다는 점에서 간접적인 손해가 된다. 이사가 회사의 재산을 횡령하여 회사재산이 감소되어 회사가 부실화되고 그로 인하여 제3자인 회사채권자가 채권을 회수하지 못하게 되어 손해를 보는 경우가 대표적인 사례이다.[41] 이사가 회사재산에 대하여 손해를 가하였기 때문에 이익배당을 받지 못한 주주가

---

37) 김건식, "주주의 직접손해와 간접손해-이사의 제3자에 대한 책임을 중심으로", 「법학」, 제34권, 제2호, 서울대학교법학연구소, 1993, p.300; 김동민, "주주의 간접손해에 대한 이사의 손해배상책임에 관한 연구", 「법학논총」, 제21집, 숭실대학교법학연구소, 2009. 2. p.38.

38) 오영준, "이사의 횡령 등으로 인한 주가하락 및 상장폐지와 주주의 이사에 대한 손해배상청구", 「BFL」 제60호, 서울대학교금융법센터, 2013. 7. p.109.

39) 손주찬 · 정동윤, 「주석 상법(III)」, 한국사법행정학회, 1999, p.458.

40) 정동윤, 「회사법」(제6판), 법문사, 2000, p.452.

입은 손해 역시 여기에 해당하고, 이사의 회사재산 횡령행위 등으로 인하여 회사가 상장폐지되고 그 과정에서 주가가 하락함으로써 입은 주주의 손해 역시 여기에 해당한다.[42]

4. 직접청구권과 간접청구권

1) 직접손해에 대한 직접청구권

상법 제401조는 앞에서 언급한 바와 같이, 제3자를 보호하기 위한 정책적 배려에서 입법화 된 조문으로 보는 것이 정설이다. 고의 또는 중대한 과실로 인한 이사의 행위가 제3자인 주주에게 직접적인 손해, 이른바 직접손해를 야기한 경우라 한다면, 상법 제401조에 따라 주주는 이사에 대하여 직접적인 청구권을 행사하게 된다. 법정책임설을 따르게 되면, 일반불법행위책임과는 아무 관련이 없는 독립된 책임요건을 구성하게 된다.[43]

2) 간접손해에 대한 간접청구권

이사가 회사의 재산을 횡령하여 회사재산이 감소함으로써 회사가 손해를 입고 결과적으로 주주의 경제적 이익이 침해되는 간접손해에 대하여는 상법 제401조가 적용되지 않는다.[44] 무엇보다도 중요한 이유는 이사가 주주에 대한 침해된 경제적 손실을 회사에 배상하면 주주의 손해는 간접적으로 전보된다는 점에 있다.[45] 이는 독일 문헌에서도 등장하는 '자동회복논거'와도 맥을 같이 한다.[46] 만약 이사가 회사가 아닌 주주에게 손해를 배상하게 되면, 이사는 회사에 대한 책임은 여전히 남아 있게 되고, 다시 회사에게 손해배상책임을 부담해야 하는 이중의 책임관계에 놓여 있게 된다.[47] 또 다른 이유로는 회사의 책임재산에 대한 사항

---

41) 대법원 1993. 1. 26. 선고 91다36093 판결.

42) 대법원 2012. 12. 13. 선고 2010다77743 판결.

43) 대법원 2006. 12. 22. 선고 2004다63354 판결에서 "상법 제401조에 기한 이사의 제3자에 대한 손해배상책임이 제3자를 보호하기 위하여 상법이 인정하는 특수한 책임이라는 점을 감안할 때, 일반 불법행위책임의 단기소멸시효를 규정한 민법 제766조 제1항은 적용될 여지가 없고, 달리 별도로 시효를 정한 규정이 없는 이상 일반 채권으로서 민법 제162조 제1항에 따라 그 소멸시효기간은 10년이라고 봄이 상당하다"고 판시하고 있다.

44) 대법원 2012. 12. 13. 선고 2010다77743 판결.

45) 김건식, "주주의 직접손해와 간접손해-이사의 제3자에 대한 책임을 중심으로", 서울대학교, 「법학」, 제34권 제2호, 서울대학교법학연구소, 1993, p.305.

46) Kowalski, Der Ersatz von Gesellschafts- und Gesellschafterschaden-Zum Gesellschaftsrechtlichen Zweckbindungsgedanken im Schadensrecht, Diss. Uni. Köln 1990, 51 ff.

47) 회사가 이사에 대하여 손해배상청구를 주저하는 경우를 우려하는 견해도 있기는 하지만, 우리 실정법이 주주에게 대표

이다. 이사가 주주의 손해를 배상하면 목적재산인 회사의 손해배상청구권이 소멸하므로 회사채권자의 이익이 침해된다는 점이다. 독일의 다양한 문헌[48]과 판례[49]에서 발견되고 있다. 회사가 이사에 대하여 가지는 손해배상청구권은 회사의 재산이다. 주주가 회사보다 우선적으로 배상을 받는다면, 회사재산이 주주에게 유출되는 것과 같은 결과가 되고 회사채권자의 이익을 침해할 우려가 있다. 또한 이사로부터 직접 손해배상을 받은 주주와 그렇지 아니한 주주 사이에 불균형이 발생하기 때문에 간접적인 손해를 입은 주주는 손해배상의 주체에서 제외되어야 한다. 자본회사에서 —그것이 주식회사이든 유한회사이든 상관없이— 독일 대법원은 이사(업무집행자)가 회사에 대해 손해를 가하고 동시에 '주주들에 대한 의무'를 위반한 경우에, 주주는 이사에 대해서 손해배상청구를 할 수 없는 것으로 판단하고 있다.[50]

3) 간접손해에 대한 직접청구권 가능성

간접손해의 경우에 주주가 이사에 대하여 직접적으로 손해배상청구권을 행사할 수 있는 여지가 없는 것인가에 대한 물음이 제기된다.[51] 회사가 이사에 대하여 손해배상청구를 행사하지 않고 있으며, 주주가 이사에 대하여 손해배상청구권을 행사한다고 할지라도 제3자인 채권자에게 손해를 발생시키지 않는 범위 내에서 예외적으로 주주의 이사에 대한 직접청구권 행사가 가능할 것이다. 또한 이사의 회사재산 횡령으로 상장회사의 주가가 하락하거나 회사가 도산에 이르게 되었다 할지라도, 회사의 손해를 초과하는 주주의 손해가 명백한 경우에 대하여, 단지 그 초과손해에 대하여만 주주의 이사에 대한 직접적인 책임을 인정할 수 있을 것이다.[52]

소송을 인정하고 있는 이상, 실정법에서 문제를 해결하는 방법을 모색해야 할 것이다.

48) Brandes, Ersatz von Gesellschafts- und Gesellschafterschaden, FS für Hans-Joachim Fleck, 1988, S. 13 ff;

49) BGHZ JZ 1987, 781 (783); BGH ZIP 1988, 1112 (1115).

50) BGH NJW 1987, 1077. 주주에게 배상청구를 허용하는 것은 회사가 온전하게 유지해야 할 '자본유지원칙'에 반할 뿐만 아니라 회사재산이 회사채권자를 위한 특정한 목적을 위해야 한다는 "회사재산의 목적기여"(Zweckwidmung des Geseslischaftsvermögen)에 어긋난다는 것이다. 결국 간접손해에 대하여는 회사가 이사에 대하여 손해배상청구권을 행사하는 방법이 타당하다.

51) 간접손해에도 직접청구권을 인정해야만 한다는 입장으로는 송호창, "주주의 간접손해에 대한 이사의 손해배상책임", 「기업지배구조연구」, vol. 8, 기업지배구조연구소, 2007. 8월, p.11.

52) 서태경, "주주의 간접손해에 대한 이사의 손해배상책임", 「법학논총」, 제24집 제3호, 한양대학교법학연구소, 2007. 8, p.664에서 불공정한 발행가액에 의한 신주발행 시 주가하락 등 주주의 간접손해에 대하여 이사가 직접책임을 부담해야 한다고 주장한다.

독일 연방대법원 역시 이 점을 고려하여 회사에 대하여 주주의 배상이 이루어지지 않는 경우에 주주가 이사에 대하여 자신의 배상청구권을 인정하고 있는 것을 볼 수 있다.[53] 회사가 배상청구를 하지 않고 있는 경우도 마찬가지이다.[54] 결국 간접손해의 경우에 주주가 이사에 대하여 직접적인 청구를 하는 것은 거의 존재하지 않을 것이다. 다만, 폐쇄적인 회사의 경우 이중배상책임이 없으면서 채권자에 대한 책임재산이 아무런 문제가 발생하지 않는 예외적인 상황에서 주주의 직접적인 청구권은 가능할 것이다.[55]

5. 판례의 입장

1993년 1월 26일 우리 대법원은 직접손해와 간접손해에 대한 흥미로운 판결을 하였다.[56] 동 사건에서 주주인 원고는 대표이사인 피고에 대하여, 이사의 제3자에 대한 책임을 규정하고 있는 상법 제401조를 근거로 하여 직접청구권을 행사하고자 하였고, 상법 제389조 제3항 및 제210조에 따라 회사가 이사에 대하여 손해배상을 청구하고자 하였다. 대법원은 이사의 주주에 대한 간접적인 손해에 대하여 주주의 이사에 대한 손해배상청구권 행사를 받아들이지 않았다. 대법원은 "주주가 그 회사의 대표이사의 악의 또는 중대한 과실로 인한 임무해태로 직접손해를 입은 경우에는 이사와 회사에 대하여 상법 제401조, 제389조, 제210조에 의하여 손해배상을 청구할 수 있다 하겠으나, 대표이사가 회사재산을 횡령하여 회사재산이 감소함으로써 회사가 손해를 입고 결과적으로 주주의 경제적 이익이 침해되는 손해와 같은 간접적인 손해는 같은 법 제401조 제1항에서 말하는 손해의 개념에 포함되지 아니하므로 이에 대하여는 위 법조항에 의한 손해배상을 청구할 수 없는 것으로 봄이 상당하다"고 하면서 주주의 간접책임에 대한 직접적인 손해배상청구권을 인정하지 않았다.[57]

2003년 10월 24일 판결 역시 결과에 있어서 큰 차이가 없다. 부산건설회관의 이사인 피고가 대출금을 횡령하여 부산건설회관의 재산을 감소시킴으로써 주주임을 전제로 하는 원고

---

53) RGZ 115, 289 (296).

54) BGH WM 1967, 287; BGH WM 1969, 1081 (1082).

55) 김정호, "주주의 간접손해에 대한 배상청구가능요건", 「고려대학교 법과대학 100주년 기념논문집」, 고려대학교법과대학 100주년 기념논문집 발간위원회, 2005. 12, p.263 이하; 최문희, "이사의 횡령행위, 부실공시로 인한 손해에 대한 주주의 배상청구의 가부", 「증권법연구」, 제14권 제2호, 한국증권법학회, 2013, p.154.

56) 대법원 1985. 11. 12. 선고 84다카2490 판결.

57) 대법원 1993. 1. 26. 선고 91다36093 판결. 본 판결에 대하여는 김정호, "주주의 간접손해에 대한 배상청구가능요건", 「고려대학교 법과대학 100주년 기념논문집」, 고려대학교법과대학 100주년 기념논문집 발간위원회, 2005. 12, p.257.

의 경제적 이익이 결과적으로 침해를 입혔던 사건이었다.[58] 대법원은 "이사가 회사재산을 횡령하여 회사재산이 감소함으로써 회사가 손해를 입고 결과적으로 주주의 경제적 이익이 침해되는 손해와 같은 간접적인 손해는 상법 제401조 제1항에서 말하는 손해의 개념에 포함되지 아니하므로 이에 대하여는 위 법조항에 의한 손해배상을 청구할 수 없다"고 하면서, 1993년 판결을 계승하고 있다.

2012년 대법원은 다시 한 번 주주의 이사에 대한 손해배상청구의 문제를 다루었다.[59] 기존의 판결에 연결하여 대법원은 주주의 간접손해와 직접손해의 개념을 제시하면서 간접손해는 상법 제401조에 포함되지 않는다고 하였다. 그러나 금번 판결에서 대법원은 "간접손해와 관련되어 있다고 할지라도, 회사의 재산을 횡령한 이사가 악의 또는 중대한 과실로 부실공시를 하여 그로 인하여 정상주가보다 높은 가격에 주식을 매수한 주주가 있다고 한다면 이는 직접손해에 해당하는 것이고, 상법 제401조에 따라 주주는 이사에 대한 직접책임을 인정할 수 있다"고 제시하면서, 직접손해의 범위를 보다 명확히 하는 작업을 하였다. 이하에서는 2012년 12월 13일 판결에 대하여 자세하게 살펴보도록 한다.

Ⅳ 2012년 12월 13일 대법원의 판결

1. 사실관계

피고는 코스닥등록법인 주식회사 옵셔널캐피털(이하 '소외 회사'라 한다)의 대표이사로 재직하였거나 소외 회사를 실질적으로 경영한 자이다. 그는 2001년 4월 2일경부터 2002년 3월 중순경까지 소외 회사의 대표이사로 재직하고 있으면서, 약 21회에 걸쳐 소외 회사 자본금 규모의 180%에 달하는 금액을 횡령하는 행위를 하였고, 회사의 이익을 극대화하기 위하여 각종 주가조작 및 허위공시를 하였다. 자본잠식 등이 결정적인 원인으로 하여 소외 회사의 코스닥등록이 취소되었고, 그 결과 소외회사 주식 가치가 하락하고 되었다. 당시 주식을 가지고 있던 원고들은 소외 회사의 대표이사였던 피고에게 상법 제401조 제1항에 따른 손해배상청구권을 행사하였다.

---

58) 대법원 2003. 10. 24. 선고 2003다29661 판결.
59) 대법원 2012. 12. 13. 선고 2010다77743 판결.

2. 원고의 주장

원고들은 "소외 회사의 대표이사로서 피고는 소외 회사의 유상증자 및 소외 회사 자금의 투자용도 등 중요한 사실에 관하여 허위공시를 하여 소액주주들을 유인하여 소외 회사 주식을 매수하도록 한 후 2001년 7월경부터 2001년 10월경까지 소외 회사 자금 약 320억 원을 별도의 회사 투자자에 대하여 투자금 반환 명목으로 지급하는 등 횡령함으로써 소외 회사의 재무구조가 현저히 악화되었음에도 분식회계를 통해 이러한 내용을 은폐하고, 외국계 회사가 소외 회사에 자금을 투자하는 것처럼 부실공시를 하였다. 허위공시·횡령행위·부실공시 등이 외부에 알려져 소외 회사의 주가가 기하급수적으로 하락하게 되었고, 이로 인해 소외 회사 주식에 대해 2002년 3월 7일부터 주권매매거래정지처분이 내려진 후, 결국 2002년 7월경 위 주식이 상장 폐지되었는 바, 그로 인하여 소액주주인 원고들은 최소 매매거래정지가 된 시점의 주가 중 가장 낮은 종가 990원에서 상장폐지로 이한 정리매매 첫날의 종가 130원을 공제한 금액에 주식수를 곱한 금액 상당, 원고 1의 경우 약 6,000만 원, 원고 2의 경우 약 1억 2,000만 원 상당의 손해를 입었다"고 주장하면서 피고는 주주인 원고들에 대하여 상법 제401조 제1항, 제401조의2 제1항 제1호, 제2호의 이사의 제3자에 대한 책임 또는 민법상 불법행위책임에 기하여 주식차액 상당의 손해배상 명목으로 위 금원 및 각 금원에 대한 지연손해금 지급의 청구를 주장한 것이다.

3. 원심의 판단

서울고등법원은 우선 간접손해와 직접손해를 구분하였다.[60] 법원은 "코스닥등록법인인 소외 회사를 실질적으로 경영하던 피고가 2001년 7월 30일경부터 2001년 10월 26일경까지 약 21회에 걸쳐 소외 회사 자본금 규모의 약 160%에 달하는 금액(약 320억 원)을 횡령하고, 그 과정에서 취할 수 있는 이익을 극대화하기 위하여 각종 주가조작·허위공시를 행하였으며, 그로 인한 자본잠식 등이 결정적인 원인이 되어 2002년 7월 말경 소외 회사의 코스닥등록이 취소되기에 이르렀으므로, 피고의 위와 같은 위법한 임무해태행위와 그로 말미암은 코스닥등록 취소로 인하여 소외 회사 주식의 가치가 하락하여 그 당시 소외 회사 주식을 보유하고 있던 원고들이 입은 손해 사이에는 상당인과관계가 있다고 보아야 하고, 위와 같은 손

---

60) 서울고등법원 2010. 8. 20. 선고 2009나27973 판결.

해는 피고가 정당한 사유 없이 코스닥등록을 취소시켜 생긴 손해와 동일시할 수 있어 직접 손해를 입은 것으로 볼 수 있다"고 하면서 이는 상법 제401조 제1항에서 규정하고 있는 손해에 해당한다고 판단하였다. 그 손해액에 대하여는 "매매거래정지 직전 시점의 주가 중 가장 낮은 종가인 990원에서 코스닥등록 취소를 전제로 정리매매기간에 형성된 가장 높은 종가인 340원을 공제한 금액에 원고들의 각 보유주식 수를 곱한 금액으로 보아야 한다"고 판시하였다.

4. 상고이유

1) 간접손해 주장

피고는 상장폐지로 인한 주주의 피해는 회사가치의 하락으로 인하여 주가가 하락한 것이기 때문에, 이는 직접손해가 아니라 간접손해에 속한다고 주장하였다. 소외 회사는 현재 정상적으로 운용되는 회사이고, 미국·캘리포니아 주 중앙법원에 피고를 상대로 한 손해배상청구소송에서 승소하여 약 370억 원 상당의 손해배상채권을 가지고 있다고 하면서, 소외 회사의 주주는 소외 회사가 피고로부터 위 손해를 전보받을 경우 피해를 회복할 수 있기 때문에, 별도로 상법 제401조 제1항에 따라 피고에게 손해배상청구권 행사를 인정해서는 안 된다고 주장하였다.

2) 인과관계 부존재

피고는 원고가 피고의 횡령·주가조작·부실공시 등의 행위가 끝나고 그 행위가 언론의 보도로 공론화된 후 소외 회사의 주식을 매입한 것이라고 주장하면서, 원고들의 주식매입시기에 대한 의문을 제기하였다. 원고는 횡령·허위공시와 그로 인한 상장폐지 가능성을 알면서 매입한 자에 해당하고, 피고의 위법행위와 원고가 입은 손해 사이에는 인과관계가 존재하지 않기 때문에, 피고는 손해배상책임이 존재하지 않는다고 주장하였다.

3) 실제 손해의 부존재

피고는 정리매매기간의 마지막 날 소외 회사의 주가가 다시 상승한 점에 비추어 보아, 이는 정리매매기간 동안 비정상적으로 저평가된 주가에 불과하다는 점을 지적하였다. 정리매매기간이 끝난 후 소외 회사의 주가는 601원에서 1,000원대에서 거래되었고, 정리매매기간 시작 전 주가가 1,000원이었던 점에 비추어 보면, 소외 회사의 정상주가는 1,000원이라고 보아야 하므로, 실제로 원고들의 손해는 없다고 주장하였다.

5. 대법원의 판단

대법원은 다음과 같은 요지에서 원심의 판단에 수긍하기 어렵다고 하였다. "원고 1이 2001년 2월 28일부터 2002년 2월 27일까지, 원고 2가 2001년 11월 7일부터 2002년 2월 26일까지 각기 소외 회사 주식을 취득하고, 2002년 3월경 현재 원고 1이 70,000주, 원고 2가 141,500주를 각 보유하고 있던 사실 등을 알 수 있으나, 나아가 피고가 소외 회사 주식의 주가 형성에 영향을 미칠 수 있는 사정들에 대하여 언제 어떠한 내용의 부실공시나 주가조작을 하였는지, 원고들이 어느 부실공시 또는 주가조작으로 인하여 진상을 알지 못한 채 주식 평가를 그르쳐 몇 주의 주식을 정상주가보다 얼마나 높은 가격에 취득하였는지 등을 알 수 없다"는 점을 피력하면서, "만일 피고가 거액의 소외 회사 재산을 횡령하고 악의 또는 중대한 과실로 부실공시를 함으로써 원고들이 그로 인한 재무구조의 악화 사실을 알지 못한 채 정상주가보다 높은 가격에 주식을 취득하였다가 그 후 진상이 공표되면서 자본잠식 등이 결정적인 원인이 되어 소외 회사의 코스닥등록이 취소되고 그 과정에서 주가가 하락하게 되었다면, 원고들이 피고의 부실공시로 인하여 직접 손해를 입었다고 볼 수 있으므로, 피고를 상대로 상법 제401조 제1항에 의하여 손해배상을 청구할 수 있을 것이다. 그러나 원고들이 주식을 취득한 후 피고의 횡령과 그에 관한 부실공시가 이루어지고 그로 인한 소외 회사의 재무구조의 악화 사실이 나중에 공표되면서 자본잠식 등이 결정적인 원인이 되어 소외 회사의 코스닥등록이 취소되고 그 과정에서 주가가 하락분 상당의 손해는 결국 피고의 횡령으로 소외 회사가 재무구조가 악화되어 생긴 간접적인 손해에 불과하고, 그 횡령이 계획적이고 그 규모가 소외 회사의 자본금에 비추어 거액이며 횡령 과정에 주가조작이나 부실공시 등의 행위가 수반되었다는 사정만으로 달리 볼 것은 아니므로, 이러한 경우라면 원고들은 피고를 상대로 제401조 제1항에 의하여 손해배상을 청구할 수 없을 것"임을 판시하였다. 그러나 대법원은 피고가 거액의 횡령 등 주가 형성에 영향을 미칠 수 있는 사정들에 관하여 언제 어떠한 내용의 부실공시를 하거나 주가조작을 하였는지, 원고들이 어느 부실공시 또는 주가조작으로 인하여 진상을 알지 못한 채 주식 평가를 그르쳐 몇 주의 주식을 정상주가보다 얼마다 높은 가격에 취득하였는지 등에 관한 사항들에 대하여 제대로 심리되지 아니한 면과 상법 제401조 제1항의 해석 및 상당인과관계에 관한 법리 등을 오해하여 판결에 미친 위법이 있다고 하면서, 원심법원에 파기환송하였다.

V 대상판결에 대한 검토

1. 새로운 유형의 직접손해

대법원은 대상판결에서 이사가 회사재산을 횡령하여 회사재산이 감소함으로써 회사가 손해를 입고 결과적으로 주주의 경제적 이익이 침해되는 손해인 간접손해에 대하여는 상법 제401조 제1항이 적용되지 않음을 다시 한 번 명확하게 밝히면서, 이전의 판례에 대한 지속성을 확고하게 하고 있다. 그러나 직접손해와 관련하여, 이전 판례에서 볼 수 없었던 손해형태를 제시하였다. 대법원이 제시하는 새로운 직접손해의 형태에 해당하게 되면, 상법 제401조 제1항을 근거로 하여 주주는 이사에 대하여 직접적인 청구권이 행사하게 된다. 2012년 12월 13일 대법원의 판결은 직접손해에 대한 구체적이면서 새로운 직접손해의 유형을 제시하고 있다는 점에서 그 의미가 있다.

대법원에 따른다면, 대표이사의 회사재산에 대한 횡령행위가 발생하고 부실공시가 이루어지며, 회사의 재무구조가 악화되었다는 사실을 알지 못한 채 주식을 취득하였고, 이때 주주들이 정상가보다 높은 가격으로 주식을 취득하였다가 그 진상의 공표·자본잠식·등록취소 및 주가하락이라고 하는 손해가 발생하였다고 한다면, 이는 직접손해에 해당하고 상법 제401조에 따라 주주는 이사에 대하여 손해배상청구권을 행사할 수 있다고 한다. 회사재산의 횡령이라고 하는 이사의 1차적인 행위가 발생하고, 그것에 따라 주주가 손해를 입게 되면 일반적으로 간접적인 손해의 유형으로 분류하게 된다. 그러나 대법원은 본 판결에서 회사재산의 횡령행위와 관련이 있다고 할지라도, 일정한 경우에 있어서는 간접손해가 아닌 주주의 직접손해가 발생할 수 있다는 점을 적시하고 있다. 회사에 대한 부실공시나 재무구조의 악화에 대한 사실을 인지하지 못했다고 한다면, 주주는 이사에 대한 직접청구권을 행사하여 그의 권리를 보호받을 가능성을 인정하게 된다. 주주의 직접적인 손해를 인정하기 위해서는, 이사의 구체적이면서 직접적인 손해의 야기상황이 존재해야 함을 알 수 있다.

2. 주식취득시점을 기준으로 손해범위 분류

주식취득시점을 기준으로 하여 "횡령행위+부실공시 이후에 정상주가보다 주가가 높이 형성된 상태에서 주식을 매입한 경우"와 "횡령행위+부실공시 이전에 주식을 매입한 후 횡령·부실공시가 있는 경우"로 구분하여 설명하는 입장이 있다.[61] 전자의 경우는 대법원이 판시하는 바와 같은 직접손해에 해당하는 것으로 본다. 즉, 이사의 횡령행위와 부실공시가 이루어지고, 그것에 따라 정상적인 주가보다 높은 가격으로 주식을 매입하였다고 한다면, 이는 주주의 직접손해에 해당한다는 것이다. 만약 이사의 부실공시가 없었다고 한다면 정상적인 주가보다 높은 가격이 형성되지 않았을 것이고, 이러한 경우라면 투자자는 해당 주식을 매입하지 않았을 것이라는 사항을 고려한 것으로 보인다. 그러나 동 입장은 후자에 대하여는 명확하게 드러내지 않고 있다. 다만, 주가의 하락 시 그 주가의 하락은 모두 이사의 귀책사유에 기인하는 것은 아니라는 점에 주목한다.[62] 주식시장은 회사의 재무상태·영업성과·영업전망 등이 고려되어 주가가 형성될 뿐만 아니라 국내외 경제와 사회 및 정치적 요소들이 함께 작용하여 주가가 형성되는 점은 간과되어서는 아니 될 것이다. 이러한 사항을 고려해 보건대, 후자의 경우에는 직접손해로 보기는 어려울 것으로 판단되고, 간접손해에 보다 더 가까운 것이라 하겠다.

3. 상장폐지로 인한 주주손해에 대한 이사책임

대법원의 판결에 대하여 상장폐지라는 개념을 중심으로 하여, 1) 회사 재무구조 악화와 무관한 정당한 사유 없는 상장폐지, 2) 이사의 횡령 등 부실경영에 의한 재무구조 악화로 인한 상장폐지, 3) 부실공시로 인하여 정상주가보다 높게 주식을 매수한 후 부실공시 사실이 밝혀져 상장폐지에 이르기까지 주가가 계속 하락한 경우 등으로 구분하여 이사책임의 여부를 밝히고자 하는 시도가 있다.[63] 이는 상장폐지가 되면 거래소에서 '주식양도 가능성 상실', 즉 '시장에서 주식양도자유 보장성의 상실'이라는 점을 고려한 분류방법이라 할 수 있다.

---

61) 최문희, "이사의 횡령행위, 부실공시로 인한 손해에 대한 주주의 배상청구의 가부", 「증권법연구」, 제14권 제2호(한국증권법학회, 2013), p.115 이하.

62) 최문희, "이사의 횡령행위, 부실공시로 인한 손해에 대한 주주의 배상청구의 가부", 「증권법연구」, 제14권 제2호(한국증권법학회, 2013), p.157.

63) 오영준, "이사의 횡령 등으로 인한 주가하락 및 상장폐지와 주주의 이사에 대한 손해배상청구", 「BFL」 제60호, 서울대학교 금융법센터, 2013. 7, p.114 이하.

1)의 경우는 정당한 상장폐지의 이유가 없음에도 불구하고 이사가 상장을 폐지하는 것으로 결정한 사항에 해당한다. 소수주주의 직접손해로 보아 이사의 손해배상책임이 발생하게 될 것이다. 2)의 경우는 1)의 경우와 달리, 이사의 횡령 등으로 인하여 상장이 폐지된 경우이다. 이사의 횡령 등 부실경영에 의하여 회사 재무구조의 악화와 상장폐지로 인한 주가급락이 이루어진 경우라면, 이 경우 주주손해는 간접손해로 보아야 한다는 것이다. 3)의 경우는 2012년 대법원이 판시하고 있는 바와 같다. 즉, 이사의 회사재산 횡령이 발생하였고 부실공시를 통하여 정상주가보다 높게 형성되었으며, 매수인이 그러한 사실을 알지 못한 채 주식을 취득하였고, 이 경우에 상장이 폐지되면서 주주에게 손해가 발생하였다면, 그 손해는 직접손해로 보고자 한다.[64]

4. 사 견

대법원은 직접손해의 새로운 유형을 제시하는 동시에, 본 사안은 직접손해에 해당하지 않는 사례로 보았다.[65] 주주의 손해범위와 관련하여 아직까지 우리 대법원에 집적된 판결이 그리 많은 것은 아니지만, 아직까지 이사가 주주에 대하여 직접적인 손해를 가한 대법원 판결은 없다. 다른 한편으로 생각한다면, 상법 제401조에 대한 존재가치에 대한 회의감도 생길 수 있다. 그런 측면에서 동 규정은 제3자를 보호하는 기능보다는 이사가 업무를 집행함에 있어서 주의를 다해야 한다는 주의기능이 있다고 하겠다.

금번 대법원 판결에서 특히 주목해야 할 사항은 주식취득시점인 것으로 판단된다. 만약 주주들의 주식취득행위가 먼저 이루어진 후 피고의 횡령행위가 있었고, 부실공시가 이루어졌으며 회사재무구조의 악화사실에 대한 공표 및 자본잠식 등이 결정적인 원인이 되어 코스닥 등록이 취소되고 주가가 하락된 경우라면, 이는 직접손해가 아닌 간접손해에 해당하게 된다. 주식취득시점에 중요한 기준이 되어, 비록 이사의 회사재산횡령행위가 발생했다고 할지라도, 이 경우에는 상법 제401조가 적용되지 않게 되며, 주주의 이사에 대한 직접청구권은 배제된다. 결국 대법원의 판결에서 중요한 사항은 주주가 언제 주식을 취득하였는가에 대한

---

64) 오영준, "이사의 횡령 등으로 인한 주가하락 및 상장폐지와 주주의 이사에 대한 손해배상청구", 「BFL」 제60호, 서울대학교 금융법센터, 2013. 7, p.115.

65) 대법원의 원심법원에 환송에 따라 2013년 10월 30일 서울고등법원 제12민사부 항소심 재판(사건번호 2013나1022)이 있었다.

시점이 상당한 의미를 갖게 될 것으로 보인다. 더불어 주주가 부실공시라든가 재무구조의 약화 등의 사실을 알고 있었는지에 대한 인지능력 역시 직접손해와 간접손해를 구분함에 있어서 중요한 기준이 될 것이다.

대법원은 간접손해의 경우 상법 제401조가 적용되지 않는다는 점을 명백히 하고 있다. 금번 판결에서는 간접손해의 문제가 크게 드러나지는 않았기 때문에 문제시 되지 않았지만, 앞으로 간접손해의 경우에 직접청구권을 인정하고자 하는 논의가 지속될 수 있다. 그러나 주주가 이사에 의하여 간접적으로 손해를 입은 경우에도 직접청구권을 인정하자는 의견은 쉽게 받아들이기에는 어려움이 있다. 독일 문헌에서 제기되고 있는 '자동회복논거'라든가 '회사채권자 보호 측면'을 고려한다면, 동 주장은 원칙상 인정받기 어려울 것이다.

Ⅵ 결론

상법 제401조를 규정하고 있는 이상, 주식회사의 이사가 악의 또는 중과실로 인한 임무해태행위로 주주에게 직접적인 손해를 가한 경우라 하면 상법 제401조에 따라 주주의 이사에 대한 직접적인 손해배상청구권 행사가 가능하다. 이사가 회사재산을 횡령함에 따라 회사재산이 감소함으로써 주주가 손해를 입게 되는 간접손해에 대하여는 책임재산으로 존재해야 할 당위성을 고려하여 상법 제401조의 적용을 가능하지 않은 것으로 보아야 한다. 대법원 역시 이 점을 고려하여 명백하게 회사의 이사에 대한 청구권 행사를 통한 내부적인 관계를 통한 해결책을 제시하고 있다.

실무에서 가장 문제가 되고 있는 사항은 간접손해의 경우 주주의 이사에 대한 직접청구권을 행사할 수 있는지 여부이다. 간접손해의 경우 주식회사의 기관에 대한 주주의 직접적인 청구권은 인정될 수 없는 것이 원칙이고, 그것은 타당하다. 회사의 손해에 대한 주주의 초과손해가 있는 것이 명백하거나, 회사가 도산하여 회사가 이사에 대하여 책임추궁이 불가능한 경우 등 매우 예외적인 상황에 직접청구권 행사의 가능성이 있다. 다만, 이 경우에도 회사채권자의 이익을 침해하지 않는 한도에서만 인정되어야 할 것이다.

〈증권법연구 제14권 제3호(통권 제31호) 2013년 12월 31일, 1면 이하 게재〉

한국증권법학회가 주최한 제192회 정기세미나에서 발표한 논문이다. 필자가 본 주제에 관심을 가졌던 것은 기관이 제3자에게 직접책임을 부담해야 하는가에 있었다. 독일 단체법을 보면 비영리법인으로서 사단법인이든 영리법인으로서 회사이든 상관없이 업무집행자는 그 직무를 집행함에 있어 제3자에게 가한 손해에 대하여 법인에게 귀속시키게 된다. 그런데 우리 법은 업무집행자 자신이 책임을 부담하는 것으로 하고 있다. 왜 이러한 체계를 가지고 있는가에 대한 물음에서 시작한 것이 본 연구논문이다. 우리 민법은 일본 민법과 유사한 사항을 가지고 있음을 발견했다. 일본 민법 역시 독일 민법이 체계를 토대로 한 것으로 알려져 있다. 그러나 독일 민법과 달리 일본은 업무집행자가 제3자에 대하여 직접책임을 인정하는 규정을 두고 있었다. 우리는 일본의 법체계를 수용한 것이라 하겠다.

본 주제는 회사법상 중요한 의미를 주기도 하지만, 우리의 회사 실무에서 상당한 파장을 야기하였던 내용이기도 하다. 만도기계 사건이 우선 떠오른다. 2007년 대선에 등장하였던 BBK 사건은 아직도 우리 뇌리에 남아 있다. 이러한 점들이 필자에게 흥미를 던져 주기에 충분한 것이었다. 다만, 어떤 사건이 발생하면 언론이나 방송이 그 결과에 대하여 예단한다든지, 또는 법리적인 면보다 감정적인 면에 앞서 나가 자의적인 판단을 하는 경우가 왕왕 발생하게 된다. 제시된 판결들을 보면 법리적인 면을 우선시하고자 하는 면이 눈에 띈다.

제 44 장
은행근저당권설정비 부담주체

I 서 론

은행(대여자)과 은행으로부터 자금을 차용하고자 하는 사람(차용자) 사이에 금전소비대차계약이 체결되면, 일반적으로 근저당권의 설정이 발생하게 된다. 근저당권이 발생하면 필연적으로 그것에 따른 비용의 부담이 생긴다. 우리 민법은 이 점에 대하여 명문으로 규정되어 있지 않다. 실무상 이러한 비용부담의 문제는 보통거래약관을 통하여 처리된다. 즉, 금전소비대차계약(이른바 대출거래) 시 사용하는 대출거래 약정서, 근저당권설정계약서 등의 표준약관에서 인지세 부분의 비용부담주체를 정할 수 있고, 인지세 부분과 별도로 근저당권설정비용에 대하여는, 은행이 부담하도록 하거나 아니면 소비자인 대출고객이 부담하게 할 수도 있으며 은행과 소비자가 협의하여 결정하는 방법을 선택할 수도 있다. 실무에서 근저당권설정비용과 관련하여, 발생하였던 설정비용에 대하여 누가 부담하는 것이 옳은 것인가에 대한 다툼이 전개되고 있다.

금전소비대차계약상 발생하는 비용의 부담주체에 대하여 독일 역시 유사한 상황이 발생하였다. 독일의 경우 금전소비대차계약에서 발생하는 비용에 대하여, 소비자가 부담해야 하는 것이 대부분의 문헌과 판례에서 인정되고 있었다. 그러나 2012년 5월 8일 독일 연방대법원BGH, Bundesgerichtshof은 소비대차계약의 차용자인 소비자가 발생되는 비용을 부담하는 것으로 하였던 이전의 판례를 뒤집고, 금융기관인 은행이 비용의 부담주체가 되어야 한다고 판시하였다.[1]

본 논문은 우리나라의 학설과 판례의 논의를 전개하면서, 독일에서 그러한 논의가 어떠한 방향으로 전개되고 있는가를 비교법적으로 다루고 있다.

Ⅱ 우리나라 근저당권설정비용 부담주체의 경과

1. 기존 판례와 학설의 입장

1) 판례의 경향

근저당권설정비용의 부담주체에 대하여, 1962년 2월 15일 우리 대법원은 처음으로 설정비부담에 관한 판단을 하였다.[2] 다툼이 되는 저당권설정등기에 있어서 대법원은 당사자 간에 특별한 약정이 없는 한, 그 비용은 채무자가 부담해야 한다고 하였다. 그러나 그 이유를 명확히 제시하지 못하고, 단지 채무자가 부담하는 것이 거래상의 원칙이라고만 하였다.

10년이 지난 후 대법원은 입장을 바꾸어 등기비용이나 취득세는 당연히 채무의 내용에 포함되는 것으로 보아서는 아니 되며, 특별한 약정이 없는 한 당해 비용에 대하여 채무자가 부

---

1) BGH Urteil vom 8. 5. 2012 – XI ZR 61/11.
2) 대법원 1962. 2. 15. 선고 4294민상 290 판결.

담하는 것이 아니라, 채권자가 부담해야 한다고 판단하였다.[3] 그 후에도 대법원은 가등기 · 본등기와 관련된 사례에서, 채권자가 담보권자로서 담보물을 취득하기 위하여 지출한 비용인 가등기 · 본등기의 비용 등을 채무자인 원고가 부담하기로 하였다는 특약이 없었다면, 채권자가 부담해야 함을 다시 한 번 판시하고 있다.[4] 채무자가 아닌 채권자가 당해 비용을 부담해야 하는 이유에 대하여, 대법원은 담보권을 확보하기 위하여 해당 물건에 대하여 저당권을 설정하고 있다고 한다. 양자 사이에 특별한 약정이 없다면, 타당하게도 대법원은 채권자가 부담해야 한다는 것이다.

2) 학설의 입장

(1) 채권자부담

근저당권설정비용에 대하여 채권자가 부담해야 한다는 주장으로, 채무자가 부담하기로 하는 특약이 없다고 한다면, 담보권자인 채권자가 부담하는 것이 옳다고 한다.[5] 채권자부담설을 주장하는 입장은, 금전소비대차의 경우에 있어서 근저당권을 설정하는 이유는 채무자가 금전채무를 이행하지 못하는 경우에 담보권을 확보하기 위하여 소요되는 비용이라는 점을 중요시한다. 즉, 채권자의 이익을 위하여 발생한 비용이기 때문에 채권자가 부담해야 한다는 것이다.[6]

(2) 채무자부담

우리나라 다수의 학자는 거래관행을 이유로, 당사자 사이에서 특별한 약정이 없다면 채무자가 부담하도록 하는 것이 타당하다고 한다.[7] 특히 1962년 2월 15일 대법원의 판결에 제시된 거래관행을 근거로 든다. 다른 한편으로, 금융기관인 채권자가 근저당권설정비용을 부담하는 형식을 취한다고 할지라도, 채권자는 그 비용을 차용자인 소비자에게 전가하기 때문에 결과적으로 채무자가 부담하는 것이나 마찬가지이므로, 채무자가 부담하는 것이 옳다[8]고

---

3) 대법원 1972. 1. 31. 선고 71다2539 판결.
4) 대법원 1981. 7. 28. 선고 81다257 판결; 대법원 1987. 6. 9. 선고 86다카2435 판결.
5) 박준서, 『주석 민법: 물권(4)』(제3판), 한국사법행정학회, 2000, p.146.
6) 유주선, "독일의 저당권 설정비용에 관한 논의–최근 연방대법원 판례를 중심으로", 최신 외국법제정보, (2012년 제6호), p.44 이하. 2012년 5월 8일 독일 대법원 판례를 근거로 하여 채권자의 부담주체 가능성을 탐색하고 있다.
7) 곽윤직, 『물권법』(제7판), 박영사, 2005, p.329; 이영준, 『물권법』(전정신판), 박영사, 2009, p.863.

주장한다. 또한 신용대출과 달리 부동산담보대출의 경우 담보제공에 따라 일단 은행이 '우선변제권 확보'라는 이익을 얻지만, 그 이익은 대출에서 낮은 이율 및 대출한도액의 증액으로 이어지고 있다는 점에서 궁극적인 이익은 채무자에게 이전된다고 한다.[9]

(3) 사견

은행인 채권자가 부담해야 하는 것이 옳다고 생각된다. 거래관행이라는 이유로 채무자가 부담해야 한다는 판례가 있지만, 50년이 지난 오래된 판례이고 대법원이 채무자부담을 판단한 유일한 판결에 불과하다. 금리 등에서 우대를 해주었기 때문에, 채무자가 부담해야 한다는 주장 역시 고객이 그러한 내용을 정확히 인식하고 있지도 않을뿐더러 그러한 사항을 은행 측에서 정확하게 설명해주지도 않을 실정이라는 점에서 설득력이 떨어진다. 신용대출과 달리 담보대출의 경우 우선변제권을 갖는 대신에 채무자는 낮은 이율, 대출한도의 증액의 이익을 얻고 있다고 주장하지만, 신용대출은 부동산담보대출에 비하여 원래 이율이 높다. 양자의 대출에 대한 리스크 자체가 달라, 신용대출은 고율이고, 그것에 비하여 부동산담보대출은 상대적으로 이율이 낮은 것이다. 대출한도의 증액이라고 하는 면도, 부동산을 담보로 제공했기 때문에 금액을 증액한 것이 아니라, 담보만 허용된다면 얼마든지 대출금을 증액할 수 있다는 점에서, 채무자부담설은 타당성이 떨어진다. 채권자가 금전을 대여하는 이유를 생각해 보자. 그는 일정한 금액을 일정한 기간 대여하고, 매우 안전한 장치를 강구하면서 지속적인 이율을 받고자 할 것이다. 정해진 이율과 대여된 원금을 회수하지 못할 경우를 대비하여 담보권, 이른바 근저당권을 설정한 것이다. 이 점에 유념해야 한다.

2. 최근 판례의 입장

1) 공정거래위원회의 약관내용 개정

2006년 9월 공정거래위원회는 은행이 근저당권 설정비용을 부담하는 방향으로 여신 관련 약관을 개정하도록 은행연합회에 권고하였다. 은행연합회가 공정거래위원회의 개선권고를 수용하지 않음에 따라, 2008년 2월 공정거래위원회는 직권으로 약관을 개정하고 동년 5월

---

8) 최병규, "근저당권설정비의 부담주체에 관한 연구", 「상사판례연구」, 제22집 제1권, 2009. 3, p.209 이하; 고동원, "근저당권 설정 비용의 부담 주체에 관한 소고", 법률신문, 2012. 7. 12.
9) 채무자 부담설의 입장에서 지원림, "(근)저당권 설정비용의 부담자", 「고려법학」, 제66호, 2012. 9, p.139 이하.

부터 개정된 약관을 사용할 것을 권고하였다. 공정거래위원회의 잇따른 조치에, 은행연합회는 2008년 법원에 개정약관에 대한 취소소송 및 집행정지를 신청하고 2008년 4월 법원은 개정약관의 집행을 정지하였다. 2008년 11월 서울고등법원이 이에 대한 판시를 하였다.

개정 전 표준약관조항을 살펴보면, 인지세 부담 조항은 양 당사자가 협의하여 차용자인 본인이 부담하거나 은행이 부담하는 방법 또는 차용자와 대용자인 은행이 각각 50%씩 부담하는 방법 가운데 하나를 선택하도록 규정하고 있었다. 또한 근저당권 설정비용과 말소비용 부담조항에서는 은행과 소비자가 각각 50%씩 부담하도록 명시하고 있었다. 개정 후 표준약관에서는 인지세 부담 조항에 대하여는 양 당사자가 협의하여 본인이 지불하거나 은행 또는 설정자가 선택하여 부담할 수 있도록 하였다. 근저당권 설정 비용은 은행이, 말소 비용은 채무자 또는 설정자가 부담하는 것으로 명시하였다.

2) 법원의 판단

서울고등법원은 전국은행연합회와 16개 시중은행이 제기한 소송에서 인지세 등의 비용에 관한 부담주체를 고객이 선택할 수 있도록 한 이상, 기존 표준약관조항 자체는 불공정하지 않으므로 공정거래위원회의 개정표준약관 사용권장행위는 위법하다고 하는 일부 패소판결을 내렸다.[10)]

2010년 10월 공정거래위원회가 제기한 상고심에서 대법원은, 약관의 불공정성 심사 시 거래관행을 고려한 실질에 대한 판단이 필요하다고 하며, 공정거래위원회 패소부분을 파기하여 서울고등법원에 환송하는 판단을 하였다.[11)] 서울고법은 대출거래약관조항의 불공정성 여부를 결정하는 데 거래관행은 고려할 수 없다는 전제 하에서 판단하였다. 반면 대법원은 "문제되는 조항만을 따로 떼어서 볼 것이 아니라 전체 약관내용을 종합적으로 고찰한 후에 판단하여야 하고 그 약관이 사용되는 거래분야의 통상적인 거래관행, 거래대상인 상품이나 용역의 특성 등을 함께 고려해야 한다"고 판단하였다. 서울고등법원과 대법원은 고객이 인지세 및 근저당권 설정비용의 부담주체를 선택하도록 한 기존 약관의 불공정성 판단기준에 대하여 각각 다른 입장을 표명한 것이다. 특히 대법원은 약관 조항 자체에서 고객의 선택권이 보

---

10) 서울고법 2008. 11. 20. 선고 2008누7962 판결.
11) 대법원 2010. 10. 14. 선고 2008두23184 판결.

장되어 있는 이상 기존약관을 불공정하다고 보기 어렵다는 원심판결에 대하여, 거래관행을 고려하여 다시 판단하라는 취지로 파기하여 원심법원에 환송한 것이다.[12]

3) 차용자의 설정비용반환청구소송

2011년 4월 서울고등법원은 대출거래의 관행을 고려할 때 공정거래위원회의 표준약관 직권개정 및 사용권고 조치가 적법하다는 판단을 하였다.[13] 직권 개정한 표준약관이 집행정지 상태가 해소됨에 따라 은행 및 금융회사는 2011년 7월부터 내부 전산처리시스템을 고쳐 새 약관을 시행하게 되었다. 현재 한국소비자원은 소비자피해구제 차원에서 기존 약관에 따라 고객이 부담했던 근저당설정비용 반환청구소송을 지원하고 있다.

▥ 독일 민법상 비용부담주체와 지출비용약관에 대한 판례의 변경

1. 민법상 비용부담주체

1) '채권관계의 소멸'의 변제에 있어서 비용부담

독일 민법은 근저당권설정비용에 관한 명문의 규정을 두고 있지 않다. 또한 변제비용에 대하여도 특별하게 규정하고 있지 않다. 독일 민법은 제4장에 채권관계의 소멸에 대한 내용을 담고 있다. 특히 "영수증Quittung"과 관련된 규정의 고찰은 의미가 있다. 채권자는 채무자의 청구에 대하여, 급부수령과 상환하여 서면에 의한 수령증명서인, 이른바 '영수증'을 교부토록 하고 있다(독일 민법 제368조).[14] 만약 다른 방식의 영수증을 요구받을 만한 법률적 이해 관계를 가지고 있다면, 채무자는 그 방식의 영수증을 교부해 달라는 청구권을 행사할 수 있다. 독일 민법 제369조는 영수증의 비용에 대한 내용을 명시적으로 규정하고 있다. 채무자와 채권자 사이에 존재하는 법률관계로부터 달리 해석되지 아니하는 한, 영수증의 비용은 채

---

12) 최병규, "은행의 근저당권설정비 부담주체에 관한 논의", 「법률신문」, 2012. 10. 8. 최종적으로 대출을 받은 고객이 설정 비용 부담 여부를 결정하는 한편, 은행이 그에 따라 금리 등을 조정할 수 있게 허용하는 구 표준약관이 자본주의 사회에 서의 서비스 경쟁 및 시장원리에 더 부합하다고 한다.

13) 서울고법 2011. 4. 6. 선고 2010누35571 판결.

14) 우리 민법 역시 제474조에 영수증청구권을 규정하고 있다. 제474조(영수증청구권) 변제자는 변제를 받는 자에게 영수 증을 청구할 수 있다.

무자가 부담해야 하고 그 비용은 미리 지급하도록 하고 있다.[15] 그 영수증이 채무자의 이해관계에서 교부되는 것이기 때문에, 발생하는 비용에 대한 부담을 채무자가 부담하는 것으로 한 것이다.[16]

2) 매매계약 시 비용부담의 주체

독일 민법 제448조는 부동산의 매매계약 시 발생하는 '인도비용과 그것과 유사한 비용'이라는 제목으로 등기비용에 대하여 규정하고 있다.[17] 물건의 인도비용에 대하여는 매도인이 부담하고, 수취비용 및 물건을 이행지 이외의 장소로 송부하는 비용에 대하여는 매수인이 부담하는 것으로 하고 있다(제1항). 반면 매매계약서의 작성, 부동산소유권양도합의, 부동산 등기부에의 등기 및 등기에 필요한 의사표시의 비용에 대하여는 부동산의 매도인이 부담하도록 하고 있다(제2항). 또한 물건의 매매에 관한 규정(민법 제433조 이하)은 권리 및 기타의 목적물의 매매에 준용되며(민법 제453조 제1항), 권리의 설정 및 이전의 비용은 매도인이 부담하도록 하고 있다(민법 제453조 제2항).

3) 위임, 사무처리 및 사무관리에 있어서 비용부담의 주체

(1) 위임의 경우

민법 제662조 이하는 위임Auftrag에 대한 내용을 규정하고 있다.[18] 민법 제670조는 비용상환에 대하여 규정하고 있다.[19] 동 규정에 따르면, 위임사무의 처리를 위하여 수임인이 제반 사정에 비추어 필요하다고 인정할 수 있는 비용을 지출한 경우에, 위임인이 수임인에 대하여 상환할 의무를 부담하게 된다.

---

15) 독일 민법이 제369조에 영수증의 비용에 대하여 채무자가 부담해야 함을 규정하고 있는 것과 달리, 우리 민법은 그것에 수반되는 비용에 대하여는 명시적으로 규정하고 있지 않다. 그러나 해석론으로 채무자가 이해관계를 가지고 있는 이상 채무자가 부담하는 것이 타당할 것이다.

16) Palandt/Palandt, Bürgerlichesgesetzbuch, 69. Aufl., 2010, § 369 Rdn. 1.

17) 독일 민법 제448조와 달리, 우리 민법은 제566조에서 매매계약의 비용의 부담에 대하여 규정하고 있다. 동조에 따르면, 당사자 쌍방이 균분하여 부담하도록 되어 있다.

18) 독일 민법 제662조(위임의 의의) 위임의 승낙에 의하여 수임인은 위임인으로부터 위탁된 사무를 위임인을 위하여 무상으로 처리할 의무를 진다.

19) 독일 민법과 동일하게 우리 민법 역시 제688조에서 수임인의 비용상환청구권을 인정하고 있다. 즉, 수임인은 위임사무의 처리에 관하여 필요비를 지출한 때에는 위임인에 대하여 지출한 날 이후의 이자를 청구할 수 있도록 하고 있다.

(2) 사무처리의 경우

민법 제675조 이하는 사무처리계약Geschäftsbesorgungsvertrag의 내용을 규정하고 있다. 특히 유의해야 할 규정은 제675조이다. 동 규정은 사무처리를 내용으로 하는 고용계약 또는 도급계약에 대하여, 사무처리계약의 영역에서 다른 정함이 없는 경우, 위임에 해당하는 내용을 규정하고 있는 민법 제670조를 준용토록 하고 있다. 그러므로 사무처리계약의 경우에 있어서도 위임인이 수임인에 대하여 비용상환의무가 있다고 하겠다.

(3) 사무관리의 경우

민법 제677조는 사무관리자의 책임을 규정하고 있다.[20] 비용의 상환에 대하여는 민법 제683조가 규정하고 있다.[21] 사무관리Geschäftsführung ohne Auftrag의 인수가 본인의 이익 및 본인의 실제적 또는 추정적 의사와 일치하는 경우에, 사무관리자는 수임인에 준하여 비용의 상환을 청구하도록 하고 있다(제683조 제1항).

4) 소 결

독일 민법을 살펴보면, '채권관계의 소멸', '매매계약', '위임·사무처리 및 사무관리'에 있어서 발생하는 비용에 대하여 누가 부담해야 하는가에 대하여 명시적으로 규정하고 있는 것을 알 수 있다. 그러나 근저당권설정비용의 부담주체에 대하여는 명백한 규정이 민법에는 보이지 않는다.

2. 민법상 약관에 대한 내용통제

1) 구 약관규제법 제9조

독일 민법 제307조는 약관에 대한 내용통제의 기능을 하고 있다.[22] 2002년 독일 민법 개

---

20) 독일 민법 제677조(사무관리자의 의무) 타인으로부터 위임을 받지 아니하거나 기타 타인에 대하여 이에 대한 권한 없이 타인을 위하여 사무를 처리하는 사람은, 본인의 실제의 또는 추정적 의사를 고려하여 그의 이익이 요구하는 대로 사무를 관리하여야 한다.

21) 사무관리에 관하여 우리 민법 역시 독일 민법 제683조와 마찬가지로 제739조 제1항에서, 관리자가 본인을 위하여 필요비 또는 유익비를 지출한 때에는 본인에 대하여 그 상환을 청구할 수 있도록 하고 있다.

22) 김형배 외 5인, 『독일채권법의 현대화』, 법문사, 2002, (박종희, 보통거래약관법의 민법에로의 통합) 집필부분, p.159 이하

정 시 구 약관규제법은 민법에 수용되었다.[23] 독일 구 약관규제법 제9조는 '일반조항'이라는 용어로 약관의 불공정거래에 대한 규제를 하고 있었다. 보통거래약관상의 규정은, "신의성실의 요구에 반하여 약관사용자가 부당하게 계약상대방을 불이익하도록 하는 경우에는 효력이 없다(제1항). 보통거래약관상의 규정이 법률상 규정의 본질적인 근본취지로부터 이탈하여 그것과 일치할 수 없게 되는 경우에 해당하거나, 또는 계약의 성질로부터 발생하는 본질적인 권리 또는 의무를 계약목적의 달성을 위태롭게 할 정도로 제한하는 경우 등에 해당하면, 의심스러울 때에는 부당한 불이익이 있는 것으로 본다"고 규정하고 있었다.

2) 민법 제307조로의 변경

독일 민법 제307조는 구 약관규제법에 있던 내용들 대부분을 수용하였다. 다만, 약간의 변경이 이루어졌다. 기본적으로 구 약관규제법 제9조 제1항과 제2항은 독일 민법 제307조 제1항과 제2항으로 대치되었다. '내용통제의 제한'을 규정하고 있었던 구 약관규제법 제8조는 독일 민법 제307조 제3항에 수용되었다. 약관조항에 관한 내용통제와 관련한 종래 제8조 내지 제11조는 개정법 제307조 내지 제309조에 자리를 잡고 있다. 종전의 제8조는 제307조 제3항에, 제9조는 제307조 제1항과 제2항에 각각 규정된 것이다.[24] 민법 제307조 제3항이 신설되었지만, 구 약관규제법에 있던 사항을 제3항으로 이전한 것 외에 내용상의 차이는 없다.

---

23) BT-Druck. 14/6040. S. 91 f., 97. 149 f. 민법으로 통합한 이유는 다음과 같다. 첫째 민법전 밖에서 특별사법으로 보통거래약관법을 존치시키는 것은 전체 법률 내용을 체계적으로 일관하여 보는 것이 어렵다는 점을 고려하였다. 민법에 통합함으로써 법률에 대한 명료성과 이행의 정도를 제고하고자 하는 목적이 있다. 둘째, 보통거래약관법 내의 실체법적인 규정들이 이미 사법의 일부를 이루고 있고, 내용적으로 민법에 밀접하게 연계되어 있기 때문에 굳이 약관규제법을 민법으로부터 분리할 이유가 없다는 점이다. 셋째, 특별법으로 계속 유지할 경우 상이한 해석원칙, 개념화 및 가치척도 등이 개입될 위험성이 있다는 점을 고려하였다. 약관규제법이 민법 내로 통합하게 된다면, 민법의 원칙들이 동일하게 적용하게 되어 그러한 위험들을 줄일 수 있는 장점이 제공된다. 넷째, 약관규제법을 민법으로 통합시킴으로써 민법의 재통합화를 달성할 수 있다는 점이다. 약관규제법이 민법으로 이전되는 결과, 약관규제법 제9조(일반조항)의 규정이 민법 제307조에 수용되면서 약간의 변경이 이루어진 것이다.

24) 두 가지의 사항에 대하여 가치를 부여할 수 있다. '명확성 원칙'의 확보와 '민법 제307조 제2항 제1문과 제2문에 따른 내용통제'이다. '명확성의 원칙'이 내용통제의 영역에 해당하는가에 대한 물음에서, 명문의 규정이 없기 때문에 논란이 있었고 판례에서 명시되지 않은 동 원칙을 인정하고 있었다. 개정 입법자는 판례의 입장을 수용하면서 이러한 문제를 해결하였다. 약관 중에서 단순히 법률 규정의 내용을 그대로 반복 기술하고 있거나 직접적으로 주된 급부의 대상을 규정하는 조항 또는 지불되어야 할 가격에 관한 조항은 제307조 제3항에 따라 내용통제의 대상이 되지 않는다. 그러나 모든 계약조건들은 투명성 원칙(Transparenzkontrolle)에 다른 검토의 대상이 되기 때문에, 주된 급부를 정하는 조항 내지 가격에 관한 조항들도 명확성의 통제대상으로 된다. 독일 민법 제307조 제1항과 제2항은 보통거래약관의 중심을 이루면서, 동시에 제309조와 제308조에서 포섭되지 않았던 잔여내용을 통제한다는 기능성을 지니고 있다. 여러 가지 논란은 있었지만, 개정과 관련하여 본질적인 내용은 변경이 있는 것은 아니라고 생각된다.

3. 2012년 5월 8일 이전 대법원 판결: 소비자의 부담

1) 판례의 입장

근저당권 설정비용부담주체와 관련하여, 우리나라 대법원이 판시한 내용과 비슷한 판례들이 독일에서 이미 논의되고 있었다. 일반은행거래약관 제12조 제6항에는, 은행인 채권자가 담보설정비용 등을 소비자인 채무자에게 청구할 수 있다는 내용이 있었다. 담보설정비용을 누가 부담해야 되는가에 대한 다툼에서, 독일 연방대법원은 동 약관에 대하여 독일 민법 제675조, 제670조에 따른 비용상환청구권을 구체화한 것이라고 전제한 뒤, 소비자인 채무자가 본래 '법률의 규정'에 따라 부담하여야 할 비용을 부과한 것이라고 판단하였다.[25] 은행과 소비자인 채무자 사이의 법률관계가 민법 제675조 이하에 규정되어 있는 유상의 사무처리계약관계를 구성하고 있다는 점을 그 이유로 제시한다. 그러나 왜 채권자가 아니라 채무자가 발생하는 저당권설정비용을 부담해야 하는가에 대하여는 구체적으로 이유를 제시하지 않고 있다는 점에서, 동 판례의 한계점으로 지적된다. 또한 독일 민법이 명백한 입법을 제시하지 않고 있기 때문에, '변제비용의 채무자부담원칙'에 의하여 당연히 채무자인 소비자가 저당권설정비용을 부담해야 한다는 주장[26] 역시 다소 설득력이 떨어진다.

2) 학자들의 입장

독일의 경우 "고객은 채권담보가 제공·관리·해제 또는 실행된 경우 발생하는 모든 실지급 비용(특히 공증수수료, 보관, 담보물 보전비용)을 부담한다"고 하는 은행 일반거래약관조항은 별 문제없이 받아들이고 있는 것으로 알려지고 있었다.[27] 그것에 대한 인정근거를 독일 민법 제675조, 제670조에서 찾고 있다. 독일 민법 제670조의 비용보전 청구권에 의하여 은행은 그 비용지출에 대한 보상을 청구할 수 있다고 해석하고 있었던 것으로 판단된다.[28] 독일

---

25) BGH Urteil vom 10. 11. 1988 – III ZR 215/87.

26) 황남석, "근저당설정비용의 부담주체에 관한 고찰", 사단법인 은행법학회 2012년 8월 특별정책세미나, 2012. 8. 24. p.12.

27) 현재 은행보통거래약관 제12조 제6항에 동일한 내용을 담고 있다.

28) 독일 민법 제675조는 사무의 처리를 대상으로 하는 도급계약이나 위임계약에 대하여 독일 민법 제670조를 준용하고 있다. 독일 민법 제670조는 위임에 대한 규정이다. 독일 민법 제670조(비용의 보상): 수임인이 위임사무의 처리를 목적으로, 스스로 판단하기에 구체적 상황에서 필요하다고 판단하여 처리함으로써 비용이 발생한 경우 위임자가 그 비용에 대한 배상의 의무가 있다(우리 민법 제688조와는 약간 다른 내용이다).

대부분의 학자들 역시 동 약관조항에 대하여 별 문제가 없다고 평가하고 있었다.[29]

독일 은행보통거래약관뿐만 아니라 독일 저축은행Sparkasse보통거래약관 역시 은행이 고객을 위한 업무수행중의 비용과 지출은 고객에게 청구할 수 있음을 규정하고 있다.[30] 이들 규정 역시 은행보통거래약관과 마찬가지로, 이미 독일 민법 제675조, 제670조에 규정된 내용을 구체화한 것으로 알려지고 있다. 따라서 고객이 비용을 부담할 의무는 법에서 이야기하는 의미에서의 비용이어야 하고 또 그 청구요건이 충족이 되어야 할 것이다.[31] 이들 규정에서 이미 예시적으로 열거하고 있듯이, 가령 우편료나 공증비용처럼 외부비용을 의미한다.[32] 은행약관에 규정되어 있는 담보환가비용은 고객이 부담하여야 하는 법적 의미에서의 비용이 아니다. 환가비용은 지체손해의 범주에서 손해배상항목으로 청구가 가능하다. 그 경우에는 고객을 위한 업무수행이라고 보기도 어렵고 사무관리도 아니기 때문이다. 그 경우는 은행은 스스로의 유익을 위하여 행위한 것뿐이다. 저축은행약관 제17조 제3항은 "비용은 일반 영업비를 벗어나는 것이어야 한다"고 명백히 하고 있다.

4. 2012년 5월 8일 연방대법원의 판단: 금융기관 부담

1) 의 의

2012년 5월 8일 독일에서 '저축은행과 은행의 지출상환약관조항은 효력이 없다'고 판시한 사건은, 독일이나 우리나라에 상당한 흥미를 야기하고 있다.[33] 은행법을 담당하는 연방대법원 제11부 민사위원회는 소비자보호단체가 제기한 저축은행 및 은행에 대한 단체소송에 대한 판단을 하였다. 연방대법원에 따르면, 저축은행 보통거래약관 제18조 및 은행 보통거래약관 제6조 제12항에 규정되어 있는 −양자 모두 동일한 내용을 담고 있음− 약관조항들이 소비자들에게 부당하게 불이익을 주고 있으므로, 독일 민법 제307조(약관의 내용통제)에 따라 무효라고 판단하였다. 이러한 대법원의 판단은 동 약관조항들이 소비자와의 은행거래에서 사용될 수 없다는 것을 의미한다. 독일 민법 제670조[34]의 법률적인 제한을 벗어나는 허용되

---

29) Horn in: Wolf/Horn/Lindacher, AGB−Gesetz, 4. Aufl., 1999, S. 1851.
30) 당시 저축은행보통거래약관 제17조 제3항이 여기에 해당한다.
31) BGH, WM 1989, 129, 130; Bunte, in: Schimansky/Bunte/Lwowski, Bankrechts−Handbuch, 3. Aufl., 2007, § 17 Rdn. 63.
32) Krüger, Richterliche Überprüfbarkeit von Preisklauseln in der Kreditwirtschaft, WM 1999, S. 1411.
33) BGH, Urteil v. 08. 05. 2012, Az.: XI ZR 61/11 u. XI ZR 437/11.

지 않는 소비자에 대한 비용상환청구권이 저축은행 및 은행에게 발생한 것이라고 판단한 것이다.

2) 사실관계

저축은행과 은행의 약관조항(양자의 내용은 동일하다)에서 원고인 소비자보호단체는 피고인 금융기관에 대하여, 피고들의 약관조항에 대한 무효를 주장하였다. 피고인 저축은행 및 은행은 저축은행약관 제18조와 은행약관 제12조 제6항에서 각각 보통거래약관을 소비자에 대하여 사용하였다. 각 조항에 대한 내용은 다음과 같다.

<저축은행약관>

저축은행약관 제18조(지출)

저축은행은, 고객의 위임이나 고객의 것으로 추측되는 이익관계에서 저축은행이 행하게 되는 경우(장거리 전화, 우편료 등)나 또는 담보의 제공 · 관리 · 해지 또는 평가되는 경우(특히 공증인비용, 보관료 담보물에 대한 관리비용 등)에, 지출에 대한 발생비용을 고객에게 부담시킬 수 있는 권리가 있다.

<은행약관>

은행약관 제12조 제6항(지출)

은행은, 고객의 위임이나 고객의 것으로 추측되는 이익관계에서 은행이 행하게 되는 경우(장거리 전화, 우편료 등)나 또는 담보의 제공 · 관리 · 해지 또는 평가되는 경우(특히 공증인비용, 보관료 담보물에 대한 관리비용 등)에, 지출에 대한 발생비용을 고객에게 부담시킬 수 있는 권리가 있다.

---

34) 독일 민법 제670조(비용의 상환) 수임인은 위임사무의 처리를 위하여 제반사정에 비추어 필요하다고 인정할 수 있는 비용을 지출한 때에는 위임인은 이를 상환할 의무를 진다.

원고인 소비자보호단체는 동 약관들이 독일 민법 제307조를 위반한 것이라고 주장하면서, 고객에 대한 동 약관의 사용중지를 요구하였다. 동 약관에 규정되어 있는 지출상환의 범위가 무제한으로 되어 있으며, 위임관계Auftragsverhältnis 및 사무처리Geschäftsführung ohne Auftrag에 대하여 효력이 발생하고 있는 독일 민법 제670조의 법규 지도형상을 벗어나 있다고 하였다. 더 나아가 모든 약관에 대하여 적용되는 신의성실의 원칙Treu und Glauben을 위반하여, 고객에게 부당하게 불이익을 주고 있다고 주장하였다.

3) 대법원의 판단근거

피고(저축은행, 은행)들이 사용하고 있는 약관에 대한 연방대법원의 판결을 통하여 눈길을 끄는 것은 '민법 제307조의 통제를 벗어나 있는 동 약관이 무효라는 점'과 '담보설정이 채권자인 은행의 이익에서 발생한 점'이라고 하는 두 가지 사항이다.

첫 번째 사항부터 살펴본다. 해당 약관조항("고객의 위임이나 고객의 것으로 추측되는 이익관계에서 저축은행이나 은행이 행하게 되는 경우, 또는 담보의 제공·관리·해지 및 평가의 경우(특히 공증인비용, 보관료 및 담보물에 대한 관리비용 등)에, 저축은행이나 은행은 지출에 대한 발생비용을 고객에게 부담시킬 수 있는 권리가 있다")은 저축은행이나 은행의 유상의 서비스에 대한 가격합의를 포함하고 있지 않다고 연방대법원은 지적한다. 연방대법원은 오히려 이 경우 위임계약(독일 민법 제662조 이하)이나 사무관리의 영역(독일 민법 제677조, 제683조[35])에서, 금융기관의 행위에 대한 지출반환과 관련이 있다고 한다. 독일 민법 제670조는 '수임인은 위임사무의 처리를 위하여 제반사정에 비추어 필요하다고 인정할 수 있는 그러한 지출비용의 상환을 청구할 수 있음'을 규정하면서, 수임인의 지출비용의 한계를 정하고 있다. 그러나 다툼이 벌어지고 있는 동 약관조항은 이러한 제한을 두고 있지 않다. 법률에 정통하지 못한 평균적인 소비자의 이해범위를 도달하고자 하는 해석의 방법에서, 동 약관에는 그러한 제한이 추론될 수 없다고 한다. 약관의 무효근거로써 연방대법원은 무엇보다도 동 약관이 신의성실의 원칙의 위반과 그 위반에 따른 소비자의 불이익을 들고 있다. 독일 민법 제307조 제2항 제1호는 약관조항이 법률상 규정과 달리 정하는 경우에 그 규

---

35) 독일 민법 제683조(비용의 상환) 사무관리의 인수가 본인의 이익 및 본인의 실제적 또는 추정적 의사와 일치하는 때에는 사무관리자는 수임인에 준하여 비용의 상환을 청구할 수 있다. 제679조의 경우에는 사무관리의 인수가 본인의 의사에 반하는 때에도 사무관리자는 그 청구권을 가진다.

정의 본질적인 기본사상과 합치되지 않을 경우에 부당한 불리함이 있는 것으로 인정된다. 동 약관은 법률의 지도형상(독일 민법 제670조, 제677조 및 제683조)을 벗어나 은행의 고객을 부당하게 불이익을 야기하고 있다는 점에서, 연방대법원은 독일 민법 제307조에 제1항 본문에 따라 무효라고 판단한다.

두 번째 사항에 대하여는 매우 자세하게 논하고 있지는 않지만, 연방대법원은 담보물에 대한 설정, 관리, 해지 및 평가 등의 행위들의 이익이 누구에게 있는가라는 부분을 간과하지 않았다. 즉, 연방대법원은 "더 나아가 담보의 설정, 관리 평가하기 위하여 소요된 행위들은 단지 저축은행, 특히 은행의 이익에 놓여 있다고 볼 것이다"라고 하면서, 그러한 행위들은 오직 저축은행 및 은행의 이익에 놓여 있다고 명시적으로 제시하고 있다. 그럼에도 불구하고 담보물의 발생비용을 소비자에게 부담하도록 한 점은 타당성이 없고, 역시 독일 민법 제307조 제1항 제1문 및 제2항 제1호에 따라 무효라 할 것이다.

3. 사 견

2012년 5월 8일 연방대법원이 판시하기 전 독일의 판례는 은행보통거래약관과 저축은행보통거래약관에 규정되어 있는 설정비 등의 부담주체가 차용자라는 사실을 인정하고 있었고, 판례의 입장에 따라 대다수의 학자들 역시 판례와 동일한 입장을 취하고 있었다.[36] 2012년 5월 8일 이전에 독일에서 논의되었던 담보대출과 관련된 비용부담주체의 문제는 우리나라에도 다양하게 소개되었다.[37] 저당권 설정비용의 부담주체와 관련하여, 2012년 5월 8일 기존의 판례를 뒤집은 독일 대법원의 판단은 두 가지 측면에서 매우 의미 있는 사항을 제시하고 있다.

첫째, 저축은행이나 은행이 제시하고 있는 약관조항은 위임이나 사무관리의 영역에서 발생하는 지출에 해당한다고 보고 있다. 여기서 중요한 것은 동 약관조항이 민법 제670조에서 말하는 제한을 포함하고 있지 않다는 점이다. 이는 독일 민법 제307조 제2항 제1호에 위반되어 고객에게 부당한 불리함이 발생할 수 있다.

---

36) Bunte, AGB-Banken und Sonderbedingungen Kommentar, @. Aufl., 2009, S. 185 ff.; Kümpel, Bank- und Kapitalmarktrecht, 3. Aufl., 2004, S. 125.

37) 2012년 5월 8일 이전 독일에서의 논의에 대하여는 최병규, 은행근저당권설정비 부담주체에 대한 약관의 효력-대법원 2010. 10. 14. 선고 2008두23184 판결에 대한 평석을 중심으로, 「상사판례연구」, 제24집 제1호, 2011. 3. p.161 이하.

둘째, 저당권의 설정과 관련하여 어떠한 이익에서 저당권이 설정되고 있는가를 언급하고 있다. 지급상실을 대비해 은행은 저당권을 통하여 안정성을 얻게 된다. 저당권을 설정하는 것은 은행이 소비대차계약을 체결하고 은행이 빌려주는 금전을 안전하게 확보하기 위한 차원에서 은행의 이익이라는 점을 고려하고 있다.

특히 독일 민법 제648a조를 참조해 볼 필요가 있다.[38] 독일 민법 제648a조는 '건축업자를 위한 담보제공'을 규정하고 있다. 비록 은행과 직접적인 관련이 있는 것은 아니지만, 수급인의 이익과 그의 지급청구권의 이해관계에서 담보제공의 비용이 발생하고 있다(동조 제3항). 즉, 독일 민법은 담보권을 설정하기 위하여 발생되는 비용이 수급인의 이익에 놓여 있다고 한다면, 수급인은 그 비용을 부담하도록 하고 있는 점을 볼 수 있다. 이러한 독일민법 입법자의 사고를 볼 때, 금융기관의 근저당권설정에서 발생하는 비용에 대한 명문 규정이 없는 은행 등의 경우에도 적용하는 것을 무리한 해석이라 볼 수는 없을 것이다.

Ⅳ 고려해야 할 사항과 비교법적인 검토

1. 고려해야 할 사항

1) 내용통제에 대한 해석

우리 약관규제법은 제6조 제2항에서 명시적으로 세 가지 사안에 대하여 공정성을 추정한다고 규정하고 있다. 그러므로 제2항 제1호에 있는 고객에게 부당하게 불리한 조항에 해당한다고 하면, 동 약관은 무효가 추정되는 첫 번째 단계가 진행될 것이다. '신의성실의 원칙에

---

38) 독일 민법 제648a조 (1) 건축물 또는 옥외시설이나 그 일부의 수급인은 도급인에 대하여 담보의 제공을 위한 상당한 기간을 지정하고 그 기간 경과 후에 자신의 급부를 거절할 것을 표시함으로써 선이행되어야 할 자신의 급부 및 그에 속하는 종된 채권을 위하여 담보를 제공할 것을 청구할 수 있다. 담보는 계약 또는 사후의 추가발주로부터 예상되는 보수청구권 및 종된 채권의 액을 한도로 이를 청구할 수 있다: 종된 채권은 담보되어야 할 보수청구권의 10% 이상으로 정하여진다. 담보제공이, 담보제공자가 도급인의 재산상태가 현저히 악화되면 그의 철회의 의사표시가 도달하기까지 수급인이 아직 행하지 아니한 건축급부에 관한 보수청구권을 위한 담보에 대하여 그 제공약속을 철회할 권리를 유보하여 이루어진 경우에도, 그 담보제공은 충분한 것으로 본다. (2) 이 법률의 적용영역 내에서 영업할 권한 있는 금융기관 또는 신용보험자의 손해담보 또는 기타의 지급약속에 의하여도 담보를 제공할 수 있다. 금융기관 또는 신용보험자는, 도급인이 수급인의 보수청구권을 승인하거나 그에 대하여 보수를 지급하라는 가집행판결이 선고되고 또한 강제집행개시의 요건이 충족된 한에서만, 수급인에 대하여 지급을 할 수 있다. (3) 수급인은 도급인에게 최고 연 2%의 비율에 의하여 담보제공의 통상의 비용을 상환하여야 한다. 도급인이 수급인의 보수청구권에 대하여 대항사유가 있다고 주장함으로 인하여 담보가 계속 유지되어야 하는 경우에 그 대항사유가 이유 없는 것으로 판명된 때에는 그러하지 아니한다.

대한 위반'과 '공정성의 상실' 여부에 대한 반증의 부담은 약관사용자가 지게 될 것이다.

우리의 약관규제법은 제2항 제1호에 규정되어 있는 '고객에게 부담하는 불리한 조항'과 제1항에 있는 공정성을 잃은 약관조항과 별 차이가 없다. 다시 말하자면, '고객에게 부당하게 불리한 조항'은 곧 '공정성을 잃은 조항'에 해당되는 결과를 가져오게 된다. 아직 불공정한 불이익의 추정이 그대로 유지될 수 있는가에 대한 여부를 '신의성실의 원칙'을 기준으로 하여, 제6조 제1항에 의하여 다시 심사해야 하는 상황이 발생할 수 있다.

2) 개별약정의 문제

근저당권설정비용에 대하여 체크박스를 두어 고객이 비용부담자를 선택할 수 있도록 유보하고 있다는 점에서, 그 상태로 계약내용이 되지 못하고 약관규제법 제4조가 규정하고 있는 '개별약정 우선의 원칙'이 적용된다는 주장[39]이 있다. 개별약정 우선의 원칙이란 동일한 계약 내에서 약관에서 정한 내용과 당사자들이 개별적으로 합의한 내용이 서로 상충하는 경우에는 약관보다 개별약정이 우선하고 상충하는 약관은 그 효력이 잃게 되는 것을 의미한다.[40]

그러나 설정비용에 대하여 '비용부담자를 계약당사자가 상호 협의하도록 한' 약관조항이 개별약정의 우선 원칙에 해당되는지 의문이 있다. 약관의 내용과 개별약정의 내용이 서로 다른 약정을 한 경우에 적용되는 것이 약관규제법상 '개별약정의 우선의 원칙'인데, 약관의 내용과 개별적으로 약정한 사항이 동일한 내용을 가지고, 개별약정 우선의 원칙을 적용하는 것이 타당하지 않다는 점에서, 동 원칙의 적용가능성은 없다고 사료된다. 실제로 실무상 은행은 직원을 통하여 상담 시 약관을 통하여 설정비용을 부담토록 함으로써 개별약정의 의미는 거의 없다고 할 것이다.

3) 약관무효 여부

기존 은행여신거래기본약관(가계용)과 은행여신거래기본약관(기업용)의 각 제4조 제1항 제2호에서는 "담보목적물의 조사비용을 채무자가 부담한다"고 규정하고 있었다. 약관조항에서 말하는 담보목적물의 조사비용은 담보권을 확보하기 위한, 즉 담보권을 확보하는 과정

---

39) 지원림, "(근)저당권 설정비용의 부담자", 「고려법학」, 제66호, 2012. 9, p.151 이하.
40) 김동훈, "개별교섭 후 수정되지 않은 약관조항의 효력", 「고시계」, 2010. 11, p.19.

에서 담보물의 현상·가격 등을 조사하는 데 소요되는 비용을 의미한다고 할 것이다. 특약이 없는 한 담보권을 확보하기 위하여 지출한 비용은 담보권자가 부담해야 한다는 대법원 판결 역시 같은 방향성을 가지고 있다.[41] 은행이 고객과의 개별약정이 아니라 약관을 통하여 담보권을 확보하기 위한 비용의 부담자를 고객으로 정하는 것은 고객에게 불리한 것이라 할 것이므로, 위 약관조항을 불공정한 것이라고 한 대법원의 판단은 타당하다고 하겠다. 대법원의 판단에 따라 동 약관조항의 사용은 중단되었다.

4) 시효기간의 문제

소멸시효기간을 파악하는 것은 의미가 있다. 근저당권설정비환급소송은 은행이 주장하는 상법이 적용된다면 5년의 상사시효가 적용되겠지만, 민법이 적용된다면 10년의 시효기간을 갖게 된다.[42] 현재의 기준으로 한다면, 민법의 적용을 받게 되는 경우, 2003년 1월 이후로 등기부등본에 기재되어 있다면 소멸시효로 인한 권리가 배제되지 않게 될 것이다.[43]

5) 부당이득반환의 문제

2011년 우리 대법원의 판결은 행정소송판결로서 은행의 기존약관에 대한 개정 약관의 사용권고한 공정거래위원회의 지시가 위법한 것인지에 대하여 판단한 것이다. 불공정한 약관조항은 약관규제법 제6조 이하의 규정에 따라 실체법상 무효임에 틀림없다. 동 약관조항이 무효라고 하는 행정소송에 이어, 민사소송이 진행되고 있는 중이다. 대출관련 부대비용을 지출함으로써 발생한 손해에 대하여, 원고는 법률상 원인 없이 동일한 금원 상당의 이익을 금융기관이 얻었다는 판단하에, 원고는 민법 제741조에 따라 부당이득반환청구소송을 제기

---

41) 대법원 1987. 6. 9. 선고 86다카2435 판결.

42) 대법원 2010. 10. 14. 선고 2010다32276 판결. 대법원은 "교통사고 피해자가 가해차량이 가입한 책임보험의 보험자로부터 사고로 인한 보험금을 수령하였음에도 자동차손해배상 보장사업을 위탁받은 보험사업자로부터 또다시 피해보상금을 수령한 것을 원인으로 한 위 보험사업자의 피해자에 대한 부당이득반환청구권에 관하여는 상법 제64조가 적용되지 아니하고, 그 소멸시효기간은 민법 제162조 제1항에 따라 10년이라고 봄이 상당하다"고 판단하고 있다.

43) 보험금과 관련하여 주목할 만한 사건으로는 대법원 2007. 5. 31. 선고 2006다63150 판결. 대법원은 "원고는 피고가 원고로부터 보험금을 지급받아 그 금원 상당을 부당이득하게 된 1996. 10. 25. 및 11. 22.부터 이 사건 부당이득반환청구권을 행사할 수 있었으므로, 이는 그로부터 5년이 지난 2001. 10. 25. 경 및 2001. 11. 22. 경 각 시효가 완성되어 소멸되었다고 할 것인데, 이 사건 소는 그 이후인 2004. 5. 12. 제기되었음이 기록상 분명하다. 그럼에도 불구하고, 원심은 이와 달리 그 판시와 같은 이유로 원고의 부당이득반환청구권에는 상법 제64조가 적용되지 아니하고, 민법 제162조 제1항이 적용되어 그 소멸시효기간을 10년으로 보아야 한다"고 판시하고 있다.

하여 금전상의 이익을 얻고자 하는 것이다. 실제로 신용협동조합을 상대로 제기한 부당이득 반환청구소송에서 제1심법원은 근저당권설정비용을 반환하라는 판결[44]을 내리기도 하였고, 또 다른 제1심법원은 발생한 근저당권설정비용을 반환하지 않아도 된다는 판결을 내리기도 하였다.[45] 이는 소비자가 설정비를 부담하는 경우 대출이자율, 중도상환수수료 등에서 유리한 조건으로 대출금을 수령하였다고 하는 은행 측의 주장을 받아들인 것이 아닌가 하는 생각이 든다.

2. 비교법적인 검토

1) 약관통제의 해석

독일 민법 제307조의 체계를 보면, 제1항에서는 약관조항이 '신의성실원칙의 위반'과 '계약상대방에 대한 부당한 불이익'이 발생하면 무효가 된다. 제2항에서는 무효가 되는 두 가지 구체적인 예시를 제시하고 있다. 보통거래약관의 한 조항이 독일 민법 제307조 제2항의 제1호나 제2호에 해당하게 되면, 고객의 부당한 불이익이 명백하게 나타나게 된다. 실제로 독일 민법은 '추정한다는vermuten'라는 용어를 사용하지 않고 '받아들인다annehmen'라는 용어를 사용하고 있지만, 해석상 민법 제307조 제2항에서 제시하고 있는 두 가지 사안에 해당하게 되면, 부당한 불이익이 발생되는 것으로 추정되는 것으로 보고 있다. 그 불이익이 발생되지 않았다는 반대입증은 약관사용자가 부담해야 한다. 절차상 민법 제307조 제2항에서 제시되는 두 가지 사안이 발생하면, 첫 번째 단계에서는 약관조항의 무효가 추정되고, 두 번째 단계에서는 약관사용자가 그 약관조항에 대하여 무효추정을 깨뜨리는 입증을 제시하는 절차가 진행되는 것이다. 우리 약관규제법 역시 독일의 약관규제법(현재 독일 민법)과의 동일한 해

---

44) 조선일보 2012. 11. 28. 인천지법 부천지원은 "신협이 사용한 근저당권설정계약 약관은 외형상 대출 관련 부대비용의 부담에 관해 고객에게 선택권을 부여하는 형식을 취하고 있지만 은행과 고객의 거래상 지위와 실제 적용 실태, 거래의 현실, 거래상의 지위를 이용한 악용 가능성 등을 감안할 때 대출거래에서 우월한 지위에 있는 금융기관이 그 지위를 이용해 대출 관련 부대비용 중 금융기관이 부담해야 할 비용까지 고객이 부담하게 하거나 가산금리를 적용하는 방법 등으로 사실상 이를 고객에게 전가시킬 수 있도록 한 것이어서 고객에 부당하게 불리한 불공정한 약관조항에 해당할 뿐만 아니라 고객의 정당한 이익과 합리적인 기대를 침해함으로써 신의성실의 원칙에도 위배되는 것으로 무효"라고 판단하였으며, "약관이 무효인 이상 이 같은 약관에 따라 이뤄진 비용 부담 약정 또한 불공정한 법률행위로서 무효"라고 밝히면서, "당사자 사이에 특별한 약정이 없는 한 권리를 취득하는 비용은 그 권리를 취득하는 자가 부담해야 하는 것이 원칙이고 이는 채권자가 담보를 얻는 경우에도 마찬가지이며, 대출의 담보인 저당권을 취득하는 근저당권의 설정비용은 원칙적으로 신협이 부담해야 한다"고 판단하고 있다.

45) 조선일보 2012. 12. 25. 서울중앙지법 민사 37부.

석론이 가능하다.

2) 부당이득반환문제

심각하게 대두되는 문제는 부당이득반환에서 발생한다. 현재 우리나라의 경우 부당이득 반환청구소송을 하고자 하는 자들이 대략 5만 명 정도가 참가할 것이라고 한다. 우리나라와 달리, 현재까지 독일에서는 부당이득반환청구소송이 그리 많지 않은 것으로 알려져 있다. 그러나 2012년 5월 8일 연방대법원 판결을 근거로 하여, 고객들의 부당이득반환청구소송이 점차 늘어날 것이라고 한다. 그렇다고 할지라도 독일의 경우 금전소비대차계약이 그리 많지 않아, 부당이득반환청구소송을 제기하는 자는 많지 않을 것으로 예상된다.

우리나라의 경우 2012년 9월 현재까지 600여 개의 금융사를 상대로 소송참가자 6,350명, 청구금액 155억 원의 공동소송이 진행 중에 있다. 은행뿐만 아니라, 보험회사, 금고 신협 등 제2금융권 등에서 동일한 소송이 전개된다고 가정하였을 경우, 이 금액은 상당히 높아질 것으로 예상된다. 이 점이 법원에게 상당한 부담을 줄 것으로 예상된다. 이미 고등법원과 대법원이 은행의 약관에 대한 주장을 배척한 바 있어, 소비자단체의 승소가능성이 높다고 할 수 있다.

3) 기타사항

독일의 경우 지출비용약관 조항에 대한 무효판결이 있은 후, 이미 사용되었던 약관조항들이 폐지되고 있는 상황이다. 우리나라 대법원과 독일 연방대법원의 판결에 따라 약관조항의 사용폐지는 사회에 반향을 일으켰다는 점에서 유사하다고 생각된다. 개별약정의 문제에 있어서는 여러 가지 논의가 있지만, 약관에 규정되어 있음에도 불구하고 계약상대방이 개별적으로 약정한 경우에 개별약정이 우선적으로 적용되는 것인바, 본 판례와 개별약정은 아무런 관계가 없다. 실제로 독일에서는 이에 대하여 논란이 없는 것으로 알려지고 있다. 시효부분에 관한 내용 역시 독일과 우리나라에서 거의 유사하게 전개될 가능성이 있다. 민법상의 시효기간을 적용할 것인가, 상법상 시효기간을 적용할 것인가에 대한 논의는, 부당이득반환의 청구범위와 관련하여 양 국가에서 의미가 있을 것으로 사료된다.

Ⅴ 결 론

　우리 대법원은 어느 약관조항이 불공정 약관조항에 해당하는지 여부를 심사할 때에는 문제되는 조항만을 따로 분리하여 볼 것이 아니라 전체 약관내용을 종합적으로 고찰한 후에 판단하여야 함을 제시하였다. 이는 타당한 것으로 사료된다. 은행과 대출고객 사이에 이루어지는 대출거래에 있어서, 양 당사자의 사업능력에 상당한 차이가 있고, 은행이 제시하는 조건을 거부할 경우 사실상 대출이 불가능해진다. 실제로 거래조건의 대부분이 은행에 의하여 결정되는 등 은행이 거래활동에 상당한 영향을 미칠 수 있는 지위에 있다는 점은 부인할 수 없다. 그런 측면에서 본다면, 근저당권설정계약서 등에서 각각 소요되는 비용의 부담주체를 고객이 선택할 수 있도록 하고 있는 규정들은, 고객에게 비용주체에 대한 선택권을 부여하는 규정을 제시하는 것 같지만, 실제 운용과정에서 보면 거래상 우월한 지위에 있는 사업자들과 고객 사이의 불공정 약관조항으로 본 대법원의 판단은 타당하다.

　문제는 행정소송과 별도로 제기되고 있는 설정비반환청구에 대한 민사소송의 영역이다. 소송참가자와 소송금액에 있어서 상상할 수 없는 숫자와 액수가 발생하고 있다. 그러나 비용에 관련된 약관조항이 유효한 것으로 판단되지 않는 이상, 부당이득반환청구소송은 그 의미가 상실될 것 같지는 않다. 지급받은 은행의 비용반환이 이루어지게 된다면, 은행을 포함한 관련된 금융기관의 심각한 타격이 예상된다. 정책적인 고려가 필요하지 않은가 하는 생각이 든다.

〈기업법연구 제27권 제1호 2013년 3월 30일, 229면 이하 게재〉

후 기

필자가 본 주제에 대하여 관심을 가졌던 것은 회사 근무 중 느꼈던 의아스러움에 있다. 10년의 대학생활을 마치고 사회생활을 하기로 결심하고 회사에 입사하였다. 맡은 일은 금융기관의 융자업무를 담당하는 것으로 특히 부동산담보대출 분야를 다루었다. 부동산담보대출을 받고자 하는 소비자가 금융기관을 방문하면, 등기부등본을 교부하게 된다. 대출담당 직원은 등기부등본을 가지고 권리관계를 검토하고 동 물건이 대출범위에 해당하는 가를 분석하는 작업을 하게 된다. 이때 조력을 하는 자가 바로 감정평가사이다. 이 자는 해당물건이 있는 곳에 현장답사하고, 담보로서 적정한 것인가를 평가하고, 해당물건의 평가액을 산정하여 평가서를 대출담당에게 제출하게 된다. 평가서를 통하여 대출범위를 확인한 후, 대출담당은 담보절차인 저당권을 설정하는 작업을 하게 된다. 이때 등장하는 사람이 바로 법무사이다. 해당 등기소에 가서 설정을 하게 된다. 대출을 이루어지며 대출금을 지급하게 된다. 그런데 바로 여기서 의아스러움이 제기되었던 것이다. 대출금이 주어지면 정해진 금액을 소비자는 받게 된다. 그러나 대출을 받기 위하여 진행되었던 절차 속에서 발생되었던 비용을 모두 공제하고 남은 금액을 지급받게 된다. 필자는 선임사원에게 이를 질의해 보았다. 그는 공제를 하는 것이 관습과 같은 것이므로 당연하다고 하였다.

독일 대법원의 최근 판례가 있다는 것을 독일 친구 Robert(현재 Hamburg에서 변호사로 활동하고 있음)로부터 받는 순간 필자는 잠을 이루기가 힘들었다. 너무 놀랐었기 때문이다. 지금이 필요한 자가 궁해서 부탁을 하는 상황인데, 필요한 비용을 모두 궁한 자에게 돌려야 한다? 이는 당연한 것인지도 모른다. 그렇지만 당시 필자는 이를 쉽게 받아들이지 못했었다. 동 판례가 당시의 실무를 뒤집고 있다는 것이 흥미롭고, 또 어쩌면 이는 당연하다는 생각이 들었다. 2012년 11월 3일 (사)한국비교사법학회 제74회 추계학술대회 "은행거래의 사법상 문제점과 개선방안"이라는 대주제하에 "은행근저당권설정비 부담주체에 대한 최근 경과와 향후 예상방향"이라는 주제로 발표한 내용을 다시 정리한 것이다.

제 45 장
고지의무의 개선방안

▌I▐ 보험자의 설명의무와 고지의무위반

고지의무는 보험계약자 등의 자발적 의무에 해당하지만, 보험자가 보험계약자에게 무엇을 고지해야 할 것인가를 인식시켜 줄 필요가 있는가에 대한 물음이 제기될 수 있다. 다음의 판례에서 그러한 사항을 알 수 있다.

1. 주운전자 변경 허위신고

보험계약자는 계약체결 시 보험자로부터 보험청약서를 교부받게 된다. 보험금채무부존재확인의 소를 제기하는 원고(보험자)와 보험계약자의 피고 사이에 다투어진 사건에서, 피고는 원고와의 사이에 자동차에 대하여 보험계약 직전에 기간이 만료된 보험계약을 체결함에 있어 원고에게 해당 차량의 주운전자가 변경되는 경우 주운전자 변경신청을 할 것을 서면으로 확인한 바 있다. 보험계약을 체결하면서 만약 원고로부터 주운전자란이 기재된 보험청약서를 제시받았다면, 이는 보험자인 원고로부터 서면으로 주운전자에 관한 질문을 받은 것으로 볼 수 있는가가 문제시 되었다. 이때 피고가 원고회사와 보험계약을 체결하면서 주운전자를 허위로 고지하였고, 이를 이유로 원고회사는 피고에게 보험금채무부존재확인의 소를 제기한 사건이다.[1]

---

1) 대법원 1997. 3. 14. 선고 96다53314 판결.

2. 피보험자량 전대 시 고지의무

피고회사와 보험계약을 체결한 소외 렌트카 회사는 피보험차량을 지입한 소외인(지입차주)이 독자적으로 영업할 수 있게 제공하였다. 소외 렌트카 회사와는 관계없이 소외인과 렌트카 계약을 체결한 자가 사고로 원고를 다치게 하자 원고는 피고회사를 상대로 보험금을 청구하였다. 그러자 피고회사는 소외 렌트카 회사가 피고회사와 상의 없이 무단으로 차량을 전대하여 사고가 발생하였고, 이는 보험계약 인수 여부에 현저한 형향을 주는 중요한 사항으로 계약 전 알릴 의무가 있음에도 불구하고 소외 렌트카 회사가 이를 위반하였음을 들어 보험계약을 해지하고자 하였던 사건이다.[2]

3. 보험계약자의 피보험자에 대한 적극적 확인 후 고지하는 등의 조치를 취하지 않은 경우

1) 사실관계

보험계약 체결 당시 보험계약자인 피고의 어머니 소외 1은 경남 김해시에, 위 소외 1을 대리하여 보험계약을 체결하였다.[3] 피고의 이모 소외 2는 부산시에, 피보험자인 피고는 서울 강동구 천호동에 각각 따로 거주하고 있었고, 피고가 갑상선결절의 진단을 받은 것은 2007년 6월 12일로서 이 사건 보험계약이 체결된 2007년 6월 29일로부터 약 보름 전이기는 하지만, 통계학적 조사 결과 고해상도 갑상선 초음파에서 여성의 갑상선결절 유병률이 25.3~42.2%에 이를 정도인 반면, 피고가 진단받은 내용이 즉시 치료를 받아야 할 정도로 중한 것이라는 등 가족에게도 바로 알렸을 것으로 볼 만한 사정은 없는 것으로 파악된다. 이 사건 보험계약 당시 원고 겸 반소피고의 보험모집인인 소외 3은 위 소외 2에게 고지의무의 대상인 사항을 열거한 '계약 전 알릴 의무사항'이라는 서면을 작성하도록 하였는데, 그 질문사항 중에는 피고가 '최근 3개월 이내에 의사로부터의 진찰, 검사를 통하여 진단을 받았거나 그 결과 치료, 입원, 수술, 투약을 받은 사실이 있습니까?'라는 항목이 있고, 이에 대하여 소외 2는 '예'와 '아니오' 중 택일하도록 되어 있는 답변란의 '아니오' 부분에 표기를 하여 교부

---

2) 대법원 1997. 9. 5. 선고 95다25268 판결.
3) 대법원 2013. 6. 13. 선고 2011다54631, 4648 판결.

하였다. 그리고 그 서면의 말미에는 보험계약자와 피보험자가 각각 '자필서명'을 하도록 되어 있었지만, 소외 3은 소외 2로부터만 서명만 받고 피보험자인 피고로부터는 자필로 서명을 받거나 거기에 기재된 질문사항에 대하여 따로 확인한 바는 없었던 사건이다.

2) 대법원의 판단

대법원은 "피보험자와 보험계약자가 다른 경우에 피보험자가 본인이 아니면 정확하게 알수 없는 개인적 신상이나 신체상태 등에 관한 사항은, 보험계약자도 이미 그 사실을 알고 있었다거나 피보험자와 관계 등으로 보아 당연히 알았을 것이라고 보이는 등의 특별한 사정이 없는 한, 보험계약자가 피보험자에게 적극적으로 확인하여 고지하는 등의 조치를 취하지 아니하였다는 것만으로 바로 중대한 과실이 있는 것은 아니다"라고 하였다. "보험계약서의 형식이 보험계약자와 피보험자가 각각 별도로 보험자에게 중요사항을 고지하도록 되어 있고, 나아가 피보험자 본인의 신상에 관한 질문에 대하여 '예'와 '아니오' 중에서 택일하는 방식으로 고지하도록 되어 있다면, 그 경우 보험계약자가 '아니오'로 표기하여 답변하였더라도 이는 그러한 사실의 부존재를 확인하는 것이 아니라 사실 여부를 알지 못한다는 의미로 답하였을 가능성도 배제할 수 없으므로, 그러한 표기사실만으로 쉽게 고의 또는 중대한 과실로 고지의무를 위반한 경우에 해당하는 것으로 단정할 수는 없다"고 하였다.

Ⅱ 기타 고지의무에 대한 법적 문제

보험자의 설명의무와 고지의무가 충돌하는 문제 외에도 고지의무와 관련하여 다양한 법률적 문제들이 나타나고 있다.

1. 청약서상 기재되지 않은 사항 고지대상 여부

1999년 사건에서 대법원은 소외인은 암 치료 종료 후 5년이 지나 검사를 실시한 결과 의사로부터 암 재발의 가능성을 고지받고 확진을 위한 재검사 요구를 받은 상태에서 5년 내 암을 앓거나 치료받은 적이 없다고 신고하면서 생명공제계약을 체결한 사건에서, 청약서상의 질문표란에 소외인의 병력, 자각증세, 의사의 암 재발 가능성에 대한 고지사실 등은 포함되지 않아, 보험계약자는 계약체결 전에 고지를 하는 결과를 초래하였다. 소외인이 사망하자 유족들은 보험계약에 따른 보험금을 청구하였다. 보험자는 고지의무위반을 이유로 그 보험금 청구를 거절한 사건에서, 대법원은 "암 치료 종료 후 5년이 지나 검사를 실시한 결과 의사로부터 암 재발의 가능성을 고지받고 확진을 위한 재검사 요구를 받은 상태에서 5년 내 암을 앓거나 치료받은 적이 없다고 신고하면서 생명공제계약을 체결한 경우, 암 치료 종료 후 정기적인 검진을 위하여 병원에 다니던 동안 피공제자의 상태는 비록 통상적인 의미에서 암 질병을 앓고 있는 것은 아니라고 할지라도 공제약관상 기재된 암 질환에 준하는 것이거나, 또는 이러한 피공제자의 병력 내지 자각증세, 의사의 암 재발 가능성 고지사실 등은 공제계약 청약서상의 질문사항에 포함되어 있지 않다고 하더라도 피공제자의 생명위험 측정상 중요한 사실로서 고지할 중요사항에 포함된다는 이유로 고지의무 위반에 해당한다"고 판단하였다.[4]

2. 피보험자의 고지의무 이행시기

1) 사실관계

피고 2는 2008년 7월 25일 직장에서 근무를 하던 중 몸 상태가 좋지 않자 진찰을 받아보기고 하였다.[5] 그의 처 피고 1은 피고 2가 진찰을 받기 앞서 치료비 등에 대한 대비한 보험에 가입하기로 하고 2008년 7월 25일 원고의 보험설계사인 소외인과 전화로 상담을 한 후 피보험자를 피고 2로 하는 보험에 가입하기로 하였다. 같은 날 13시 39분경 신용카드로 제1회 보험료를 결제하였고, 피고 1은 소외인에게 피고 2가 고혈압이나 기타 질병으로 병원에 가거나 진단을 받은 병력이 없다고 진술하였다. 그 후 소외인으로부터 이 사건 보험의 청약서 등을 우편으로 배달받아 보험청약서의 질문표를 작성함에 있어서도 피고 2가 최근 5년 이내에 고혈압 등으로 의사로부터 진찰 또는 검사를 통하여 진단을 받았거나 투약 등을 받은 적이 없다고 기재하여 이것을 원고에게 우송하였다. 원고 소속 심사담당자는 2008년 8월 7일 피고 1이 우송한 보험청약서 등을 토대로 이 사건 보험계약의 심사를 완료하였다. 한편 피보험자인 피고 2는 2008년 7월 25일 16시 5분경 미래내과의원에 내원하여 신장기능검사 등을 받았

---

4) 대법원 1999. 11. 26. 선고 99다37474 판결.
5) 대법원 2012. 8. 23. 선고 2010다78135, 78142 판결.

는데, 같은 날 고혈압이라는 진단 아래 혈압약 처방을 받았고, 2008년 7월 31일 다시 위 의원에 내원하여 검사결과를 확인하면서 의사로부터 고혈압, 고혈압성 신부전증 등의 소견을 듣고 이에 관한 약을 처방받았다. 이에 앞서 피고 2는 2008년 6월 17일 직장건강검진을 받았는데, 2008년 7월 30일경 '고혈압, 신장질환과 당뇨질환 의심'이라는 소견과 함께 2차 검진 요망이라는 검진결과를 통보받은 사실이 있었다.

2) 대법원의 판단

보험계약자와 피보험자가 서로 다른 타인의 보험계약을 체결함에 있어, 보험자와 보험계약을 청약하고 보험청약서의 질문표에 피보험자가 최근 5년 이내에 고혈압 등으로 의사에게 진찰 또는 검사를 통하여 진단을 받았거나 투약 등을 받은 적이 없다고 기재하여 보험자에게 우송한 바 있다. 그런데 실제 청약 당일 피보험자는 의사에게서 고혈압 진단을 받았고, 이와 관련하여 보험계약자가 상법 제651조에서 정한 중요한 사항에 대한 고지의무위반 여부에 대하여, 대법원은 "보험계약을 청약한 이후 보험계약이 성립하기 전에 피보험자가 고혈압 진단을 받았음에도 보험계약자는 청약서의 질문표를 작성하여 보험자에게 우송할 때에 고의 또는 중과실로 그러한 사실이 없다고 기재하는 등 고지의무를 위반하였고 이를 이유로 한 보험회사의 해지의사표시에 따라 보험계약이 적법하게 해지된 것"이라고 판단하였다. 그 결과 보험계약에 기한 보험회사의 보험금지급의무는 존재하지 않는다고 하였다.

3. 고지의무위반과 보험금 편취를 위한 고의의 기망행위

1) 사실관계

피고인은 2008년 8월경부터 보험설계사로 근무하고 있는 자로서 피고인의 남편 망 공소인 1이 1998년경부터 2003년 8월 29일까지 혈액암의 일종인 비호지킨림프종으로 검사 및 치료를 받은 사실이 있음에도 불구하고, 2008년 6월 20일 망 공소외 1을 주 피보험자로, 계약자 및 보험수익자를 피고인으로 하며 피보험자의 사망 시에만 보험금이 지급되는 것을 내용으로 하는 보험계약을 체결하였다.[6] '계약 전 알릴의무사항'의 서식에 '최근 5년 이내에 다

---

6) 대법원 2012. 11. 15. 선고 2010도6910 판결.

음과 같은 병명(암, 백혈병 등 10개 질병)으로 의사로부터 진찰, 검사를 통하여 진단을 받았거나 치료, 투약, 입원, 수술, 정밀검사를 받은 적이 있습니까?'라는 질문에 대하여 '아니오'라고 대답하고, 과거 '질병 없다'는 답변을 하는 등 과거 항암치료 등을 받은 사실을 감추었다. 2008년 9월경 림프종 재발 진단을 받고 보험가입 후 109일이 경과한 2008년 10월 6일 급성 림프구성 백혈병으로 사망하자 유족이 보험금을 청구한 사건이다. 특히 대법원은 이 사건은 생명보험계약의 보험요건 중 '우연한 사고'의 의미 및 고지의무를 위반하여 생명보험계약을 체결한 경우 보험금 편취를 위한 고의의 기망행위를 인정하기 위한 요건을 다루었다.

2) 대법원의 판단

대법원은 일단 보험계약자 측이 고지의무를 위반한 것으로 판단하였다. 즉, "피고인이 이 사건 보험계약을 체결하면서 고의 또는 중대한 과실로 인하여 '계약 전 알릴 의무사항' 또는 '계약 전 고객면담보고서의 질문사항'에 대하여 답하면서 망 공소외 1의 과거 항암치료 전력 등을 고지하지 아니함으로써 상법상 고지의무를 위반하였다 하더라도, 이 사건 보험사고가 피고인의 의사나 어떠한 행위에 의하여 그 발생 여부가 좌우될 수 있는 성질의 것이 아닌 이상, 보험계약 체결 당시 이미 이 사건 보험사고가 발생하여 피고인이 이를 알고 있었다거나 보험사고의 발생가능성을 예견할 만한 상황 속에서 피고인이 이를 인식하고 보험계약의 체결에 나아간 경우가 아니라면 위와 같은 고지의무 위반의 점만으로는 이 사건 보험계약의 체결행위가 보험금 편취를 위한 고의의 기망행위에 해당하는 것으로 볼 수 없다"고 판시하였다.

4. 고지의무위반 요건 중 중대한 과실의 의미

1) 사실관계

보험계약 체결 당시 장암리 소재 냉동창고건물은 이미 실질적인 냉동창고로 완성되어 사용되고 있었다.[7] 그리고 그 사용승인 이후 진행된 공사라는 것도 1층 바닥 일부의 슬라브공사와 소방설비의 설치작업 정도에 국한되었음을 알 수 있어서 화재보험과 관련된 중요성이

---

7) 대법원 2012. 11. 29. 선고 2010다38663, 38670 판결.

나 그에 따른 고지필요성의 점에서 이 사건 냉동창고건물에서 진행된 잔여 공사와는 현격한 차이가 있고, 원고가 이 사건 냉동창고건물에 대하여 현장실사를 실시하거나 공사완료 여부에 관하여 질문을 하는 등 그 고지에 관한 안내를 하지 않은 것도 피고 스스로 이 사건 냉동창고건물을 조속히 담보로 제공하여 자금을 조달할 필요 때문에 그 신축공사가 실질적으로 완료되지 아니한 상태에서 허위의 공사완료감리보고서에 기하여 부당하게 사용승인을 받은 후 이러한 사정을 감춘 채 원고에게 마치 이 사건 냉동창고건물의 신축공사가 완료된 것처럼 그에 관한 사용승인서와 일반건축물대장, 감정평가법인의 감정평가서를 제시한 것으로 알려지고 있다. 동 사건은 보험계약을 체결하고자 하는 자가 손해보험자와 냉동창고건물에 관한 보험계약을 체결하고자 하는데, 체결 당시 보험의 목적인 건물이 완성되지 않아 잔여공사를 계속하여야 한다는 사정을 보험자에게 고지하지 않은 사안이다.

2) 대법원의 판단

대법원은 "냉동창고건물은 형식적 사용승인에도 불구하고 냉동설비공사 등 주요 공사가 완료되지 아니하여 잔여공사를 계속하여야 할 상황이었고, 이러한 공사로 인하여 완성된 냉동창고건물에 비하여 현저히 높은 화재 위험에 노출되어 있었으며, 위험의 정도나 중요성에 비추어 갑은 보험계약을 체결할 때 이러한 사정을 고지하여야 함을 충분히 알고 있었거나 적어도 현저한 부주의로 인하여 이를 알지 못하였다"고 하면서, 동 사안의 경우 보험계약자의 중대한 과실로 인한 고지의무위반을 인정하였다.

Ⅲ 실정법의 문제점

실무에서 발생하고 있는 고지의무에 대한 다툼은 어디에서 야기되는 것인가가 궁금하다. 그런 측면에서 실정법에 규정되어 있는 다음 두 가지 내용을 살펴본다.

1. 적극적 의무로써 고지의무

보험계약자가 고지해야 할 사항은 원칙상 보험계약자가 알고 있는 사항이다. 실정법상 고지의무는 보험계약자 등이 알고 있는 사항을 고지하는 것이며, 보험자의 탐지의무가 아니다. 우리 상법은 '중요한 사항'이 바로 고지할 사항으로 하고 있다. 그러나 상법은 '중요한 사항'이라고만 규정되어 있지 구체적으로 무엇이 중요한 사항인지에 대하여는 제시하고 있지 않다. 그 이유는 보험의 종류에 따라 그 중요성의 범위가 달라질 수 있다는 점을 고려한 것이다. 대법원은 중요한 사항과 관련하여 "보험자가 보험사고의 발생과 그로 인한 책임부담의 개연율을 측정하여 보험계약의 체결 여부 또는 보험료나 특별한 면책조항의 부가와 같은 보험계약의 내용을 결정하기 위한 표준이 되는 사항으로서, 객관적으로 보험자가 그 사실을 안다면 그 계약을 체결하지 않든가 적어도 동일한 조건으로 계약을 체결하지 않으리라고 생각되는 사항을 말하고, 어떠한 사실이 이에 해당하는가는 보험의 종류에 따라 달라질 수밖에 없는 사실인정의 문제로서 보험의 기술에 비추어 객관적으로 관찰하여 판단되어야 한다"고 판시하고 있다.[8] 하지만 보험에 대한 전문지식이 없는 보험계약자가 무엇이 중요한 사항인지를 파악하는 것이 쉽지 않다. 이는 종종 중요사항을 고지하지 않아 보험사고 발생 후 보험금을 청구하면 보험자의 해지권 행사로 나타나게 된다.

2. 중요사항의 추정

상법 제651조의2는 질문표기재사항의 중요성을 추정하는 규정이다. 동 규정에 따라, 보험자가 서면으로 질문한 사항은 중요한 사항으로 추정하게 된다.[9] 상법 제651조의2를 입법하게 된 동기는 고지의무의 범위를 명백히 하여 분쟁의 소지를 제거하고 보험계약자를 보호하고자 하는 데 있었다. 전문가가 아닌 보험계약자 또는 피보험자에게 보험계약 체결 시 고지해야 할 사항을 보험청약서에 구체적으로 제시하여 질문하고 그것에 대하여 법률상 추정력을 인정하고자 하였던 것이다. 그러나 그것은 실제로 다른 결과를 초래하였다. 우리 법문에 따라, 질문표에 기재된 사항은 모두 중요사항으로 추정된다. 그러므로 질문표에 기재된 사항 중에 중요사항이 아닌 것은 그 입증을 보험계약자가 하여야 하고 질문표에 기재된 사항이라도 그 사항이 보험자가 합의된 조건으로 보험계약을 체결할 것인가의 결정에 있어서 영향력을 미치지 않았다는 것을 입증하여야 한다. 그러나 질문사항이 확실하지 않고 분명하지 않은 경우에는 중요사항으로서의 추정은 인정되지 않게 된다. 이 조문은 종종 보험계약자의 보

---

8) 대법원 1996. 12. 23. 선고 96다27971 판결.
9) 대법원 1993. 4. 13. 선고 92다52085, 52092 판결.

호를 저해하는 조문으로 등장한다.

Ⅳ 고지의무의 방향전환

1. 제시되는 판례

몇 개의 대법원 판례는 고지의무에 대하여 보험계약자가 적극적으로 이행하여야 할 의무가 아닌 다른 관점에서 바라보고 있다. 1996년 판결에서 대법원은 "지입차주가 승합차를 렌터카 회사에 지입만 하여 두고 온양영업소장이라는 직함을 부여받아 실제로는 렌터카 회사의 아무런 지시·감독 없이 독자적으로 운행하며 온양지역을 거점으로 온양에서 천안으로 통학하는 학생들을 등·하교시켜 주는 여객유상운송에 제공한 경우, 그 운행형태는 대여자동차 본래의 운행형태에 비하여 사고위험률이 현저히 높다고 볼 수 없어 영업용자동차보험계약에 있어 고지의무의 대상이 되는 중요한 사항에 해당하지 않을 뿐 아니라, 그렇지 않다 하더라도 보험자가 고지의무의 대상이 되는 사항에 관하여 스스로 제정한 보험청약서 양식을 사용하여 질문하고 있는 경우에 보험청약서에 기재되지 않은 사항에 관하여는 원칙적으로 고지의무 위반이 문제될 여지가 없다 할 것이므로, 보험자가 제공한 보험청약서에 당해 차량이 지입차량으로서 지입차주에 의하여 유상운송에 제공되고 있는지 여부에 관한 사항이 없었다면 그 사실을 특별히 부기하지 않았다고 하여 보험계약자인 렌터카 회사에게 중대한 과실이 있다고 볼 수 없다고 판단하였다.[10] 또 다른 판결에서 대법원은 "이 사건 차량의 소유자가 누구인지에 관하여 피고가 서면으로 질문하였다고 볼 아무런 증거가 없고, 또 보험청약서에 차량소유자에 관한 기재가 있다고 볼 증거도 없으며, 보험청약서에 피보험자에 관한 기재가 있다고 하더라도 피보험자의 보험가입차량 소유 여부가 피보험자에 관한 기재사항이라고 할 수 없으므로 이 사건 차량이 기명피보험자의 소유인지 여부는 보험약관상 고지의무의 대상이 될 수 없다"고 판단하였다.[11]

---

10) 대법원 1996. 12. 23. 선고 96다27971 판결.
11) 대법원 2005. 7. 14. 선고 2004다36215 판결.

2. 방향전환 암시

제시된 앞의 두 사례는 대법원이 고지의무의 중요사항에 대한 판단기준을 보험계약자로부터 찾고 있는 것이 문제점이 있다는 것을 인식한 것으로 사료된다. 실제로 보험계약을 체결하기 전에 고지할 사항의 중요성의 판단을 보험계약자가 하는 것은 쉬운 일이 아니다. 보험계약자는 보험자에 비하여 상대적으로 보험에 대하여 잘 알지 못하는 상태이다. 보험계약 체결을 함에 있어서 중요한 사항이 무엇인지를 잘 알 수 있는 보험자와 그것을 잘 모르는 보험계약자와 비교하여도 그것은 형평성을 잃은 것이라고 할 것이고, 중요사항을 더 잘 알고 있는 보험자에게 자발적으로 고지하도록 보험계약자 의무를 부과하는 것은, 오히려 보험자가 중요사항을 보험계약자에게 알려주도록 하는 것이 더 타당한 방법일 것이다.

Ⅴ 주요국의 입법적 변화와 그 시사점

1. 독일의 경우

2007년 독일 보험계약법이 개정되면서 고지의무에 대한 사항 역시 대폭적인 변경이 이루어졌다.

1) 개정 전 보험계약법상 고지의무

개정 전 독일 보험계약법은 네 개의 조문에서 고지의무에 관한 내용을 담고 있었다. "계약체결 전 고지의무"라는 제목으로 제16조에서 규정하고 있는 내용이 있었고, "부실고지"라는 제목으로 제17조에서 고지의무 위반 시 해제권을 인정하고 있었다. 제18조와 제22조 역시 고지의무와 관련된 내용이 규정되어 있다.

(1) 계약체결 전 고지의무

개정 전 보험계약법 제16조 제1항에 따르면, 보험계약자는 계약체결 전 위험인수에 대하여 현저한(erheblich: 중요한) 것에 대하여 그가 알고 있는 모든 사실을 보험자에게 고지해야 한다(보험계약법 제16조 제1항). 이는 바로 개정 전 독일 보험계약법상 보험계약자 등의 고지의무는 자발적인 의무이면서 능동적 의무이며, 또한 적극적인 의무로서의 성격을 보여준다. 우리 상법 제651조가 규정하고 있는 내용과 유사함을 알 수 있다. 보험자가 명시적으로 서면에 의하여 질문한 사항과 의심스러운 경우에는 중요한 사항으로 추정된다(개정 전 보험계약법 제16조 제1항 제3문). '현저한' 또는 '중요한'이라고 하는 사항은 보험자가 계약을 체결할 것인가 또 합의된 내용에 따라서 체결할 것인가를 결정함에 있어서 해당 보험계약에 중대하게 영향을 미치는 위험한 것을 의미한다(보험계약법 제16조 제2항). 보험자가 명백하면서도 서면으로 질문을 했던 사안은, 만약 그것이 의심스러운 경우에 해당한다면, 그것은 현저한 것으로 본다(보험계약법 제16조 제3항).

(2) 부실고지

개정 전 보험계약법 제17조는 부실고지에 대하여 규정하고 있다. 만약 현저한 상황에 대하여 보험계약자가 부실하게 고지를 행한 경우에, 보험자는 해당 계약을 해제할 수 있다(보험계약법 제17조 제1항). 그러나 그 부실고지에 대하여 보험자가 알고 있었다거나 또는 해당 고지가 보험계약자의 책임 없이 부실하게 이행된 경우라면, 그 해제권은 배제된다(보험계약법 제17조 제2항).

개정 전 보험계약법 제18조는 보험자가 서면으로 질문한 위험한 상황에 대하여 보험계약자가 고지하지 아니하면, 명백하게 질문되지 않은 상황에 대하여 고지하지 않은 것으로 인하여, 보험자는 단지 악의적 묵비의 경우에만 해제할 수 있는 것으로 하고 있었다. 보험자가 질문하지 않은 사항에 대하여 보험계약자의 악의의 묵비에 대해서만 책임을 부담하도록 하는 구조를 띠고 있었다. 이는 보험자의 질문이 없는 경우에 있어서는, 보험계약자의 책임을 경감하고 있었음을 알 수 있다.

개정 전 보험계약법 제22조는 '보험계약자의 악의적 기망을 이유로 계약을 취소할 수 있는 보험자의 권리는 배제되지 않는다'는 내용을 규정하고 있었다. 또한 보험계약법상 고지의무와 관련된 규정들에 대하여, 입법자는 상대적 강행규정으로 하여, 약관을 통한 규정은 보험계약자의 불이익이 발생하지 않도록 하고 있었다(개정 전 보험계약법 제34a조).

2) 현 보험계약법상 고지의무

제19조 고지의무

(1) 보험계약자는 합의된 내용으로 계약을 체결하는 데 있어 보험자가 결정하는 데 중요하다고 여겨지는 상황과 보험자가 텍스트 형식으로 질의한 것으로 보험계약자에게 알려진 위험상황을 계약의 체결의사를 보낼 때까지 보험자에게 고지해야 한다. 보험자가 보험계약자의 계약의 의사표시 후에, 그러나 계약의 인수 전에 제1문의 취지에 따른 질문을 한 경우에도 보험계약자는 고지를 할 의무가 있다.

(2) 보험계약자가 제1항에 따른 고지의무를 위반한 경우 보험자는 계약을 해제할 수 있다.

(3) 보험계약자가 고지의무를 고의 또는 중과실로 위반한 것이 아닌 경우에는 보험자의 해제권은 행사할 수 없다. 이 경우 보험자는 한 달 안에 계약을 해지할 수 있다.

(4) 보험자가 고지되지 않은 상황을 알았거나 또는 다른 조건이 있음에도 불구하고 계약을 체결하였을 경우라면 중과실로 인한 고지의무 위반을 이유로 한 보험자의 해제권과 제3항 2문에 따른 해지권은 행사할 수 없다. 다른 조건은 보험자의 청구에 따라 보험계약자에게 귀책사유를 물을 수 없는 의무위반의 경우에 진행 중인 보험료기간부터 소급적으로 계약의 요소가 된다.

(5) 보험자가 보험계약자에게 텍스트 형식으로 통지하여 고지의무위반의 결과를 알려준 경우라면 제3항과 제4항에 따른 권리가 보험자에게 귀속된다. 보험자가 고지되지 않은 위험상황 또는 고지내용의 부정확성을 알았다면 그 권리는 주장할 수 없다.

(6) 제4항 제2문의 경우 계약변경을 통해 보험료가 10% 이상 증가하거나 고지되지 아니한 상황에 대한 위험을 담보하지 않는다면 보험계약자는 보험자의 통지가 도달한 후 한 달 안에 계약을 해지할 수 있다. 보험자는 보험계약자에게 통지에서 이상의 권리를 알려주어야 한다.

(1) 수동적 의무로 전환

2007년에 개정된 독일 보험계약법은 고지의무에 대하여 대폭적인 개정을 하였다. 개정 전 독일 보험계약법은 고지의무에 대하여, 보험계약자의 자발적인 의무로 규정하고 있었다. 이는 보험자가 보험계약을 체결함에 있어 보험계약자에 대한 정보를 모두 가지고 있을 수 없다는 면에 착안하여 일종의 간접의무로서 보험계약자의 고지의무를 부과하도록 하였다. 이는 보험자에게 생길 수 있는 정보부족의 문제를 자기 자신에 대하여 잘 알고 있는 보험계약자를 통하여 중요한 사항의 판단 여부를 제공받고자 한 것이었다.

현 보험계약법은 일종의 보험자의 고지를 촉구하는 의무로 그 방향을 전환하였다. 보험계약을 체결하기 전까지 적극적으로 부담해야 하는 보험계약자의 고지의무에 대하여, 현 보험계약법은 보험자의 정보제공의무를 보다 더 강화하는 동시에 보험계약자의 고지의무를, 적극적이면서 자발적인 이행의무에서 수동적인 의무 또는 보험자의 질문에 대한 수동적 답변의무로 그 방향을 전환함으로써 계약체결의 안정성과 고지의무위반의 법적 효과를 보다 더 명확히 하고자 하였다. 특히 보험계약자의 고지의무와 관련하여 고찰해야 할 주요사항은 보험자가 질문하게 되는 형식과 중요사항의 범위이다. 우선 보험자는 보험계약자에게 질문함에 있어 "텍스트 형식"을 고집하고 있다. 또한 보험계약자가 '중요한 사항'을 고지해야 하지만, '중요한 사항'이 무엇인지에 대하여는 보험자가 보험계약자의 고지 전에 설명을 해주어야 한다.

(2) 텍스트 형식

텍스트 형식이란 독일 민법 제126b에서 말하는 형식이다.[12] 독일 민법에 따르면, 법률에 의하여 텍스트 방식으로 정하여져 있다면, 의사표시는 서면이나 또는 문서의 방법으로 지속적인 재생에 적합한 다양한 방법으로 이행될 수 있다. 보험자는 위험상황이 무엇인지를 보험계약자에게 알려주어야 한다. 보험자는 보험계약자에게 알려주고자 함에 있어, 보험계약상 위험 여부를 판단하는 데 중요한 의미를 가지는 내용을 이를 구성하는 형식에 구애됨이 없게 하고자 한다. 현 보험계약법은 보험계약자에게 자발적인 고지의무가 없음을 명확히 알 수 있

---

12) 독일 민법 제126b조(텍스트 방식) 법률에 의하여 텍스트 방식이 정해진 경우에는, 의사표시는 증서 또는 다른 방법으로 서면에 적합한 방식으로 지속적으로 재생할 수 있는 것으로 이행되어야 하고, 표의자는 표시되어야 하며, 또한 의사표시의 성립이 서명의 임서(똑같이 쓰는 것) 또는 다른 방법으로 인식될 수 있어야 한다.

다. 보험계약자는 보험자로부터 제시된 텍스트 형식의 질문에 대한 사항만 고지하면 된다. 그런 결과 어떤 사항이 중요한 것이고, 어떤 것이 중요하지 않은가에 대한 상황위험의 판단은 보험계약자에게 있는 것이 아니라, 그 위험은 보험자에게 이전하게 된다.

보험자의 질의하는 형식이 구두 방식이 아니라 텍스트 방식으로 변화하게 됨으로써 보험자의 유리한 점을 볼 수 있다. 고지의무위반의 경우 청약 시의 질문에 대한 인식을 전제조건으로 하게 되므로 보험자는 보험계약자가 질문에 대하여 인식을 하고 있었는지를 증명하면 된다. 현 보험계약법은 보험계약자에게 텍스트 형식으로 질문지를 제공하기 때문에, 구두로 질문하는 방식보다 질문에 대한 보험계약자의 인식 여부를 증명하는 데 훨씬 유리한 면이 있다.

(3) 추가 신고의무의 부존재

보험계약법상 고지의무는 보험계약자가 자신의 계약에 대한 의사표시를 하게 되는 시점까지만 존재한다. 개정 전 보험계약법은 보험계약자에게 일반적인 추가신고의무가 있었다. 보험계약자는 청약의 의사표시를 한 후에도 위험상황을 보험자에게 고지하도록 하고 있었던 것이다. 특히 경우에 따라서는 보험계약과정에서 보험계약자에게 이러한 의무는 인식되지 않는 경우가 다반사였다.

현 보험계약법은 보험자가 비록 질의하지 아니한 것이라 할지라도 이를 보험계약자가 악의에 의하여 고지하지 아니하였다면 보험자는 이에 대하여 취소권을 행사할 수 있다는 해석이 가능하다. 보험자가 질문하지 아니한 것에 대하여 보험계약자가 적극적으로 고지하지 아니한 경우 보험계약자가 보험자의 위험과 관련하여 중요하다고 하여 제시된 질문표에 대답한 정도를 가지고, 악의에 의한 경우라고 비난한 사례는 없는 것으로 알려지고 있다.

(4) 보험자의 해제권과 해지권

보험계약자가 계약체결 전 간접의무로써 고지의무를 위반한 경우 보험자는 해당 보험계약을 해제할 수 있다(보험계약법 제19조 제2항). 고지의무위반에 대한 객관적인 구성요건을 보험자는 해명하고 경우에 따라서는 입증을 요한다. 보험계약자가 고의나 중과실에 의하여 고지의무를 위반한 것이 아니라면, 보험자의 해제권은 배제된다. 보험계약자가 중과실로 판단되는 경우도 기본적으로 동일하게 취급된다. 다만 보험자가 이미 고지의무 위반사실을 알았다면 마찬가지로 해제권 행사는 배제된다. 한편 보험계약자의 고지의무위반이 경과실 또는 책임성이 없는 것으로 판단되는 경우라면, 보험자는 해당 계약을 해지할 수 있다. 보험계약자에 대한 고의 또는 중과실에 의한 의무위반의 비난가능성을 없는 경우에는 보험자의 해제권도 인정되지 않는 것이다. 보험자에게 고지의무위반을 이유로 해제권이나 해지권을 인정하는 것도 기본적으로 보험계약자에게 텍스트 형식으로 고지의무를 위반하면 어떠한 위반의 결과가 있는지를 알려준 경우에만 가능하다(보험계약법 제19조 제5항 제1문). 또한 보험자가 고지되지 않은 위험상황 또는 고지내용의 부정확성을 이미 알고 있었다면 이도 또한 해제권이나 해지권 행사는 배제된다.

(5) 계약조정권

독일 보험계약법은 보험자에게 계약을 변경할 수 있는 권한을 부여하였다. 보험계약법 제19조 제4항 제2문은 계약의 조정에 대한 조문이다. 계약을 조정할 수 있는 상황에 있다고 한다면, 보험자는 해제권이나 해지권 대신에 계약조정권이 발생하게 된다. 보험자가 계약을 조정할 수 있는 상황을 알게 된 그 시기에 계약을 거절하는 것이 아니라 다른 조건으로 체결했을 것이라고 한다면, 이러한 사항들은 계약의 구성부분이 되는 것이다. 여기서 다른 조건이라 함은 위험배제, 보험료인상 및 다른 보험기간 등 모든 가능성을 포함한다. 그러나 언제나 보험자에게 계약조정권을 부여한 것은 아니다. 책임이 없는 경과실이나 중과실로 고지의무위반으로 발생하는 계약조정권에 의하여, 보험자는 해당 보험계약의 보험료를 증액할 수 있거나 고지하지 않은 부분 또는 부실고지에 대한 보험보호를 배제할 수 있다. 다양한 계약조정 가능성이 보험자에게 주어진다면, 그는 선택적으로 권리행사를 할 수 있다. 보험계약자는 보험료가 10% 이상 인상되거나 또는 보험자가 고지되지 않은 사항에 대한 위험을 담보하기 않게 되면, 보험자의 계약조정통지가 도달한 후 1개월 안에 계약을 해지할 수 있다(보험계약법 제19조 제6항 제1문).

(6) 중과실비례보상

보험계약법 제19조에 따르면, 보험계약자가 중과실로 인한 고지의무를 위반한 경우에도 보험자는 보험금을 지급하는 경우가 발생한다. 이는 개정 전 "전부 또는 전무 원칙Alles oder Nichts Prinzip"을 배제하고 중대한 과실에 있어서, 과실의 정도에 따라 보험의 혜택을 받을 수 있음을 보여준다. "전부 또는 전무 원칙"이 폐지되면서 독일의 입법자는 다음과 같은 원칙을 정하면서 "중과실비례보상제도"를 도입하게 된다. 첫째, 보험자가 보험계약을 해지하거나 높은 보험료를 요구할 수 있는 경우라면 법률결과로서의 보험자는 굳이 면책되지 말아야 한다. 둘째, 보험사고나 보험자의 이행범위에 인과관계가 있는 고지의무를 포함한 간접의무의 위반은 근본적으로 보험자면책이 받아들여져야 한다. 셋째, 단순한 과실에 기인한 위반에 대하여는 보험자 면책이 허용될 수 없다. 넷째, 고의에 의한 고지의무위반 역시 인정될 수 없다. 다섯째, 중과실에 의한 위반 시 위반의 정도에 따라 보험자의 책임이 이루어져야 한다. 여섯째, 보험자의 면책이 발생하기 위해서는, 그러한 면책이 발생한다는 사실을 보험계약자에게 인지될 수 있도록 하여야 한다. 일곱째, 입증책임의 명백해야 한다. 고의에 대한 입증은 보험자가 부담해야 하지만 중과실에 대한 사항은 보험계약자에게 돌려야 한다. 결과적으로 개정 전 보험계약법이 보험자의 전면적인 면책이 엄격하게 적용되어 보험계약자에게 부당한 결과를 초래하고 있다는 지적에 따라, "중과실비례보상제도"가 도입한 것이라 하겠다.

(7) 기타사항

개정 전 보험계약법 제18조와 제16조 제1항 제3문이 삭제되었다. 보험자가 질문하지 않은 사항에 대하여 보험계약자가 악의적 묵비의 경우에 보험자가 책임을 부담한다는 내용(개정 전 보험계약법 제18조)과 보험자가 명시적으로 서면에 의해 질문한 사항은 의심스러울 경우 중요한 사항으로 본다는 내용(개정 전 보험계약법 제16조 제1항 제3문)이 삭제된 것이다. 이는 개정된 현 보험계약법이 수동적 답변의무를 반영한 이상 굳이 양 조문의 존재 필요성이 의미를 상실함에 따라 삭제한 것으로 이해할 수 있다. 그러나 보험계약자의 악의적 기망에 대한 제재방안은 개정된 보험계약법에도 계속하여 유지되고 있다. 개정 전 보험계약법상 제22조가 개정된 보험계약법 제22조에 변함없이 자리를 지키고 있다.

2. 일본의 경우

2008년 일본은 상법에서 보험법을 분리하는 단일법전으로 만드는 작업을 하였다. 보험법에 규정된 새롭게 내용은 보험법 제4조, 제28조, 제37 및 66조에 규정되어 있다.

(손해보험의 영역)

제4조(고지의무) 보험계약자 또는 피보험자는 손해보험계약 체결 시, 손해보험계약에 의해 보상받을 수 있는 손해의 발생가능성과 관한 중요한 사항 중 보험자가 고지를 구하는 것에 한하여 사실의 고지를 하지 않으면 안 된다.

제28조(고지의무위반에 의한 해제)

① 보험자는 보험계약자 또는 피보험자가 고지사항에 대하여 고의 또는 중대한 과실로 사실의 고지를 하지 않거나 부실고지를 한 때에는 손해보험계약을 해지할 수 있다.

② 보험자는 전항의 규정에도 불구하고 다음에 기재된 경우에는 손해보험계약을 해제할 수 있다.

   1. 손해보험계약의 체결 시에 보험자가 전항의 사실을 알거나 과실에 의해 알지 못하였을 때

   2. 보험자를 위해 보험계약 체결의 매개(중개)를 할 수 있는 자가 보험계약자 또는 피보험자가 전항의 사실을 고지하는 것을 방해한 때

   3. 보험매개(중개)자가 보험계약자 또는 피보험자에 대하여 전항의 사실의 고지를 하지 않거나 부실고지할 것을 권유한 때

③ 전항 제2호 및 제3호의 규정은 해당 각호에 규정한 보험매개(중개)자의 행위가 없었다 하더라도 보험계약자 또는 피보험자가 제1항의 사실을 고지하지 않거나 부실고지를 했다고 인정된 경우에는 적용하지 아니한다.

④ 제1항의 규정에 의한 해제권은 보험자가 동항의 규정에 의한 해제의 원인이 있는 것을 안 날로부터 1개월간 행사하지 아니한 때에는 소멸된다. 손해보험계약의 체결시부터 5년을 경과한 때에도 이와 같다.

(생명보험 영역)

제37조(고지의무) 보험계약자 또는 피보험자에 해당하는 자는 생명보험계약의 체결

시에 보험사고의 발생가능성과 관련한 중요한 사항 중 보험자로 되는 자가 고지를 구하는 것(제55조 제1항 및 제56조 제1항에 있어서 '고지사항'이라 말한다)에 대하여 사실의 고지를 하여야 한다.

(상해질병정액보험)

제66조(고지의무) 보험계약자 또는 피보험자는 상해질병정액보험계약을 체결할 때 급부사유(상해질병에 의한 치료, 사망 그 외 보험급부를 행할 요건으로 상행질병정액보험계약에 규정된 사유로 한다)의 발생가능성에 관한 중요한 사항 가운데 보험자가 되는 대상이 고지를 구한 것(제84조 제1항 또는 제85조 제1항에 있어서 '고지사항'이라고 한다)에 대해서 사실의 고지를 하여야 한다.

1) 보험자의 질문에 대한 답변의무

2008년 일본은 상법에서 보험법을 독립시키면서 보험관련 내용의 대폭적인 개정을 하였다. 이 점 우리가 아직도 상법에서 보험계약법을 분리하지 않고 있는 점을 보건대, 상당히 고무적인 일임에 틀림없다. 이때 정리된 쟁점 중 고지사항에 대하여, 중요사항이 되는 것과 그렇지 아니한 것의 구별기준, 또한 질문표나 의사가 구두로 질문한 사항만이 고지를 요하는 사항인지가 포함되었다. 종래 일본 상법상 고지의무는 고지의무자가 고지할 사항은 '중요한 사항'으로 규정되어 있었다. 무엇이 중요한 사실인가를 보험계약자 등이 판단하여 고지해야만 했다. 보험자가 묻지 아니하더라도, 보험계약자가 자발적으로 알리도록 하고 있었던 점은 우리 상법이 규정하고 있는 바와 같은 모습을 띠고 있었다. 그러나 실무상 보험자가 작성한 질문표에 답변하는 형식으로 운용되고 있는 점을 감안하여 고지의무를 자기신고의무가 아닌 질문한 사항에 대한 답변의무(질문응답의무)로 할 것이 주장되었고, 2008년 일본 보험법은 이 점을 받아들였다.

2) 질문범위제한

일본 보험법은 보험계약과 관련하여 알려야 할 중요한 사항 가운데 보험자가 고지를 요구한 것인 고지사항에 대하여 사실의 고지를 하도록 하였다. 고지의 대상을 보험자의 질문에 한정하여 보험계약자 스스로가 고지의 대상에 대한 판단을 할 필요가 없도록 한 것이다. 이 점에서 본다면, 독일의 보험계약법 개정방향과 동일한 면을 알 수 있다. 고지의무의 내용을 보험자가 미리 정하여 질문하면 진실된 대답만 하면 되도록 하는 개정 보험법은, 고지의무의 내용과 범위를 계약 당시에 정하지 않아 발생할 수 있는 문제를 원천적으로 차단할 수 있게 되었다.

고지의무에 대한 개정이 이루어졌다고 할지라도 실무상 보험자가 종래와 같이 질문표를 작성하여 보험계약자가 기재하는 방식의 차이는 없는 것으로 생각할 수도 있지만, 보험자가 기재하는 질문표로 고지의 범위가 한정되고 그 한정된 범위에서 보험계약자는 알려주는 것으로 고지의무를 다하게 된다. 우리 상법 제651조의2는 고지의무와 관련한 서면에 의한 질문의 효력에 대한 내용을 규정하고 있다. 우리의 경우 보험자가 서면으로 질문한 사항은 중요한 사항으로 추정한다고 하고 있다. 이는 고지의무의 범위가 확장될 가능성이 존재한다. 그러나 일본의 경우 우리와 대조적으로 수동적 의무를 수용한 것이다. 다만, 확정이 아닌 한정으로 한 것은 보험자가 질문표를 무한히 확대하여 지나치게 포괄적이거나 모호하게 작성할 가능성이 있으므로 차후에 질문표 및 고지내용에 대한 구체적인 사례를 통해 이를 막기 위함이다.

3) 보험자의 해제권과 그 제한

일본 보험법은 보험계약자 등이 고지사항에 대하여 고의 또는 중대한 과실에 의하여 사실대로 고지하지 않거나 부실한 고지를 한 때에는, 보험자가 해제권을 행사할 수 있도록 하고 있다(보험법 제28조 제1항, 제55조 제1항, 제84조 제1항). 그러나 해제할 수 없는 사유를 아울러 규정하고 있다. 보험자는 보험계약 체결 시 1) 보험자가 불고지 또는 부실고지의 사실을 알았거나 과실에 의해 몰랐을 때, 2) 보험매개자가 보험계약자 또는 피보험자가 사실대로 고지하는 것을 방해했을 때, 3) 보험매개자가 보험계약자 또는 피보험자에 대하여 사실대로 고지하지 않거나 부실한 고지를 하는 것을 권유했을 때에는 보험계약을 해제할 수 없다(보험법 제28조 제2항, 제55조 제2항, 제84조 제2항). 그러나 보험매개자의 행위가 없었다 하더라도 보험계약자 또는 피보험자가 사실대로 고지하지 않거나 부실한 고지를 했다고 인정되는 경우에는 해제할 수 있다(보험법 제28조 제3항, 제55조 제3항, 제84조 제3항). 우리나라의 경우 보험설계사에 의한 보험계약자의 고지가 제대로 이행되지 않는 경우[13]를 예방하기 위해서는, 보험매개자 고지의무의 이행방해의 경우에 보험자의 권리를 일정부분 제한하고 있는 일본 보험법의 수용방안을 고려해 볼 수 있을 것이다.

Ⅵ 개선방안

고지의무로부터 발생하는 문제점을 예방하는 동시에 보다 합리적인 방안을 도출하기 위하여, 다음과 같은 개선방안을 제시할 수 있다.

1. 수동적 답변의무로 전환

보험계약에서 발생하는 고지의무를 어떻게 바라보아야 하는가는, 보는 사람의 관점과 시대에 따라 달라질 수 있을 것이다. 보험이 발생하였던 초창기의 경우에는 보험자가 중요사항을 판단함에 있어 전문적인 지식을 갖추고 있다고 볼 수 없다. 특히 해상보험의 경우 선주나 화주 등이 선박이나 화물 또는 해상 등에서 보험자보다 더 잘 알 수 있는 지위에 있었고, 전문적인 지식을 가지고 있는 보험계약자가 고지의무를 부담하는 것이 자연스러운 일이었을 것이다. 그러나 보험산업이 발전하면서 보험자는 보험에 대한 전문적인 지식을 갖추게 되었다. 보험환경이 변함에 따라 대다수의 보험계약자는 고지의무와 관련하여 중요사항을 판단함에 있어 상당한 애로를 느끼고 있다. 그러한 애로점은 보험사고 발생 후 민원으로 야기되는 것을 볼 수 있다. 그러한 애로사항을 제거하고자 보험 주요선진국은 보험전문가인 보험자가 중요사항을 판단하여 보험계약자 등에게 고지하고, 그것에 대한 응답을 하는 것으로 바뀌

---

13) 대법원 2013. 6. 13. 선고 2011다54631, 54648 판결. 동 사건은 보험계약자의 대리인이 설계사로서 보험계약자를 대신하여 고지의무를 하였으나, 그 대리인이 피보험자에 대한 중요사항을 적극적으로 확인하여 고지하여야 하는지 여부를 다루고 있다. 사건을 자세히 들여다보면 보험설계사가 피보험자의 고지의무를 일면 방해하고자 하는 면도 없지 않다는 의구심을 주고 있다.

고 있다. 우리나라는 아직 그러한 면이 보이지 않고 있는 바, 보험계약자를 보다 더 보호한다는 측면에서 수동적 답변의무로 전환해야 할 것이다.

2. 추정조항의 삭제

2007년 개정 전 독일 보험계약법 제16조 제1항 제3문은 '보험자가 명시적으로 서면에 의하여 질문한 사항은 의심스러운 경우 중요사항으로 본다.'는 내용을 담고 있었다. 당시 독일 보험계약법은 능동적 고지의무의 내용을 규정하고 있었다. 고지의무에 대한 대폭적인 개선작업을 한 독일 보험계약법은 '수동적 답변의무'로의 방향을 전개하면서 '서면의 질문을 중요사항으로 추정'하는 조문을 삭제하였다. 일본 보험법 역시 이러한 조문은 보이지 않는다. 우리 상법 제651조의2는 개정 전 독일 보험계약법 제16조 제1항 제3문과 유사한 내용을 담고 있다. 양자 모두 서면에 의한 질문사항은 중요한 것으로 추정의 효과를 두어, 보험계약자로 하여금 보험자가 질문한 사항에 대하여 중요사항이 아니라는 반증을 들어 고지의무위반을 벗어날 수 있도록 한 것이다. 만약 보험자가 보험계약자에게 질문한 사항에 대하여만 대답하도록 하는 '수동적 답변의무'로의 전환이 이루어진다면, 동 조문은 그 의미가 없다고 할 것이다.

3. 고지의무위반 시 보험자의 권리제한

일본 보험법의 경우 보험계약자 등이 고지의무를 위반한 경우 보험자는 해제권을 행사하게 된다. 우리나라의 경우, 고지의무위반 시 보험자에게 해지권을 행사할 수 있음을 규정하고 있다. 일본 보험법의 경우, 보험매개자가 보험계약자 또는 피보험자에 대하여 사실대로 고지하는 것을 방해한 경우라든가 또는 보험매개자가 보험계약자 또는 피보험자에 대하여 사실대로 고지하지 않거나 부실한 고지를 하도록 권유한 경우라면 보험계약을 해지할 수 없도록 하고 있다. 우리의 경우에도, 종종 보험설계사에 의하여 보험계약자의 고지의무가 방해받게 되는 사례가 등장할 수 있다. 이를 예방하기 위한 방법으로서, 일본이 입법하고 있는 '보험자 권리제한'을 명문으로 규정할 필요성이 있다.

4. 계약조정권

우리 상법은 고지의무위반 시 보험자가 해지권을 행사할 수 있는 방법과 해지권을 포기하는 방법만을 인정하고 있다. 독일 보험계약법은 보험계약자 등의 고지의무 위반 시 보험자에게 계약을 변경할 수 있는 계약조정권을 인정하였다. 경우에 따라 해제권이나 해지권 대신에 계약을 조정할 수 있는 권리를 명문으로 받아들인 것이다. 보험자가 계약을 조정할 수 있는 상황을 알게 된 그 시기에 계약을 거절하는 것이 아니라, 다른 조건으로 체결했을 것이라고 한다면, 바로 계약조정권이 발생되는 것이다. 한편 독일 보험계약법은 보험계약자의 보험료가 10% 이상 인상되거나 또는 보험자가 고지되지 않은 사항에 대한 위험을 담보하지 않게 되면, 보험자의 계약조정통지가 도달한 후 1개월 안에 계약을 해지할 수 있는 권리를 보험계약자가 행사할 수 있도록 하고 있다. 이는 다른 조건이 보험계약자에게 불이익하게 영향을 미치는 것을 방지하고자 함이다. 우리 상법이 고지의무에 대한 내용을 개정하고자 한다면 독일 보험계약법에서 인정하고 있는 계약조정권을 수용하는 것도 그리 나쁘지는 않은 것 같다. 적극적인 검토가 필요하다.

〈경기법조 제20호 2013년, 758면 이하 게재〉

후 기

독일 마부르크대학교Marburg Uni.에서 필자는 회사법 분야로 박사학위를 얻었다. 그러나 독일 가기 전 보험회사에 근무한 전력이 있고, 보험약관과 관련된 논문으로 석사학위를 얻어서인지 모르겠으나, 우리나라에 귀국하고서는 회사법보다 보험법 영역에 많은 관심과 집중을 하는 상황에 직면하게 되었다. 물론 보험법 영역에서 발생하는 문제가 많았기 때문이라는 이유를 말할 수 있을 것이다. 그러나 사회생활의 첫발이 무섭다는 생각을 다시 한 번 해 보았다. 사회생활의 시작을 보험에 마주치지 않았다고 한다면, 지금처럼 보험법 연구에 많은 역량을 기울일 수 있을까? 아마 긍정적인 답변을 하기 어려울 것이다. 회사법으로 박사논문을 정하고 또 박사학위를 얻었지만 내가 디뎠던 첫발자국을 벗어날 수 없었던 것이다.

보험계약과 관련된 법적 분쟁은 줄어들지 않고 있다. 그 가운데 가장 다수를 점하고 있는 사항 중 하나가 바로 보험계약자 등의 고지의무위반과 관련된 사건이다. 보험자와 보험계약을 체결한 보험계약자가 보험기간에 불행한 사고를 당하면, 보험의 혜택을 받고자 보험자에게 보험금을 청구한다. 보험자는 고지의무 위반사항을 검토한 후, 동 의무를 위반하였다고 판단하면 법적 근거에 따라 보험계약을 해지하고 면책을 주장한다. 아주 전형적인 분쟁 사례이다. 이 문제를 해결하기 위한 방법은 무엇일까? 보험자에게 보험계약자는 무엇을 고지해야 하는지 모르는데도 모든 사항을 고지해야만 할까? 이러한 난감한 사항을 극복하기 위하여, 보험의 주요 선진국들은 보험자가 질문하는 것에 따라 보험계약자가 답변하는 것으로 방향을 틀었다. 아직 우리나라는 이 점을 받아들이지 않고 있다. 아쉬운 대목이다. 문제해결을 위하여 사고의 전환이 요구된다. 보험 분야의 논문이 「경기법조」에 그리 많지 않음을 발견하고 글을 게재하게 되었다.

제 46 장

대주주 적격성에 대한 주기적 심사에 관한 논의

▌ 서 론

금융회사의 지배구조에 관한 법률(이하 '금융회사지배구조법'이라 한다)과 관련한 개정논의가 다각적으로 이루어지고 있다. 특히 문제되는 영역중의 하나가 대주주 주기적 적격성심사의 문제이다. '금융회사지배구조법'(안)은 원칙적으로 은행·금융투자업자·보험회사·상호저축은행·여신전문금융회사 및 금융지주회사 등 6개 업권에 공통되는 규정을 적용하고자 한다. 6개의 업권 금융회사에 있어서, 규제비용 등을 고려하여 일부 적용을 배제하고 있다. 동 법(안)에 따르면, 은행·은행지주회사·투자자문업자·투자일임업자 등을 제외하고 대주주 자격심사제도는 동일하게 적용되는 결과를 초래한다. 정부(안) 제31조는 대주주의 자격심사 등에 대한 내용을 규정하고 있었다. 동 규정은 특수관계자를 포함하여 대주주에 대하여 주기적 자격심사를 하고, 해당 요건을 충족하지 못하는 경우에는 제재를 가하는 내용을 담고 있다. 그러나 국무회의 통과(안)에는 대주주의 적격요건 유지의무(주기적 자격심사)가 반영되지 못하였다.

그 후 김기식 의원(안)과 김기준 의원(안)이 제출되었는데, 그 내용에 있어서는 정부(안)과 유사한 면을 띠고 있었다. 이 법(안)들은 현재 은행, 저축은행에 한정되어 있는 대주주 자격심사대상 기관을 보험회사, 카드회사, 증권회사 등 대기업 집단이 보유하고 있는 금융업종으로 확대하고자 한다. 특히 다음과 같은 세 가지 사항에서 문제점으로 지적된다. 첫째, 대주주 개념과 범위의 확장에 대한 사항이다.[1] 기존의 대주주의 개념에서 벗어나, 최대주주의 특수관계인인 주주 및 주요주주를 포함하여 최대주주가 법인인 경우에는 그 법인의 중요한 경영사항에 사실상 영향력을 행사하고 있는 자까지 포함하고자 한다. 둘째, 대주주의 자격에 "특정경제범죄 가중처벌 등에 관한 법률" 제3조의 죄를 범하여 형사 처벌된 적이 없는 경우까지 포함하여 준법성과 도덕성 기준을 충족시키고자 하는 사항이다.[2] 셋째, 대주주 자격미달 시 금융위원회의 지분처분명령이 야기하는 결과에 대한 사항이다.

본 논문은 우선적으로 보험회사의 대주주가 되기 위한 진입요건을 살펴본다. 그리고 이러

---

1) 김기식 의원(안)은 대주주의 개념에 "최대주주의 특수관계인인 주주 및 주요주주를 포함하며, 최대주주가 법인인 경우에는 그 법인의 중요한 경영사항에 사실상 영향력을 행사하고 있는 자로서 대통령령으로 정하는 자를 포함한다"라고 규정하고 있으며, '김기준 의원(안)'은 대주주의 개념에 "대통령령으로 정하는 자를 포함한다"라고 규정하고 있다. 각각의 법률안의 취지는 대주주의 개념을 최대주주와 그 특수관계인인 주주 및 주요주주 등을 포함하고자 하는 것이라 이해될 수 있다. 이이재 의원(안) 역시 김기식 의원(안)과 별 차이가 없다.

2) 이는 이이재 의원(안)이 제시하고 있는 내용이다.

한 진입요건을 실정법에서 인정하고 있음에도 불구하고, 왜 대주주에 대하여 주기적으로 적격성 심사제도를 도입하고자 하는가에 대하여 살펴보고, 그다음에는 그러한 제도의 도입으로 인하여 발생할 수 있는 문제점이 무엇인가를 제시하고자 한다. 제기되는 (안)들이 타당성을 갖기 위해서는 국제적 정합성이 인정되어야 할 것이다. 주요국에서는 대주주에 대한 주기적 적격성심사를 어떻게 운용하고 있는가를 살펴보고, 마지막으로 결론을 내리는 것으로 한다.

Ⅱ 보험업법상 대주주 자격심사와 실무상 발생 사례

1. 허가 시 자격심사

보험업을 경영하는 자의 건전한 경영을 도모하고 보험계약자, 피보험자, 그 밖의 이해관계인의 권익을 보호함으로써 보험업의 건전한 육성과 국민경제의 균형 있는 발전에 기여함을 보험업법은 목적으로 하고 있다(보험업법 제1조). 이러한 목적을 위하여 제정된 보험업법은 보험회사를 영위하고자 하는 자에 대하여, 일정한 요건을 충족할 것을 요구한다. 우선 보험업의 허가를 받으려고 하는 자는 일정한 자본금 또는 기금이 있어야 한다(보험업법 제6조 제1항 제1호). 보험계약자 보호를 위하여, 보험업 경영에 필요한 전문인력과 전산설비 등 물적 시설 역시 충분히 갖추고 있어야 한다(보험업법 제6조 제2항). 사업계획이 타당해야 하고, 출자능력의 충분성 및 재무상태의 건전성을 갖추고 있어야 하며, 건전한 경제질서를 해친 사실이 없어야 한다(보험업법 제1항 제3호, 제4호).

보험업법을 통하여 알 수 있듯이, 우리나라에서 보험업을 영위하고자 한다면 그 자는 보험업법에서 요구하고 있는 일정한 자본을 갖추고 있어야 할 뿐만 아니라 보험회사 운영을 위한 인적·물적인 시설을 준비할 수 있는 역량을 가지고 있어야 한다. 더 나아가 사회성과 도덕성을 갖춘 자만이 보험회사의 주주가 될 수 있음을 알 수 있다.

2. 대주주 변경 시 자격심사

기존 보험회사의 주식을 취득하여 대주주가 되고자 하는 자 역시 건전한 경영을 위하여 미리 금융위원회의 승인을 받아야 한다(보험업법 제6조 제4항). 금융위원회의 승인 없이 주식을 취득하였다고 한다면, 금융위원회는 6개월 이내의 기간을 부여하여 그 주식을 처분할 것을 명할 수 있고(보험업법 제6조 제5항), 또한 승인 없이 취득한 주식에 대하여는 의결권을 행사할 수 없도록 하고 있다(보험업법 제6조 제7항). 금융위원회의 심사 대상은 보험업법 제2조에서 의미하는 최대주주와 주요주주가 대주주에 해당하게 된다(보험업법 제2조 제17호). 최대주주의 특수관계인 역시 금융위원회의 허가요건의 심사대상이다(보험업법 제6조 제4호).

보험업법 제2조는 대주주를 정의하고 있다. 대주주는 최대주주와 주요주주로 구분된다. 보험회사의 의결권 있는 발행주식 총수를 기준으로 본인 및 그와 대통령령으로 정하는 특수한 관계에 있는 자(이를 특수관계인이라 한다)가 누구의 명의로 하든지 자기의 계산으로 소유하는 주식을 사실상의 영향력을 행사하는 주주를 '최대주주'라 한다면(보험업법 제2조 제17호 가목), 누구의 명의로 하든지 자기의 계산으로 보험회사의 의결권 있는 발행주식 총수의 100분의 10 이상의 주식을 소유하는 자 또는 임원의 임면 등의 방법으로 그 보험회사의 주요 경영사항에 대하여 사실상의 영향력을 행사하는 주주를 '주요주주'라고 한다(보험업법 제2조 제17호 나목). 보험회사를 운영하고자 하는 자에 대한 엄격한 자격심사는 보험회사 소유의 부적격자를 원천적으로 차단하기 위한 목적에서 매우 중요한 의미를 가지고 있다.

3. 은행법과 실무사건에 대한 예방조치

1) 은행, 상호저축은행에 대한 통제

현행 은행법을 살펴보면, 금융위원회가 한도초과보유주주의 자격요건을 매 반기마다 심사할 것을 규정하고 있고(은행법 제16조의4 제1항), 심사를 위하여 필요한 경우에는 은행 또는 한도초과보유주주 등에 대하여 필요한 자료 또는 정보를 충족하도록 하고 있다(동법 동조 제2항). 심사결과 한도초과보유주주 등이 초과보유요건을 충족하지 못하고 있다고 인정되는 경우에는 6개월 이내에 그 요건을 충족하도록 명할 수 있으며(동법 동조 제3항), 명령을 받은 한도초과보유주주 등은 그 명령을 이행할 때까지 일정한 부분에 대하여 의결권 행사를 금지할 수 있다(동법 동조 제4항). 더 나아가 명령을 받은 자가 6개월 이내에 그 명령을 이행하지 않으면 한도를 초과한 은행의 주식에 대한 처분명령을 발할 수 있다(동법 동조 제5항). 상호저축은행 역시 2010년 3월 상호저축은행법을 개정하여 주기적 적격성 심사제도를 도입하였다.

2) 실무상 발생 사례

(1) 태광산업의 쌍용화재보험회사 인수 사례

하나의 회사가 다른 회사를 인수하는 것은 그리 특별한 사항이 아니다. 일정한 영업목적에 의하여 조직화된 총체, 즉 인적·물적 조직을 그 동일성을 유지하면서 일체로 이전하는 '영업양도'나(상법 제41조 이하),[3] 상인이 기업을 중단하고자 하는 경우 그 동일성을 유지하면서 존속할 수 있도록 하는 '회사 계속제도'의 인정(상법 제229조), 또는 기업이 경제적 여건의 변화에 탄력적으로 대응하여 생존할 수 있도록 하기 위한 합병(상법 제174조) 등은 '기업의 유지'를 중시하는 상법의 이념이 잘 드러나 있다.

2006년 1월 9일 태광산업은 쌍용화재보험회사를 인수하게 된다. 2006년 당시 쌍용화재보험회사의 인수를 추진하는 주체는 흥국생명으로 알려져 있었다.[4] 당시 흥국생명은 대주주에게 불법대출을 지원한 결과 기관경과를 받은 바 있어, 쌍용화재보험회사를 인수할 수 없는 상황이었다. 당시의 보험업법은 주식취득으로 보험회사의 지배주주가 되고 하는 자는 금융감독위원회(현재 금융위원회)의 승인을 받아야 하였다(보험업법 제6조 제4항). 여기서 지배주주라 함은 최대주주, 주요주주(10% 이상 주주 및 사실상 영향력을 행사하는 자), 그리고 이들의 특수관계인 등을 포함하고 있었다. 당시나 현재 보험업법은 대주주 변경승인의 대상에 대하여 '주주'로 한정하고 있다. 2006년 1월 9일 태광산업이 쌍용화재보험회사의 지분 42.81%를 인수하여 최대주주가 되었다. 당시 모 씨가 태광산업의 지분 15.14%를 보유한 최대주주의 지위에 있었다. 당시 보험업법은 모 씨가 쌍용화재보험회사의 주주가 아니기 때문에 대주주 변경승인의 심사대상에 해당되지 않았다. 흥국생명으로부터 불법대출을 받은 것으로 알려진 모 씨의 유죄판결 역시 문제가 되지 않았다. 3년이 지나면서 감독당국의 제재효력이 경과한 2009년 12월 18일 흥국생명은 태광산업의 흥국화재(전 쌍용화재)의 주식을 인수하면서, 대주주 변경승인을 받는 데에는 아무런 문제가 발생하지 않게 되자, 경제개혁연대는 이 사례는 심사범위가 너무 좁은 보험업법을 교묘하게 위반한 사례라고 주장하며, 법인의 중요한 경영사항에 영향력을 행사하고 있는 자까지 그 심사대상을 확대하고자 한다.[5]

---

3) 우리 상법은 영업양도에 대하여 명문으로 규정하고 있지 않지만, 대법원이 영업양도에 대한 개념을 제시하고 있다. 대법원 1989. 12. 26. 선고 88다카10128 판결; 대법원 1997. 4. 25. 선고 96누19314 판결.

4) 서울 파이넨스, 2010. 10. 20.

5) 강정민, 제2금융권 대주주 자격심사 제도의 문제점—태광그룹의 쌍용화재 인수 건 등의 사례를 중심으로, 경제개혁이슈.

(2) 삼성생명 비자금 사건

삼성비자금 의혹사건 특별검사팀의 수사결과 L 회장이 삼성생명 지분을 전·현직 임원명의로 차명 보유한 사실이 밝혀졌다.[6] 그러나 삼성 특별검사팀은 차명계좌를 이용한 주식거래에 따른 양도소득세 포탈과 구 증권거래법 위반 혐의 등으로 L 회장 등을 기소하면서도, 삼성생명 차명주식에 대하여 상속세 포탈 등의 시효만료로 인하여 형사처벌을 위한 어떠한 조치도 할 수 없었다. 보험업법 역시 은행법과 달리 대주주에 대한 동태적 적격성 심사 조항이 도입되어 있지 않아, L 회장의 법령위반의 행위에도 불구하고 삼성생명 대주주로서의 자격에는 아무런 장애도 발생하지 않았다는 사실에 경제개혁연대는 주목하였다.[7]

3) 제기되는 문제점

태광산업의 쌍용화재보험회사 인수 건이 대주주의 범위를 확대해야 한다는 주장이 제기되었다고 볼 수 있다. 태광산업의 대주주이기는 하지만 쌍용화재보험회사의 대주주는 자연인이 아니기 때문에, 보험회사 대주주 변경 시 자격요건의 심사대상으로부터 배제된다. 태광산업의 지분 15.14%를 보유한 최대주주이면서 태광산업의 임원임명 등 사실상 영향력을 행사한 자가 태광산업을 통하여 쌍용화재보험회사 지분을 인수한 후, 역시 대주주로 되어 있는 흥국생명보험이 쌍용화재보험을 인수한 점은 보험업법의 규정을 벗어나 비합리적인 행위라는 비난과 문제점이 제기된 것이다.

현 보험업법 제6조는 보험회사 신설 허가 시의 대주주 자격요건(제1항) 및 기존 보험회사의 지분을 인수하고자 하는 대주주의 자격요건(제4항)은 규정하고 있으나, 은행법과 달리 대주주의 자격요건의 유지 여부를 정기적으로 심사하는 이른바 동태적 적격성 심사 규정은 도입되어 있지 않다. 따라서 여러 법령 위반 혐의로 외환은행 대주주로서의 자격 취소 여부의 논란이 되고 있는 론스타의 경우와 달리, 보험업법상 대주주의 차명지분 보유를 직접적으로 제재할 수 있는 법적 근거는 존재하지 않고 있(었)다. L 회장은 특경가법상 배임과 조세포탈, 구 증권거래법 위반 등을 위반했다 할지라도 삼성생명의 대주주 자격에 아무런 법적 장애도 발생하지 않게 되는 사항에 대하여 문제점을 제기한 것이다.

2010-7호, 2010. 10. 28, p.6.

6) 김주연, "비은행금융기관 대주주에 대한 '동태적 적격성 심사제도'의 필요성", 기업지배구조, 2008, Autumn, p.34.

7) 강정민, "제2금융권 대주주 자격심사 제도의 문제점-태광그룹의 쌍용화재 인수 건 등의 사례를 중심으로", 경제개혁이슈, 2010-7호, 2010. 10. 28, p.8.

4) 경제개혁연대의 입장

금융투자업자, 여신전문금융회사, 금융지주회사 및 보험회사의 경우 설립 인가 시나 대주주변경 시에만 대주주 적격성 심사를 하고 있지만, 사후적인 심사에 대하여는 규정하고 있지 않다. 경제개혁연대는 이러한 사실에 주목하면서, 은행권과 비은행 금융기관(특히 보험회사) 사이 법령상 규제의 차이를 둘 필요가 있는지에 대하여 의문을 제기하면서, 비은행 금융기관인 보험회사에 대하여도 동태적 적격성 심사의 필요성을 주장하게 되었다.[8] 금융회사 대주주의 부실경영은 해당 회사만이 아니라 국민경제 전체의 건전한 발전에 위험요인이 있기 때문에, 금융회사 대주주에 대하여는 일반회사보다 높은 수준의 출자능력, 전문성 및 도덕성 등의 자격요건이 필요하다는 것이 경제개혁연대의 주장이다. 태광산업에 의한 쌍용화재보험회사 인수 사례와 삼성생명과 관련된 사례를 근거로 하여, 경제개혁연대는 입법적인 해결책을 마련하고자 하였다.[9]

Ⅲ 정부입법예고(안)과 의원입법(안)의 내용

1. 정부입법예고(안)

1) 입법취지

금융위원회는 금융회사 대주주에 대하여 일정한 요건을 갖추고 있는지 여부를 주기적으로 심사하고, 일정요건을 충족하지 못하는 경우에는 요건충족명령·주식처분명령 등을 발할 수 있을 뿐만 아니라, 의결권을 제한할 수 있는 내용을 규정하고자 한다. 이것이 바로 '대주주 주기적 적격성 심사제도'의 핵심적인 내용이었다. 은행권과 비은행권 대주주의 부실 경영은 해당 금융기관뿐만 아니라 국민경제 전체의 건전한 발전에 위험요인이 되기 때문에, 금융기관 대주주에 대해서는 일반회사보다도 높은 수준의 출자능력·전문성·도덕성 등의 자격요건을 두고자 하며, 또한 쌍용화재 인수 사례를 통하여 나타난 부작용을 예방하기 위하여

---

8) 강정민, "제2금융권 대주주 자격심사 제도의 문제점-태광그룹의 쌍용화재 인수 건 등의 사례를 중심으로", 경제개혁이슈, 2010-7호, 2010. 10. 28, p.2.

9) 본 논문에서는 보험산업과 관련된 사례만 다루지만, 증권회사와 관련하여 박모 회장의 형제들이 특수관계인으로 되어 있는 두산캐피탈이 BGB증권중개(주)의 대주주로 승인받은 사건이 문제가 되었다.

대주주의 범위를 수정하고자 하는 것이다. 이미 이러한 사항은 경제개혁연대 보고서를 통하여 제공된 바 있다.[10]

2) 내 용

정부안 제31조는 대주주의 자격 심사 등이라는 제목으로 네 개의 조문으로 되어 있다. 중요한 사항은 다음과 같다.

금융회사의 지배에 관한 법률 제31조	1) 대주주 적격성 유지요건 심사
	2) 미충족 시 적격성 유지요건 명령(6개월 이내)
	3) 명령 이행 시까지 대주주 10% 의결권 불행사(의결권 있는 주식)
	4) 의결권 행사가 제한되는 주식 처분명령권(6개월 이내 불행사 시)

'대주주 주기적 적격성 심사제도'는 원래 은행과 상호저축은행에만 적용되고 있었던 내용이었다. 2011년 12월 발표된 정부(안) 제31조는 은행 및 상호저축은행에만 한정되어 적용되었던 동 제도를 전체 금융회사에로 적용하고자 한다.

2. 규제개혁위원회의 삭제권고

규제개혁위원회는 '규제심사 검토서'에서 다음과 같은 문제점을 제기한다.[11] 첫째, 규제법정주의의 상충과 위임입법의 포괄성에 대한 사항이다. 정부(안) 제31조는 재산권 행사에 핵심적인 사항인 '적격성 요건, 대상, 주기 등'에 대하여 모두 법에 정하지 않고 시행령에 백지위임하는 형식을 갖추고 있다. 이는 규제법정주의의 원칙과 상충되고 위임입법의 범위를 넘어서는 입법형태를 띠고 있다는 것이다. 규제개혁위원회가 검토한 바와 같이 이러한 형식은 시장경제체제의 근간인 소유권의 안정적·자유로운 행사를 침해할 소지가 존재한다. 둘째, 업권에 대한 규제의 차이를 고려하고 있지 않다는 점이다. '금융회사지배구조법(안)'은 6개의 금융업권에 대한 통일적인 지배구조를 구축하고자 한다. 그러나 동 검토서는 정부안이 은

---

10) 강정민, "제2금융권 대주주 자격심사 제도의 문제점-태광그룹의 쌍용화재 인수 건 등의 사례를 중심으로", 경제개혁이슈, 2010-7호, 2010. 10. 28.

11) 구기성, "금융회사의 지배구조에 관한 법률안(김기식 의원 대표발의, 정부제출)·금융기관의 지배구조에 관한 법률안(김기준 의원 대표발의) 검토보고서", 국회정무위원회, 2012, p.133 이하.

행과 비금융회사의 업권상의 차이, 특히 은행과 다른 비금융회사의 특수한 면을 간과하고 있다고 비판한다. 그러한 측면에서 본 검토서는 금융회사지배구조법에서 통일적으로 대주주의 주기적 심사제도를 도입하기보다, 보험업에 대하여는 보험업법에서 도입하는 것이 타당하다는 입장을 견지한다.

3. 의원입법(안)에 관한 내용

금융위원회 입법예고(안)에 '대주주의 적격요건 유지의무(주기적 자격심사)'가 규정되어 있었지만, 국무회의 통과(안)에는 '주기적 자격심사제도'가 반영되지 않았다. 따라서 동 제도가 은행, 상호저축은행의 경우 현행 개별 금융업법에 따라 적용되고 있다. 2012년 8월 30일 김기식 의원 등이 의원입법(안)으로 다시 '대주주 주기적 자격심사'라는 내용을 국회에 제출하였고, 2012년 9월 7일 김기준 의원 등이 다시 의원입법(안)을 제시하였으며, 동시에 이이재 의원 등은 보험업법에 일부 내용을 개정하는 법률안을 제출하였다.

김기식 의원의 입법(안)과 김기준 의원의 입법(안)(김기식 의원(안): 제33조, 제34조: 김기준 의원(안): 제29조, 제30조)은 정부(안)과 내용에 있어서 큰 차이가 없다.[12] 다만, 김기식 의원입법(안)은 벌칙규정이 존재한다. 즉, 대주주가 변경승인을 받지 아니하는 경우라든가 주식처분명령을 위반한 경우에 해당하면, 3년 이하 징역 또는 1억 원 이하 벌금을 부과하고 있는 반면에, 김기준 의원의 입법(안)에는 그러한 내용이 누락되어 있을 뿐이다. 이이재 의원입법(안)은 "대주주의 자격요건으로 충분한 출자능력과 건전한 재무능력를 갖추는 것 이외에도 '특정경제범죄 가중처벌 등에 관한 법률' 제3조 횡령 및 배임으로 인한 형사처벌된 적이 없어야 한다"는 조건을 추가하고 있다는 점과 양 의원입법(안)이 '지배구조법'을 통한 통합법에서 규정하고자 하는 것과 달리 보험업법에서 동 제도를 도입하고자 한다는 면에서 차이가 있다. 특히 김기식 의원(안)과 이이재 의원(안)은 보험업 허가 시 심사대상인 최대주주가 법인인 경우 그 법인의 중요한 경영사항에 대하여 사실상 영향력을 행사하고 있는 주주도 허가요건에 부합하는지 여부에 대하여 심사하도록 하고, 대주주에 대한 적격성 요건을 주기적으로 심사하도록 하고자 함을 명백하게 규정하고자 한다.

---

12) 김정호·최병규·유주선·원동욱, "금융회사 지배구조법안에 관한 연구, 한국경영법률학회연구보고서", 2013. 1. 31, p.19 이하.

Ⅳ 입법 시 제기되는 비판사항

의원입법(안)의 내용들이 금융회사지배구조법이나 보험업법에 개정되는 경우, 다음과 같은 문제점이 제기될 수 있다.

1. 재산권 등 기본권 침해

우리 헌법은 모든 국민의 재산권은 보장되고 그 내용과 한계는 법률로 정하도록 하고 있다 (헌법 제23조). 국민의 모든 자유와 권리는 특정한 상황에서 필요한 경우에 한하여 제한을 하되, 그 제한은 법률로써 하도록 하고 있다(헌법 제37조 제2항). 본 규정들은 기본권을 제한하는 입법형성에 있어서 준수해야 할 하나의 원칙이자 입법활동의 한계를 제시한다. 국민의 기본권을 제한하고자 한다면 입법의 목적이 헌법이나 법률의 체제상 그 정당성이 인정되어야 하고, 그 목적을 달성하기 위한 방법이 효과적이고 적절해야 하며, 설령 그 방법이 적절하다고 할지라도 기본권의 제한은 최소한에 그쳐야 함을 우리 헌법은 말해주고 있다. 더 나아가 입법을 통하여 보호하고자 하는 법익과 침해되는 법익을 비교하여 보호되는 법익이 더 커야 한다는 사실도 알 수 있다.

'금융회사지배구조법'(안)에 제시되고 있는 적격성 유지요건을 결한 대주주에게 주식처분명령을 내리게 된다면, 재산권 침해에 따른 위헌성 우려가 상당히 크다는 지적이 있다.[13] 국민의 기본권이 제한되는 입법은 입법목적의 정당성, 방법의 적절성, 피해의 최소성 및 법익의 균형성 등이 요구된다. 대주주 주식의 처분명령권을 포함하는 대주주 주기적 적격성 심사제도의 입법은, 특히 국민의 재산권을 인정하고 있는 우리 헌법상 기본권의 제한이 그 목적에 있어서 정당하지 않을 수 있다는 면과 그 목적달성을 위하여 그 방법이 효과적이지 않고 또한 적절하지도 않다는 비판[14]이 제기될 수 있다. 주식처분명령이 절차에 있어서 상당한 부작용이 초래될 수 있음을 알 수 있다.

2. 외국자본과 역차별 발생

금융위원회에 의한 주식처분명령권은 그 결과에 있어서 상당한 부작용이 우려된다는 지

---

13) 김미애, "대주주 적격성 심사 강화의 문제점", KERI Brief, 2013. 6. 14, p.4.
14) 이승준, "보험회사 대주주 적격성 유지요건의 국내외 비교와 시사점", KiRi Weekly, 제248호, 2013. 8. 26, p.9.

적도 있다.[15] 금융위원회의 주식처분명령으로 인하여 보험회사 주식의 대량 매물로 인해 주식시장에 혼란을 일으킬 수 있을 뿐만 아니라, 이를 매입하는 해외자본의 국내시장에 대한 침투가 가속화될 우려가 있다는 것이다. 은행, 보험 및 증권의 영역에서 외국의 자본이 국내에서 점점 더 기승을 부리고 있다. 외국자본이 우리나라에서 모두 역기능을 하는 것은 아니지만, 외국인의 지분이 50%를 넘는 경우에는 다양한 폐해가 나타날 수 있다. 특히 '특정경제범죄 가중처벌 등에 관한 법률' 제3조 횡령 및 배임으로 인한 형사처벌 된 적이 없어야 한다"는 조건의 추가로 인하여, 대주주가 횡령이나 배임을 한 경우 근본적으로 대주주를 부정하는 장치가 외국의 대주주에게는 적용되지 않고, 국내 보험회사의 대주주에게만 적용됨에 따라 외국의 금융자본은 우대받는 결과가 나타나게 될 것이다. 결과적으로 내국인의 금융자본에 대한 역차별이 발생한다.

3. 금융업권별 특성 미반영

제출된 의원입법(안)을 보면, 대주주의 범위에 최대주주 및 그 특수관계자까지 포함하도록 규정하고 있다. 그러나 대주주 자격심사 시 금융업권별 특수관계자의 범위를 차별적으로 고려해야 할 필요성이 제기될 수 있다.[16]

특히 김기식 의원입법(안) 제34조 제1항 및 제33조 제1항(김기준 의원입법(안)의 경우도 동일함)에 따르면, 은행의 경우 대주주의 주기적 심사제도를 도입하더라도 심사대상을 한도초과주주에 한정하고 있다(은행법 제16조의4). 그렇게 되면 외환은행 등 공적자금이 투입된 일부를 제외하고는 대주주 심사대상에 해당하는 한도초과주주가 거의 없다는 점에 유의해야 할 필요성이 있다. 은행과 달리, 보험은 특수관계인의 범위에 친족, 관계회사, 실질적 영향력 행사자 등이 폭 넓게 규정되어 있다. 이는 은행과 규제차별이 존재하게 된다. 이처럼 친인척 범위는 은행법과 보험업법이 대동소이해 보이나 은행법과 달리 보험업법에서는 계열분리자까지 특수관계인에 포함되는 차이점이 있으며, 기타 사실상 영향력 행사자 등 범위에 있어서도 보험분야가 넓게 규제되고 있는 실정이다.[17]

---

15) 김정호 · 최병규 · 유주선 · 원동욱, "금융회사 지배구조법안에 관한 연구, 한국경영법률학회연구보고서", 2013. 1. 31, p.43 이하.

16) 한국경제연구원, "대주주 적격성 감사강화, 해외의 유사 규제와 이렇게 달라", KERI FACTS, 2012-12. 14, p.4.

17) 구체적으로 살펴보면 대주주 또는 동일인에 포함되는 특수관계인의 인적 범위와 관련하여, 은행법은 배우자, 6촌 이내

Ⅴ 주요국의 대주주 적격성 심사제도

다른 나라에서 대주주에 대한 적격성 심사를 어떤 규제방식을 채택하고 있는가를 살펴볼 필요가 있다. 다른 국가들과의 유사점 및 차이점을 비교하고 또 분석하고자 한다.

1. 대주주 자격승인 규제 방식

국가별 대주주 자격승인 규제 방식

(한국경영법률학회 연구보고서, 2013년, 13면)

	우리나라	영국	미국[18]	독일 (보험업법)	일본[19]
법령상 규정 방식	승인원칙(법) 및 구체적 결격사유 상세 열거(시행령)	승인 시 평가원칙 (평판, 재무능력 등) 제시	승인원칙 (신뢰성, 재무능력 등)제시	승인원칙 (신뢰성, 사회적 신용, 재무능력 등)제시	승인원칙만 (사회적 신용, 재무능력 등) 제시
부적격 사유	결격사유 해당자 (위법사실 위주)	낮은 평가자	낮은 평가자	낮은 평가자	낮은 평가자
부적격 요건 해당 시	대주주 지위 불가(강행 규정)	감독기관의 반대 가능	청문을 거쳐 면허거부 가능	대주주 지위 불가(강행방식)	대주주 지위 불가(강행방식)
특수관계인의 심사대상 포함 여부	포함	미포함	미포함	미포함	미포함

의 혈족 및 4촌 이내의 인척으로 규정하고 있으나(은행법 제2조 제1항 제8호, 시행령 제1조의4 제1항), 보험업법은 배우자, 6촌 이내의 부계혈족 및 4촌 이내의 부계혈족의 처, 3촌 이내의 부계혈족의 남편 및 자녀, 3촌 이내의 모계혈족과 그 배우자 및 자녀, 배우자의 2촌 이내의 부계혈족 및 그 배우자, 입양자 생가의 직계존속, 출양자 및 그 배우자와 출양자 양가의 직계비속, 혼인 외의 출생자의 생모, 본인의 금전 그 밖의 재산에 의하여 생계를 유지하는 사람 및 생계를 함께하는 사람 등으로 상당히 폭넓게 규정하고 있다(보험업법 제2조 제17호, 시행령 제6조 제1항).

18) 미국은 뉴욕주 보험법.
19) 일본은 보험업법.

영국은 대주주의 자격승인 시 사회적 평판이라든가 재무능력을 법령에 규정하는 방식을 띠고 있다. 미국, 독일 및 일본 역시 영국의 방식과 크게 다르지 않다. 다만, 신뢰성과 재무능력 등의 용어를 사용하고 있지만, 주요국에서 적용되는 규정내용이 추상적으로 규정되어 있다는 점에서 큰 차이가 없다. 금융회사의 주인으로서 인정될 만한 사회적 평판이라든가 신용능력 또는 세금을 탈루 등의 신뢰성을 잃지 않는 요건을 유지해야 한다. 낮은 평가를 받은 자는 금융회사의 주인이 될 수 없다. 부적격자에 해당하는 경우, 영국은 감독기관의 반대가 가능하고, 미국은 청문을 거쳐 면허를 거부할 수 있다. 독일이나 일본의 경우 대주주의 지위가 불가하다. 이는 강행규정으로 되어 있다.

특히 독일의 경우에는 보험사업 허가요건에 대하여 추상적이지만 명시적으로 규정하고 있으며(독일 보험감독법 제7a조 제2항), 일정한 요건이 충족될 때 주주가 될 수 있음을 규정하고 있다(독일 보험감독법 제8조 제1항 제2호). 일본의 경우에도 보험회사의 주요주주 기준치 이상의 수의 의결권 보유자가 되고자 하는 자 또는 보험회사의 주요주주기준치 이상의 수의 의결권 보유자인 회사 등의 법인을 설립하고자 하는 자는 사전에 내각총리대신의 허가를 받도록 하고 있다(일본 보험업법 제271조의10 제1항). 보험업법 제271조의10 제1항 각호에서 인정되는 행위 이외의 사유로 보험회사의 주요주주기준치 이상의 수의 의결권 보유자가 된 자는 보험회사의 주요주주기준치 이상의 수의 의결권 보유자가 되지 않도록 필요한 조치를 강구해야 할 의무가 있다(일본 보험업법 제271조의10 제2항). 또한 보험회사의 인가신청이 있는 경우, 인가신청자에 대하여 일정한 기준을 정해놓고, 그 기준에 적합해야 함을 규정하고 있다(일본 보험업법 제271조의11).

독일과 일본 양국은 대주주 자격승인과 관련하여, 보험회사를 감독하는 법률에 일정한 기준을 입법적으로 정해 두고 있음을 알 수 있다. 그러나 양국의 입법을 통하여 알 수 있는 것은 대주주의 심사범위에 특수관계인을 포함하고 있지 않다는 점이다. 이 점은 우리나라와 매우 상이한 모습을 띠고 있다.

2. 대주주 자격유지 규제

주요국 금융회사 대주주 자격유지 규제 비교

	우리나라	영국	미국 (보험법)	독일 (보험업법)	일본 (은행·보험법)
자격유지 규제	있음	있음	없음	있음	있음
법령상 유지요건	인·허가요건 (법위반 사실 등 결격사유 나열) 유지	인·허가요건 (추상적) 유지	없음	인·허가요건 (추상적) 유지	인·허가요건 (추상적)에 부합
적용 금융회사	은행, 저축은행, 금융투자회사	인가 금융업자	없음	은행 및 보험사	은행 및 보험사
주기적 심사	은행·저축은행 대상	없음	없음	없음	없음
위반 시 가능한 제재조치	• 시정명령 • 의결권제한→ 　기한·절차 　강행규정	• 시정명령 • 의결권제한 　등→기한· 　절차 미규정	없음	• 시정명령 • 의결권제한→ 　기한·절차 　미규정	• 시정명령 • 의결권제한→ 　기한·절차 　미규정
주식처분 조치	• 은행·저축 　은행: 　금융위가 　주식처분 　직접명령 　(6개월 내) • 금융투자 : 　인허가/등록 　취소 • 보험·카드 : 　없음	FSA의 청구로 법원이 명령 가능	없음	금융청이 원래 주주가 의도했던 주식취득 또는 지분증가를 금지함이 가능함	주요주주 인가 취소 가능→ 기한 등 구체 절차 미규정

(한국경영법률학회 연구보고서, 2013, p.12 참조)

금융회사 대주주 자격유지와 관련하여, 미국을 제외한 영국을 포함하여 독일 및 일본은 은행과 보험회사에 대하여 대주주 자격유지제도가 원칙적으로 존재하고 있음을 알 수 있다. 동 제도를 인정하고 있는 나라는 유사할 정도로 추상적 유지요건만을 정해고 있다. 하지만 주기적 심사는 존재하고 있지 않은 것으로 보인다. 대주주 자격유지제도가 주요국에서 인정되고 있기는 하지만, 은행과 저축은행에서 인정되고 있는 우리나라와 비교해 볼 때 그 내용에 있어서는 근본적으로 다름을 알 수 있다. 특히 인·허가요건으로서 법률위반사실 등 결격사유를 나열하고 있다. 영국의 경우 대주주 문제로 당해 금융사에 고객이탈 등 심각한 건전성 우려가 있는 경우에 한해 필요한 조치를 취하는 구조를 띠고 있지만, 대주주 징계 및 규제 목적이 아니므로 주기적 심사를 하지도 않은 것으로 알려져 있다(인지 시에만 심사).[20] 감독당국에게 주식처분명령권을 부여하고 있지 않다는 점이 눈이 띤다.

일본의 경우 은행·보험에 한해 법률에 추상적, 원칙적 수준에서 규정할 뿐 처벌절차 등 구체적 내용은 없다. 그러나 일본의 경우, 보험계약자 보호를 위하여 필요하다고 인정되는 때에는 주요주주에 대하여 조치를 강구하여야 하는 사항 및 기한을 제시하여 해당 보험회사의 경영건전성을 확보하기 위한 개선계획의 제출을 요구할 수 있고 필요한도에서 감독상 필요한 조치를 명할 수 있다(일본 보험업법 제271조의15 제1항). 또한 100분의 50을 초과하는 의결권을 보유하고 있는 자에 대하여, 건전하고 적절한 보험회사의 운영을 위하여 필요하다고 판단되는 경우에는 필요한 조치를 명할 수 있도록 하고 있다(보험업법 제271조의15 제2항). 더 나아가 주요주주가 법령 또는 법령에 근거한 처분을 위반한 경우라든가 공익을 위반한 경우에는, 내각총리대신은 감독상 필요한 조치를 명하거나 주요주주의 보험회사 인가를 취소할 수 있도록 하고 있다(보험업법 제271조의16 제1항).

독일의 경우에는 대주주에 대하여 일정 부분 감독청이 감독행위를 하고 있다. 현저한 출자금액이 증액되는 경우 지체 없이 그 자는 감독청에 보고해야 하며, 감독청은 3개월 이내에 일정한 사항에 대하여 출자의 획득이나 증액을 거부할 수 있다(보험감독법 제104조 제1항, 제1a항). 감독청은 일정한 사항에 대하여 의결권 행사를 제한할 수 있고, 일정한 경우에 있어서 의결권 행사가 수탁자에게 양도될 수 있으며, 이때 수탁자는 의결권 행사 시 보험회사에 대한 신뢰와 신중한 관리의 이익을 고려해야 한다. 수탁자는 보험회사, 보험회사의 참가자

---

20) 이승준, "보험회사 대주주 적격성 유지요건의 국내외 비교와 시사점", KiRi Weekly, 제248호, 2013. 8. 26, p.7, 9 참조.

또는 감독청의 신청에 따라 보험회사의 소재지 법원에서 선임된다(이하 보험감독법 제104조 제2항).

3. 소 결

우리나라처럼 인허가 당시부터 '대주주 자격요건(적격성 유지 요건과 동일)'을 엄격하게 규제하는 해외 입법사례는 없다. 주요국은 평판 및 신뢰성 등 원칙 위주로 요건을 규정하고, 최종적으로는 이를 종합하여 심사하고 있다. 반면 우리나라는 '법위반 사실' 등 세세한 결격 사유를 설정하고, 하나라도 해당 시 자동 탈락하는 규제로 운영하고 있다.

금융회사에 대한 인·허가요건은 미국은 존재하지 않는 것으로 알려져 있지만, 다른 3개 국은 모두 추상적인 요건을 두고 있다. 그러나 우리나라는 법령 위반사실 등 결격사유를 나열하는 방식으로 인·허가 요건을 유지하고 있다. 적용되는 금융회사에 대하여 미국은 해당 사항이 없고, 영국을 제외한 다른 국가에서 공통적으로 은행이 포함되고 있다. 독일과 일본이 보험회사에 대하여 대주주 자격성 제도를 인정하고 있다. 그러나 주기적 심사제도는 미국은 물론이거니와 영국, 독일 및 일본도 존재하지 않는다. 미국은 제외한 3개국은 모두 대주주 주기적 자격요건을 위반한 경우 시정명령이라고 하는 제재조치를 받을 수 있고, 의결권을 제한받는다.

은행과 저축은행에 있어서, 우리나라의 경우 대주주에 대한 주기적 적격성 심사 시 기한과 절차 등을 강행적으로 규정하고 있는 것에 반하여, 영국이나 독일 및 일본 등은 기한·절차 등에 대하여는 규정되어 있지 않다. 미국의 경우 주식처분 조치에 대한 규정은 없다. 하지만 3개국 간 약간의 차이가 발견되고 있다. 영국의 경우 감독청의 청구로 법원의 명령이 가능하고, 독일의 경우 금융감독청이 주식취득을 금지할 수 있으며, 더 나아가 지분처분명령도 가능하다. 일본 역시 주요주주 지분취득의 취소가 가능하다. 그러나 기한 등 구체적인 절차를 규정하고 있지 않다. 이는 독일도 마찬가지이다. 그러나 독일은 수탁자를 지정하여 지분을 위임할 수 있도록 하고 있다.

Ⅵ 결 론

우리나라 보험회사는 보험이 가지고 있는 특성인 공공성 및 사회보장성을 반영하면서 사회와 국가의 발전에 많은 기여를 하였고, 앞으로도 그 발전에 대한 노력은 멈추지 않을 것이다. 그러나 보험회사의 대주주가 회사의 주인이라는 생각에서, 본연의 권한을 넘어 남용하는 행위는 용인되어서는 아니 된다. 회사의 주인은, 한편으로는 사회의 귀감이 되어야 하기 때문에, 일반인보다 더 높은 사회적 책임과 도덕성이 요구된다. 그러나 또 한편으로 회사의 주인이, 본인의 의지와 무관하게 제3자의 일정한 행위 때문에, 강압적인 힘에 의하여 주주지위가 박탈되는 것 역시 바람직한 것이라고 볼 수 없다. 필자의 간략한 소견을 제시하면서 결론에 갈음하고자 한다.

우리나라는 대주주의 권한남용에 대하여 공적자금관리 특별법 제14조, 금융산업의 구조개선에 관한 법률 제12조 제3항, 상법 제401조의2, 특정경제범죄 가중처벌 등에 관한 법률 제3조, 제8조, 형법 제355조, 제356조 등에서 민사 및 형사상 다양하게 규제하고 있다. 그럼에도 불구하고 금융회사지배구조법에 대주주 주기적 적격성 심사를 도입해야 하는가에 대한 근본적인 의문이 있다. 또 동 제도가 입법된다고 할지라도, 대주주 자격 유지요건으로서 법인의 경우에 중요 경영사항에 사실상 영향력을 행사하는 자까지 포함시키는 것이 타당한 입법인지 신중히 숙고를 요한다. 기존의 대주주의 개념에서 벗어나, 최대주주의 특수관계인인 주주 및 주요주주를 포함하여 최대주주가 법인인 경우에는 그 법인의 중요한 경영사항에 사실상 영향력을 행사하고 있는 자까지 포함하는 내용을 가지고 있는 입법례는 존재하지 않고 있다는 점에 유의해야 한다.

대주주의 자격에 "특정경제범죄 가중처벌 등에 관한 법률" 제3조의 죄를 범하여 형사 처벌된 적이 없는 경우까지 포함하여 준법성과 도덕성 기준에 충족되지 않는 경우 대주주 자격을 취소하고자 하는 주장은 내용은 일면 타당성이 없는 것은 아니다. 문제는 정상적이고 합리적인 경영활동상에서 발생할 수 있는 손해까지도 법률 위반이 성립될 수 있다는 점이다. 또한 배임죄에 있어서 일본의 경우 손해를 가할 목적이 있어야만 하는 요건을 요구하고 있음에 반해, 우리의 경우 배임죄의 구성요건에 있어서 손해를 가할 목적의 유무와 관계없이 광범위하게 성립할 가능성이 있어 경영진 또는 법인의 중요 경영에 영향을 행사하는 주주가 형사처벌의 위험에 훨씬 크게 노출될 가능성이 있다는 점을 유념해야 할 것이다.

금융위원회에 의한 주식처분명령은 시장경제체제의 근간인 소유권의 안정적이면서 자유로운 행사의 침해가 우려된다. 적격성 요건을 결한 대주주에게 주식처분명령을 내릴 경우 재산권 침해에 따른 위헌성 우려가 있다. 금융회사지배구조법(안)에 따른다면, 대주주의 6촌 이내 부계 혈족이 51개의 특정법률을 어긴 경우에 대주주의 책임을 물을 수 있게 된다. 해당 51개 법률에는 부품·소재 기업 육성법, 주택법, 부동산가격공시 및 감정평가법 등도 포함되어 있다. 예를 들어, 보험회사의 대주주의 6촌 형제인 주주가 견본 주택설치 기준을 위반해 벌금형을 받으면 보유주식에 대한 강제매각명령이 가능하다. 이는 지나친 입법적 규제라고 볼 수 있다. 대주주 범위를 확대하여 주기적으로 심사를 하고자 하는 방안 및 51개라고 하는 광범위한 법률을 통하여 제재를 가하고자 하는 사항은 모두 과잉입법이라는 지적을 면하기 어렵다.

〈손해보험 통권 제542호 2014년 1월 31일, 27면 이하 게재〉

후 기

한국경영법률학회가 2012년 11월 12일 국회도서관 지하 1층 강당에서 특별세미나를 개최하였다. 당시 대통령 선거를 앞두고 경제민주화에 관한 논의가 뜨거웠던 시기였다. 필자는 본 학술대회에서 "대주주의 적격성 심사"라는 주제를 가지고 발표한 바 있다. 보험업법을 개정하여 보험회사의 대주주에 대하여 주기적으로 적격성을 심사하여 자격요건이 갖추어 있지 않은 대주주가 있다고 한다면, 그 자의 의결권을 배제하는 방법 외에 지분을 박탈하고자 하는 방안이 제시된 바 있었다. 당시 너무나 강한 입법적 차원이 아닌가 하는 차원에서 출발했던 기억이 있다. 대주주에 대한 강한 불신이 정부에 의한 강한 규제로 표출되었던 것이다.

이 문제를 다룸에 있어서, 필자는 대주주의 입장을 이해하여 대주주에 대한 규제가 절대로 이루어져서는 안 된다는 입장을 가지고 있던 것도 아니고, 정부의 안을 무비판적으로 받아들이고 싶은 생각도 없었다. 대주주를 규제하고자 하는 방법이 모색될 수는 있지만, 국가가 너무 강한 권한을 행사하는 것 또한 받아들이고 싶지 않았던 면을 말하고 싶었다. 실제로 보험회사의 주인인 대주주를 살펴보면, 도덕적으로나 윤리적으로 이해하기가 어려운 점을 가지고 있는 자들이 그 지위를 남용하는 것도 종종 볼 수 있다. 그들에 대하여는 강한 입법이 필요한 것이겠지만, 보험회사 대주주가 모두 그러한 행위를 하는 자에 해당하는 것으로 보아 강력한 규제를 하는 것 역시 타당하지 않음을 지적하였다.

제 47 장
개인정보보호법과
보험 텔레마케팅

Ⅰ 들어가는 말

KB국민카드, NH 농협카드, 롯데카드 등 3사로부터 1억 여건의 고객정보를 불법유출한 사건이 발생하였다. 유출된 개인정보는 이름, 휴대전화 번호, 집 주소, 카드 번호, 카드 만료일, 신용등급 등 최대 21개 항목에 해당하는 것으로 알려지고 있다. 이러한 개인정보를 활용하여 전화를 이용하여 금융사기를 할 수 있는 '보이스피싱'이나 스마트폰을 통한 소액 결제 사기유형인 '스미싱' 등이 얼마든지 가능한 것으로 알려지고 있다. 정부는 금융사 개인정보 유출로 국민이 불안해하는 가운데 유출된 개인정보가 불법 유통으로 이어져 범죄로 악용되는 것을 예방하기 위하여, 전화·문자메시지 및 이메일을 통한 대출 권유 및 모집을 사실상 금지하는 '개인정보 불법 유통·활용 차단조치'를 시행하였다.

본 발표문은 금번 카드사 유출사건으로 말미암아 큰 문제를 야기하고 있는 개인정보보호법에 대한 사항을 다루는 동시에, 동 사건이 보험 텔레마케팅 영업에 어떠한 관련성을 가지고 있고, 또 보험 텔레마케팅 영업에 어떠한 영향을 미치고 있는가에 대하여 고찰한다. 우선, 카드 유출사건에 대한 사항을 간략하게 살펴보고 난 후, 실정법에서 인정되고 있는 개인정보 보호에 대한 내용을 검토한다. 더 나아가 논란이 되고 있는 금융지주회사법 개정사항에 대하여도 논의하고자 한다. 국민의 불신을 우려하여 조치한, 보험 텔레마케팅영업의 금지로 인하여 발생할 수 있는 사항에 대하여 살펴본다.

Ⅱ 카드사 개인정보유출사건의 경과

1. 사건 개요

2014년 개인정보 대량유출사건이 발생하였다. KB국민, NH농협 및 롯데카드 등 3개 카드사가 보유하고 있는 1억 4,000만 건이 넘는 개인정보가 유출된 사건이 발생한 것이다. 2013년 6월경에 개인정보가 유출되었으나, 2014년 1월에 뒤늦게 알려진 것이다. 2013년 6월 경 KCBKorea Credit Bureau 신용평가사 직원 한 명이 카드사로 파견을 나가 주요 카드사(국민, 롯데, 농협)의 고객 개인정보를 유출시켜 대출광고업자와 대출모집인에게 정보를 넘겼다. 하지만 카드사는 7개월 동안 인지를 못하였다가 2014년 1월에 검찰의 발표로 알려지게 되었다. KCB 신용평가사 직원과 정보를 구입한 대출광고업자는 검찰에 구속 기소되고, 정보를 구입한 대출모집인은 불구속 기소되었다.

2. 유출현황

이 사건은 우리나라 국민 2명 중 1명꼴로 개인정보가 유출되는 큰 피해라고 볼 수 있다.

회사명	유출건수
KB국민카드	5,300만 건
NH농협카드	2,600만 건
롯데카드	2,500만 건
계	9,600만 건

3. 영업금지

사상 최대의 개인정보 유출사건으로 인해 개인정보에 관한 관심이 높아지면서 금융회사의 카드사나 각종 업계에서 의례적으로 받아왔던 개인정보에 대한 불신과 불만이 표출되고 있다. 무분별한 개인정보 취급에 대해 관리 감독해야 할 책임이 있는 금융당국은 이번 개인정보유출 사건에 따른 대책을 긴급히 마련하였다. 금융감독원은 보험사와 카드사 임원들을 소집해 텔레마케팅TM을 이용한 보험 및 카드 신규 모집을 3월 말까지 중단을 요청했다. TM 비중이 70% 이상인 라이나생명을 비롯한 손해보험사 7곳(AIG, ACE, 악사, 에르고 다음, 더케이, 하이카다이렉트)에 대해서는, "합법적인 정보라는 것을 확인하는 경우"라는 단서하에 예외를 두고, 나머지 다른 모든 보험사에 대하여는 영업을 중단하도록 하였다.

당국은 보험사가 직접 동의받은 자사 고객정보를 자체 점검한 후 CEO 확약서를 제출토록 하고 확약서 제출한 보험사에 대하여는 TM 영업을 재개할 수 있도록 하였다. 전산상 적법한 고객정보 가운데 서류상 정보제공 동의서를 갖춘 고객에게 대하여 TM 영업을 허용하고자 한 것이다.

Ⅲ 실정법상 개인정보주체에 대한 보호

1. 개인정보의 의미

개인정보라 함은 살아 있는 개인에 관한 정보로서 성명, 주민등록번호 및 영상 등을 통하여 개인을 알아볼 수 있는 정보(해당 정보만으로 특정 개인을 알아볼 수 없더라도 다른 정보와 쉽게 결합하여 알아볼 수 있는 것을 포함한다)를 말한다(개인정보 보호법 제2조 제1호). 따라서 식별 가능성이 없는 정보는 개인정보에 해당되지 않는다. 정보보호법상 개인은 특정될 수 있는 자연인을 의미하기 때문에, 법인이나 단체에 대한 정보는 개인정보가 될 수 없는 것이 원칙이다.

2. 개인정보보호법상 고객보호

개인정보보호법 제3조는 개인정보 보호의 원칙을 규정하고 있다. 개인정보처리자는 개인정보처리 목적을 명확히 해야 하고, 그 목적에 필요한 범위에서 최소한의 개인정보만을 수집하여야 한다. 그리고 그 범위는 최소한의 개인정보만이 해당된다(동법 제3조 제1항). 동법 제4조는 정보주체의 권리를 규정하고 있다. '정보주체'라 함은 처리되는 정보에 의하여 알아볼 수 있는 사람으로서 그 정보의 주체가 되는 사람을 말한다(정보보호법 제2조 제3호). 정보주체는 1) 개인정보의 처리에 관한 정보를 제공받을 권리, 2) 개인정보를 열람을 요구할 수 있는 권리, 3) 개인정보의 처리 정치, 정정·삭제 및 파기를 요구할 권리, 4) 개인정보의 처리로 인하여 발생한 피해를 신속하고 공정한 절차에 따라 구제받을 권리 등을 규정하고 있다(동법 제4조).

카드를 발급받거나 인터넷에서 서비스를 이용하는 경우 개인정보 수집이나 이용 및 제3자 제공 등에 대한 동의서에 동의를 해야 한다. 개인정보가 유출된 카드사의 경우에도 약관에 개인정보의 수집, 이용과 제공, 위탁내용, 회원의 권리가 게재되어 있다. 인터넷에도 관련 사항들이 고지되어 있다. 정보주체가 동의를 하면 개인정보의 수집은 얼마든지 가능하며(개인정보보호법 제15조 제1항 제1호), 민감정보 역시 불가능한 것이 아니다(개인정보보호법 제23조 제1호). 민감정보라 함은 사상·신념, 노동조합·정당의 가입·탈퇴, 정치적 견해, 건강, 성생활 등에 관한 정보, 그 밖에 정보주체의 사생활을 현저히 침해할 우려가 있는 개인정보로서 대통령령으로 정하는 정보를 말한다. 개인정보를 제공받은 자는 예외적인 상황에서 제3자에게 제공할 수 있다(개인정보보호법 제19조 제1호). 개인정보처리자는 개인정보를 수집하는 경우에 그 목적에 필요한 최소한의 개인정보를 수집해야 하며(개인정보보호법 제16조 제1항), 정보주체가 필요한 최소한의 정보 외의 개인정보 수집에 동의하지 아니한다는 이유로 정보주체에게 재화 또는 서비스의 제공을 거부할 수 없도록 하고 있다(개인정보보호법 제16조 제2항).

개인정보 수집·활용과 관련하여, 기업은 정보주체의 동의만 받으면 되기 때문에 이용자 및 고객에게 많은 개인정보 수집 항목을 넣어 동의 서명을 받거나 또는 백지위임의 동의를 받아 이를 활용하게 된다.

3. 신용정보 보호법상 고객보호

신용정보의 이용 및 보호에 관한 법률(이하 "신용정보 보호법")상 신용정보라 함은 금융거래 등 상거래에 있어서 거래상대방의 신용을 판단할 때 필요한 다음의 정보, 즉

1) 특정 신용정보주체를 식별할 수 있는 정보

2) 특정 신용정보주체의 거래내용을 판단할 수 있는 정보

3) 신용정보주체의 신용도를 판단할 수 있는 정보

4) 신용정보주체의 신용거래능력을 판단할 수 있는 정보

5) 그 밖에 1) 내지 4)와 유사한 정보로서 대통령령으로 정하는 정보를 말한다(신용정보보호법 제2조 제1호). 특히 신용정보 가운데 개인의 신용도와 신용거래능력 등을 판단할 때 필요한 정보로서 대통령령으로 정하는 정보를 '개인신용정보'라고 한다. 개인신용정보의 제공 및 활용에 대하여, 신용정보제공·이용자가 대출, 보증에 관한 정보 등 대통령령으로 정하는 개인신용정보를 타인에게 제공하려는 경우에는 미리 동의를 받아야만 한다(신용정보보호법 제32조 제1항).

4. 금융지주회사법상 개인정보의 활용

1) 의 의

개인정보 보호법이 정보의 주체로서 제4조 제2호에 "개인정보의 처리에 관한 동의 여부,

동의 범위 등을 선택하고 결정할 권리"를 규정하고 있다. 하지만 금융지주회사법은 개인정보 보호법과 달리하고 있다.

〈금융지주회사법 제48조의2〉

금융지주회사법 제48조의2(고객정보의 제공 및 관리)

① 금융지주회사 등은 '금융실명거래 및 비밀보장에 관한 법률' 제4조 제1항 및 '신용정보의 이용 및 보호에 관한 법률' 제32조·제33조에도 불구하고 '금융실명거래 및 비밀보장에 관한 법률' 제4조에 따른 금융거래의 내용에 관한 정보 또는 자료(이하 "금융거래정보"라 한다) 및 '신용정보의 이용 및 보호에 관한 법률' 제32조 제1항에 따른 대통령령으로 정하는 개인신용정보(이하 "개인신용정보"라 한다)를 그가 속하는 금융지주회사 등에게 영업상 이용하게 할 목적으로 제공할 수 있다.

② 금융회사의 자회사 등은 "자본시장과 금융투자업에 관한 법률"에 따른 투자매매업자 또는 투자중개업자는 해당 투자매매업자 또는 투자중개업자를 통하여 증권을 매매하거나 매매하고자 하는 위탁자가 예탁한 금전 또는 증권에 관한 정보 중 다음 각 호의 어느 하나에 해당하는 정보(이하 "증권총액정보 등"이라 한다)를 금융지주회사 등에게 영업상 이용하게 할 목적으로 제공할 수 있다. 이하 생략.

금융지주회사법 제48조의2는 '금융지주회사 등' 또는 '자회사 등'은 '그가 속하는 금융지주회사 등'에게 고객의 '금융거래정보 또는 증권총액정보 등'을 영업상 목적으로 '정보주체의 동의절차 없이' 제공하고 이용할 수 있도록 규정하고 있다.

2) 정보주체 동의의 예외

모든 종류의 개인정보에 대하여 망라적인 보호를 도모하고 있는 개인정보 보호법과는 달리, 금융개인정보에 대하여 금융지주회사법은 그 예외를 인정하고 있다. 금융지주회사법은 신용정보보호법에 대하여도 동일하게 적용한다. 이는 입법자가 사실상 금융지주회사 및 계열사 정보를 통합 관리 운영하는 것을 허용한 것이라 하겠다. 동 규정이 입법됨으로써 금융그룹 내 계열사 사이에 "고객의 금융거래 내용, 이름, 주소, 주민등록번호, 성별, 국적, 증권 예탁금, 대출 보증, 담보제공, 당좌예금, 신용카드 할부금융, 개인 채무와 소득 총액, 납세실적 등의 개인정보"를 자유롭게 활용하여 판매활동의 도움을 받을 수 있게 되었다.

3) 동의배제 인정 배경

정보사회에서 개인정보는 마케팅의 최적의 수단이 될 수 있다. 정확하고 세부적인 정보를 많이 가지고 있으면 있을수록 상품판매에 대한 마케팅이 가능하게 되므로, 대다수 기업들은 고객들의 다양하고도 세밀한 분석이 가능한 개인정보에 대한 수집에 전력을 다할 수밖에 없다고 하겠다. 주지하다시피, 금융지주회사법을 근거로 하여 우리·신한·하나·KB·농협 등 우리나라 5개 금융지주회사들은 계열사 간 정보를 공유할 수 있다. 예) ○○은행과 ○○ 금융지주로부터 대상고객관리점, 고객명, 대출취급일, 대출금액, 대출만기일, 상환기간, 연락처, 고객식별번호 등을 제공받을 수 있게 된다. 그러나 금융지주회사법 제48조의 2는 모든 정보를 공유할 수 있도록 하고 있는 것이 아니라, 고객의 금융거래 정보나 개인신용정보를 그가 속하는 금융지주회사 등에게 단지 "영업상 이용하게 할 목적"으로만 제공할 수 있음을 규정하고 있다. 금융지주회사법이 금융지주 그룹 내에서 고객의 동의를 받지 아니하고도 자회사 간 정보공유가 자유롭게 한 이유는 '고객정보 활용을 통한 금융지주회사 및 그 자회사 간의 시너지 효과를 극대화하고, 또 이를 통해 금융지주회사 설립을 촉진하고자 하는 목적이 있다. 그러나 정보공유를 인정함에 따라 발생할 수 있는 문제점의 발생여지를 차단하기 위하여, 금융지주회사법은 자회사 등이 이에 따라 고객정보를 제공하는 경우에는 임원 중에 1인 이상을 고객정보를 관리할 자(고객정보관리인)로 선임하고, 그 고객정보관리인에게 금융위원회가 정하는 바에 따라 업무지침서 작성의무와 보고의무를 부여하고 있다. 이는 고객정보를 엄격하게 관리하고자 하는 목적을 가지고 있다고 하겠다.

4) 금융지주회사법 위반 여부

금번 3개 카드사 사건은 서로 다른 계열사들이 개인정보를 공유할 수 있음을 규정하고 있는 '금융지주회사법 제48조의2'와 관련이 없다고 보기는 어렵다. 그룹의 카드사가 마케팅을 위하여 계열 은행에 고객 정보를 요청하면 은행은 거래가 있는 활성화 고객 중 이용목적에 맞는 고객 정보를 제공할 수 있을 것이다. 보통 계열사가 10곳이 넘기 때문에 한 곳의 금융회사와 거래를 한다고 하여도 바로 10곳 이상의 회사에 개인정보를 공유할 가능성이 있다. 이는 실정법을 어긋난 것이라고 볼 수는 없을 것이다. 그러나 정보공유가 금융지주회사에서만 이루어진다고 볼 수는 없을 것 같다. 제조, 유통 및 금융 등 다양한 업종의 계열사들을 둔 대기업은 계열사 간 상품 교차판매를 위하여 각 기업별 고객 개인정보를 공유할 가능성이 있기 때문이다. 이는 실정법에 대한 위반이 문제로 나타날 수 있을 것이다.

5) 금융지주회사법 개정의견

개인정보의 수집과 관리 및 유통과 관련하여, 개인정보 보호법 제17조 및 제18조, 신용정보 보호법 제32조, 제33조 및 제38조, 그리고 금융실명거래법 제4조 등을 보면 정보주체의 동의를 요건으로 하고 있다. 그러나 금융지주회사법은 제48조의2 제1항과 제2항에서 "정보주체의 동의절차를 거치지 아니하고 제공 및 이용"이 가능함을 규정하고 있다. 헌법상의 자기정보결정권을 근거로 제시하며, 성보주체의 '동의'를 요하고 있는 개인정보보호법과 신용정보보호법의 근본원칙과 정면으로 충돌하고 있다고 하면서, 동 규정에 대하여 개정논의가 있다. 현재의 정보유출 사태는 금융지주회사법 제48조의 2가 그 원인을 제공하고 있다는 주장을 하기도 한다.

Ⅳ 보험판매 모집채널로서 텔레마케팅 영업

보험회사의 보험판매 모집채널에는 크게 대면방식과 비대면방식이 있다. 보험회사가 보험모집조직(보험설계사, 보험중개사 또는 보험대리점)을 통하여 보험상품을 판매하는 방식을 전자라고 한다면, 전자상거래에 의한 인터넷쇼핑, TV홈쇼핑, 전화판매(이를 협의의 TM이라고 볼 수 있다) 등의 통신수단을 통하여 판매하는 방식은 후자에 해당한다.

1. 텔레마케팅의 개념

텔레마케팅이라 함은 전화나 종합유선방송을 통한 통신판매방식을 말한다. 전화번호부, 졸업 앨범 등 기타 수단을 통하여 획득한 고객 DB를 가지고 전화 영업을 하거나 연예인 등을 출연시켜 전화나 영상을 통하여 판매하는 방식이 여기에 해당한다.

2. 텔레마케팅 발전배경

1990년 이후부터 우리나라에서 텔레마케팅시장은 비약적으로 발전하기 시작하였다. 비약적인 발전이 있게 된 이유에 대하여는 여러 가지 이유가 있겠지만, 무엇보다 인터넷의 보급과 방송통신의 급속한 발전 및 핸드폰의 보급 확대 등 IT 기술과 밀접한 관련이 있다. 텔레마케팅 시장(이른바 콜센터)이 가장 활성화 되어 있는 곳은 보험과 은행, 그리고 카드 회사 등 금융권이다. 이는 보험이나 카드사의 경우 고객과 직접 대면하여 부스를 설치해 인건비나 임대료를 투입하는 것보다 모바일 환경이 구축되는 과정에서 콜센터를 활용하는 것이 여러 가지 측면에서 용이하다는 점이 고려된 것이다.

3. 텔레마케팅 운영방식

텔레마케팅을 운영하는 방식에는 '인 바운드In-Bound 방식'과 '아웃 바운드Out-Bound'이 있다. 고객이 걸어오는 전화에 대하여 응대하는 방식이 '인 바운드 방식'이라고 한다면, 고객에게 전화를 걸어 금융상품의 가입을 권유하는 방식이 '아웃 바운드 방식'이다. 전자가 소극적이면서 피동적인 면을 띠고 있다고 한다면, 후자는 능동적이면서 적극적인 면을 띠고 있다. 카드를 포함한 보험의 영역에서 주로 활용되는 텔레마케팅은 '아웃 바운드 방식'이다. 이는 접촉할 고객 리스트에 따라 고객에게 전화를 걸어 각종 금융상품의 가입을 권유하고 필요한 절차를 수행하게 된다. 이들에게 있어서는 개인정보의 획득은 그 정보를 얼마나 정확하고, 또 얼마나 많이 가지고 있느냐에 따라 영업성과를 지대한 효과를 가져 올 가능성이 있다.

4. 텔레마케팅 운영현황

2010년 제출된 정보통신산업진흥원 보고서에 따르면, 전체 콜센터 시장에서 금융 및 보험 업계가 차지하는 비중이 절반이상을 차지할 것이라고 한다. 당시 보고서는 2013년까지 금융과 보험업계의 텔레마케팅 시장이 8.3% 성장해 4,398억 원 규모의 시장으로 확대될 것으로 전망한 바 있다. 특히 보험업계는 자체조직이나 아웃소싱을 통한 전화로 보험상품을 판매하는 텔레마케팅 영업에 의존하고 있는 것으로 알려지고 있다.

총 매출대비 텔레마케팅 비중(단위 %, 2013년)

회사명	비율
에르고 다음 다이렉트	100
악사 다이렉트	98.8
AIG손해보험	82.7
ACE손해보험	79.4
KB생명보험	27.4
흥국화재보험	20.9
신한생명보험	19.9
AIA생명보험	15.6
흥국생명보험	12.6
동부화재보험	11.2
LIG손해보험	8.7

보험업계의 텔레마케팅 시장은 전체보험료 가운데 10~30% 정도를 차지하고 있지만, ACE, AIG, 악사 및 에르고 다음 등은 그 비중이 다른 보험회사에 비하여 상당히 높게 나타나고 있다. 시장의 점유율과 관련하여, 생명보험의 영역과 손해보험의 영역 중 어느 한 영역에서 두드러지게 나타나고 있다고 볼 수는 없는 것으로 판단된다.

Ⅴ 영업금지 조치 후 예견사항

카드사 정보유출사건은 보험 텔레마케팅영업을 금지하는 결과를 초래하였다. 이러한 금지조치는 순조로운 성장을 하고 있는 TM 보험영업시장에 상당한 악영향으로 작용할 것이라 예상되고 있다.

1. 텔레마케터 고용불안

정보유출로 인한 국민의 불안감을 차단하기 위한 목적에서 영업금지라는 당국의 처방은 'TM 종사자들의 이탈 및 무임금'이라는 문제와 'TM 영업의 침체'라는 문제를 야기하였다. 당장 TM을 중단하면 관련 기업의 매출 등에 문제가 발생하는 것도 있지만, 무엇보다도 당국의 이런 조치는 관련 업종에 종사하는 인력들을 하루아침에 실직자로 만드는 것이나 다름없다. TM 종사원들의 모임인 한국컨택협회에 따르면 카드, 보험, 캐피털 등 금융에서 TM 업무에 종사하는 인력은 정규직만 2만 6,000여 명이지만, TM 상담원 대부분이 비정규직인 것을 고려하면 7만여 명에 이를 것으로 추산된다. TM 영업을 할 수 없으면 당장 종사자들의 할 일이 사라지는 것이나 마찬가지이다.

2. TM 보험사 고전

카드사 정보유출 사건이 발생하자 정부 당국은 3월 말까지 은행·저축은행·보험사·대부업체 여신전문금융회사 등이 전화나 문자메시지 또는 이메일 등을 통하여 대출을 권유하거나 신규고객을 모집하는 행위를 금지시켰다. 그러나 곧 "보험사가 직접 동의받은 자사 고객 정보"를 자체 점검한 후 해당회사 CEO의 확인서 제출을 조건으로 하여 TM 영업을 재개하도록 한 바 있다. 무엇보다도 영업정지로 타격을 받은 금융사 및 TMR(텔레마케터)들의 반발을 의식한 조치라 생각된다. 비록 영업재개를 허용했다 할지라도, TM의 신뢰에 대한 소비자들의 반감은 쉽게 회복되지 않을 수도 있다. 고객 정보 유출사건 이후 TM에 대한 소비자의 반감이 심해져, 영업실적의 타격은 물론이거니와 관련 조직의 운영에도 큰 차질이 있을 것으로 예상된다.

3. 카드슈랑스 운영 위축

카드사를 통하여 보험상품을 판매하는 카드슈랑스도 운영이 불가능해져 비상이 걸렸다. 왜냐하면 경기침체와 시장 포화로 영업환경이 나빠진 상태에서 강력한 영업 채널 중 하나를 포기해야 하기 때문이다. 2000년 15억 원 규모, 2002년 3,500억 원 규모이던 카드슈랑스 시장은 2012년 1조 5,000억 원까지 급성장하였다.

카드슈랑스 판매액 규모(여신금융협회)

연도	보험료(억 원)	성장률(%)
2000	1,554	30,37
2001	2,547	63,90
2002	3,560	39,77
2003	3,678	3,31
2004	4,059	10,36
2005	3,752	−7,56
2006	5,941	58,34
2007	6,850	15,30
2008	8,292	21,05
2009	8,984	8,35
2010	10,102	12,44
2011	13,767	36,28
2012	15,418	11,99

카드사들은 설계사 조직이 취약한 중소형 보험사와 제휴하는 방식으로 전화로 보험 가입을 권유하는 카드슈랑스로 상당한 수익을 거둔 것으로 알려지고 있다. 그러나 금번 사건결과, TM을 통한 카드 모집과 대출 권유에 더해 카드슈랑스까지 금지된 카드사들도 상당한 큰 타격이 받을 것으로 예상된다.

4. 기타사항

경기침체와 시장의 포화로 인하여 영업환경이 나빠진 상태에서 TM 영업채널의 악화로 인하여 보험회사의 어려움도 예상되지만, 대출을 원하는 사람을 찾아내 금융기관과 연결하여 주고 대출액의 일정액을 금융기관으로부터 수수료로 받는 대출모집인과 전화대출 영업을 하는 대출중개업자(법인인 경우에는 대출 중개회사가 될 것이다)들 역시 그 영향을 받을 것으로 예상된다.

Ⅵ 나가는 말

금번 사건에 대하여, 개인정보보호를 위한 몇 가지 제안을 드리는 동시에 간단한 소견을 제시하면서 발표문을 맺고자 한다.

기업들은 맞춤형 서비스를 제공한다고 하면서 고객들의 민감한 개인정보를 반강제적, 포괄적인 수집하고 또 그것을 다양한 방법에서 활용한다. 최근 3년간(2010~2013년) 금융기관의 개인신용정보 수집·제공 동의서 운영실태에 따르면, 304개 금융사 가운데 42개사는 고객이 개인기본신용정보 외에 선택항목에 동의하지 않아도 거래가 허용된다는 사실을 알리지도 않았고, 9개사는 필수사항과 선택사항을 구분하지 않거나 선택사항 동의를 강요했다고 한다. 개인정보처리자는 목적에 필요한 범위 내에서 최소한의 개인정보만을 수집하도록 하고 있다(개인정보보호법 제3조 제1항). 또한 개인정보의 처리목적에 필요한 범위에서 적합하게 개인정보가 처리되어야 한다(개인정보보호법 제3조 제2항). 금융기관이 필요한 정보만을 수집할 수 있도록 하는 동시에, 그러한 내용이 실제로 효과를 발생시킬 수 있도록 하는 법률체계를 마련하는 것이 요구된다.

금융회사가 개인정보를 수집할 때 포괄적으로 동의를 받는 것으로부터 탈피하여 반드시 필요한 정보만을 수집하고 활용하여야 하는 것은 물론이거니와 금융회사가 개인의 신용정보를 무제한 보유하고 있는 것도 문제이다. 보유 기간을 일정기간으로 제한하는 방안이 추진되어야 하며, 동 기간이 지나면 해당정보를 삭제하도록 하는 방안이 명문으로 규정되어야 한다. 감독 당국은 금융회사의 개인정보 수집·활용·폐기의 전 과정에서 개인정보 보호가 적정하게 이루어지는지 여부를 지속적으로 점검해야 하는 시스템을 갖추어야 한다.

금번 사건의 본질은 3개 카드사로부터 고객정보를 외부용역 직원이 불법유출한 사건이라는 점이다. 금융기관이 외주업체에 용역을 맡기면서 기본적인 보안절차를 지키지 않은 것에 문제가 있다는 점을 인식해야 한다. 외부용역 직원으로부터 정보를 구매한 후 대출광고업자 및 대출모집인에게 불법 유통시켰다는 점 또한 간과되어서는 아니 될 사항이다. 정보관리 체계에 있어서 보안을 강화해야 할 필요성이 있고, 불법적인 유통시장을 근절하기 위한 법적인 조치가 마련되어야 한다.

TM 영업은 보험회사가 대면의 모집채널 방식 대신에, 비대면의 방식을 통한 시장의 환경을 조성하는 데 크게 기여하였다. TM 영업시장이 문제가 없는 것은 아니지만, 보험의 모집채널방식에서 사라지는 결과를 초래해서는 아니 될 것이다. 오히려 TM 영업시장이 회복되는 여건이 조성되어야 한다. TM 영업시장의 성장과 동반하고 있는 조력자들의 고용문제도 간과해서는 아니 된다. 카드유출사건을 통하여 개인정보보호의 강화 필요성에 있어서는 동감하지만, 성장하고 있는 TM 보험영업시장이 위축되지 않도록 하는 방안 역시 고려되어야 한다.

금번 카드유출사건은 개인정보보호의 중요성을 다시 한 번 일깨워 주는 계기가 되었지만, 다른 측면에서 사건의 본질을 냉철하게 직시하여 현명한 해결책이 마련되어야 함을 우리에게 요구하고 있다. 사건의 핵심은 카드사가 외부업체에 용역을 맡기고 있는 상태에서 그 외부용역 직원이 카드사의 고객정보를 불법으로 유출하였고, 유출된 개인정보가 불법거래시장에서 유통되었다는 점이다. 문제의 해결을 위해서 금융지주회사 제48조의2를 개정하자는 의견이 제시되고 있으나, 동 규정을 명문으로 규정하고자 하였던 입법자들의 입법목적을 고려하여, 개정에는 신중한 접근이 요청된다. 개정에 앞서, 오히려 카드사가 외부업체에 용역을 맡기면서 기본적인 보안절차를 지키지 않은 것에 대한 책임문제가 더 중요하게 논의되어야 할 것이고, 불법시장에서 개인정보의 거래를 엄격하게 규제하는 방안이 모색되어야 한다.

후 기

세계파이넨스 기자로부터 연락을 받았다. 개인정보가 유출되어 많은 논란이 되고 있는데, 이 문제가 보험영업에 어떠한 영향을 미치는 가를 분석해 달라는 것이었다. 개인정보에 대하여 필자가 관심을 가졌던 것은 2013년 1월 21일 여의도 국민일보 빌딩 코스모홀에서 개최된 "보험정보 집중 및 활용체계 효율화 방안"에 관한 정책세미나 건 이후일 것이다. 당시 필자는 보험정보관리를 누가 관리해야 하는가에 대하여 발표한 적이 있다. 동 발표문은 "보험정보 집중기관의 통합화에 관한 논의"라는 제목으로 "경영법률"(제24집 제1호, 2013년 10월 31일) 학회지에 게재되었다. 그 자리에 참석했던 기자가 발표했던 필자를 기억하고 개인정보 유출과 관련된 사항을 발표해 줄 것을 요청한 것이었다. 2014년 2월 27일 코리안리재보험에서 세계닷컴·세계파이넨스 '개인정보 보호와 TM 산업 발전 방향' 세미나에서 발표한 자료를 수정·보안한 것이다.

주제를 한정하였다. 개인정보유출과 가장 밀접한 관련을 맺고 있는 영역은 보험 가운데 텔레마케팅 보험영역일 것이다. 동 사건으로 말미암아 실제로 가장 타격을 받고 있었다. 개인정보는 보호받아야 하고, 그 보호방식은 강화되어야 할 것이다. 그러나 판매채널로 자리를 잡은 텔레마케팅 영업방식 역시 침체되어서는 안 된다는 점을 강조하고 싶었다.

제 48 장

중소기업 적합업종에서 발생하는 법적 문제점

Ⅰ 서 론

대기업의 경제력 남용으로 인한, 양극화 발생과 사회적 갈등이 표출되는 상황에서 대기업과 중소기업의 동반성장에 대한 필요성이 제기되었다. 2010년 9월 29일 이명박 정부는 대·중소기업동반성장 추진대책을 확정하면서 대·중소기업의 '상생협력'을 달성하기 위한 방안을 모색하였다. 2010년 12월 13일 대기업과 중소기업 사이의 사회적 갈등문제를 해결하고, 양 기업의 동반성장 문화를 확산하고자 동반성장위원회가 출범하게 된다. 동반성장위원회는 범산업계의 동반성장 분위기를 확산하고, 대기업의 동반성장지수 산정 및 공표, 중소기업에게 적합한 업종이나 품목의 기준을 마련하는 등 다양한 영역의 업무를 담당하고 있다.

2011년 동반성장위원회의 최대 화두는 바로 중소기업 적합업종에 대한 선정이라고 할 수 있다. 중소기업 적합업종의 선정작업은 2011년 당시 대기업과 중소기업 간, 관련 경제협·단체 간 이해의 첨예한 상충이 언론의 집중적인 조명을 받았고, 2012년 중소기업 적합업종의 선정이 대·중소기업, 중소기업중앙회, 전국경제인연합회 등 경제계와 정부, 그리고 정치권에서도 상당한 관심을 불러일으킨 바 있다. 동반성장위원회는 중소기업 적합업종·품목 중 234개 품목을 신청·접수받아 실태를 조사하고 분석하여 제조업분야로 한정되었던 것에서, 점차적으로 유통 및 서비스업 중소기업 적합업종으로 확대하였다. 또한 일괄 접수체계에서 상시 접수체계로 전환하면서 보다 더 국민과 언론의 관심과 집중을 받게 되었다.

본 논문은 중소기업 적합업종의 선정이 갖는 의미와 기능을 고찰하고, 그것으로부터 발생하는 법률적 문제점을 검토한다.

Ⅱ 대기업과 중소기업 간 제기되는 문제점

중소기업 적합업종제도가 실시되어야 하는 근거가 다양하게 제시되고 있다. 동반성장위원회와 중소기업중앙회 및 중소기업연구원에서 그러한 주장들이 제시되고 있다.[1]

---

[1] 김경무, "중소기업 적합업종 선정 목적과 기대효과", 「법연」, 제27권, 2012. 3, p.8 이하; 유광수, "중소기업 적합업종·품목 선정의 필요성-건전한 시장생태계 조성과 지속가능한 성장", 「법연」, 2012. 3, p.14 이하; 김세종, "중소기업 적합업종제도 도입 및 운영방안", 「IE매거진」, 제18권 제4호, 2011, p.34 이하.

1. 기업집단의 계열사 수 및 업종 증가

국회입법조사처에서 발행하고 있는 "이슈와 논점" 제375호는 재벌의 사업영역 확장 문제점을 진단하고 있다.[2] 본 자료집에 따르면, 2011년 4월에 상호출자제한기업집단으로 지정된 55개 기업집단 중 공기업 또는 준정부기관을 제외한 47개 민간 기업집단의 계열사 수는 2008년 4월 1,161개에서 2011년 4월 1,512개로 증가한 것으로 나타나고 있다. 2012년 역시 증가하여 2월 1일 현재 계열사 수는 1,642개로 증가하였고 이 가운데 226개 기업이 상위 10대 대기업집단의 계열사에 속하는 것으로 알려지고 있다.[3]

대기업의 계열사 수가 증가하는 동시에 재벌이 영위하는 업종 수도 증가한 것으로 나타나고 있다. 한국표준산업분류상 중분류(76개 산업)를 기준으로 하여 기업이 자체적으로 분류한 영위 업종 가운데, 2011년 4월에 지정된 상호출자제한기업집단 중에서 2008년과 2011년 영위 업종 수를 비교해 보면, 32개의 대기업집단의 평균 영위 업종 수는 18개에서 22개로 증가한 것으로 나타나고 있다.[4] 특히 한화가 12개, 현대중공업과 GS가 각각 11개, SK, LG 및 코오롱이 각각 10개, 현대자동차가 9개, 롯데 8개 등 규모가 큰 재벌들의 영위 업종이 크게 늘어난 것으로 알려지고 있다.

2. 고용 없는 성장 가능성

기업이 성장하게 되면, 기업의 성장에 따라 고용도 증가하는 것이 일반적인 현상이라 할 것이다. 대기업의 경제력 집중으로 말미암아 우리나라의 경제 활력이 떨어지고, 동시에 '고용 없는 성장'이 지속적으로 발전하고 있다는 주장[5]이 제기되고 있다. 대기업을 통한 국민경제의 발전모델이 일자리 창출에 큰 영향을 미치지 못하고 있다는 것이다. 실제로 1999년부터 2009년 사이 대기업과 중소기업의 일자리 창출 증가 추이를 관찰하여 보면, 중소기업의 고용창출은 347만 개 증가한 반면에 대기업은 49만 개가 감소한 것으로 나타나고 있다.[6] 대

---

2) 박충렬, "재벌의 지나친 사업영역 확장 억제 방안–중소기업 적합업종·품목 지정제도의 강화", 「이슈와 논점」, 제376호, 2012. 2. 6, p.1.

3) 박충렬, "재벌의 지나친 사업영역 확장 억제 방안–중소기업 적합업종·품목 지정제도의 강화", 「이슈와 논점」, 제376호, 2012. 2. 6, p.2.

4) 박충렬, "재벌의 지나친 사업영역 확장 억제 방안–중소기업 적합업종·품목 지정제도의 강화", 「이슈와 논점」, 제376호, 2012. 2. 6, p.2.

5) 유광수, "중소기업 적합업종·품목 선정의 필요성–건전한 시장생태계 조성과 지속가능한 성장", 「법연」, 2012. 3, p.15.

기업이 글로벌화를 추구하면서 해외에 생산시설을 확충하고, 또 현지채용을 확대한 것이 원인이 있는 것으로 보인다. 국내에서는 일자리를 줄이는 동시에 비정규직을 활용한 탓에 그 이유가 있다고 한다.

3. 양극화 경향

기업집단의 수와 업종의 증가는 '고용 없는 성장'으로만 그치는 것이 아니라, 또 다른 부작용을 야기하고 있다는 주장이 있다.[7] 글로벌 금융위기 이후 대기업과 중소기업 사이의 성장성 및 수익성에 있어서 커다란 차이를 보이고 있는데, 특히 선진국과 비교하여 중소기업의 수익률이 매우 낮다는 점에 주목을 하고 있다.

〈2010년 주요 선진국의 대·중소기업 세전 순 이익률 추이〉

구분	프랑스	독일	미국	한국
대기업	8%	5%	9%	8.8%
중소기업	8%	7%	7%	4.3%
격차	0	+2%	-2%	-4.5%

중소기업 적합업종·품목선정이 필요하다고 하는 입장에 따르면, 대기업과 중소기업 간 수익성이 차이가 나는 것은 대기업에 대한 우호적인 정책에 기인한 것이라고 한다.[8] 대기업에 대한 출자총액제한제도 등 각종 규제의 완화로 말미암아 대기업의 무분별한 사업영역의 확장과 그로 말미암아 대·중소기업 간 양극화가 심화되었고, 양극화의 부작용에 따라 중소기업 적합업종제도의 도입, 동반성장지수 공표, 대규모 유통업에 대한 규제 강화 등 중소기업 및 소상공인을 보호하기 위한 정책들이 도입된 것이라고 한다.

---

6) 유광수, "중소기업 적합업종·품목 선정의 필요성-건전한 시장생태계 조성과 지속가능한 성장", 「법연」, 2012. 3, p.14, 각주 3).
7) 유광수, "중소기업 적합업종·품목 선정의 필요성-건전한 시장생태계 조성과 지속가능한 성장", 「법연」, 2012. 3, p.14.
8) 강창동·신건철·장재남, "중소기업 적합업종 선정이 프랜차이즈 산업에 미치는 영향에 관한 연구", 「유통연구」, 제17권 제5호, 2012, p.5.

4. 대기업의 골목상권 확장

2012년 6월 공정거래위원회의 자료에 따르면, 전국 대형 유통점포 433개 점포 중 이마트와 홈플러스, 롯데마트 등 상위 3개사 점포가 365개로 84.3%를 차지하고 있다. 점포 수의 증가에서도 매우 두드러진 모습이다. 2008년 63개의 점포 수를 가지고 있던 롯데마트는 2012년 96개로 증가하였고, 이마트 역시 114개에서 139개로, 홈플러스 역시 109개에서 120개로 증가하였다. 기업형 슈퍼마켓SSM의 유통업에 있어서 골목상권 진출 또한 심각한 문제로 제기되고 있다. 이마트의 에브리데이, 롯데 슈퍼, GS 슈퍼, 홈플러스 익스프레스 등의 점포 수는 2008년 349개의 점포에서 2012년 6월 현재 970개 점포로 증가한 것으로 알려지고 있다. 중소기업 적합업종제도의 도입을 주장하는 자들에 따르면, 거대한 자본과 유통망을 갖춘 일부 대기업이 신규로 계열사를 만들어 무차별적으로 소상공인과 중소기업의 사업영역까지 침투하여 동네 골목상권을 잠식하고 있다고 주장한다.

Ⅲ 중소기업 적합업종제도의 도입

1. 연혁적 측면

중소기업 적합업종제도는 2011년 이명박 정부가 동반성장위원회를 통하여 대기업보다는, 중소기업이 사업을 영위하는 것이 보다 더 적합하다고 생각되는 품목과 업종을 선정하여 중소기업의 사업영역을 보호하고자 하는 제도이다.[9] 동 제도는 2006년 폐지된 '중소기업 고유업종제도'와 유사한 면을 띠고 있다.

중소기업 고유업종제도는 1979년에 도입된 제도로서, 중소기업으로 하여금 사업을 하도록 하는 것이 적합하다고 판단되는 업종을 중소기업의 고유한 업종으로 지정하고, 그 지정된 업종의 사업 분야에 대하여는 원칙적으로 대기업의 신규참여를 금지하고자 하는 진입규제 정책의 하나에 해당한다.[10] 중소기업의 안정된 사업영역을 보호하고, 더 나아가 균형 있는 국민경제발전을 도모하고자 한 제도라고 할 수 있다.[11] 고유업종제도는 정부가 그간 추진해

---

9) 황인학, "중소기업 적합업종 제도의 본질과 문제점", 「KERI 정책제언」, 11-08, p.3.
10) 양현봉 · 홍석일 · 조덕희 · 이경숙 · 김홍석, "중소기업 고유업종제도의 합리적 개선방안", 중소기업청 산업연구원 연구보고서, 1999, p.5.

온 성장정책에 대한 부작용의 개선정책이다. 무엇보다도 대기업의 무분별한 문어발식 확장으로 인한 업종의 다각화 때문에 중소기업의 경영에 악영향을 끼친 바, 대기업과 중소기업의 성장 격차를 해소하기 위한 하나의 정책으로, 대기업의 시장참여를 금지하는 동시에 중소기업을 육성하고자 한 것이 바로 중소기업 고유업종제도라 하겠다. 중소기업의 사업영역 보호를 위한 중소기업 고유업종제도는 중소기업간 과당경쟁을 지양하고 대기업의 중소기업 사업 분야에 대한 과도한 진입을 조정하려는 목적으로 제정된 '중소기업사업조정법'에 근거를 두고 시행된 것이다.

〈중소기업 고유업종과 적합업종제도의 비교〉

	중소기업 고유업종	중소기업 적합업종
제도취지와 규정범위	중소기업의 사업영역 보호	
	선정된 업종에서 대기업의 신규진입 금지	대기업의 진입 및 확장 자제 및 사업이양 유도
선정주체	정부	동반성장위원회
집행수단	공식제도, 법률적 강제	비공식제도, 사회적 및 정치적 압력
보호기간	사전에 제한 없음	3년. 최장 6년
유인 및 벌칙	위반 시 5,000만 원 이하, 벌금 또는 1년 이하 징역	사업이양 시 동반성장지수에 가점, 신규 진입 도는 사업 확장 시 감점

고유업종은 제도의 시행 초기 23개의 업종으로 시작해서 1989년에는 총 237개까지 증가된 적이 있었다. 그러나 1990년 이후에는 고유업종이 추가적으로 지정된 적이 없었고, 시간이 지남에 따라 인정되고 있었던 고유업종를 점차적으로 해제하던 가운데 2006년 마침내 동 제도는 완전히 폐지되었다.[12]

---

11) 임해진, "중소기업 고유업종제도의 현황 및 개선방안에 관한 연구", 건국대학교대학원석사학위논문, 1999, p.4 이하.
12) 조동근, "중소기업 적합업종제도, 어떻게 볼 것인가?" 「나라경제」, 한국개발연구원, 2011, p.11.

<중소기업 고유업종의 지정 및 해제 추이>

(단위: 년도, 개)

	1979	1983	1984	1989	1994	1995	1997	2001	2004	2005	2006
신규지정	23	103	104	49	0	0	0	0	0	0	0
해제업종	0	0	2	17	58	45	47	43	8	19	18
업종총계	23	103	205	237	179	134	88	45	37	18	0

2. 재규제 필요성

중소기업 고유업종제도의 폐지는 대기업의 다각적인 사업의 확장으로 나타났다는 보고서가 자주 등장하였다. 대기업의 사업확장에 대한 규제수단이 없게 되자, 전통적으로 소상공인과 중소기업의 영역이었던 MROMainenance, Repair, Operation,[13] SSMSuper Supermarket 및 금형사업 등을 포함한 외식사업에서 대기업의 진출이 크게 증가한 것이다.

2011년 자료에 의하면, 고유업종 폐지 후 대기업은 새로운 사업에 대한 분야의 진출도 증가하였지만, 중소기업이 영위하고 있는 업종에 대하여도 대기업의 경우 비상장회사를 통하여, 또 중견기업 역시 그 진출을 확대하면서 중견기업을 포함한 대기업과 중소기업 사이의 대립과 갈등이 고조되었다.[14] 또한 고유업종제도의 폐지 후 기대하였던 낙수효과도 나타나지 않고, 대기업에 대한 감세, 규제완화 등 일련의 대기업 편향의 정책들이 대기업과 중소기업의 격차를 벌리는 동시에, 수출주도업종을 주로 하는 대기업과 내수업종을 주로 하는 중소기업 간 양극화가 야기됨에 따라, 중소기업 적합업종제도의 재규제 필요성이 제기된 것이다.[15]

3. 도입목적

중소기업 적합업종제도는 중소기업만을 위한 정책이 아니라, 대기업과 중소기업 간 합리적인 역할분담을 유도하기 위한 제도로써, 중소기업의 형태로 사업을 영위하는 것이 적합하

---

13) 제품생산과 관련된 원자재, 대형 설비를 제외하고 기업에 필요한 모든 소모형 자재를 의미한다.

14) 강창동·신건철·장재남, "중소기업 적합업종 선정이 프랜차이즈 산업에 미치는 영향에 관한 연구", 「유통연구」, 제17권 제5호, 2012, p.3.

15) 박충렬, "재벌의 지나친 사업영역 확장 억제 방안–중소기업 적합업종·품목 지정제도의 강화", 「이슈와 논점」, 제376호, 2012. 2. 6, p.5.

다는 일부 업종을 정하여 제도적으로 보호하고자 하는 것을 의미한다.[16] 그러므로 중소기업 적합업종은 무리하게 대기업의 사업영역을 빼앗거나 가로 막아 중소기업에게 보호막을 주는 것으로 이해되는 것이 아니라, 중소기업이나 소상공인들이 생계형으로 하고 있는 어묵·순대·김·단무지 및 제과점 등 식품산업분야와 기술력이 낮고 노동집약적인 중소기업형 업종인 세탁비누·부식억제제·부동액·절연전선·가스개폐장치·아크용접기 등에 대기업들이 진입함으로써 중소기업의 상당수가 고사 직전 또는 경영악화의 상황을 타개하고자 한다.[17] 특히 중소기업과 대기업 사이의 산업생태계가 붕괴되면 양자 모두 공멸한다는 위기의식하에, 대기업은 대기업에게 적합한 업종에, 중소기업은 중소기업에게 적합한 업종에 특화하고 집중할 수 있도록 가이드라인을 제시하여, 산업생태계가 건강하게 복원하고 유지시키고자 하는 것이 적합업종 선정의 목적이다.[18]

4. 제기되는 비판사항

중소기업 적합업종제도에 대한 한국경제연구원의 연구위원들에 의하여 제기되는 비판적 입장은 그 의미를 잃지 않고 있다.[19]

1) 실효성 측면

우선 2006년 폐지된 중소기업 고유업종제도의 폐지에 대한 이유를 고찰해 볼 필요가 있다.[20] 당시 동 제도는 첫째, 사회적·경제적 조건의 변화. 둘째, 중견기업으로 성장하기보다 다수의 중소 자회사를 설립하는 등 기업의 성장 인센티브 왜곡. 셋째, 기술 또는 품질 경쟁보다는 가격경쟁에 주력. 넷째, 외국기업이나 제품에 의한 국내시장 잠식효과. 다섯째, 기존 대기업의 독과점적 시장성과 보장 등을 이유를 들어 폐지한 것으로 알려지고 있다.

고유업종제도의 효과를 분석한 것에 따르면, 동 제도는 원래의 정책효과의 달성에도 실패했을 뿐만 아니라 오히려 중소기업의 경쟁력 약화를 초래하였다는 비판적인 입장을 제시하

---

16) 김경무, "중소기업 적합업종 선정 목적과 기대효과", 「법연」, 2012. 3, 제27권, p.9.
17) 김경무, "중소기업 적합업종 선정 목적과 기대효과", 「법연」, 2012. 3, 제27권, p.9.
18) 김경무, "중소기업 적합업종 선정 목적과 기대효과", 「법연」, 2012. 3, 제27권, p.10.
19) 이에 대하여는 김필헌, "시대착오적인 중소기업 적합업종·품목제도 도입", 「KERI Brief」, 11-05, p.1 이하.
20) 조동근, "중소기업 적합업종제도, 어떻게 볼 것인가?" 「나라경제」, 한국개발연구원, 2011, p.11.

고 있다.[21] 특히 제도시행기간 중인 1991년부터 2001년 사이 고유업종 지정업체들은 사업체수·종사자수·생산액·부가가치 등 주요 경영지표가 모두 악화된 것으로 나타나고 있다고 한다. 또한 300개 표본기업을 대상으로 한 조사에서도 조사대상 10개 업종 중 9개 업종이 고유업종 해제이후 매출액과 영업이익 등 전반적인 경영성과가 개선된 것으로 나타나고 있다고 한다.[22] 결국 이선화의 주장에 따르면, 과거에 시행되던 고유업종 폐지의 논리적 근거가 뚜렷하고, 업종지정 해지 이후 보호를 받던 중소기업 경영지표가 악화되었다는 실증적 뒷받침이 없는 상황에서 동 제도와 유사한 중소기업 적합업종제도의 재도입은 동반성장의 취지를 살리기 어렵다는 입장을 피력한다.[23]

2) FTA 주요 규정 위반가능성

중소기업 적합업종제도는 순수하게 민간의 자율적 합의와 협상, 조정에 기초한 경우라면 문제가 되지 않지만, 제도의 법적 강제력이 높아지게 되면 국제규범과의 상충문제가 발생할 수 있다는 지적이 있다.[24] 한미 FTA는 제조업에 대하여는 시장접근의무를 부과하지 않기 때문에 간접수용만이 문제가 될 수 있지만, 서비스와 유통업에 있어서는 시장접근의무 규정에 대한 위배가능성이 제기될 수 있다. 간접수용이라 함은 당사국의 행위 또는 일련의 행위가 명의의 공식적 이전 또는 명백한 몰수 없이 직접수용과 동등한 효과를 가지는 경우를 의미한다. 동 제도는 외국인 투자자의 재산권 박탈이나 국유화에 해당되기보다는 사업행위 제약에 따른 투자가치 하락으로 귀착될 가능성이 높으므로 간접수용의 문제가 발생할 수 있다는 것이다. 한편 유통 및 서비스 분야에서는, GATS와 FTA에서 금융기관의 국내시장진출Mode 3와 관련하여 6가지 시장제한조치 등을 금지하는 의무 가운데 하나인 "시장접근의무"와, 한번 자유화 수준을 높이면 다시 후퇴할 수 없다는 "자동현행동결"에 대한 위배 가능성이 제기될 수 있다.[25]

특히 포괄주의 방식으로 규정되어 있는 서비스 부문에서 예외로 인정되는 현재유보 47개

---

21) 이선화, "중소기업 적합업종제도의 문제점과 정책대안", 「KERI Brief」, 12-08, p.4.
22) 전국경제인연합회, "중소기업 고유업종 해체효과", 전경련 중소기업협력센터, 2011. 8.
23) 이선화, "중소기업 적합업종제도의 문제점과 정책대안", 「KERI Brief」, 12-08, p.5.
24) 문병철, "중소기업 적합업종 관련 검토보고서", 국회 지식경제위원회, 2011.
25) 이선화, "중소기업 적합업종제도의 문제점과 정책대안", 「KERI Brief」, 12-08, p.6.

및 미래유보 44개를 제외한 모든 부문은 상대국 공급자에 대한 "시장접근의무"와 "자동현행동결"을 준수하지 않는 경우 투자자 제소의 가능성을 배제할 수 없다는 주장도 제기되고 있다.

Ⅳ 중소기업 적합업종의 범위 확대

1. 동반성장위원회의 입장

동반성장위원회는 "무너져 가는 골목 상권을 지키고 대·중소기업 모두의 동반성장을 추구하기 위해" 생계형 서비스업 적합업종 지정이 반드시 필요하다고 주장한다. 이는 2012년 5월 식품·화학·전자 등 제조업 분야 82개 품목을 중소기업 적합업종으로 지정한 데 이어 두 번째다. 제조업분야 중소기업 적합업종은 2012년 3월 20일부터 상시접수를 실시, 총 16개 품목이 신청·접수되었으며 그중 기타 곡물가루(메밀가류, 사업축소), 플라스틱봉투(진입자제) 2개 품목이 최종 지정·권고되었다. 한편 3개 품목(콘크리트혼화제, 떡(떡국·떡볶이), 놀이터용 장비)은 반려, 10개 품목(동버스바·금융자동거래단말기·장난감(7개 품목), 보통철선 및 2차 가공품)은 자진 철회되었다.[26]

동반성장위원회는 생계형 서비스업 적합업종의 지정은 무너져 가는 골목상권을 지키고 대·중소기업 모두의 동반성장을 추구하기 위해 반드시 필요하다고 밝히고 있다. 생계형 서비스업 적합업종 지정과정 중 일부 품목에서 다소간 갈등과 대립이 있었으나, 대승적 차원에서 잘 마무리 된 것 같다고 한다. 더 나아가 "동반성장은 이제 이 시대의 가치이며 새로운 문화이다. 시장경제의 원리에 충실하면서 각자 자기가 잘 할 수 있는 영역에 집중하는 동시에, 남을 배려하는 더불어 살아가는 공동체적 가치 구현을 해 나갈 때 우리나라는 세계시장에서 더 큰 나라를 만들어 갈 수 있다"고 밝히고 있다.

2. 확대영역

2013년 3월 5일 동반성장위원회는 제조업 분야 2개, 생계형 서비스업 분야 14개 등 총 16개 업종을 '중소기업 적합업종'으로 선정하였다. 중소기업 적합업종(품목) 실태조사 및 대·

---

26) 이데일리 기사, 2013. 3. 11.

중소기업 간 조정협의체 운영을 거쳐 최종 제조업 2개 품목, 생계형 서비스업 14개 업종을 권고한 것이다.[27]

〈2013년 2월 5일 지정된 16개 중소기업 적합업종〉

제조업 분야(2개)		서비스업 분야(14개)	
지정 업종	권고사항	지정업종	권고사항
기타 곡물가루(메밀) 플라스틱 봉투	사업축소 진입자제	(음료)자동판매기 운영업	사업축소, 진입자제
		자전거 및 기타 운송장비 소매업	사업축소, 진입자제
		서적 및 잡지류 소매업	사업축소, 진입자제
		가정용 가스연료(LPG) 소매업	사업축소, 진입자제
		제과점업	확장자체, 진입자제
		중고자동차판매업	확장자제, 진입자제
		음식점업-한식 등 7개 업종	확정자제, 진입자제
		화초 및 산식물 소매업	진입자제

서비스업 분야 중소기업 적합업종에 있어서, 2012년 7월 23일부터 상시접수를 실시하여 총 44개 업종이 신청접수 되었고, 동방성장위원회는 그중 비생계형 17개 업종을 제외한 27개 생계형 업종을 우선적으로 검토하였다. 서비스 업종 14개 업종이 지정된 반면에, 애완동물 및 관련용품 소매업과 애완동물 장묘 및 보호 서비스업 등 2개 업종은 반려, 안경소매업·기계공구 공(소매)업·화장품 소매업·기관구내 식당업·대리운전업·장례식장 및 장의관련 서비스업 등 6개 업종은 자진 철회되었다. 다음은 논란이 되고 있는 제과점업과 음식점업에 대하여 살펴보기로 한다.

3. 제과점업

1) 권고사항

동반성장위원회는 대기업이 골목상권을 침입해 동네빵집 등 영세 자영업자들의 생계를

---

27) 16개 중소기업 적합업종 지정 내용, 2013. 2. 5.

침해한다고 판단하고 있다. 대한제과협회 자료에 따르면, 동네빵집은 2000년 초반 16,000여 개에서 2012년 말 기준으로 5,000여 개로 줄었다. 반면 대기업 프랜차이즈 빵집인 SPC의 파리바게뜨와 CJ 푸드빌의 뚜레쥬르 전국 가맹점 수는 각각 3,200개와 1,200개를 넘어선 것으로 알려지고 있다.[28] 이에 대하여 동네빵집을 회원으로 두고 있는 대한제과협회가 제과업을 중소기업 적합업종으로 지정함과 동시에 대기업 프랜차이즈에 대하여 신규점포를 개설해주지 말아줄 것을 요구하였고, 우연곡절 끝에 동반성장위원회는 제과업종을 중소기업 적합업종으로 지정하고, 대기업에 대하여 확장과 진입자제를 권고하였다.

2) 전 망

제과업종에 대한 중소기업 적합업종의 적용범위는 프랜차이즈Franchise 형과 인 스토어In Store 형 제과점에 해당한다. 우선 동반성장위원회는 대기업(중소기업법 기준)은 점포 수 총량을 확장 자제하고자 한다.[29] 앞으로 제과점업은 매년 전년도말 점포 수의 2% 이내 범위에서만 가맹점을 신설할 수 있다. 또한 인근에 중소제과점이 있는 경우 500미터(도보기준) 이상 떨어져야 한다. 그러나 예외적으로 제과점업의 경우 백화점·대형마트·SSM·호텔 내 '인 스토어' 형 출점은 허용되는 것으로 하고 있다. 제과점업에 대한 중소기업 적합업종 지정은 생계형 동네빵집들이 대기업 프랜차이즈 제과점과의 경쟁에서 다소 유리하게 전개될 것이다. 제과점업은 규제 대상 대기업이 SPC 그룹의 파리바게뜨와 CJ 푸드빌의 뚜레쥬르 두 곳만의 문제로 좁혀져 있었기 때문에 비교적 순조롭게 해결점을 찾은 것이라는 전망도 있지만, 중소기업 적합업종 선정에 대하여 제과업계는 "현실적으로 실현 불가능하다"는 입장을 밝히고 있다. 사)한국프랜차이즈협회 역시 "동반성장위원회의 결정에 강력하게 반대하며 행정소송도 불사"한다는 입장이다. 이들은 "대·중소기업 상생 협력 촉진에 관한 법률"과 "독점규제 및 공정거래에 관한 법률"을 거론하며 대기업 프랜차이즈에 대한 규제가 위법하다고 반대하고 있는 상황이다.

---

28) 경향신문, 2013. 2. 5 참조.
29) 동반성장위원회, 2013. 2. 5. 보도자료.

4. 음식점업

1) 권고사항

규제 대상이 SPC 그룹과 CJ 푸드빌 두 곳이었던 제과점업과 달리, 음식점은 이해관계가 중층적으로 얽혀 있어 상당히 복잡한 양상을 띠고 있다.[30] 일단 한식·중식·일식·서양식·기타 외국식·분식 및 김밥·기타 음식점업 등 7개 업종의 음식점업의 경우 대기업의 신규 진입 및 확장을 자제토록 하고 있다. 그러나 예외적으로 음식점업의 경우 복합다중시설·역세권·신도시·신상권 지역 내 출점이 가능하도록 하고자 한다.

2) 규제대상에 대한 쟁점

외식업을 중소기업 적합업종으로 지정하는 문제에 대하여, 규제대상인 외식 대기업과 프랜차이즈 전문기업들이 서로 다른 입장을 나타내고 있다. 외식업 적합업종의 규제 대상은 '매출 200억 원 이상 상시 근로자수 200명 이상'의 조건을 갖춘 기업이 해당된다. 규제 대상 기업이 많아서, 의견조율이 쉽지 않다는 문제점이 발생하고 있다. 특히 CJ 푸드빌과 농심, 매일유업 등 외식 대기업과 놀부 NBG·더본코리아·카페베네 등 외식 전문 프랜차이즈 기업들 간의 서로 다른 주장이 제기되고 있다.

대기업 측은 자신들이 운영하는 대형 레스토랑들이 골목 상권에 미치는 영향이 적다고 주장한다. 반면 프랜차이즈는 외식업으로 시작한 외식전문기업에 대해서는 규제를 하지 말아야 한다는 반대 주장을 한다. 대표적으로 대기업 측은 패밀리 레스토랑을 권고 대상에서 제외되어야 한다고 주장한다. 패밀리 레스토랑은 보통 330m^2 이상의 규모로 대로변 등 중심상권에만 위치해 있고, 고객층 역시 동네식당과 겹치지 않아 동네식당에 영향을 미치지 않는다는 것이다. 대기업은 실제 골목상권에 영향을 미치는 것은 프랜차이즈 매장들이기 때문에, 골목상권과 동네식당을 보호하기 위해서 프랜차이즈를 규제해야 한다는 입장이다. 그러나 프랜차이즈기업 측은 적합업종의 당초 취지대로 상호출자제한기업집단(대기업)에 대해서만 규제해야 한다는 의견을 내놓고 있다. 프랜차이즈기업들은 작은 동네식당으로 시작해 외식전문 중견기업으로 성장한 기업들을 규제하는 것은 적합업종의 취지에 맞지 않는다는 주장이다.

---

30) 법적 자세한 사항은 강창동·신건철·장재남, "중소기업 적합업종 선정이 프랜차이즈 산업에 미치는 영향에 관한 연구", 「유통연구」, 제17권 제5호, 2012, p.9 이하.

〈외식업 적합업종 협의 시 대기업- 프랜차이즈 입장〉

구분		대기업	프랜차이즈
주요기업		CJ 푸드빌, 농심, 매일유업	놀부 NBG, 더본코리아, 카페베네
협상 주요 논리		대형 레스토랑이 동네식당에 미치는 영향 적다.	외식 전문 프랜차이즈는 규제 대상이 아니다.
요구사항		패밀리레스토랑 제외	외식으로 시작한 전문기업 제외
속내		동네상권 침해하는 것은 프랜차이즈	상호출자 제한기업집단만 규제해야
쟁점에 대한 사항	신규 브랜드 론칭 금지	반대	반대
	역세권 범위	지하철 역사 반경 500미터	범위 한정 짓는 것 반대
협의 대표 단체		한국식품산업협회	한국프랜차이즈협회

3) 복합다중시설 허용기준에 대한 논란

중소기업 적합업종으로 지정된 음식점업의 복합다중시설 허용기준을 두고 대기업과 중소기업 간 의견 차가 발생하고 있다. 2013년 3월 8일 동반성장위원회 음식점업동반성장협의회에서 대기업의 음식점업 복합다중시설 허용범위를 두고 대기업 측은 2,000㎡를, 중소기업은 10만 ㎡를 각각 주장하고 나섰다.[31] 대기업측은 여의도 IFC몰과 같은 대형 복합다중시설의 경우 임대비 등을 고려할 때 중소기업이나 영세 자영업자들이 진입하기 어려운 시장임을 주장하며 2,000㎡부터 음식점업 시설을 허용해 줘야 한다고 주장한다.[32] 반면 중소기업측은 10만 ㎡ 이상 규모부터 대기업 음식점이 가능하다고 주장하고 있다.[33] 대기업의 경우 자금 동원력이 충분하기 때문에 복합다중시설 규모를 낮게 측정하면 대기업 진입장벽이 낮아질 수밖에 없다는 입장이다. 만약 대기업 주장대로 기준이 정해진다면 중소기업 적합업종제

---

31) 음식점업동반성장협의회란 확장·진입자제를 권고 받은 대기업이 진출 가능한 복합다중시설·역세권 허용범위, 신규 브랜드 출시 허용 범위 등을 논의하는 자리다. 대기업 측에서는 한국식품산업협회, 한국프랜차이즈협회가, 중소기업 측에서는 한국외식업중앙회, 중소기업중앙회가 대표로 참석하고 있다.

32) 대기업이 제시한 2,000㎡(605평)를 건물 상가에 적용할 경우 4~5층 수준의 규모다. 일부 지역의 시세가 높다는 점을 내세워 복합다중시설 평균 기준을 낮춰 음식점업 진출 가능성을 높이겠다는 수단으로 보인다.

33) 이는 최근 대한국토도시계획학회가 발표한 연구자료에 의한 기준이다.

도의 취지가 무색해질 수 있다는 지적도 제기되고 있다. 최근 소식에 따르면, 연면적 2만 m^2 미만의 복합다중시설에 대기업 외식업체들의 신규 출점을 제한키로 했다고 전해진다.[34]

4) 역세권 범위에 관한 논란

역세권 범위에 있어서도 논란은 계속되고 있다. 중소기업측은 당초 25m, 대기업 측은 500m를 고집하였다. 그러나 기존 500m 주장에서 나아가 1km까지 허용범위를 늘려야 한다고 대기업 측의 주장이 나오고 있기도 하다. 그러나 복합다중시설 및 역세권의 허용범위, 신규 브랜드의 허용 및 범위 등에 관한 세부사항을 조정하는 협의체인 음식점업동반성장협의회에서 중소기업 측은 100m로 물러났고, 대기업도 500m를 양보하면서 300m 기준을 제시한 것으로 알려지고 있다.[35] 최근 소식에 따르면, 역세권 반경 100m에서 합의안이 도출되었다는 소식이 전해지고 있다.[36]

5. 사 견

외식 프랜차이즈 출점에 대한 논란이 역세권 반경 100m 밖, 그리고 연면적 2만 m^2 미만의 복합다중시설에 대기업 외식업체들의 신규 출점을 제한키로 함에 따라 롯데의 롯데리아, CJ 푸드빌의 빕스, 이랜드의 애슐리 등 상호출자제한기업(10곳) 등은 대도시 내 신규출점이 불가능하게 될 것이다. 뿐만 아니라 일반중견기업(22곳) 역시 출점이 제한되며, 놀부 NBG 놀부부대찌개, 더본코리아 새마을 식당 등 프랜차이즈(2곳) 역시 마찬가지이다.

그러나 동방성장위원회가 제조업이 아닌 서비스업에 대하여 중소기업 적합업종을 지정하는 것이 타당한가에 대하여는 의문이 있다. 우선적으로 프랜차이즈 산업은 자영업자의 창업 성공률을 높여주고, 기존 자영업자를 조직화하여 경쟁력 강화에 이바지한다는 사실이다. 서비스 업종에 대한 규제는 외국 프랜차이즈 기업에 의한 국내 프랜차이즈 시장의 잠식에 대한 우려가 예상되고, 더 나아가 그것은 역차별이라는 지적을 면하기 어렵다. 소비자 선택의 자

---

34) 창업경영신문, 2013. 5. 23.
35) 대기업과 중소기업 간 갈등이 좁혀지지 않자 동반성장위원회는 음식점동반성장협의회 이외에 개별적으로 각 협회를 방문해 의견을 조율할 계획이다. 음식점업동반성장협의회는 대기업 측을 대표하는 한국식품산업협회, 한국프랜차이즈협회, 중소기업 측을 대표하는 한국외식업중앙회, 중소기업중앙회, 공익위원 2명 및 동반성장위원회 간사 1인으로 구성되어 있다.
36) 한국경제신문, 2013. 5. 23.

유를 제한하는 동시에 소비자 후생을 감소시킨다는 비판과 프랜차이즈 기업에 대한 규제의 중복성 역시 비판으로부터 자유롭지 못하게 될 것이다. 그렇게 본다면, 제조업에 국한하여 중소기업 적합업종을 지정하였던 동방성장위원회가 굳이 서비스 업종에까지 동 제도를 도입하는 것은 일면 숙고의 필요성이 있다.

Ⅴ 결 론

친기업 정책을 통하여 대기업 성장이 낙수효과의 기대를 넘어, 소상공인과 중소기업의 생존 무대마저 빼앗아가고 있다는 비판을 모면하는 것은 쉽지 않을 것이다. 특히 대기업이 골목상권, 심지어 순대나 떡볶이 등 서민의 업종까지 그 범위를 확대하고 있고, 중소기업이 기술혁신을 통하여 성장시켜 놓은 내비게이션 시장까지 침투하고 있다고 한다. 이는 타당하지 않다. 정부가 대기업을 우선시하는 정책을 펼친 것은, 무엇보다도 외국 다른 기업들과의 경쟁력을 키워 국가경제에 대한 기여를 위한 면이 있다. 이 점을 고려한다면 대기업은 국내의 소상공인이나 중소기업을 상대로 하여 경쟁을 하는 것보다, 눈을 돌려 외국과의 경쟁에 박차를 가해야 할 것이다.

중소기업 적합업종지정제도가 실효성을 창출해 낼 수 있는가에 의문이 제기되고 있다. 동반성장위원회의 중소기업 적합업종 지정이 대·중소기업 간 협의에 따른 '권고사항'일 뿐 법적 구속력이 없기 때문이다. 법적 구속력의 부존재는, 동 제도가 정부의 '생색내기'식 권고라는 한계점으로 나타날 수 있다. 실질적 효과를 얻고자 한다면, 중소상인·중소기업 적합업종 보호에 관한 특별법을 제정한다든가, 실효성 없는 동반성장위원회 대신에 중소기업청장 소속의 적합업종심의위원회를 설치하는 방법을 고려해 볼 수 있다. 또한 이행명령 및 위반 시 영업정지, 벌금 등 법적 제재를 명시화하는 작업 역시 실효성을 높이는 하나의 방법이 될 수 있을 것이다.

특히 논란이 되고 있는 사항은 제과점·음식점 등 서비스 업종에 대한 중소기업 적합업종 지정의 도입이다. 골목상권을 포함한 소상공인과 중소기업을 살리고자 하는 데에 중소기업 적합업종제도의 도입에 대한 목적이 있다. 제과점·음식점 등이 중소기업 적합업종으로 지정된 이유는, 지난 수년간 대기업이 생계형 서민 서비스 업종에 무차별적으로 진입했기 때문일 것이다. 그러나 프랜차이즈 업종에 대한 중소기업 적합업종제도의 도입이 타당한가에 대하여는 의문이 있다. 떡볶이, 순대 및 김밥 등은 동네빵집의 골목상권을 구성하면서 제빵시장은 더 이상 동네빵집과 프랜차이즈 빵집 간에 경쟁구도가 아니라 완전경쟁시장 구도라고 볼 수 있다. 동네빵집의 몰락이 프랜차이즈 빵집의 확장이라고 하는 주장이 있지만, 프랜차이즈 빵집이 늘어나는 것은 제과에 대한 소비패턴의 변화와 제품의 다양성, 위생 및 서비스 등 소비자 후생에 따른 결과라고 볼 수 있을 것이다.

프랜차이즈는 가맹본부와 가맹점사업자 사이의 동반 협력을 통하여 성장하고자 하는 시스템에 해당한다. 고객에게 양질의 제품과 서비스를 제공함으로써 매출과 이익이 증가하게 되고, 브랜드에 대한 소비자 만족도가 상승하게 되며 이에 따라 가맹본부도 자연스럽게 대형화의 길을 걷는 것이다. 그 결과 가맹본부는 중소기업에서 중견기업, 대기업으로 성장하는 것이 자연스러운 모습이며, 프랜차이즈 산업의 활성화가 골목상권을 죽이는 것이 아니라, 기존 골목상권에 빵, 치킨, 그리고 커피 등의 프랜차이즈 가맹점들이 입주하면서 지역주민은 물론 다른 소비자 측을 유입하는 동인이 된다는 점에서 골목상권을 살리는 효과가 있다고 할 것이다.

〈경제법연구 제12권 제1호 2013년 6월 30일, 107면 이하 게재〉

후 기

[사]한국경제법학회가 건국대 법학연구소, 서울시립대 법학연구소 및 한국법제연구원과 공동으로 "경제민주화 관련법제의 쟁점과 과제"라는 대주제하에 2013년 5월 10일 건국대학교 법학전문대학원 4층 모의법정에서 학술대회를 개최하였다. 필자는 "중소기업 적합업종에서 발생하는 법적 문제점"이라는 제목으로 발표를 하였다. 중소기업 적합업종의 문제는 정권이 바뀔 때마다 논의가 이루어진 주제에 해당한다. 특히 2012년 대통령 선거와 관련하여 제기된 경제민주화의 한 꼭지를 이루기도 하였다. 중소기업이 운영하기에 적합한 것으로 볼 수 있는 업종을 지정하여 중소기업을 보호해야 한다는 측면이 있다. 막대한 자본력을 가지고 있는 대기업의 문어발식 영역확장에 대한 반감을 없애고자 하는 정책적인 방안이 바로 중소기업 적합업종제도라고 하겠다. 특히 필자는 제조업에서는 중소기업 적합업종제도를 인정할 실익이 있다고 판단하지만, 프랜차이즈 영역에서도 타당성이 있는가에 대하여는 의문을 제기하고 싶었다.

"김연아 주식회사"에서 발생하는 법적 문제

Ⅰ 서 론

피겨 여왕 김연아 선수가 독자적인 매니지먼트 회사인 '김연아 컴퍼니'를 출범시켰다고 한다. 이 회사는 "㈜ 올댓 스포츠All That Sports"라는 명칭하에 김연아 선수의 어머니를 대표이사 겸 주주로 하고 김연아 본인을 주주로 신설법인을 설립하였다는 것이다. 김연아 선수가 세운 "㈜ 올댓 스포츠"는 김연아 선수의 미래 활동에 대한 계획과 관련한 매니지먼트를 담당하면서, 김연아 선수가 출연하는 아이스쇼 개최·스포츠 꿈나무 육성 등으로 사업범위를 넓혀나갈 계획이라고 한다. 김연아 선수와 그녀의 어머니가 "㈜ 올댓 스포츠"라는 회사를 설립한 동기는, 김연아 선수가 소속되어 있었던 "IB 스포츠"[1]가 여러 사업 분야를 담당하고 있어서 김

---

1) IB 스포츠는 국내외 스포츠 중계권 판매 및 스포츠 마케팅 컨설팅 및 각종 스포츠 대회 개최를 제공하는 스포츠 마케팅회사이며, 한국거래소에 이미 상장되어 있는 회사이다.

연아의 니즈needs를 반영한 선수관리에 한계가 있었다고 한다. 그러므로 김연아 선수의 입장에서는 그녀의 니즈needs를 반영하기 위해서는 새로운 법인의 설립에 대한 필요성이 제기되었고, 새로운 법인을 통하여 김연아 선수에 대한 매니지먼트를 직접 관리하고자 한다는 것이다. "㈜ 올댓 스포츠"는 강남구 삼성동에 사무실을 두고 있으며, "IB 스포츠"와 김연아의 매니지먼트 계약이 종료되는 4월 30일에 종료되었으며 5월 1일부터 본격적인 김연아 마케팅 활동을 시작한 것으로 알려지고 있다.

김연아 선수에 의한 새로운 회사 설립과 관련하여 눈에 띄는 사항은, 김연아 선수가 소속되어 있던 'IB 스포츠'의 주식이 급락하고 있다는 내용이다. 그리고 김연아 선수의 매니지먼트를 담당하던 임원이 사직서를 제출하고 퇴직한 사실도 전해지고 있다. 그는 'IB 스포츠'에서 계약 초기부터 김연아를 맡아온 임원으로 최근 사표를 내고 김연아 측과 함께 회사 설립을 준비하였다는 내용도 전해지고 있다.

본 논문은 우리나라의 대표적인 여자 피겨스케이팅선수에 의하여 설립된 '김연아 주식회사'에 대한 상법, 회사법, 그리고 자본시장법에 관련된 내용을 다루고 있다. 우선 회사의 설립에 관한 내용을 간략히 다루고, 2인의 주주를 가지고 있는 주식회사에 대한 조직과 자본에 관한 사항을 논하고자 한다. 끝으로 거대자본을 가진 상장회사와 관련하여 발생할 수 있는 법적 문제점도 간략하게 살펴보기로 한다.

Ⅱ 김연아 선수가 설립한 단체와 상법

1. 당연상인의 가능성

김연아 선수가 설립하는 단체가 상법의 적용을 받을 것인가의 문제가 제기될 수 있다. 우선 우리 상법의 적용을 받기 위해서는 양 당사자가 상인임을 요하고 있을 뿐만 아니라 당사자의 일방만이 상인인 경우에도 그 전원에게 적용하고 있다. 이 경우 상법의 적용을 받기 위해서 제기되는 개념이 상인이다. 김 선수가 주주로 되어 있는 단체가 상인이 되는가의 문제를 살펴보도록 한다.

1) 자기명의

우리 상법 제4조는 당연상인을 규정하고 있다. 당연상인이란 자기명의로 상행위를 하는 자를 말한다. 자기명의란 상거래로 인하여 생긴 권리의무가 법적으로 귀속하는 주체가 되는 것을 말한다. 따라서 누가 영업행위를 직접 담당하는가 하는 것은 상인인지 아닌지의 판단에 있어서 중요한 것이 아니다. 그러므로 명의대여의 경우에 타인의 명의를 빌려 영업을 하고 그 권리와 의무의 주체가 되는 자는 상인이 되고, 명의를 대여하는 자는 상인이 될 수 없다. 한편 당연상인이 되기 위해서는 자기명의라는 개념도 필요하지만, 상행위를 하고 있어야만 상법 제4조에서 말하는 상인이 될 수 있다. 그러므로 상행위가 무엇인가에 대한 물음이 제기된다.

2) 상행위

상행위란 상법 제46조에서 정한 기본적 상행위와 특별법에서 상행위로 인정한 상행위[2]를 말한다. 상법 제46조는 기본적 상행위의 종류와 범위를 열거하면서, 열거된 행위를 영업으로 한 때에만 상행위가 되는 것으로 하고 있다. 그러므로 영업에 대한 의미를 검토해 보아야 한다. 영업이라 함은 영리[3]를 목적으로 동종의 행위를 계속적으로 반복해야 하며, 대외적으로 인식될 수 있는 경우를 말한다. 그런 측면에서 수산업협동조합은 상인으로 인정될 수 없다[4]는 대법원의 입장은 타당하다. 그러나 수산업협동조합에 의하여 지정된 중매인이 그 협동조합의 거래약정 등에 따라 그 협동조합으로부터 수산물을 다른 사람들에게 전매하기 위하여 매수하는 것은 상인에 해당된다고 할 것이다.

---

2) 담보부사채신탁법 제23조 제2항에는 "사채총액의 인수는 이를 상행위로 본다"라고 규정되어 있어 영업성을 전제로 하지 않고 있다. 즉, 절대적 상행위를 인정하고 있는 것이다. 반면에 신탁법 제4조의 경우 "신탁의 인수를 업으로 하는 때에는 이를 상행위로 한다"라고 규정하고 있어 영업성을 전제로 하고 있다.

3) 대법원(2007. 7. 26. 자 2006마 334 결정)은 영리성과 관련하여 변호사가 영리활동을 하는가에 대한 판단을 하였다. 대법원에 따르면, "변호사의 영리추구 활동을 엄격히 제한하고 그 직무에 관하여 고도의 공공성과 윤리성을 강조하는 변호사법의 여러 규정에 비추어 보면, 위임인·위촉인과의 개별적 신뢰관계에 기초하여 개개 사건의 특성에 따라 전문적인 법률지식을 활용하여 소송에 관한 행위 및 행정처분의 청구에 관한 대리행위와 일반 법률사무를 수행하는 변호사의 활동은, 간이·신속하고 외관을 중시하는 정형적인 영업활동을 벌이고, 자유로운 광고·선전활동을 통하여 영업의 활성화를 도모하며, 영업소의 설치 및 지배인 등 상업사용인의 선임, 익명조합, 대리상 등을 통하여 인적·물적 영업기반을 자유로이 확충하여 효율적인 방법으로 최대한의 영리를 추구하는 것이 허용되는 상인의 영업활동과 본질적으로 차이가 있다"고 판단하고 있다.

4) 대법원 2001. 1. 5. 선고 2000다50817 판결.

3) 당연상인의 불인정

김연아 선수가 설립한 단체가 상법 제4조에 규정되어 있는 당연상인이 되기 위해서는 "자기명의"라는 요건과 상법 제46조에서 열거하고 있는 기본적 "상행위"에 대한 요건을 충족해야 한다. 동 단체가 그 자체로서 권리와 의무를 귀속할 수 있는 주체로 인정받을 수 있다면 자기명의는 충족된다고 할 것이다. 그러나 동 단체의 행위가 기본적 상행위[5]의 요건에 충족될 수 없다고 판단되어 상법 제4조에서 말하는 당연상인으로 인정받기 어렵다고 할 것이다.

2. 의제상인의 가능성

1) 의제상인의 의의

상법 제4조에 따른 요건을 충족하지 못함으로써 상인이 될 수 없는 상황을 보완하기 위한 필요성이 제기된다. 즉, 법이 한정적으로 규정한 상행위로는 발전하고 있는 영업행위를 포함하지 못함으로써 상법의 적용에서 배제되는 모순을 보완하기 위하여, '상행위'와 상관없이 영업의 설비·방법 또는 조직이라는 형식적인 측면에 착안하여 당연상인과 같이 상법적용의 대상이 되도록 한 것이 의제상인이라고 하는 제도이다.[6]

2) 설비상인

의제상인의 대표적인 것은 설비상인이다. 설비상인이라 함은 점포 기타 유사한 설비에 의하여 상인적 방법으로 영업을 하는 자로서 상행위(상법 제46조)를 하지 아니하는 자를 의미한다. 그러므로 법률에 규정되지 아니한 상행위 이외의 영업행위, 즉 농업·임업·수산업 등 원시산업을 경영하거나 새로운 유형의 영업행위가 여기에 해당한다. 점포 기타 유사한 설비라 함은 영업행위를 할 수 있는 설비로 인정될 수 있는 것이면 족하고 이는 사회통념에 따라

---

5) 상법 제46조는 1호에서 제21호까지 기본적 상행위를 열거하고 있다. 1. 동산, 부동산, 유가증권 기타의 재산의 매매 2. 동산, 부동산, 유가증권 기타의 재산의 임대차 3. 제조, 가공 또는 수선에 관한 행위 4. 전기, 전파, 가스 또는 물의 공급에 관한 행위 5. 작업 또는 노무의 도급의 인수 6. 출판, 인쇄 또는 촬영에 관한 행위 7. 광고, 통신 또는 정보에 관한 행위 8. 수신·여신·환 기타의 금융거래 9. 객의 집래를 위한 시설에 의한 거래 10. 상행위의 대리의 인수 11. 중개에 관한 행위 12. 위탁매매 기타의 주선에 관한 행위 13. 운송의 인수 14. 임치의 인수 15. 신탁의 인수 16. 상호부금 기타 인수 유사한 행위 17. 보험 18. 광물 또는 토석의 채취에 관한 행위 19. 기계·시설 기타 재산의 물융에 관한 행위 20. 상호·상표 등의 사용허락에 의한 영업에 관한 행위 21. 영업상 채권의 매입·회수에 관한 행위.

6) 의제상인의 입법취지에 대하여는 이기수·최병규, 『상법총칙·상행위법(상법강의 I)』, 박영사, 2010, p.90.

결정될 성질이다.[7] 또한 "상인적 방법으로 영업을 한다"라고 함은 사회통념상 상인이 보통 이용하는 경영방법을 의미하는데, 전년도의 수입·영업소의 크기·상업장부의 이용·보조자의 고용·상호의 사용·신용거래·서신거래·판매실적 등을 들 수 있다.[8] 그런 측면에서 보건대, 계를 생업으로 삼아 계원을 모집하는 계주라 하더라도 위의 상인적 방법으로 이를 하지 않는 한 상인이 될 수 없다는 대법원의 판단[9]은 타당하다고 할 것이다.

3) 의제상인의 가능성

김연아 선수가 설립하는 단체는, 김연아 본인과 그의 어머니 등 2인이 단체의 구성원으로 참여하고 있다. 그리고 이 단체는 김연아 선수의 향후 활동과 관련한 매니지먼트를 담당하며 김연아가 출연하는 아이스쇼 개최, 스포츠 꿈나무 육성 등으로 사업 범위를 넓혀나갈 계획이라고 한다. 이 경우 이 단체는 의제상인에 해당될 수 여지가 다소 모호하다고 판단된다. 이는 "상인적 방법"이라는 개념을 통하여 동 단체의 의제상인 여부를 구체적으로 판단해야 할 필요성이 있다.

3. 회사의 상인 여부

김연아 선수가 설립한 단체가 당연상인도 아니고 의제상인도 해당되지 않는다면 상법의 적용대상에서 배제될 수밖에 없을 것이다. 그러나 우리 상법에서 회사라 함은 상행위 기타 영리를 목적으로 하여 설립된 단체를 말하며, 회사의 종류로는 합명회사·합자회사·유한회사, 유한책임회사 그리고 주식회사를 인정하고 있다(제169조와 제170조). 즉, 상법 제169조와 제170조가 해결책을 제시해 준다.

4. 중간결론

우리 상법은 회사에 대하여 상인으로 보는 의제규정을 두고 있다(상법 제5조 제2항). 회사는 상행위 기타 영리를 목적으로 하여 설립된 법인이다(상법 제169조). 회사는 기본적 상행

---

7) 안강현, 『상법총칙·상행위법』, 박영사, 2008, p.66.
8) 이기수·최병규, 전게서, p.90 이하.
9) 대법원 1993. 9. 10. 선고 93다21705 판결.

위를 영업으로 하는 경우도 있지만 기본적 상행위 이외의 행위를 영업으로 하는 경우도 발생한다. 회사는 가장 합리적인 기업조직으로서 상인으로서의 성격을 농후하게 지녔음을 고려한 것이고, 상법 제5조 제2항은 상행위 이외의 행위를 영업으로 하는 회사를 상인에 포함시켜 그의 거래에 상법을 적용하기 위해 둔 규정이라고 보아야 할 것이다.

Ⅲ 김연아 주식회사와 회사법

1. 일반적인 주식회사

1) 회사의 설립

우리 상법에서 회사는 크게 인적회사와 자본회사로 분류된다.[10] 구성원 사이의 인적인 신뢰관계를 바탕으로 하는 인적회사를 설립함에 있어서는 우선 정관의 작성에 의하여 사원과 그 출자액이 확정된다. 인적회사이기 때문에 사원과 자본의 구성을 위한 별도의 절차가 필요치 않다. 인적회사의 사원은 무한책임을 부담하거나[11] 유한책임사원이라도 회사채권자에 대하여 직접 책임을 부담[12]하므로 회사채권자의 보호를 위해 설립단계에서 자본의 실체를 반드시 갖추어야 할 필요는 없다. 그러므로 인적회사는 정관작성과 설립의 등기만으로 법인으로 성립하게 된다(상법 제171조, 제172조).

자본회사로서 주식회사는 구성원으로서 주주가 정관에 의하여 확정되는 것이 아니므로(상법 제289조 제1항[13]) 주주를 확정하는 주식의 인수절차가 필요하다. 주식회사를 설립함에 있어 반드시 자본금이 필요한 것은 아니지만, 주식회사에서 마련된 회사재산은 회사채권

---

10) 이철송, 『상법총칙·상행위』제8판, 박영사, 2010, p.72 이하.

11) 합명회사는 회사의 구성원 모두 무한책임을 부담한다. 우리 상법 제212조는 합명회사의 외부관계에 대한 책임을 규정하고 있다. 상법 제212조(사원의 책임) (1) 회사의 재산으로 회사의 채무를 완제할 수 없는 때에는 각 사원은 연대하여 변제할 책임이 있다. (2) 회사재산에 대한 강제집행이 주효하지 못한 때에도 전항과 같다. (3) 전항의 규정은 사원이 회사에 변제의 자력이 있으며 집행이 용이한 것을 증명한 때에는 적용하지 아니한다.

12) 상법 제279조(유한책임사원의 책임) (1) 유한책임사원은 그 출자가액에서 이미 이행한 부분을 공제한 가액을 한도로 하여 회사채무를 변제할 책임이 있다. (2) 회사에 이익이 없음에도 불구하고 배당을 받은 금액은 변제책임을 정함에 있어 이를 가산한다.

13) 상법 제289조(정관의 작성, 절대적 등기사항) (1) 발기인은 정관을 작성하여 이에 다음의 사항을 등기하고 각 발기인이 기명날인 또는 서명하여야 한다. 1. 목적 2. 상호 3. 회사가 발행할 주식의 총수 4. 1주의 금액 5. 회사의 설립시에 발행하는 주식의 총수 6. 본점의 주소지 7. 회사가 공고를 하는 방법 8. 발기인의 성명·주민등록번호 및 주소 9. 삭제.

자에게 유일한 책임재산을 형성하기 때문에 자본금을 설립 전에 확보해야 할 필요성이 있다. 또한 주식회사는 법인이므로 회사운영상의 공백을 없애기 위하여 설립 전에 이사와 주주총회를 포함하여 감사라고 하는 기관이 필요하다.

2) 회사의 자본

주식회사는 세분화된 일정한 출자단위인 주식을 통하여 그 출자의 이행을 구하는 행태로 자본을 형성한다. 사원인 주주는 자기가 인수한 주식인수가액을 회사에 출자할 의무만을 부담하기 때문에, 단지 회사재산만으로 회사채권자에 대해서 책임을 부담하게 된다(상법 제331조). 구 상법 제329조 제1항에 따르면, 주식회사는 회사의 성립을 위하여 최저자본금 5천만 원이 있어야 함을 규정하고 있었다. 하지만 설립의 완화차원에서 동 규정은 삭제되었기 때문에, 원칙적으로 김연아 선수가 설립한 회사 역시 기본 자본금 없이 법인으로서의 성립이 가능할 것이다.

3) 회사의 조직

김연아 선수가 설립한 주식회사는 법인이기 때문에 업무를 집행하는 업무집행자와 사원총회와 같은 독자적인 기관이 필요하다. 주식회사는 제한된 책임만을 부담하는 주주만으로 구성되므로, 주주는 직접 경영에 참가해야 할 필연적인 이유를 가지고 있지 않다.[14]

(1) 의사결정기관으로서 업무집행

주주의 유한책임으로 인하여 반사적인 위험부담이 커지는 회사채권자를 보호하기 위하여 주주의 개인적인 이해로부터 회사재산을 분리하여 독립적으로 관리해야 할 필요성이 있다. 그러므로 주식회사에서는 주주인 자연인의 자격과 별개의 독립적 지위를 갖는 이사라고 하는 기관을 선임하고 이들로 하여금 이사회를 구성하여 업무집행을 하도록 한다.[15] 회사의 사원이 직접 업무집행을 하는 형태를 자기기관이라고 하는 반면에 주식회사와 같이 회사의 사원과 업무집행자가 분리되는 형태를 타인기관이라고 하는데, 주식회사는 타인기관의 전형

---

14) 이철송, 『회사법강의』(제16판), 박영사, 2009, p.75.
15) 이범찬·최준선, 『상법(상)』(제5판), 삼영사, 2008, p.676 이하.

을 보여준다. 주식회사는 규모가 큰 회사를 상정하고 있기 때문에, 원칙적으로 이사만으로 구성된 이사회를 요구하고 있다. 하지만 주식회사의 규모가 작거나 폐쇄성을 띄는 경우 우리 상법은 이사회의 구성을 반드시 요하고 있지 않고 1인의 이사로도 업무집행의 가능성을 열어 두고 있다.

(2) 사원총회

주식회사는 복수의 사원들로 구성되므로 어떤 방법으로든 그 단체의사를 형성해야 한다. 주식회사에서 주주는 출자액을 한도로 하는 유한책임을 지므로 그가 부담하는 위험은 바로 출자액, 즉 소유하는 주식수에 비례한다고 할 수 있다. 따라서 우리 상법은 주주들은 1주 1의 결권의 원칙[16]에 의해 주식수대로 의결권을 행사하도록 하고 있다(상법 제369조 제1항). 이 와 같이 사원의 의결권은 각 사원이 부담하는 위험의 크기에 비례하여 주어지는 것이 가장 합리적인 의사결정방법으로 인정된다.

2. 가족 주식회사나 1인 주식회사에서 발생하는 법률관계

김연아 선수가 설립한 회사는 그녀의 모친과 함께 2인의 주주로 설립된 가족회사 또는 실질적으로 모든 주식을 김 선수가 가지고 있는 1인 주식회사에 해당한다. 이러한 회사형태에서 소유와 경영이 분리된 주식회사의 전형은 다른 모습의 법률관계를 발생하게 된다.

1) 내부적인 관계

(1) 주주총회의 운영

상법에 따르면 주주총회의 소집은 주주의 이익을 보호하기 위한 목적을 가지고 있다. 그러나 소집권한 없는 자가 소집하거나 소집결정을 위한 이사회결의에 하자가 있다고 하더라도 1인 주주가 참석하여 이의 없이 결의를 하였다면 적법한 주주총회로 보는 것[17]이 타당하다.

---

16) 1주 1표의 원칙의 예외로써 차등의결권 제도가 논의되고 있다. 차등의결권은 의결권 있는 주식을 2종 이상으로 분류해서 발행하고 각 종류마다 다른 수의 의결권을 허용할 수 있는 제도를 말한다. 통상적으로 한 종류의 주식은 1주당 1개의 의결권을 갖게 하고, 또 다른 종류의 주식에는 10개의 의결권을 부여한다. 특히 후자에 있는 주식의 특징은 양도 불가능하며, 1주당 1개의 의결권을 갖는 주식으로 전환할 수 있으며 그 후에 양도 가능하도록 한다.

17) 대법원 1966. 9. 20. 선고 66다1187 · 1188 판결; 대법원 1968. 2. 20. 선고 67다1979 · 1980 판결.

또한 대법원은 실제로 총회를 개최한 사실이 없다고 할지라도 1인 주주에 의하여 결의가 있었던 것처럼 주주총회 의사록이 작성되었다고 한다면, 특별한 사정이 없는 한 결의가 있었던 것[18]으로 판단하고 있고, 영업양도를 할 때 1인 주주이자 대표이사인 사람의 동의가 있었다면 영업양도에 있어 상법 제374조 제1항 제1호가 요구하고 있는 주주총회의 특별결의를 대신할 수 있다[19]고 한다.

(2) 이사의 자기거래

1인 주식회사라 함은 주주가 한 사람인 회사를 의미한다.[20] 1인 회사라 할지라도 이사가 2인이라면 이사의 자기거래는, 주식회사에서 이사와 주주총회라고 하는 기관은 서로 상이한 기관이라는 측면에서, 이사회의 승인을 요구하는 것이 타당하리라 생각된다.[21] 그러나 이사가 1인이면서 그가 주주인 자기거래는 절차적 통제없이 가능하다고 보아야 할 것이다.[22]

(3) 의결권제한

주주총회의 의안에 특별한 이해관계가 있는 주주는 의결권을 행사할 수 없다고 우리 상법은 규정하고 있다(상법 제386조 제4항). 그러나 1인 주식회사에서 이 규정을 적용하는 것은 무의미하다. 특별한 이해관계를 가지고 있다고 할지라도 그는 대주주이면서 단 한 명뿐인 1인 주주이기 때문이다.

(4) 주식의 양도제한

주식은 그 소유자인 주주의 재산권의 행사대상이므로 원칙적으로 양도의 자유가 인정되어야 한다. 이러한 주식양도자유의 원칙은 주주에 대한 자본의 환급을 금지하는 대신에, 주식회사에 대한 투자를 회수할 수 있는 방법을 제시함으로써 대규모의 자금조달 뿐만 아니라 주식회사의 규모를 키울 수 있는 동기가 되었다.[23] 그러나 우리 상법은 정관에 규정을 두어

---

18) 대법원 1976. 4. 13. 선고 74다1755 판결.

19) 대법원 1976. 5. 11. 선고 73다52 판결.

20) 유주선, "독일 유한회사에서 회사와 사원 겸 업무집행자의 법률행위 –독일 민법 제181조를 중심으로", 「비교사법」, 제14권 4호, 2007, p.251 이하.

21) 이기수·최병규, 『상법총칙·상해위법(상법강의)』(제6판), 박영사, 2008, p.94.

22) 이철송, 전게서, p.41.

주식의 양도는 이사회의 승인을 받도록 하여(상법 제335조 제1항 단서), 폐쇄적인 주주의 구성을 유지하고자 하는 회사들이 자율적으로 주식의 양도를 제한할 수 있도록 하고 있다. 이러한 경우 1인 회사에는 어떻게 적용되어야 하는가에 대한 물음이 제기되는데, 1인 회사에서 주주이면서 그 1인이 이사로 있는 경우에는 이사회의 승인에 갈음하여 주주총회의 승인을 받아야 하는 것으로 규정(우리 상법 382조 제4항, 제335조 제2항)하고 있으므로 1인 주주는 임의로 주식을 양도할 수 있다고 보아야 할 것이다.

2) 외부적인 관계

주식회사는 구성원인 주주와는 별개의 독립된 인격자이므로, 주주는 원칙적으로 주식회사와 거래하는 제3자에 대하여 책임을 부담하지 않는다(상법 제331조). 또한 사원이 당사자로 되어 있는 법률관계에 대하여 주식회사 역시 관여할 필요가 없다. 이를 분리원칙이라 한다.[24]

사업으로 인한 위험부담을 줄이기 위한 방편으로 회사의 형식만 빌렸을 뿐 실제 사업의 운영은 주주 개인의 사업과 다름없는 형식을 취하고 있다면, 주식회사라고 하는 법인격은 오로지 제3자에 대한 책임을 회피하는 데에만 이용되는 결과를 초래하게 된다. 이는 주식회사 제도의 목적에 어긋날 뿐만 아니라 정의와 형평에서 인정될 수 없다는 점[25]에서 주식회사의 주주에게도 예외적으로 책임을 부담하는 결과[26]가 나타날 가능성 또한 상존한다.

3) 형법적인 영역

1인 주주 겸 대표이사인 자가 범죄적인 방법으로 회사에 손해를 가한 경우에 회사의 손해는 바로 주주의 손해와 동일하기 때문에 회사에 손해를 가하려는 의도를 인정할 수 없다고 하여 회사에 대한 배임죄를 인정하지 않았던 판례[27]도 있었지만, 회사의 손해는 주주의 손해이기도 하지만 회사채권자의 손해이기도 하다[28]는 점을 간과해서는 아니 된다. 그러므로 1

---

23) 김화진, 『상법입문』, 박영사, 2010, p.135.
24) 이기수·최병규·조지현, 『회사법(상법강의 II)』(제8판), 2009, p.64.
25) 대법원 2004. 11. 12. 선고 2002다66892 판결(결론에서 주주책임보다 그 주주에 의하여 설립된 신회사에 대하여 책임을 물었다).
26) 대법원 2001. 1. 19. 선고 97다21604 판결.
27) 대법원 1974. 4. 23. 선고 734K2611 판결.

인 주주가 임무에 위배하여 회사에 손해를 가한 경우 배임죄의 성립이 인정되며,[29] 1인 주주가 회사재산을 횡령한 경우 역시 횡령죄가 성립한다[30]고 보아야 할 것이다.

3. 중간결론

김연아 선수가 설립한 주식회사는 원칙적으로 우리 상법 주식회사에 규정되어 있는 사항을 준수해야 할 것이다. 비록 김 선수와 그녀의 모친을 주주로 하는 2인 주주로 구성된 회사라 할지라도, 실질적으로 동 회사는 김 선수가 전부 출자한 1인 주식회사라 해도 과언이 아니다. 앞에서 설명하였듯이, 가족으로 구성된 주식회사나 1인 주식회사에서는, 소유와 경영의 완전한 분리를 상정하고 있는 주식회사와는 아주 다른 상황이 발생하게 되고 우리 실정법의 예외를 인정할 수 밖에 없게 된다. 하지만 여기서 간과하지 말아야 할 사항은 바로 1인 주식회사와 제3자 간의 법률관계, 그리고 형법적인 영역인 바 동 회사를 운영함에 있어 관련된 대법원의 판결을 소홀히 하지 말아야 할 것이다.

Ⅳ 김연아 주식회사와 자본시장법

1. 주식변동과 김연아 선수

우리 상법은 주식의 양도가능성을 인정하고 있다. 주식은 권리의 내용이 정형화되어 있고 주식 자체가 유동성을 가지고 있기 때문에 시장에서 거래되는 상품으로서의 적격성을 가지고 있다. 실제로 우리나라에서 가장 다수를 점하고 있는 주식회사제도는,[31] 당초 증권시장을 통해 대중으로부터 자금을 집중시킬 목적으로 만들어졌다는 점에서 증권시장과 함께 탄생하고 성장하였다고 해도 과언이 아니라는 주장[32]은 일리가 있다. 증권시장에 투입된 자본은

---

28) 이철송, 전게서, p.42.
29) 대법원 2005. 10. 28. 선고 2005도4915 판결.
30) 대법원 1989. 5. 23. 선고 89도570 판결.
31) 2010년 1월 26일 현재 우리나라에서 등기되어 있는 회사총수는 737,201개에 해당된다. 주식회사가 682,384개(92.56%), 유한회사가 37,776개(5.12%), 합자회사가 14,513개(1.96%), 그리고 합명회사가 2,528개(0.34%)에 해당된다. 주식회사의 수가 압도적임을 알 수 있다.
32) 이철송, 전게서, p.350.

단기적인 유동성을 갖기 때문에, 종종 외부의 영향에 좌우될 수밖에 없는 상황에 직면하게 된다. 김연아 주식회사의 출범도 증시에 강한 영향을 미쳤다고 볼 수 있다. 김연아 선수의 기존 매니지먼트회사와 결별로 인해 그 회사의 시가총액이 570억이나 증발했다는 소식이 전해졌다.[33] 매니지먼트 회사인 "IB 스포츠"(2,100원 255, -10.8%)는 당시 주식시장에서 10.8%나 급락했다. 그 결과 시가총액은 412억으로 줄어들었는데, 그 이유는 김연아 선수와의 재계약을 성사시키지 못한 게 주된 원인이었던 것이다.[34] 시가총액 500억대 코스닥 기업이 수두룩한 점을 보면 웬만한 코스닥 기업 한 개가 통째로 사라짐 셈이다.

2. 자본시장법상 증권시장

1) 증권시장

자본시장과 금융투자업에 관한 법률(이하 자본시장법)은 자본시장에서의 금융혁신과 공정한 경쟁을 촉진하고 투자자를 보호하며 금융투자업을 건전하게 육성함으로써 자본시장의 공정성·신뢰성 및 효율성을 높여 국민경제의 발전에 이바지함을 목적으로 제정된 법률이다. 증권시장이라 함은 크게 경제학과 법학적인 측면으로 고려하여 구분할 수 있는데, 널리 증권이 발행되어 거래되는 매개체를 의미하는 것이 경제적인 측면이라 할 수 있다. 반면에 자본시장법에서 증권시장이라 함은 증권의 매매를 위하여 거래소가 개설하는 시장으로서, 제4조 제2항 각 호의 증권의 매매를 위하여 개설하는 시장인 "유가증권시장"과 제4조 제2항 각 호의 증권 중 대통령령으로 정하는 증권의 매매를 위하여 개설하는 시장인 "코스닥시장"을 말한다(자본시장법 제9조 13항). 한편 자본시장은 광의의 개념과 협의의 개념으로 구분할 수 있다.[35] 증권시장을 유통시장에 새로이 증권을 공급하는 과정에서 형성되는 것을 포함하는 것을 전자라 한다면, 이미 발행된 증권이 투자자들 사이에서 거래되는 유통시장만을 의미하는 것이 좁은 의미의 증권시장이다.

---

33) 머니투데이, 2010. 4. 26.
34) 밴쿠버 동계올림픽이 한창이던 2월 22일 981억(종가 5,000원)에 해당되었던 것으로 알려지고 있다.
35) 이철송, 전게서, p.352 이하.

2) 발행시장

　일반대중을 상대로 주식을 새로이 발행하거나 이미 발행된 주식을 매각하는 과정에서 형성되는 경제학적 의의의 시장을 발행시장이라 한다. 발행시장에서는 주식을 발행하는 회사 또는 다량의 주식을 소유하는 자(주로 기업을 공개하는 회사의 지배주주)가 불특정 다수인에게 주식의 인수 또는 취득을 권유하는 행위가 행해진다. 다수인에게 균일한 조건으로 신규로 발행되는 증권취득의 청약을 권유하는 것을 증권의 모집(자본시장법 제9조 제7항)이라 하고, 대통령령으로 정하는 방법에 따라 산출한 50인 이상의 투자자에게 이미 발행된 증권의 매도의 청약을 하거나 매수의 청약을 권유하는 것을 증권의 매출(자본시장법 제9조 제9항)이라 한다.

　증권의 모집·매출은 기업의 사정에 어두운 대중투자자를 상대로 하므로 투자자를 기망하는 불공정한 수단이 이용될 소지가 있다.[36] 그래서 자본시장법에서는 증권의 모집 또는 매출(대통령령으로 정하는 방법에 따라 산정한 모집가액 또는 매출가액 각각의 총액이 대통령령으로 정하는 금액 이상인 경우에 한한다)은 발행인이 그 모집 또는 매출에 관한 신고서를 금융위원회에 제출하도록 하고 있고(자본시장법 제119조), 상품상의 주식청약서와는 별도로 제119조에 따라 증권을 모집하거나 매출하는 경우 그 발행인은 대통령령으로 정하는 방법에 따라 작성한 투자설명서(이하 "투자설명서"라 한다)를 그 증권신고의 효력이 발생하는 날(제119조 제2항에 따라 일괄신고추가서류를 제출하여야 하는 경우에는 그 일괄신고추가서류를 제출하는 날로 한다)에 금융위원회에 제출하여야 하며, 이를 총리령으로 정하는 장소에 비치하고 일반인이 열람할 수 있도록 하고 있다. 이는 기업의 사정에 어두운 대중투자자를 보호하기 위하여 기업내용의 공시를 진실하고 정확하게 하고자 하는 목적을 가지고 있다.

3) 유통시장

　상장Listing이라 함은 주식에 대하여 거래소 시장에서 매매거래될 수 있는 자격을 부여하는 것을 말한다. 한국거래소가 정한 상장요건[37]을 충족하면 유가증권에 대하여 유가증권시장

---

36) 발행시장 규제의 필요성에 대하여는 김건식, 『증권거래법』(제4판), 두성사, 2006, p.90 이하.

37) 신규상장을 하기 위하여는 1. 설립 후 3년이상 경과하고 계속적으로 영업을 하고 있을 것. 2. 자기자본 100억 원 이상 및 상장예상 주식수 총 100만 주 이상일 것. 3. 매출액은 최근년도 300억 이상/최근 3년 평균 200억 이상, 이익규모는 최근년도 25억 이상/최근 3년 합계 50억 이상 등 여러 가지를 요구하고 있다.

에서 집단적 대량적으로 매매거래될 수 있는 자격이 부여된다. 우리나라에서는 한국거래소가 유가증권시장, 코스닥시장 및 파생상품시장을 개설하고 있다(자본시장법 제9조 제13항, 제377조 제1항). 상장이 된 주식을 상장주식이라 하고 상장주식을 발행한 회사를 상장회사라고 한다(자본시장법 제9조 제15항 제1호). 시장 내에서의 매매는 일정한 자격이 주어진 자에 국한되며(자본시장법 제388조 제1항) 이를 회원이라고 하며, 일반투자자는 회원에게 매매를 위탁하는 방법으로 상장주식의 거래에 참가하게 된다.

주식이 상장되어 원활하게 거래되기 위해서는 주식이 다수인에게 분산되어 있어야 한다. 주식이 일부 대주주에게 집중되어 있다면 유통물량이 적어 일정한 수급이 이루어지기 어려우므로 공개시장에서의 상품성이 상실될 수 있다. 주식이 유통시장에 공급되기 위해서는 우선 일반대중에게 주식을 소유시키는 과정이 필요하다. 이와 같이 주식회사가 발행한 주식을 일반투자자에게 균일한 조건으로 공모하거나 이미 발행돼 대주주가 소유하고 있는 주식의 일부를 매출해 다수의 주주가 주식을 분산, 소유토록 하는 것을 기업공개IPO, Initial Public Offering라고 한다.[38]

3. 자본시장법에서 발생할 수 있는 법적 문제

공공질서의 유지를 위해 가장 중요한 것은 정확한 기업정보가 투자자에게 전달되어 그들이 균등한 기회를 가지고 투자판단에 임할 수 있도록 하는 공시제도이다.[39] 그리하여 자본시장법 제159조 제1항은 상장법인으로 하여금 정기적으로 사업보고서를 공시하게 하고 있으며, 제159조 제2항에서는, 사업보고서 제출대상법인은 제1항의 사업보고서에 그 회사의 목적, 상호, 사업내용, 임원보수(「상법」, 그 밖의 법률에 따른 주식매수선택권을 포함하되, 대통령령으로 정하는 것에 한한다), 재무에 관한 사항, 그 밖에 대통령령으로 정하는 사항을 기재하고, 대통령령으로 정하는 서류를 첨부하도록 하고 있다. 그리고 자본시장법 제161조 제1항에서는, 사업보고서 제출을 해야 하는 대상법인인 경우 제출사유가 발생한 경우에는 그 사실이 발생한 날의 다음 날까지 그 내용을 기재한 보고서(이하 "주요사항보고서"라 한다)를 금융위원회에 제출하도록 하고 있다. 자본시장법 제172조는 주권상장법인의 임원, 직원

---

38) 이청무, 『신경제용어사전』, 더난출판사, 2001, p.158.
39) 자본시장법이 입법화되기 전 증권거래법상 공시에 대하여는 김건식, 전게서, p.91 이하.

(직무상 제174조 제1항의 미공개중요정보를 알 수 있는 자로서 대통령령으로 정하는 자) 또는 주요주주가 금융투자상품을 매수한 후 6개월 이내에 매도하거나 특정 증권 등을 매도한 후 6개월 이내에 매수하여 이익을 얻은 경우에는 그 법인은 그 임직원 또는 주요주주에게 그 이익을 반환하도록 하고 있다.[40] 또한 사기적인 수법에 의해 부당하게 이득을 취하고 다른 투자자에게 손실을 주는 것을 막기 위해 자본시장법 제176조와 제177조에서 각종 유형의 시세조정행위를 금지하고 있다.

4. 중간결론

김연아 선수에 의한 주식회사의 설립이 자본시장법과는 직접적인 관련을 맺고 있는 것은 아니다. 다만, 이미 상장된 회사인 'IB 스포츠'와 계약을 맺고 있는 주요 인물이 계약을 하지 않음으로 인하여 증권시장에서 주가에 커다랗게 영향을 미칠 수 있음은 간과할 수 없다. 하루 사이에 시가총액 500억대가 떨어졌다고 하는 이야기는 단시간에 상장된 회사 하나가 사라진 것이나 다름없는 결과가 발생하기 때문이다. 그런 측면에서 상장회사로서 'IB 스포츠'와 김연아 선수는 매우 특수하고도 밀접한 관계였다고 할 수 있을 것이다.

Ⅴ 결 론

최근 보도에 의하면 'IB 스포츠' 측은 김연아 선수와의 계약내용 중 '김연아 선수와 계약이 끝나는 시점을 기준으로 18개월 이내에 'IB 스포츠'에서 일했던 직원들은 퇴사 후 2년간 김연아와 관련된 업무에 종사하면 안 된다'는 조항을 들어 사직한 임원을 상대로 '배임(背任)죄'로 법적 조치를 취한다는 방침을 세웠다고 한다. 물론 김연아 선수는 계약 기간이 종료되어 자연스럽게 계약이 만료되는 것이기 때문에 별 문제가 없다고 한다. 이러한 문제와는 별도로 필자는 우리나라의 대표적인 피겨선수인 김연아에 의한 주식회사의 설립이 회사법과 어떠한 법적 관련성이 있는가를 탐색하고자 하였다. 단체로서 회사가 상인에 해당하는가를 먼저 검토하여 '김연아 주식회사'는 우리 상법에 있는 규정의 적용을 받아야 함을 제시하였고, 다

---

40) 임재연, 『자본시장법』, 박영사, 2009, p.673 이하.

수의 주주를 상정하고 만들어진 주식회사법과 달리 2인의 주주를 갖는 '김연아 주식회사'가 일반적인 주식회사와 회사법적인 측면에서 어떻게 다른가를 고찰하였다. 그리고 김연아 선수와 소속되어 있던 매니지먼트 회사의 자본시장에서 발생하는 문제를 간략하게 고찰해 보았다.

〈스포츠와 법 제13권 제3호(통권 제24호) 2010년 8월 30일, 35면 이하 게재〉

후 기

2010년 8월 26일 부산대학교에서 (사)한국스포츠엔터테인먼트법학회가 부산대학교 법학연구소와 공동으로 2010년 하계학술대회를 개최하였다. "스포츠법의 최근 쟁점사항"이라고 하는 대주제하에 필자는 "김연아 주식회사에서 발생하는 법적 문제"라는 제목으로 발표를 하였다. 당시 피겨스케이팅 김연아 선수에게 매스컴이 집중되어 있었던 시기였다. 필자는 김연아 선수와 관련되어 상법, 회사법 및 자본시장법과 관련되어 논의될 수 있는 부분을 찾아보았다. 상법총칙 분야에서 발생하는 상인인지 아닌지의 여부, 상인이라면 상법의 적용을 받게 된다는 점이 그 의미를 가질 수 있을 것이다. 회사법의 영역에 등장하게 되면, 회사의 설립문제가 있다. 두 사람의 주주로 구성되는 규모가 작은 회사형태이기 때문에 기관의 문제는 큰 이슈가 되지 않을 것이라 생각된다. 그러나 1인 회사와 관련된 문제들이 등장할 소지는 다분히 존재한다. 자본시장법의 영역은 이 회사가 큰 규모로 커졌을 때 관심을 갖게 되는 영역에 속한다. 상장의 문제가 있을 수 있고, 주식의 가치 등이 그 의미를 갖게 될 것이다.

제 50 장

무역보험과 보험사고 시

채권회수 및 청구권행사 문제

I 문제제기

무역은 국가 사이에서 이루어진다. 국내거래보다 복잡하고 지역적으로 원거리 상황에서 교역이 발생하기 때문에 다수의 위험에 노출되기 쉽다. 무역거래에서 발생하는 여러 가지 위험들로부터 수출업자를 보호하고, 그가 무역거래에 대한 불안감을 덜어주고 안정적으로 수출에 전념할 수 있도록 한 제도가 무역보험제도이다.[1] 일반적으로 보험이라 함은 불확정한 사고의 발생에 대하여 유상으로 일정한 급부를 약속하는 것으로 사고발생 시 동종의 위험에 놓여 있는 다수의 사람들에게 인수된 위험이 분산되고 대수의 법칙에 기한 계산이 이 위험인수의 기초가 되는 것이라고 볼 수 있다.[2] 반면에 무역보험은 무역이라고 특수성 때문에 위험의 측적이나 보험료의 결정 등이 대수의 법칙에 의하여 이루어지기보다 수출이나 수입 등 대외거래에 대한 정책적인 지원의 필요성 때문에 발생한 제도이다. 수출무역 기타 대외거래에서 발생하는 여러 위험 중 다른 일반보험으로서 담보될 수 없는 수입자의 지급 거절 등의 신용위험과 수입국에서의 전쟁 등 각종 비상위험 때문에 수출자 등이 입게 되는 손실을 보상하여 주는 정책금융[3] 중에서도 정책보험이 바로 무역보험이다.[4] 무역보험이 상법상의 보험에 속하는가의 여부에 대한 물음이 제기될 수 있는데, 수출업자(보험계약자)와 보험공사(보험자)의 보험계약 체결 후 우연한 사고로 인하여 보험사고가 발생할 경우 재산상의 손해를 보상한다는 면에서 상법상의 손해보험에 속한다고 할 것이다(상법 제638조, 제665조).[5]

무역보험과 관련하여 최근 제기되는 문제가 수출대금의 미회수 문제이다. 무역업체는 수출을 하고 수출대금을 받게 된다. 2008년 글로벌금융위기 이후 우리나라에서 수출대금이 회수되지 않는 수출대금 미회수Unpaid가 증가하고 있다. 수출대금 미회수는 수입상이나 그 지급의무자(신용장 개설은행 등)가 대금지급을 거부하는 것을 말한다. 은행과 무역업계는 당초 예정일보다 1개월 이상 지체되는 경우 미수금으로 간주하는 것이 통례이다. 수출대금의 미회수가 발생하게 되면, 1차적으로 해당 업체의 이익 감소와 자금난을 유발한다. 2차적으로 소극적인 대외 마케팅으로 연결될 가능성이 높아 유무형의 손실이 동시에 발생할 가능성이 높다.

본 논문은 무역보험과 관련하여 무역보험사고 시 발생하는 채권회수에 관하여 다루고 있

---

[1] 심의섭 외 9인, 『수출보험의 이해』, 세창출판사, 2009, p.1.

[2] 보험의 개념에 대한 설명으로는 Deutsch, Das neue Versicherungsvertragsrecht, 6. Aufl., 2008, S. 5.

[3] 유주선, 공적수출신용제도에 관한 고찰, "재정사업에 있어 정책금융의 효율적 제고를 위한 법제개선"에 대한 제3차 워크샵, 한국법제연구원, 2008. 8, p.57.

[4] 양승규, 『보험법』(제5판), 삼지원, 2004, p.30.

[5] 상법 제638조(의의) 보험계약은 당사자 일방이 약정한 보험료를 지급하고 상대방이 재산 또는 생명이나 신체에 관하여 불확정한 사고가 생길 경우에 일정한 보험금액 기타의 급여를 지급할 것을 약정함으로써 효력이 있다. 상법 제665조(손해보험자의 책임) 손해보험계약의 보험자는 보험사고로 인하여 생긴 피보험자의 재산상의 손해를 보상할 책임이 있다.

다. 특히 실무에서 발생되었던 사건을 가지고, 제기되었던 문제와 그 해결책을 제시하기로
한다.

▐▐ 무역거래의 사고유형과 무역보험사고 대상국가

1. 사고 유형

국가 사이에서 이루어지는 무역거래에서 발생하는 위험은 다양하다. 이러한 위험을 담보
하는 것이 무역보험이다. 무역보험과 관련하여 발생되는 위험은 크게 비상위험, 신용위험,
환위험 및 운송위험 등 네 가지로 분류할 수 있다.[6] 그러나 운송위험은 무역보험의 영역에서
배제된다. 왜냐하면 동 위험은 적하보험에서 일반적으로 부보가 이루어지는 위험이기 때문
이다.

1) 비상위험

비상위험political risk이란 수입국의 전쟁이나 내란, 외환거래 제한, 모라토리엄 등으로 인
해 수출대금을 회수하지 못하는 위험을 의미한다. 좀 더 구체적으로 말한다면, 수입국에서
수입금지나 수입제한조치를 내린다든가, 폭동, 파업 등과 같은 파업사태 등 수출계약 당사
자에게 책임을 지울 수 없는 사유로 인하여 수출이 불가능한 경우 또는 수출대금의 회수가
불가능하게 되거나 해당국의 환거래 제한, 송금제한 조치로 이하여 수출한 물품대금의 회수
가 불가능하게 됨에 따라 발생하는 위험이 비상위험이다.

2) 기업위험

기업위험management risk이란 기업의 경영상 활동에서 발생하는 위험이라는 점에서 경영
위험이라고 할 수 있다. 수출업자의 판매에 대한 예측이 어긋나거나 기업가의 경영예측이 빗
나감으로 인하여 발생하는 위험이 기업위험이다. 수출하고자 하는 기업이 판매를 예측하기
가 어려워 시장개척을 주저하는 경우가 발생할 수 있다. 시장개척의 주저함은 수출활동의 소

---

6) 심의섭 외 9인, 전게서, p.17 이하.

극적인 것을 의미하게 되며, 이는 국민경제적인 측면에서 보았을 때 바람직한 것이라 볼 수 없다. 이때 등장하는 것이 바로 무역보험의 개입이다.

3) 환위험

국가 사이의 무역은 환율변화에 따라 기업의 수익에 영향을 주게 된다. 환율은 다양한 요인에 따라 변화하기 때문에 무역을 하는 기업들의 주된 리스크의 요인이 된다. 환위험exchange rate risk이라 함은 환율변동에 따른 결제화폐와의 교환가치, 즉 환율변화에 따라 발생하는 손실을 의미한다. 환위험은 환율변동에 의하여 발생하기도 하지만, 각 나라마다 취하는 제한조치로 인하여 발생하기도 한다. 그 결과 환위험에 대하여 무역업자는 항상 노출되어 있다.

4) 신용위험

비상위험이 정치적인 이유로 인하여 발생하는 위험의 측면이라고 한다면, 신용위험credit risk은 수입업자가 채무를 이행하지 못함에 따라 발생하는 위험이다. 대표적인 사례로, 물품을 수입한 후 수입업자가 파산한 경우를 들 수 있다. 이 경우 수출업자는 수출대금을 받을 수 없는 상황에 직면하게 된다. 수입업자의 일방적인 계약의 파기 역시 신용위험에 속한다. 계약을 체결한 후 수입업자의 재정상태 악화에 따라 지급이 불능한 경우라든가 수출물품을 수령한 후 고의로 대금지급을 지연하거나 지급을 거절하는 경우 역시 신용위험에 해당한다. 특히 글로벌금융위기 이후 2009년에 무역보험과 관련된 주요 사고사례는 금액을 기준으로 하여, 상위 12건 가운데 파산의 경우가 금액으로 보면 2,032억 원으로 전체 비중의 57.4%를 차지하고 있다.[7]

2. 신용위험 시 위험담보

무역보험을 담당하는 무역보험공사는 기간별로 단기와 중기로 구분하여 무역보험을 통하여 위험을 인수하고 있다. 각종 대외거래와 관련하여 종목이 구분되는데, 결제기간을 2년 이

---

7) 최용민, "금융위기 이후의 수출미수금 리스크 동향과 대응방안", 한국무역협회 국제무역연구원, 2010. 4, p.4.

내로 하는 단기성 종목, 결제기간이 2년을 초과하는 중장기성 종목 및 기타 종목 등이 있다. 다음은 각종 위험에 따른 수출대금 미회수금액과 해외대출원리금 미회수금액 및 수출불능에 따른 손실보상에 대한 내용이다.

<한국무역보험의 신용위험 시 위험담보>

보험종류	내용
단기수출보험	결제기간 2년 이내의 단기수출계약을 체결한 후 수출대금을 받을 수 없게 된 때에 입게 되는 손실을 보상하는 보험
중장기수출보험	수출대금의 결제기간이 2년을 초과하거나 중장기 수출계약을 체결한 후 수출이 불가능하게 되거나 수출대금을 받을 수 없게 된 때에 입게 되는 손실 또는 수출대금 금융계약을 체결한 후 금융기관이 대출원리금을 받을 수 없게 되는 손실을 보상하는 보험
해외공사보험	해외공사계약 체결 후 그 공사에 필요한 물품의 수출이 불가능하게 되거나 그 공사의 대가를 받을 수 없게 된 경우 또는 해외공사에 사용할 복석으로 공여된 장비에 대한 권리가 박탈됨으로써 입게 되는 손실을 보상하는 보험
농수산물수출보험	농수산물 수출계약 체결 후 수출이 불가능하게 되거나 수출대금을 받지 못하게 된 경우, 또는 농수산물이 국내가격 변동으로 당해 수출계약의 이행에 따라 입게 되는 손실을 보상하는 보험
해외투자보험	해외투자를 한 후 투자대상국에서의 수용, 전쟁, 송금위험 등으로 인하여 그 해외투자의 원리금, 배당금 등을 회수할 수 없게 되거나 보증채무이행 등으로 입게 되는 손실을 보상하는 보험
해외마케팅보험	산업설비 수출확대를 지원하기 위해 국제 경쟁입찰에 참여하였으나 낙찰받지 못하는 경우, 입찰과정에서 소요된 비용의 일부를 보상함으로써 산업설비 수출업체들의 입찰의욕을 고취하고 이를 통해 궁극적으로 산업설비수출을 지원하는 보험

3. 무역보험사고의 대상국가

2009년 단기보험의 주요 보상내역을 제시하고 있는 무역보험공사의 자료에 따르면, 보상건수로는 러시아가 가장 큰 비율을 차지하고 있고, 금액으로 보면 미국이 가장 높은 비율을 차지하고 있다.

<그림 2009년 단기보험 주요 보상 내역>
중심 제목: 〈2009년 단기보험 주요 보상 내역〉

수입자	수입국	보상액(억 원)	사고사유	수출상품
Circuit City	미국	1,305	파산	전자제품
R사	러시아	141	지급지체	화학제품
S사	러시아	141	파산	전자제품
E사	헝가리	140	파산	전자제품
B사	러시아	95	파산	전자제품
C사	러시아	91	파산	중장비
A사	러시아	88	지급지체	상용차
T사	러시아	81	지급지체	중장비
A사	UAE	77	지급지체	중장비
P사	멕시코	76	지급지체	철강
B사	터키	61	지급지체	전자제품
S사	미국	55	파산	전자제품
소계(12건)		2,296		

자료: 한국무역보험공사(2010)

Ⅲ 수출대금 채권회수에 관한 법적 분쟁

1. 사실관계

아래 제시되는 사건은 수출보험공사가 무역보험공사로 명칭변경 전 발생된 것이므로, 내용 이해의 편의를 위해 '수출보험'이라는 명칭을 유지하기로 한다.

한국 D사는 편직기 제조업자로서 방글라데시의 M사의 소개로 피신청인에게 수출하기로 하는 계약을 체결하였다. 신청인은 수출대행자의 자격으로 수출을 이행하였다. 피신청인은 신청인이 발행한 환어음과 선적서류를 지급하는 조건으로 인수하였다. 신청인은 이를 신뢰하고 D사에게 자신들의 수수료를 공제하고 수출대금을 지급하여 주었다.

그러나 피신청인은 이 어음의 만기일에도 어음금을 지급하지 못하고 있다가 신청인의 독촉에 의해 분할로 지급하겠다고 약속했지만, 이 약속을 지키지 못하였다. 그러자 신청인은 수출 시 가입했던 수출보험계약에 따라 수출보험공사로부터 보험금을 수령하였다. 그러던 중 실수출업자인 국내의 D사가 자금난을 이기지 못하고 도산하자 신청인은 수출보험공사와의 보험계약상 수출보험공사가 대위권을 행사하는 데 적극적으로 협조하기로 하였다. 신청인은 자신의 명의로 중재를 신청하게 되었고, 피신청인은 이에 대하여 품질불량으로 인한 손해배상을 이유로 반대신청을 하였다.

2. 법적 쟁점사항

1) 대위권 취득의 문제

(1) 피신청인의 주장

피신청인은 신청인이 이미 수출보험공사로부터 보험금을 수령하였기 때문에 피신청인 자신에게 대금지급의 청구권을 행사할 수 없다고 주장한다. 피신청인은 그 주장의 근거로써 상법 제682조를 제시한다. 보험계약법은 손해가 제3자의 행위로 인하여 생긴 경우에 보험금액을 지급한 보험자는 그 지급한 금액의 한도 내에서 보험계약자 또는 피보험자의 제3자에 대한 권리를 취득하도록 하고 있다(상법 제682조). 이 사건과 관련하여 피신청인의 대금미지급에 관한 손해에 대하여, 신청인이 수출보험공사로부터 보험금을 지급받았다고 하면, 비록 신청인의 피신청인에 대한 대금채권이 존재한다고 할지라도 수출보험공사가 신청인의 해당 채권을 취득하게 되므로, 신청인은 피신청인에게 해당 대금의 지급청구권을 행사할 수 없다고 주장한다.

(2) 신청인의 주장

피신청인의 상법 제682조에 대한 근거제시에 대하여, 신청인은 동 규정이 일반적인 보험에 적용되는 것이라고 주장하면서, 수출보험법 제5조의2 제1항의 규정을 제시한다. 동조에 따르면, 공사가 그 보험금을 지급한 경우에는 그 보험의 목적 또는 제3자에 대한 수출보험의 보험계약자 또는 피보험자의 권리의 전부 또는 일부를 취득할 수 있다. 수출보험에서는 보험자가 보험금을 지급하더라도 원칙적으로 계약자 또는 피보험자의 권리를 취득하지 않으며, 수출보험공사가 임의로 취득 여부를 결정할 수 있음을 규정하고 있는 것이다. 이러한 수출보험법은 그 특성상 상법에 대하여 특별법에 해당하므로 상법의 해당조항보다 우선 적용되어야 한다고 주장한다.

또한 신청인은 제2항을 제시한다. 제2항은, "보험금을 지급받은 보험계약자 또는 피보험자는 그 수출보험계약에서 정하는 바에 따라 채권을 회수하도록 노력해야 한다"라고 규정하여 이 또한 보험금을 지급받는다고 하여 보험계약자 또는 피보험자의 채권이 법률의 규정에 의해서 수출보험공사로 당연히 이전되는 것은 아님을 전제로 하고 있다. 수출보험약관 제29조 제3항에서는 "공사가 보험금을 지급한 후 채권회수를 위하여 필요하다고 인정하는 경우에는 수출대금과 관련된 보험계약자의 권리의 전부 또는 일부를 대위할 수 있다"고 규정하여, 원칙적으로 채권이 원래의 보험계약자나 피보험자에게 남아 있으며, 보험자는 자신의 채권을 행사하는 것이 아니라 채권자로서 보험계약자나 피보험자의 채권을 대위해서 행사할 뿐이라는 것이다. 동 약관 동조 제1항 역시 "보험계약자는 보험금을 지급받은 후에도 당해 수출과 관련된 채권의 회수에 노력하여야 하며, 매 3개월마다 채권회수 이행상황을 공사에 서면으로 통지하여야 한다"고 규정하고 있음을 제시한다.

2) 클레임제기기한의 문제

(1) 신청인의 주장

신청인은 피신청인이 반대신청에서 주장한 품질불량클레임에 대하여, 매매계약서 제7항에 의하면, "이 계약과 관련하여 발생하는 어떤 클레임도 제품이 목적지에 도달한 후 30일 이내에 전화나 텔렉스나 팩시밀리를 통하여 신청인에게 통지되어야 하고 그런 클레임의 상세점은 보고서로 작성되어 15일 안에 공증인의 보고서와 함께 등기항공편으로 신청인에게 보고되어야 한다"고 약정하고 있다. 그러나 신청인은 피신청인으로부터 30일 이내에 위와 같은 방법으로 클레임을 제기받은 적이 없으며, 피신청인이 클레임을 제기한 것은 위 기간으로부터 6개월 이상을 도과한 1998년 12월 6일이므로 피신청인은 설사 기계의 하자가 있었다고 하더라도 클레임제기권을 상실한 것이라고 주장하였다.

(2) 피신청인의 주장

피신청인은 선적일이 1998년 1월 21일이었고, 피신청인이 선적서류를 수령한 날은 1998년 3월 19일이며, 통관일은 1998년 4월 24일로서 실제로 그 기한 동안에는 어떤 물품이 들어 있는지도 알 수 없었다고 주장하였다. 또한 설치 및 가동을 현대가 해주도록 되어 있는데, 설치도 해 보지 않은 상태에서 물품의 하자를 알 수 없다고 주장하였다. 매매계약 제11조 설치와 시험가동을 매도인인 신청인 측에서 책임을 지되 그 비용은 매수인이 부담하도록 되어 있다. 피신청인이 하자통지를 한 시점은 1998년 12월 6일경으로 본 건 계약목적물을 개봉하여 설치 완료한 시점이었으므로 지연된 것이 아니라고 주장하였다.

Ⅳ 보험자대위권과 클레임제기기한의 해결방안

1. 무역보험법상 보험자대위권

1) 무역보험자의 대위권

우리 상법 제681조 단서에 보면, 일부보험에서 보험자는 지급비율에 따라 일부만 대위권을 행사하도록 하고 있다. 상법과 달리 무역보험법은 제5조의2 제1항에, "한국무역보험공사가 보험금을 지급하는 경우에는 그 보험의 목적 또는 제3자에 대한 무역보험의 보험계약자 또는 피보험자의 권리의 전부 또는 일부를 취득할 수 있다"고 하면서 일부보험임에도 불구하고 보험계약자의 권리 전부에 대하여 대위권을 행사할 수 있음을 규정하고 있다.

일부보험[8]의 경우에 보험자가 보험금을 전부 지급한다고 할지라도 보험의 목적 또는 제3자에 대한 보험자의 권리는 보험자가 보험금을 지급한 비율에 대하여 권리를 취득하고, 그 범위, 즉 권리의 일부만을 대위하는 것이 원칙적일 것이다. 그러나 무역보험에서는 대금어음지급인 기타 제3자에 대한 권리를 보험계약자와 공동으로 행사해야 하는 불편함이 있고, 채권자체가 해외에서 발생하는 경우가 일반적이므로 관리능력이 없는 중소기업이 효율적인 채권관리가 불가능하다는 한계로 인하여 무역보험이 일부보험일지라도 보험계약자의 전부 대위할 수 있도록 규정하고 있는 것이다.[9] 일부보험인 무역보험에서 보험자가 손실액의 일부에 대하여 보상하였을지라도 보험계약자 또는 피보험자의 권리 전부를 행사할 수 있도록

---

8) 박세민, 『보험법』, 박영사, 2011, p.425 이하. 일부보험이란 보험금액이 보험가액에 미달한 경우, 즉 보험가액의 일부만을 부보한 보험을 말한다. 보험계약에서 보험가액을 정한 다음 보험계약자가 보험료를 절약하기를 원하거나, 보험계약자나 피보험자가 계속하여 일부위험을 안고 있기를 원하는 경우에 일반적으로 체결된다. 자세히는 이기수 · 최병규 · 김인현, 『보험 · 해상법(상법강의 Ⅳ)』(제8판), 박영사, 2008, p.161.

9) 정재곤, "수출보험과 보험자대위", 중앙대학교 법학, 제24집 제2호, 2000, p.223.

한 것은 정책적인 측면에서, 관리능력이 있는 보험자가 보험계약자의 권리까지 대신 행사하여 회수에 대한 효율을 높이고자 한 것이다.[10]

2) 보험자의 선택권

무역보험법 제5조 제2항에는 "보험금을 지급받은 보험계약자 또는 피보험자는 그 무역보험계약에서 정한 바에 따라 당해 채권을 회수하도록 노력하여야 한다"고 규정하고 있다. 보험금 지급 시에도 보험계약자 등의 권리를 당연히 보험자에게 이전시키지 않고, 보험자가 선택적으로 '보험자대위권을 행사하든가 아니면 보험계약자 등에게 다시 채권을 회수할 의무를 부담시키고 있다'는 점에서, 무역보험법상 보험자대위권은 상법상 보험자대위권과 차이를 보여준다.[11] 무역거래의 당사자인 보험계약자가 보험자인 무역보험공사보다 거래상대방에 대한 정보를 많이 지니고 있다는 점과 수입자가 물품인도를 거절하여 물품에 대한 권리를 행사하는 경우에도 그 물품에 대한 전문지식을 가지고 있는 수출자 등이 전매처를 물색하고 전매가격을 결정하여 보다 효과적으로 회수할 수 있다는 측면에서, 무역보험법은 보험자에게 대위권을 행사하거나 보험계약자 등에게 회수의무를 부과시키는 선택권을 부여한 것이다.[12]

3) 보험계약자의 회수의무

무역보험에서 보험의 목적이 되는 것은 무역으로 발생한 매출채권이다. 수출로 매출채권은 대외채권이기 때문에 대부분의 채무자는 외국인이 된다. 이러한 상황은 국가 간의 법제의 차이 및 대위권행사의 어려움이 제기된다.[13] 그러므로 일반 상법에서 정하는 당연한 보험자의 대위보다 보험자가 필요에 의하여 권리를 취득하여 행사하거나 또는 보험계약자인 수출자(혹은 은행)로 하여금 직접 권리를 행사하여 채권을 회수하도록 하는 것이 더 바람직하는 면에서 보험계약자의 회수의무를 부과하여 보험자대위의 목적을 달성하고 있다. 보험자입장에서는 보다 효율적인 채권회수를 위하여, 법정대위권을 포기하고 보험계약자에게 회수

---

10) 서헌제, "수출보험계약의 법리", 수출보험학회지, 수출보험학회, 2000, p.138.
11) 한국수출보험공사, 전게서, p.70.
12) 정재곤, 전게논문, p.224.
13) 정재곤, 전게논문, p.225.

의무를 부과하는 선택권을 갖게 되는 것이다. 그러므로 무역보험자가 보험금을 지급한 경우에도 그 권리가 당연히 이전되는 것이 아니라 보험계약자나 피보험자가 회수의무를 부담해야 하고, 회수한 보험금은 보험자에게 반환해야만 한다.

4) 해결방안

피신청인은 신청인이 무역보험공사로부터 이미 보험금을 지급받았으므로 피신청인에 대하여 물품대금을 청구할 신청인 적격이 없다고 주장한다. 그러나 무역보험공사법 제5조의2 제1항은 "공사가 그 보험금을 지급한 경우에는 그 보험의 목적 또는 제3자에 대한 무역보험의 보험계약자 또는 피보험자 권리의 전부 또는 일부를 취득할 수 있다"라고 규정하고 있다. 동 규정은 보험자가 법률상 피보험자 또는 보험계약자의 권리를 당연히 취득하게 되는 것으로 규정한 상법 제682조의 규정과 달리, 무역보험공사가 피보험자 또는 보험계약자의 권리를 당연히 전부 또는 일부를 취득하게 되는 것은 아니고 오히려 무역보험공사와 피신청인이 모두 자신의 권리를 가지고 있는 것으로 보아야 할 것이다.

무역보험공사법 제5조의2 제2항은 "보험금을 지급받은 보험계약자 또는 피보험자는 그 무역보험계약에서 정하는 바에 따라 당해 채권의 회수를 위하여 노력하여야 한다"라고 규정하고 있으며, 같은 법 제5조의3 제1항은 "공사가 보험금을 지급한 후 채권회수를 위하여 필요하다고 인정하는 경우에는 수출대금과 관련된 보험계약자의 권리의 전부 또는 일부를 대위할 수 있다"라고 규정하고 있다. 이러한 규정의 의미는 무역보험법의 입법취지에 비추어 보면 무역보험공사는 보험금을 지급한 경우에 당연히 피보험자의 권리를 대위하도록 되어 있지 않고 피보험자인 신청인이 계속 보험목적물의 대금회수를 위하여 노력하여야 하는 의무를 규정한 것으로 국제거래과정에서 발생하는 대금미지급의 위험을 보험으로 부보하여 국제거래로부터 발생하는 위험을 감소하게 하기 위한 것이다. 무역보험공사의 기능에 비추어 신청인이 무역보험공사로부터 보험금을 지급받았다고 하더라도 지속적으로 대금지급청구를 하여 위 대금을 회수한 경우에 이를 무역보험공사에 귀속시켜 무역보험공사의 존속과 재정적인 안정성을 확보하려는 점에 목적이 있고 무역보험공사가 배타적으로 대금지급청구권을 취득하여 채권회수를 하도록 한 것은 아닌 것으로 보아야 할 것이다. 그러므로 피신청인의 이와 관련된 주장은 이유가 없다고 할 것이다.

2. 클레임제기기간의 도과 여부

피신청인은 이 사건 기계에 원시적인 하자가 존재하므로 이 사건 계약을 해제한다고 주장한다. 이 사건 계약의 준거법인 우리 상법 제69조에 의하면 매수인은 목적물을 수령한 때에는 지체 없이 이를 검사하여야 하며 하자를 발견한 경우에는 즉시 매도인에게 그 하자에 관한 통지를 발송하여야 한다. 그 하자가 발견할 수 없는 경우에는 6개월 이내에 하자를 발견하여 통지를 하지 아니하면 매수인은 하자를 발견하지 못한 점에 대하여 과실이 없다고 하더라도 6개월이 경과하면 하자담보책임을 물을 수 없다.

〈우리 상법 제69조〉

상법	내용
제69조 (매수인의 목적물의 검사와 하자통지의무)	(1) 상인 간의 매매에 있어서 매수인이 목적물을 수령한 때에는 지체 없이 이를 검사하여야 하며 하자 또는 수량의 부족을 발견한 경우에는 즉시 매도인에게 그 통지를 발송하지 아니하면 이로 인한 계약해제, 대금감액 또는 손해배상을 청구하지 못한다. 매매의 목적물에 즉시 발견할 수 없는 하자가 있는 경우에 매수인이 6월 내에 이를 발견한 때에도 같다. (2) 전항의 규정은 매도인이 악의인 경우에는 적용하지 아니한다.

이 사건 계약 제12조에 따르면, 당사자는 매수인이 제기하는 어떠한 클레임도 선하증권에 지정된 목적지에서 목적물을 수령한 후 30일 이내에 매도인에게 통지하여야 한다고 규정하고 있다. 피신청인은 이 사건 계약 제12조 제7호(클레임제기기한)가 현저히 불공정하여 무효라고 주장한다. 그러나 이 사건 계약이 무효라고 보아야 할 이유가 아무런 증거가 없으므로 피신청인의 이러한 주장은 이유 없다. 피신청인은 이 사건 계약의 해제통지기간에 대하여 다른 내용의 합의가 존재하므로 피신청인이 하자의 존재를 실제로 알 수 있었던 1998년 12월 6일부터 기산되어야 한다고 주장한다. 그러나 이 사건 기계의 설치가 1998년 12월 6일에서야 이루어지게 된 것은 피신청인의 공장이 완공되지 못하여 피신청인이 이 사건 기계를 수령할 수 없게 된 것이 주요한 원인이라고 보아야 한다. 피신청인은 신청인이 선적서류 송부 후 8개월 동안이나 목적물의 설치 및 시험가동에 필요한 인력파견을 지연하였다고 주장하나 이를 입증할 증거가 없고, 오히려 이 사건 기계를 설치할 피신청인의 공장이 완공되지 못하여

당시 신청인이 이 사건 기계를 설치할 수 없게 되었다는 사실이 인정된다. 그러므로 피신청인은 민법 제400조가 정한 채권자지체의 상태에 있었다고 할 것이므로, 기계의 설치가 늦어지게 되었으므로 해제권을 행사할 수 있는 시기를 기계가 설치되어 하자의 존재를 알 수 있었던 1998년 12월 6일로 보아야 한다는 피신청인의 주장은 이유 없다. 피신청인은 이 사건 계약에서 정한 바와 같이 이 사건 기계가 선하증권에 지정된 목적지에서 피신청인이 목적물을 수령한 후 30일 이내에 매도인에게 해제를 통지하였어야 할 것이다. 그러므로 피신청인의 해제권행사는 제척기간을 도과하였으므로 그 효력이 발생하지 않는다고 할 것이다.

Ⅴ 결 론

우리 상법 제682조상 보험자대위는 보험계약자와 보험자 사이의 영리보험이라는 측면에서, 정책보험의 특성을 갖는 무역보험과 차이를 보이고 있다. 주지하다시피 무역보험은 재산상의 손실을 담보하는 손해보험에 속하는 바, 피보험자의 재화, 채권 또는 보험계약자가 일정한 조건하에서 부담하는 책임 등을 보험의 목적으로 하고 있다. 이러한 무역보험은 특히 대외거래에서 발생하는 손해를 담보함으로써 궁극적으로 무역지원을 통하여 국민경제에 이바지함을 목적으로 하는 정책보험이고 또 기업보험에 속한다.

무역보험은 일반 가계보험에서 적용되는 상법의 규정들이 적용되는 것도 있지만, 배제되는 규정도 있고 또 변용하여 사용하기도 한다. 무역보험계약 당사자가 보험계약을 체결하면 우선적으로 무역보험법이 적용되고, 무역보험약관, 그리고 상법의 규정들이 뒤따르게 될 것이다. 이제 우리 상법은 현실을 반영하여 개정작업을 게을리하지 않고 있다. 무역보험법이나 보험약관이 법적 분쟁에 있어 명확하게 규정하고 있지 않은 점이 제기될 수 있는 바 이에 대한 관심의 끈을 놓지 말아야 할 것이다.

〈무역보험연구 제13권 제3호, 2012년 9월 30일, 25면 이하 게재〉

보험법을 공부하고 있다고 한다면, 일반적으로 보험계약과 관련된 법률문제를 다루게 된다. 보험계약법은 보험자와 보험계약자의 법률관계에 초점을 두고 있다. 민영보험계약상 보험계약자는 경제적 면에 있어서나 지식에 있어서 보험자에 비하여 열악하다. 그러므로 보험계약법은 보험계약자를 보호하고자 하는 측면이 강하다. 그러나 무역보험에 있어서는 보험계약법에서 발생하는 문제와는 다소 차이가 있다. 기본적으로 무역보험은 기업과 보험공사가 보험계약을 체결한다. 무역보험은 정책보험이라는 측면에서 민영보험과는 차이가 있다.

본 논문은 2012년 6월 22일과 23일에 걸쳐 말레이시아 코타키나발루에서 한국무역보험학회가 개최한 국제학술대회에서 발표한 논문을 다시 수정하고 정리한 것이다. 당시 필자는 "수출보험사고와 채권회수에 관한 논의"라는 제목으로 발표를 하였지만, 채권회수 문제와 더불어 하자담보책임의 문제까지 다루었다.

　　강남대학교 법학과 교수로 재직 중이다. 독일 마부르크대학에서 민법으로 석사학위를, 동대학에서 회사법으로 박사학위를 받았다. 개인의 학문적인 욕구를 채우기 위하여 행하는 연구 활동은 당연한 것이다. 하지만 다음 세대의 학문연구자를 육성하는 것 또한 큰 의미가 있다. 그들에게 생각의 지평을 높여주는 것이 바로 교수이자 학자의 임무라고 생각한다. 법학방법론에 관심을 가져야 하는 이유가 바로 여기에 있다.

　　다양한 영역에서 발생하는 법률적인 문제에 관심을 가지고 있다. 상법을 근간으로 하여 회사법, 보험법, 금융법, 스포츠법 등에 연구역량을 집중하고 있다. 정해진 강의시간 외에 학생들과 공동체학습을 즐겨하고 있으며, 민사법 기초문제로 시작하여 상사법의 영역까지 두루 학습하고 있다. 최근의 대법원 판례를 쫓아가는 노력은 학생들이 동기부여를 제공한다.

　　상사법학회 회원으로 활동하면서 경영법률학회, 보험법학회, 금융법학회, 경제법학회, 보험학회, 스포츠엔터테인먼트법학회 등의 주요 학회임원으로 활동 중이다. 상사법 학자로서 회사법과 보험법에 관심을 집중하고 있으나, 호기심을 자극하는 영역에는 관심을 놓지 않고 있다. 세부적인 영역에서 발생하는 문제해결을 위한 다양한 학술논문을 발표하였다. 공정거래위원회나 법무부 등의 연구용역에도 참여하여 연구의 폭을 넓혀가고 있는 중이다.

　　독일의 사회·경제적 활동과 학문방식을 긍정적으로 평가하며, 수시로 독일의 다양한 대학 도시를 방문하여 그들이 가지고 있는 시스템을 느껴보고자 노력하고 있다. 마부르크대학교에서 함께 공부한 후 지금은 변호사로 활동 중인 Robert Tubis(Hamburg und Köln)의 권유로 약사법을 조금씩 익혀가기로 한 것은 고무적인 일이다. 특히 6년에 걸쳐 공부하였던 마부르크대학교가 근자에 약사법으로 유명하게 된 것은 Wolfgang Voit(Prof. Dr. Marburg Uni.) 교수의 노력 덕분이라는 이야기가 들린다. 이는 필자에게 약사법에 대한 관심을 촉발시키고 있다.

참고문헌

〈민법〉

곽윤직, 『채권각론(민법강의 IV)』, 박영사, 1991.

김형배, 『채권각론(계약법)』, 박영사, 1998.

이영준, 『민법총칙』, 박영사, 2007.

〈상법〉

손주찬, 『상법(상)』(제15판), 박영사, 2004.

손진화, 『상법강의』(제4판), 신조사, 2012.

정찬형, 『상법강의(상)』(제16판), 박영사, 2013.

〈상법총칙 · 상행위법〉

김정호, 『상법총칙 · 상행위법』, 법문사, 2008.

이기수 · 최병규, 『상법총칙 · 상행위법(상법강의 I)』(제7판), 박영사, 2010.

〈회사법〉

김정호, 『회사법』(제2판), 법문사, 2012.

이기수 · 최병규, 『회사법(상법강의 II)』(제9판), 박영사, 2011.

이철송, 『회사법강의』(제20판), 박영사, 2012.

임재연, 『회사법 I』, 박영사, 2012.

정동윤, 『회사법』(제6판), 법문사, 2000.

최준선, 『회사법』(제6판), 삼영사, 2011.

〈보험법〉

박세민, 『보험법』, 박영사, 2012.

양승규, 『보험법』(제5판), 삼지원, 2004.

이기수 · 최병규 · 김인현, 『보험 · 해상법(상법강의 IV)』, 박영사, 2008.

〈어음 · 수표법〉

김문재, 『어음 · 수표법(이론과 실무)』, 동방문화사, 2013.

김정호, 『어음 · 수표법』, 법문사, 2010.

변환철, 『알기 쉬운 어음 · 수표 길라잡이』, 가림 M&B, 2002.

이기수 · 최병규, 『어음 · 수표법』(제7판), 박영사, 2009.

〈기타〉

양승규, 『상법사례연습』, 삼영사, 1998.

최병규, 『상법연습』, 문영사, 2006.

찾아보기

생활과 법률

초 판 인 쇄   2014년 8월 19일
초 판 발 행   2014년 8월 26일

저   자   유주선
펴 낸 이   김성배
펴 낸 곳   도서출판 씨아이알

책 임 편 집   박영지, 김동희
디 자 인   김나리, 황수정
제 작 책 임   황호준

등 록 번 호   제2-3285호
등 록 일   2001년 3월 19일
주   소   100-250 서울특별시 중구 필동로8길 43(예장동 1-151)
전 화 번 호   02-2275-8603(대표)
팩 스 번 호   02-2275-8604
홈 페 이 지   www.circom.co.kr

I S B N   979-11-5610-069-0 93360
정   가   20,000원